LA FAMILLE

et l' homme à délivrer du pouvoir

L'auteur a bénéficié, pour la rédaction de cet ouvrage, d'une subvention du gouvernement du Québec.

Maquette de la couverture et tableaux : *Clémence Bergeron*. Deux des maisons illustrées sur la couverture sont de *Stephan*, 6 ans, et *Dany,* 9 ans, de Chicoutimi.

Photo de Maurice Champagne-Gilbert : PHOTO KÈRO.

ISBN 2-7609-9463-5

© Copyright Ottawa 1980 par les Éditions Leméac Inc.
Dépôt légal — Bibliothèque nationale du Québec
4ᵉ trimestre 1980

MAURICE CHAMPAGNE-GILBERT

LA FAMILLE

et l' homme à délivrer du pouvoir

LEMÉAC

Le bonheur, c'est la conscience de croître.

Alexander Lowen

À Nicole
et
à nos enfants,
Dominique et Nathalie

à nos familles amies
et à toutes celles et à tous ceux
qui peuvent
partager
ce livre

MES REMERCIEMENTS

aux personnes qui m'ont aidé

Léo Cormier
René Dussault
Soucy Gagné
Denis Gervais
Marie Gervais
Solange Gervais
Stella Guy
Jacques Henripin
Louise Lincourt
Yves Martin
René Piotte
Anne-Claire Poirier
Yvette Rousseau
Jean-Louis Roy

à mon assistante, Monique Rochon

à mes étudiants, aux parents et aux collègues avec qui j'ai travaillé au cours des vingt dernières années

Table des matières

I LES CINQ PARTIES DU LIVRE*

1

LES BESOINS
DU MOI
DANS
LA
FAMILLE

2

L'AMOUR
DANS LA
CULTURE
ET LA
FAMILLE

3

LA PASSION
DE
L'AUTRE

4

LA LIBÉRATION
DES RÔLES
HOMMES-
FEMMES

5

LES
CONDITIONS
POLITIQUES
DU
DÉVELOPPEMENT
DES
FAMILLES

* On peut lire ce livre en commençant par n'importe quelle partie ou n'importe quel chapitre.

LETTRE AU LECTEUR

*Pourquoi j'ai écrit ce livre,
dans quel contexte,
ce qu'il contient
et comment on peut le lire.*

Les deux phrases qui apparaissent au-dessus du titre sur la couverture résument presque tout.

Comment vivre ensemble dans une famille pour être bien avec soi-même et avec les autres ? Un homme explore cette question et regarde la famille telle qu'elle pourrait être vécue si la civilisation mâle était transformée.

Le but de cette lettre est d'engager le contact le plus personnel possible avec le lecteur et de lui livrer l'essentiel de ce qu'il pourra retrouver dans l'ensemble de ce livre.

Il ne retrouvera d'abord qu'un être humain, placé comme lui devant le quotidien, et non pas seulement un auteur et un professionnel. Ce livre est profondément enraciné dans une démarche personnelle.[1] Je ne saurais isoler mon expérience professionnelle et mon engagement social de ma vie personnelle et, en particulier, de mes comportements avec les êtres dont je suis le plus proche. J'accorde une grande importance au quotidien et à tout ce que le contact avec les êtres qui nous entourent nous demande d'attention, d'apprentissage, de cohérence entre ce que l'on voudrait vivre et ce que l'on est réellement avec

---

[1]. Le fait, par exemple, que j'aie été un enfant adopté, que j'aie connu l'échec d'un premier mariage, qu'une deuxième union se poursuive depuis quinze ans d'une façon particulièrement satisfaisante et que nos enfants nous fassent vivre des choses qui n'ont pas de prix, compte autant sinon plus, même aux fins de ce livre, que tout ce que j'ai pu observer, apprendre ou enseigner par ailleurs.

les autres. Le quotidien nous fait. Mais on peut aussi faire le quotidien, le façonner par nos attitudes, et surtout, par l'importance que nous accordons aux êtres qui sont tout à côté de nous. Par la vie que nous créons du dedans de nous-mêmes, autour de nous.

C'est pourquoi la famille et les relations hommes-femmes ont un énorme impact sur notre croissance personnelle et sur la qualité de la vie en société. Les relations adultes-enfants et les relations hommes-femmes dont dépend l'expérience familiale nous donnent la mesure de notre capacité de croissance personnelle et, par voie de conséquence, de notre capacité à entretenir des rapports sociaux sains. Rien n'est plus facile que d'aimer l'humanité à distance. C'est comme de s'engager en paroles ou en théorie. L'interpellation des personnes qui sont les plus proches de nous, dans le quotidien, représente au contraire quelque chose de très difficile mais d'extraordinaire. On peut même y entrevoir le bonheur, difficile, que Lowen, dans la phrase que j'ai citée en exergue à ce livre, définit comme : « La conscience de croître ».

Ce livre, je le remets au lecteur comme une quête d'amour à partager dans la passion des êtres. Il est possible à travers cette passion, sans utopie, sans idéalisme même, d'observer tout ce qui peut être vécu dans des familles, entre des femmes et des hommes, entre des enfants, des adolescents et des adultes. Il y a un POSSIBLE humain que la vie de famille et de couple peuvent dégager et dont nous avons besoin pour remplacer le vieux POUVOIR maladif qui domine partout et qui n'a pas épargné les relations entre hommes et femmes, entre adultes et jeunes. Il y a un possible humain qui, à partir de la simple attention aux besoins des personnes dans le vécu familial quotidien, est de nature à nous rendre au pouvoir de CAPACITÉ personnelle plutôt qu'au pouvoir de DOMI-NATION[2]. Y a-t-il quelque chose qui compte davantage

---

2. À utiliser le mot pouvoir pour dénoncer les abus de pouvoir, on en est venu à oublier le premier sens du mot qui nous renvoie au contraire à ce qu'il y a de plus positif en nous : « avoir la possibilité de faire quelque chose », « être capable de », « avoir les moyens de », « avoir le droit de », « le fait de disposer de moyens naturels et occa-

pour être parents ou être amoureux (et libre en même temps), que cette stimulation, que cette provocation, dont chaque membre de la famille peut être responsable à l'égard de l'autre pour l'amener à manifester ses besoins, à être, à communiquer, à aller au bout de lui-même et à prendre sa place dans la société?

Si j'ai parlé de quête d'amour, c'est aussi parce que les analyses, les aspects plus théoriques qu'existentiels, les observations de cas, que je veux partager avec le lecteur, sont à cette fin. Elles sont dans la ligne de ce possible, qui est plus qu'un thème. C'est un ton, une atmosphère, une espérance. Les analyses et les observations de comportements qu'il y a dans ce livre se situent d'ailleurs dans le contexte de ce que l'on désigne en psychologie aux États-Unis comme le courant de la « Third Force ». L'une des caractéristiques majeures de cette psychologie est la confiance en l'être humain. Elle part du constat que *les êtres humains, lorsqu'on répond à leurs besoins et qu'on les considère positivement comme des êtres en croissance, sont tout à fait capables d'un développement sain et positif*[3]. Plusieurs des représentants de cette psychologie insistent aussi pour montrer que *la société doit s'adapter aux besoins des individus* autant que l'inverse. Ceci est fondamental quant à la manière d'aborder la problématique familiale, du point de vue des supports sociaux, des aménagements collectifs et communautaires, et des choix politiques qui ont une influence sur la famille. Dans la plupart des sociétés oc-

---

sionnels permettant une action» (autant d'expressions qui figurent dans le dictionnaire). La précision est d'autant plus nécessaire que dans le sous-titre j'ai utilisé le mot pouvoir au sens de domination... C'est pourquoi aussi j'ai une certaine préférence pour l'expression «possible humain», quand il s'agit de désigner le pouvoir des êtres au sens de potentiel, de capacités et de ressources qui, faute de stimuli pour les susciter, restent souvent inexplorés.

3. Parmi les œuvres les plus significatives de cette psychologie et les plus pertinentes aux thèmes abordés dans cet ouvrage, je souligne celles d'Abraham Maslow et de Carl Rogers. En faisant référence à la bibliographie, je note en particulier, de Maslow, *Vers une psychologie de l'être*, de même que *Motivation and Personality*; de Rogers, *Interpersonal relationships: U.S. 2000*, *Freedom to learn* et *Le Développement de la personne*.

cidentales, nous sommes ici à un carrefour de civilisation qui peut être décisif. La crise de la famille et du mariage nous confronte en particulier au défi de la jonction entre le privé et le public, entre l'individuel et le collectif. Jamais nous n'aurons été aussi forcés de clarifier le rôle de la famille comme charnière de cette jonction. Jamais nous n'aurons été aussi forcés de vérifier concrètement les beaux engagements verbaux et théoriques que tant de sociétés ont pris à l'endroit de l'institution familiale, alors que dans les faits on y a laissé les familles à elles-mêmes et à la merci d'un ensemble de réalités sociales, culturelles, économiques et politiques, aliénantes.

Depuis un certain nombre d'années nous assistons à une remise en question de la famille et du mariage qui prend le plus souvent la forme d'une dénonciation simpliste. On se plaît à proclamer « la mort de la famille », « l'aliénation du couple » et « la fin du mariage ». Il est évident que sous maints aspects la famille et le mariage, à toutes sortes d'époques, se sont révélés aliénants et porteurs de multiples formes de violence contre la personne. Mais pourquoi et comment ? A-t-on examiné la question au point de pouvoir justifier des jugements aussi définitifs ? Est-ce la famille — pour n'énumérer que certains des facteurs sociaux qui l'ont atteinte — qui est responsable des tabous et de l'inculture sexuels, des rapports de dominants à dominés établis de façon quasi universelle entre les hommes et les femmes et entre les adultes et les jeunes, de l'absence d'éducation à la vie familiale et aux responsabilités parentales dans les écoles, des principes religieux en vertu desquels les familles se sont fait dicter des comportements souvent néfastes et inhumains, des transformations sociologiques brutales survenues récemment, des villes monstrueuses, des modèles de violence qui surgissent de partout notamment à la télévision, du pouvoir grandissant des professionnels et des bureaucrates qui rend les parents de plus en plus dépendants et insécurisés, de la subordination de la famille au monde du travail, de la production et de la consommation à tout rompre, de la discrimination systématique qui touche certains groupes sociaux en tête desquels on trouve les femmes, les personnes âgées et les jeunes, des problèmes de stress découlant de nombreuses formes collectives de vie effrénée, de l'insécurité économique, du sous-développement généralisé des relations humaines, et... encore et encore...

Le temps n'est pas à proclamer la mort de la famille, mais à lutter pour sa libération. Car elle est pour le moins aussi aliénée qu'elle n'aliène. Et souvent quand elle aliène, c'est que les individus y trouvent l'exutoire privilégié de leurs tensions et de leurs frustrations personnelles et sociales. Elle est le lien privé par excellence des défoulements individuels. Que de masques on laisse tomber chez soi... Car chez soi, on est entre personnes et entre personnes on peut s'exploiter et s'abuser à loisir, même au nom de l'amour. La culture guerrière ne nous a-t-elle pas inculqué que l'amour voisine immanquablement la haine? Et dans nos sociétés occidentales dites libérales, ne respecte-t-on pas l'individu au point de le laisser à lui-même pour le meilleur et pour le pire, sans mesurer l'impact qu'ont sur son développement personnel l'environnement collectif et les politiques sociales.

C'est le temps surtout de mettre en cause le pouvoir social mâle qui, de l'Orient à l'Occident, dans une implacable continuité historique, gère foncièrement le monde de la même manière.

Il faut délivrer les hommes aussi bien que les femmes du pouvoir social mâle.

Le cri des familles à libérer doit rejoindre le cri des femmes dans leur révolution, car cette révolution — qui s'avérera peut-être la plus importante dans l'histoire de l'humanité — ne vise pas seulement la condition féminine, elle remet en cause la condition humaine et en particulier le statut social et humain de la PERSONNE.

Le monde masculin s'est étouffé à même le pouvoir qui l'assiège depuis les temps primitifs.

Les instruments majeurs de sa libération, le monde masculin les trouvera, s'il consent enfin à répondre substantiellement à l'interpellation féminine et à faire les choix qui s'imposent pour éliminer sa vieille domination sur les femmes et les enfants.

Ce n'est pas seulement la libération de la famille, mais celle de l'humanité même, qui doit passer dans le monde masculin adulte par la redécouverte du contact avec les enfants. Que les pourvoyeurs qu'on a faits de nous deviennent des pères enfin et qu'ils consentent à réapprendre la vie auprès des enfants et des adolescents. En confiant l'éducation des enfants

21

aux femmes, le monde masculin s'est coupé de la source prin-
cipale d'alimentation au POSSIBLE HUMAIN. Il s'est privé de
la connaissance première du développement de la personne
et a multiplié les sociétés basées sur le pouvoir et l'avoir, où
les objets, les systèmes, les idéologies comptent infiniment
plus que les êtres humains.

Telle est la problématique qui oriente le contenu de
ce livre et qui en explique le titre.

●

Ce contenu, il vise une chose : montrer dans quelles
conditions la personne peut se développer à l'intérieur
d'une famille, si la famille répond à ses besoins fondamentaux. Cette réponse constitue, dans le quotidien, la
tâche éducative du milieu familial. C'est sa fonction primordiale. Le développement de la personne et de la
famille se confondent à partir du même but : la croissance de l'être humain vu comme un être sain, capable d'être
bien dans sa peau, d'entrer en relation positive avec autrui et d'éprouver son appartenance à la société. Cela signifie aussi que la famille peut être avant tout un monde
d'amour et une expérience de tendresse où l'on prend soin
de soi et des autres. Le pouvoir social mâle en a grand
besoin pour y refaire sa fausse virilité.

La première partie du livre est consacrée aux besoins
suivants, dans une optique appropriée à chaque besoin.
La *sécurité* est située comme le premier de tous les besoins
fondamentaux ; le *vouloir-vivre,* comme l'expression de
l'énergie et de la puissance de l'enfant ; *l'autonomie,* comme la capacité de se prendre en charge soi-même alors
que sa revendication par les femmes vient enrichir le
milieu familial ; *l'identité personnelle,* besoin primordial de
l'adolescence, qui n'est pas tant l'âge de la crise que du
« voyage » ; *l'appartenance sociale,* vers laquelle doivent
converger les apprentissages familiaux.

La réponse à ces besoins a un commun dénominateur qui oriente cette première partie : la formation du
moi. Elle met en relief un principe que la culture, l'éducation et la morale traditionnelle ont presque battu en
brèche, surtout en regard du développement de l'amour,
à savoir que l'on rejoint autrui positivement dans la

22

mesure où l'on est soi-même sensibilisé au besoin de prendre possession de soi[4].

La deuxième partie porte sur l'amour. Elle commence par une analyse de la culture guerrière où l'amour, le premier, celui de la vie et de l'être humain, est soumis à la violence et au pouvoir. Le développement de la famille et du mariage n'ont pas échappé à cette culture. Pourtant, il est des langages et des gestes de l'amour dans la famille et le mariage qui sont porteurs d'une culture de tendresse et qui sont l'expression du *vouloir-aimer*. C'est ce que j'ai « tenté » d'évoquer dans le chapitre central de cette partie, abordant dans le chapitre suivant la difficile question de la fidélité et des relations extra-conjugales. Là encore la culture traditionnelle et le pouvoir mâle ont fermé de nombreux horizons pour la personne. Il y a autant de chemins de liberté que d'espaces de tendresse à ouvrir.

C'est bien à dessein que j'ai retenu « la passion de l'autre » comme titre de la troisième partie. Elle n'est pas seulement en continuité avec les deux autres, elle répond

---

4. Il existe une grande variété d'approches chez ceux qui se sont intéressés à la question des besoins, notamment en psychologie et en philosophie. L'une des principales variantes dans l'étude des besoins considérés comme fondamentaux et communs aux êtres humains tient à ce que les uns distinguent plusieurs besoins tandis que les autres insistent sur un en particulier, qui exprimerait l'essentiel des motivations de l'être humain. Il en est ainsi, par exemple, du besoin de « considération positive » chez Rogers, du besoin « d'aimer et d'être aimé » pour Eric Fromm, de « l'estime de soi » chez Virginia Satir, de « l'actualisation de soi » ou de « la réalisation de soi » pour d'autres dont la liste est fort longue. Abraham Maslow, qui est l'un de ceux à être allé le plus loin dans l'élaboration d'une théorie des besoins, distingue tout une gamme de besoins, à l'intérieur de laquelle plusieurs besoins fondamentaux.

Dans mon approche, je retiens, à l'instar de Maslow, un ensemble de besoins sur lequel j'apporterai un minimum d'explications théoriques au fur et à mesure des chapitres. Ce qui importe dans le cadre de ce livre, c'est l'expression existentielle de cette approche dans le contexte de l'expérience familiale et des stades de développement de la personne que l'on y franchit.

23

à la première et la complète. Elle la complète comme la relation aux autres complète la relation à soi ; l'une est aussi vitale que l'autre. Il faut le souligner car de nombreux facteurs révèlent une tendance très actuelle à passer d'un extrémisme culturel, où l'on devait (en principe) se sacrifier soi-même au profit d'autrui, à un nouvel extrémisme, où l'on se retranche derrière sa volonté autonomiste ou sa sécurité matérielle ou même sa thérapie personnelle, pour se comporter comme si les autres n'existaient pas. Les autres besoins fondamentaux que sont *l'interdépendance, l'admiration, le goût des êtres humains* et *l'égalité* sont situés en conséquence. Je n'ai pas voulu fausser leur signification et leur portée existentielle en les analysant de façon trop rationnelle. J'ai plutôt essayé de remonter à leur source affective, pour que le lecteur puisse les y saisir comme des états privilégiés du besoin d'aimer. Je souligne également que la réponse à ces besoins nous mène bien au-delà des familles individuelles. Elle nous mène aux sources et aux confins des familles individuelles, dans «LA» famille, la famille humaine où l'on est proche parent simplement parce qu'on est des êtres humains. C'est pourquoi aussi la parenté ne se vit pas seulement dans des *familles fermées,* mais dans des *familles ouvertes,* ouvertes sur des quartiers ouverts, dans des villes ouvertes, sur des pays ouverts...

Mais, quand on veut revenir ainsi aux sources des familles individuelles et de la grande famille humaine et que l'on considère les relations entre les hommes et les femmes, on se demande comme cela est possible. Car ces relations, sur un plan collectif, nous placent devant des univers refermés sur eux-mêmes, quasi étrangers l'un pour l'autre. Les rôles traditionnels nous ont défigurés réciproquement, hommes et femmes. Et comme ils nous ont fabriqué une seconde nature, l'homme et la femme non défigurés par les rôles nous sont quasi inconnus. Ce que nous connaissons, ce qui détermine nos rapports individuels dans une large mesure, c'est l'homme et la femme dissociés et rompus intérieurement par *la soumission millénaire aux rôles séparés de mère. et d'objet, de mâle et d'enfant.* La vieille gérance mâle, qui a soigneusement développé ces rôles de génération en génération, y trouve l'une des manifestations à la fois la plus subtile et la plus brutale de son pouvoir violent. C'est l'unité et la di-

versité de l'homme et de la femme en tant que PERSON-
NES qui se trouvent détruites. La réalisation du POSSIBLE
HUMAIN est contrôlée et déterminée aux fins rigides et
étroites des rôles à sa source première: le couple humain.
Il ne s'agit pas d'une entrave à la seule réalisation personnelle des individus, mais au développement social de
l'humanité, puisque les relations entre les hommes et les
femmes constituent la première unité, la première cellule
de rapports sociaux. En ce sens ces relations sont les plus
racistes que l'on connaisse. Telle est la perspective de la
quatrième partie de cet ouvrage.

Et c'est pourquoi la révolution féminine est cruciale.
Si les hommes ne la partagent pas, Sartre aura eu raison
d'écrire que «L'Enfer, c'est les autres». Cooper aura aussi
eu raison de proclamer «La mort de la famille».

Enfin, l'*essentiel* de la cinquième partie est laissé au
lecteur, puisqu'elle a la forme d'un questionnaire dont le
lecteur peut se servir, pour envisager un ensemble de
questions sur le développement des familles et sur les politiques que les gouvernements et les collectivités devraient mettre en œuvre afin de permettre ce développement. La vision d'un tel ensemble est nécessaire à qui-
conque veut éviter les analyses partielles et simplificatrices en considérant l'avenir de la famille et ses besoins
actuels. Elle peut être utile également aux groupes de
citoyens et aux organismes familiaux en particulier, dans
leurs revendications auprès des gouvernements pour obtenir de véritables politiques du milieu familial. Il n'est
plus possible d'envisager les questions touchant la famille sans les relier, sur le plan des choix politiques, au
monde du travail, à la conjoncture économique, à l'école,
à l'urbanisme, aux services sociaux, à la santé, à l'alimentation, aux loisirs, à la télévision, à la recherche, à la formation des professionnels, au rôle de l'État relativement à
la responsabilité et à l'implication des citoyens.

●

Je veux enfin attirer l'attention du lecteur sur la façon
dont on peut lire ce livre. Il a été conçu pour être un instrument de réflexion et de consultation. Il recouvre un ensemble de sujets qui peut être abordé comme ensemble
ou par thèmes. *On peut en commencer la lecture selon ses*

centres d'intérêt, par l'une ou l'autre des cinq parties, ou même par l'un ou l'autre des quinze chapitres, comme le montre le tableau qui suit immédiatement la table des matières.

La continuité du livre est marquée par une progression qui va du développement du moi au développement du social. L'étude des besoins fondamentaux va dans ce sens, de la formation du moi vers la passion de l'autre, en passant par la réflexion sur la culture de l'amour; vient ensuite le problème des relations hommes-femmes et l'ouverture finale à une vision sociologique et politique des besoins de la famille. Ce cheminement pédagogique, le lecteur peut le faire aussi dans l'ordre inverse, en allant du social au personnel, du public au privé. Comme il peut l'aborder par le cœur, en commençant par les lettres sur la passion de l'autre et le chapitre sept sur les langages et les gestes de l'amour dans la famille et le couple.

Cette orientation est inscrite également dans la diversité des langages et des tons qui caractérisent les différentes parties. Cette diversité des langages était nécessaire à mes yeux pour rendre compte de la diversité des réalités explorées et peut-être aussi de celle des regards du lecteur, placé devant la vie d'un portrait de famille... Il y a des tranches de cette vie qui se laissent saisir par l'observation et l'analyse de comportements, d'autres qui s'évoquent symboliquement dans nos efforts pour nous voir de l'intérieur, d'autres encore qui appellent un langage affectif où l'on cherche à dire la tendresse sans l'abîmer, ou la fragilité de l'humain résiste aux mots. Il y a des éléments de la culture qui enveloppe ces tranches de vie, qui suscitent des réactions précises, de contestation, par exemple, et c'est le cas des pages pamphlétaires sur la libération des rôles hommes-femmes. Je souligne dans la même optique, le recours à la répétition de certains thèmes, voire même de certains exemples, sur lesquels il y a lieu d'insister ou qu'il importe de voir sous diverses dimensions. Dans ce type d'ouvrage et avec la méthodologie choisie, revoir certaines images sous différents angles est plus important que d'éviter telle ou telle répétition par principe formel. Il y a une chose enfin sur laquelle je veux insister: il ne faut pas chercher dans ce livre des théories ou des recettes d'efficacité. Il existe quantité d'ouvrages qui y pourvoient. Et bien qu'elles puissent se révéler utiles à l'occasion pour telles et telles personnes, elles présentent le danger de substituer le mythe de l'efficacité aux valeurs de réflexion, de dialogue, de négociation, d'apprivoisement, qui sont souvent plus prometteuses d'authenticité à long terme.

Les familles sont des milieux de vie dont la qualité dépend largement de l'environnement social et politique de chaque société. Mais cette qualité est très liée à l'engagement personnel des individus qui forment une famille, à l'atmosphère de vie qu'on veut bien y créer, au temps que l'on met à prendre soin de sa croissance personnelle et à être délicatement attentif aux besoins des autres, dans le quotidien et avec les réserves d'instants privilégiés que l'on se ménage. Qu'est-ce donc que vivre ensemble dans une famille? Il n'y a pas de réponse toute faite. Mais il y a des chemins d'apprentissage aussi *merveilleux* que *difficiles* à explorer.

COMMENT DÉFINIR LA FAMILLE ?

Il y a à peine un quart de siècle, dans la majorité des sociétés occidentales, quand on parlait de la famille on n'éprouvait pas le besoin de la justifier et de la définir comme c'est le cas de plus en plus. Quand vous parlez de la famille maintenant, on nous demande souvent et avec raison : « De quelle famille s'agit-il ? Quelles personnes faites-vous entrer dans la famille dont vous parlez ? Les fonctions que vous prêtez à la famille, êtes-vous bien sûr qu'elles ne peuvent pas être remplies autrement que par ce que vous considérez comme une famille ? Est-ce que vous distinguez famille et mariage ? » Sous chacune de ces interrogations il y a de nombreux phénomènes, qui ont en commun des remises en question de tels ou tels modèles familiaux et des types d'unions entre hommes et femmes. Le phénomène majeur auquel nous assistons depuis deux décennies surtout, dans la majorité des sociétés occidentales, est celui de l'éclatement de la famille nucléaire et du mariage traditionnel. Il s'accompagne de la recherche de nouveaux modèles d'unions et de formes de vies entre adultes, qui veulent néanmoins continuer à mettre des enfants au monde et à assurer leur éducation dans le cadre le plus approprié possible.

Que ce soit devant la diversité des modèles que l'on recherche actuellement ou même devant celle qui a toujours existé à partir des différences de cultures, on est donc amené à se demander s'il y a des critères que l'on peut mettre en commun pour en arriver à une définition de la famille qui puisse être largement partagée. Je crois que oui. Et avant de les formuler, je voudrais préciser ceci. Premièrement, si je donne une définition dès le départ, c'est pour éviter au lecteur toute ambiguïté dans le contexte que je viens d'évoquer. Mais il est certain que c'est à la lecture de l'ensemble du livre que cette définition prendra son sens. Que je donne cette définition au départ est aussi dans la logique de ma démarche, qui est centrée sur le « comment vivre ensemble dans des familles libérées ». Je ne me demande pas si la famille est possible. Je crois profondément qu'elle est non seulement possible mais nécessaire, pourvu qu'elle puisse se développer dans telles et telles conditions qui répondent à des exigences du développement de la personne et de la vie en société. C'est donc en prenant connaissance de ces exigences que l'on pourra vérifier la portée de cette définition.

Deuxièmement, je tiens à préciser que je pars de ce qui existe. On a beau remettre en question la famille telle qu'elle a existé depuis des générations, on ne peut tout de même pas faire comme si cela n'avait pas existé et témoigné d'un souverain mépris (intellectuel et théorique) à l'endroit des familles et des couples qui en ont tiré le meilleur. Il faut éviter les généralisations qui seraient totalement accablantes pour ce qui a été et totalement libéralisantes quant à ce qui pourrait être. Ce n'est pas parce qu'il y a un pourcentage élevé d'échecs dans les mariages, qu'on doit en conclure, comme plusieurs ont tendance à le faire, que la vie de couple est fatalement aliénante et qu'elle doit entraîner la mort de la famille dite nucléaire. Ce n'est pas non plus parce que nous procédons à l'évacuation des personnes âgées du milieu familial et que nous leur retirons en même temps le droit d'être utiles à leur société, que l'on doit en conclure telle ou telle chose sur les rapports entre grands-parents, parents et enfants. Ce qui importe avant tout, c'est de se demander dans quelles conditions peuvent vivre ces regroupements de personnes qui se définissent comme des familles.

La famille dont je vais parler dans ce livre, c'est donc:

une unité de vie, intime et privée, mais ouverte sur un environnement communautaire,
regroupant un ou des adultes prenant charge d'enfants,
dans une expérience quotidienne,
voulue comme durable et la plus permanente possible,
en vue du bien-être individuel de chacun, de l'apprentissage des relations positives avec autrui et de l'appartenance dynamique à une société.

Les cinq éléments qui entrent dans cette définition étant illustrés par la vision d'ensemble de ce livre, je me bornerai ici à souligner la portée générale de chacun.

1. *Une unité de vie...*

Une famille, c'est un «foyer» où l'on vit ensemble, dans un cadre intime et privé, mais ouvert sur un environnement communautaire où la famille peut trouver des supports sociaux en même temps qu'elle y apporte sa contribution comme regroupement de personnes qui partagent une expérience humaine et ont des intérêts de citoyens. L'équilibre entre l'individuel et le collectif, entre le privé et le public, est quelque chose de fondamental pour le milieu familial. Les parents, par exemple, peuvent répondre aux besoins de leurs enfants, dans la mesure où la société peut répondre aux besoins des parents.

2. *Regroupant un ou des adultes...*

Quels adultes et quels enfants? Ce peut être un parent unique, un homme et une femme, des hommes ou des femmes ensemble qui ont découvert qu'ils pouvaient à la fois partager leur quotidien, leur habitat et prendre charge d'enfants. Ce peut être des enfants qui sont unis à leurs parents par les liens du sang ou par tous autres liens que les circonstances ont créés. Comment exclure au préalable tel ou tel regroupement de personnes qui ne présenterait pas «en soi» un modèle familial acceptable? Faut-il privilégier un modèle plutôt qu'un autre? La réponse sociale et politique à cette question doit tenir compte de ce qui existe, tout en favorisant le développement d'une pluralité de modèles qui est nécessaire, non seulement d'un point de vue de liberté, mais sur le plan des connaissances concrètes et existentielles que nous fournira une telle pluralité de modèles à l'intérieur d'une même société. C'est la diversité des expériences et leur mise en commun qui est susceptible de nous apprendre beaucoup plus que nous en savons sur la famille ou que nous voulons en savoir, tout en nous permettant de mieux évaluer ce que nous savons.

3. *Dans une expérience quotidienne*

La quotidienneté des relations humaines entre les membres d'une famille représente le défi numéro un. La lettre au lecteur indiquait dans quel sens et j'y reviendrai constamment. Une grande partie des difficultés de la vie de famille et de la vie de couple sont liées à cette dimension de «temps» qui, avec la dimension «lieu» et la dimension «mêmes personnes», forment un cadre tellement délimité que plusieurs le voient comme le facteur numéro un d'aliénation. Pourtant il peut aussi être une source d'enracinement et de stimulation pour les êtres. Il y a toute une écologie du développement de la personne et de l'apprentissage du social, qui en dépend.

4. *Voulue comme durable...*

Le critère de durée et de permanence est celui que la plupart des gens reconnaissent davantage et invoquent pour définir une «vraie» famille. Il est évidemment très lié au critère de la quotidienneté, mais il est différent. Si c'est celui qu'on reconnaît le plus facilement, c'est aussi celui qui est le plus durement mis à l'épreuve actuellement. Il est mis à l'épreuve par les séparations et les divorces, dont il faut préciser qu'elles ne sont pas toujours et automatiquement la rupture d'une famille parce qu'elles sont la rupture d'un couple. Il est mis à l'épreuve aussi, et de plus en plus, par une mentalité qui est en train de se transformer en principe et qui voudrait que l'on puisse mettre des enfants au monde selon son bon plaisir, sans s'engager à leur assurer dans toute la mesure du possible un cadre familial stable et durable. Au fond, on envisage de se départir des enfants et de les confier à l'État, comme on a entrepris de le faire avec les personnes âgées.

Et dans un monde où presque partout on nous conditionne à l'éphémère, à ce qui passe, à ce qui change, comment s'engager dans le durable et le permanent?

5. *En vue du bien-être individuel...*

Il y a certes des différences marquées entre une famille nucléaire, une famille de type monoparental, une coopérative familiale et une commune, mais en deçà et au-delà de leurs différences, elles ont une caractéristique commune: elles sont des unités ou des milieux de vie, dans lesquels il y a des personnes qui «croissent» et qui partagent cette croissance, pour leur bien-être individuel, pour pouvoir communiquer positivement ensemble et éprouver leur appartenance, sinon à une société, à la famille humaine.

C'est le fait de vivre ensemble pour croître comme personne et comme citoyen, en apprenant à être bien dans sa peau, à être bien avec les autres et à prendre sa place dans la société, qui me semble résumer l'essentiel de ce qui peut être partagé dans une famille.

Or pour être bien dans sa peau et rejoindre les autres, il faut être considéré, estimé, valorisé comme personne. La famille doit être sensible aux besoins des individus en tant que personnes. Un individu ne naît pas personne, il le devient, progressivement, à travers une vie qui rend possible le «projet humain» que chaque être incarne et pour lequel une famille peut être un support merveilleux ou une entrave... Une collectivité ne naît pas société, elle le devient à la mesure des projets individuels et collectifs qui la supportent ou qui lui font obstacle, qui la font ou la défont.

Qu'est-ce donc qu'une famille peut faire? ou défaire?

Les besoins du moi dans la famille

1

Chapitre 1

LA SÉCURITÉ

Le premier de tous les besoins — Des manifestations de l'insécurité comme cause de comportements destructeurs et violents — Une bonne façon de comprendre la sécurité: appliquer la notion de compétence au développement de sa personne — Comment on peut se tromper sur soi-même et tromper les autres, en n'identifiant pas ses zones de sécurité et d'insécurité — La fragilité de l'être humain; se garder d'opposer systématiquement sécurité et insécurité — Les composantes de la sécurité et de l'insécurité. L'identification positive à son moi; «prendre sa place au soleil» ou l'affirmation de soi — Un état global de la personne. L'image de l'«arrimage» entre soi et le monde

De la sécurité au vouloir-vivre.

Le premier de tous les besoins

La démarche que je vais suivre dans ce chapitre est largement inspirée de mon expérience de discussion sur la sécurité et l'insécurité avec des groupes et des individus. Elle part de l'observation de manifestations types de l'insécurité et vise à dégager progressivement des composantes de la sécurité et de l'insécurité pour montrer ensuite comment elles peuvent influencer le développement complet d'un individu. Elle tend surtout à situer un vécu, où la sécurité et l'insécurité sont présentes à des degrés divers, mais d'une façon tellement significative et lourde de conséquences pour soi et pour autrui, qu'elles y apparaissent comme un facteur majeur d'explication des comportements humains. Dans la formation de la personne dont la famille est responsable, la sécurité qui émane du comportement parental et qui doit entourer l'enfant devient la plus essentielle des nourritures de la personne.

Étant donné l'extrême importance qu'il faut accorder à ce sujet et la confusion qui existe sur ce que l'on peut entendre par sécurité et insécurité dans nos sociétés, précisons d'abord pourquoi et comment la sécurité peut être considérée comme le premier de tous les besoins humains. De quelle sécurité s'agit-il?

● De quelle sécurité s'agit-il?

La sécurité dont nous allons parler est bien distincte de la sécurité matérielle ou économique. Elle ne doit pas davantage être confondue avec cette revendication sociologique, de plus en plus répandue dans nos sociétés, et sous laquelle on fait entrer un mélange de besoin de confort, de protection par les pouvoirs publics et d'ordre, même au sens policier du terme. (Cette aspiration semble prendre une telle place qu'on peut se demander si elle n'est pas en train de se substituer aux revendications traditionnelles de liberté.)

Concrètement la sécurité, au sens où nous allons l'explorer dans ce chapitre, nous situe sur un tout autre plan: celui du développement de l'individu comme personne, dans sa démarche la plus vitale et la plus dynamique. Il s'agit en effet de voir comment la sécurité est une *force d'animation interne de la personne* qui nous stimule à prendre conscience de nos capacités propres et à les utiliser en conséquence. Elle est en quelque sorte ce qui nous *mobilise à vivre bien dans notre peau* et à affirmer nos autres besoins fondamentaux. Autant la sécurité peut être la résultante des autres besoins comme l'autonomie, l'identité personnelle, le contact positif avec autrui, autant elle est à la source de la satisfaction de ces besoins. La sécurité est sur le plan psychique et relationnel, ce que la santé est sur le plan physique.

● Le premier de tous les besoins dans le temps

L'une des meilleures façons de se représenter la sécurité est de se rappeler son rôle au départ de la vie, en particulier dans la première année, que l'on désigne également comme l'année du nourrisson.

La sécurité est aussi nécessaire au nourrisson que les besoins primaires qui sont la nourriture et le sommeil, par exemple. Elle est nourriture, calme, sûreté, à travers surtout la façon dont les parents, ou ceux qui en tiennent lieu, prennent soin du nourrisson. La qualité de la «ration affective» et du lien relationnel dont on entoure le nourrisson devient le principal ingrédient de la sécurité, avec la ration alimentaire, le repos et le sommeil.

Par le contact peaucier, par la manipulation, par la façon dont on parle au nourrisson, dont on l'approche physiquement, le nourrisson vient en contact avec les parents à un niveau de sensibilité qui n'est pas que physique. Le propre de la vitalité extrême du nourrisson est d'être hypersensible à son entourage, pour à la fois communiquer ses besoins et percevoir les attitudes de ceux qui l'entourent. Il a tellement besoin de sécurité affective et relationnelle que ses besoins physiologiques, comme la faim et le sommeil, peuvent être troublés, non pas en raison seulement de sa constitution, mais de l'effet que l'insécurité, la tension, la brusquerie de ceux qui s'occupent de lui peuvent avoir sur lui.

Ainsi le nourrisson développe la sécurité à partir de la satisfaction de ses besoins primaires, mais également à partir de la manière dont on répond à ses besoins, *dont on prend soin de lui pour l'aider à être.* Il en est de même de tout le développement de l'enfant et, combien largement, du développement de l'adolescent, de l'adulte, surtout dans le domaine des relations interpersonnelles.

C'est la manière dont on prend soin des besoins des autres, qui peut contribuer le plus à faire évoluer leurs besoins en capacités. C'est ainsi que mûrit la sécurité et que mûrit une personne en même temps.

Je jette cette formule dans le vif de notre exploration à ce stade, en vue de la ressaisir vers la fin du chapitre pour élaborer cette définition fort simple de la sécurité, mais qui est tout un programme dans la formation de la personne: *la capacité de prendre soin de soi-même, de sa vie.*

● Un besoin qui est un pouvoir pour la personne: s'il n'est pas satisfait, l'organisme humain le venge

L'organisme humain est fort, omnipotent. Les besoins fondamentaux de la personne représentent un pouvoir énergétique qui ne se laisse pas facilement détruire par un milieu, par autrui. En d'autres termes, des besoins comme la sécurité, le vouloir-vivre, l'autonomie, représentent une telle nécessité interne pour que l'individu devienne une personne, que l'organisme, à l'insu même de notre conscience, peut nous faire recourir subtilement à toutes sortes de moyens pour satisfaire coûte que coûte ces besoins, si le milieu ne nous permet pas de les satisfaire positivement et au grand jour[1].

Ces moyens sont aussi variés qu'illimités. Bon nombre d'entre eux font vivre le moi de l'exploitation d'autrui, dans des comportements le plus souvent masqués. La personne se déguise pour arracher à autrui ce qu'elle ne trouve pas en elle-même. Ainsi en est-il, par exemple, d'une crise chez un enfant qui veut que l'on s'occupe de lui, des bénéfices secondaires que retire un mal-aimé qui se fait malade ou victime pour qu'on s'occupe aussi de lui, de la domination dans les relations humaines auquel peut avoir recours celui qui se sent aliéné par son travail, de la passion incontrôlée du jeu chez celui qui a besoin de cette situation de risque pour s'affirmer, des multiples rôles et pouvoirs dont une foule d'individus se servent pour donner une dimension à leur vie, et jusqu'à combien de comportements de jalousie, de possession dans des relations amoureuses, dans des rapports de couple, dans les relations parents-enfants.

Aussi est-ce dans ce sens que j'aborderai l'envers de la sécurité, en cherchant à mettre en relief la manière dont l'organisme humain peut s'y prendre *pour compenser et venger la frustration de son besoin de sécurité*. Il y a dans cette exploration matière à expliquer bien des comportements qui contribuent à mettre en question la famille et qui en font effectivement l'un des lieux les plus violents de nos sociétés[2]. On prend sa sécurité où l'on peut...

---

1. J'ai consacré mon livre *La violence au pouvoir* à décrire dans le détail ce fonctionnement. Montréal, Éditions du Jour, 1971.
2. Contrairement à l'image que donne une certaine presse de la criminalité, la plupart des homicides sont commis entre parents, gens de même famille, individus qui se connaissent bien depuis des années. Nous ne sommes pas encore assez conscients de la place énorme que prennent dans la famille les individus battus et maltraités, à commencer par les enfants et les femmes, puis des adolescents et des hommes. Nous sommes encore moins conscients de la place que prend le suicide dans le monde de la famille. Cela fait dire à des spécialistes de la question « qu'un des lieux les plus dangereux de la société, c'est la famille ».

Ces remarques étant faites, nous pouvons nous engager dans la démarche que j'ai esquissée au départ, en observant des manifestations types de l'insécurité. Il s'agit de manifestations qui, dans le quotidien, abîment les familles et font violence aux personnes sous différentes formes. Cette violence est proportionnelle au degré de frustration qu'entraîne chez les individus la privation d'une sécurité qui leur était aussi due que la nourriture l'est au nourrisson. À cet égard il est aussi facile de proclamer la mort de la famille sans examen, que de condamner les personnes qui ont des comportements violents en les accusant de méchanceté, d'égoïsme, de perversité. L'insécurité ne se juge pas, elle se comprend, en particulier à travers ce mécanisme compensatoire que les exemples qui suivent vont illustrer.

Des manifestations de l'insécurité comme cause de comportements destructeurs et violents

La caractéristique la plus marquante des comportements dominés par l'insécurité est qu'ils font vivre aux autres des situations fausses. C'est la logique même du mécanisme compensatoire par lequel l'organisme humain se couvre de masques pour arracher ce qui lui est dû. Les individus vraiment en état d'insécurité recourent à leur insu même à toutes sortes de mensonges psychiques, de détournements, de subterfuges, de rôles, pour trouver à l'extérieur d'eux-mêmes la sécurité qu'ils n'éprouvent pas en eux-mêmes.

L'insécurité prend alors le visage de la possessivité, de la jalousie, de la mesquinerie, du contrôle excessif de la conduite d'autrui. On ne vous fait pas confiance, on cherche à vous prendre en défaut plutôt qu'à apprécier vos qualités, on fait un usage abusif de son autorité de parent, de patron, de professionnel, de fonctionnaire, on se réfugie derrière sa fonction et son rôle, en ne voulant se sentir responsable de rien ni de personne. On a beaucoup de difficulté à s'abandonner à autrui ou à la vie dans son ensemble, tout en se rendant facilement dépendant d'autrui, ou encore, à l'extrême, on se fait dominateur, despote, tyran, dictateur, n'hésitant plus à recourir à la violence physique comme à une sorte d'aboutissement fatal du recours à la violence morale.

C'est la psychologie de l'animal traqué qui dicte les comportements de l'insécurité qui se venge. *L'individu se méfie et attaque parce qu'il a peur, peur de lui-même avant même d'avoir peur des autres.* L'animal traqué a peur de tout ce qu'il ne peut pas contrôler habituellement dans les limites de son territoire, de ce qui le prend par surprise, de ce qui est *différent* de l'habituel ou du normal. Or, on doit bien se rendre compte d'une chose ici : *l'autre, c'est par définition ce qui est différent de soi, ce qui peut déranger et surprendre.* Plus un individu est lui-même, plus il y a de chances qu'il soit très différent de soi et qu'il provoque l'insécurité chez autrui dans ce contexte[3].

Chaque enfant dans une famille est unique. Les deux adultes qui forment un couple sont uniques. C'est un des défis de la famille, parmi tant d'autres, de permettre à chacun de ses membres d'aller le plus loin possible dans son identité personnelle, dans sa singularité, dans son autonomie. Le défi est d'autant plus difficile que dans la culture qui régit encore la plupart des sociétés, l'autoritarisme et la supériorité dont s'investissent les parents en jouant des rôles, rendent très difficile la véritable rencontre avec les enfants en tant que personnes. Le manque de consistance dans le pseudolibéralisme du laisser-aller peut conduire au même résultat. On n'est pas plus proche de ses enfants à les laisser tout faire qu'en les restreignant constamment. Et que dire des couples que les rôles traditionnels imposés aux hommes et aux femmes amènent à vivre à partir de rapports de dominants à dominés, l'homme dominant ceci, la femme dominant cela.

Alors qu'il faudrait une grande dose de sécurité, d'autonomie personnelle, de confiance en soi et de satisfaction de sa propre vie, pour respecter celle de son conjoint, de ses enfants ou de ses parents, c'est malheureusement le contraire qui se produit dans bien des familles. Des parents insatisfaits de leur propre vie, manquant de confiance en eux, compensent et vengent leurs limites personnelles en se faisant exigeants à l'extrême pour leurs enfants.

Le même mécanisme peut être observé dans les relations humaines en général et dans l'exercice de métiers, de fonctions, de professions : les êtres les plus dominateurs sont souvent les plus insécurisés en regard de leur propre personne. Et il devient « normal », si l'on se place du point de vue des besoins de l'organisme et de cette capacité extraordinaire de la personne à s'affirmer envers et contre tout obstacle, que *ces personnes cherchent à prendre le contrôle de la vie des autres, parce que précisément ils manquent de prise sur leur propre vie.* Ils sont privés d'une satisfaction intime, dynamisante, qui leur permettrait de moins attendre des autres pour se réaliser eux-mêmes, comme personnes.

De la même manière, on constatera que les êtres les plus possessifs, dans les relations amoureuses mêmes, manquent généra-

---

3. Ce n'est pas par hasard que les régimes totalitaires, de même que les majorités silencieuses, ont si peur de l'individidualité.

lement de confiance en leur propre capacité d'aimer, et surtout en leur capacité de s'aimer eux-mêmes. On retrouve ici, dans toute sa lumière, le vieux principe disant que « charité bien ordonnée commence par soi-même », mais que les courants religieux ont souvent relégué dans l'ombre en faisant du don de soi un mythe. Car c'est bien entrer dans un mythe que de prétendre se donner aux autres, lorsqu'on leur demande tout et que l'on est à peine conscient de ce que l'on peut donner soi-même.

- L'insécure[4] finit souvent par avoir raison de celui qui est en sécurité

Prendre le contrôle de la vie des autres parce qu'on manque de prise sur la sienne peut se faire subtilement, en grugeant l'autre petit à petit, par les soupçons, par le contrôle, par les plaintes, par la soumission, par le don qui va jusqu'à l'avilissement de soi[5]. N'est-ce pas ce qui se passe lorsqu'un conjoint, un parent ou un enfant s'accroche à vous, vous file, est toujours là aux aguets, pour voir si vous êtes vraiment là, de corps et d'esprit, si vous n'êtes pas menaçant, si vous pouvez rendre des comptes sur l'emploi complet de votre temps, en vous harcelant sur une foule de détails et en négligeant l'essentiel de ce qui le lie à vous. Car le propre de celui qui est dans l'insécurité alors, c'est de rapetisser la réalité aux dimensions de son insécurité ou de l'agrandir tellement qu'il ne puisse jamais y retrouver aucun point d'appui. « As-tu fait ceci ou cela ? — Es-tu bien sûr ? — Tu ne me mens pas ? — Tu es rentré à quelle heure ? — Où es-tu allé entre temps ? — Tu es bien sûr que tu m'aimes ? — Pourquoi est-ce que tu lui dis ceci à elle (à lui) et que tu ne me dis jamais ça à moi ?... » Voilà un langage type.

À la limite, l'insécure réussit à gruger celui qui est davantage en sécurité dans un couple, entre parents et enfants, ou encore dans une relation de travail. Le faible finit à la longue par avoir

---

4. Le terme « insécure » n'est pas admis encore dans la langue française, mais voilà un autre cas où la langue devrait peut-être rattraper la réalité, car ce terme, sans faire offense à l'esprit de la langue française, et à ses lois, exprime une réalité tout à fait différente de « insécurisé ».

5. On trouvera une illustration de cela dans le livre américain de Marabel Morgan, *La femme totale*, qui consacre l'existence par procuration des femmes, au profit de leur mari et de leurs enfants. Le portrait qu'on trace de la femme dans ce livre ne me paraît pas seulement anti-féminisme, mais anti-femme et anti-personne, ou plutôt a-femme et a-personne.

raison du plus fort. La fameuse série télévisée (devenue par la suite un film), du cinéaste suédois Bergman, intitulée *Scènes de la vie conjugale,* en est une très bonne illustration. Elle met en scène un couple où l'homme est un insécure type, à peu près sur tous les plans de son existence, tandis que la femme est beaucoup plus autonome dans sa vie professionnelle et personnelle. Néanmoins, de conflit en conflit, de crise en crise et alors qu'il devient évident que les problèmes du couple comme c'est généralement le cas sont d'abord des problèmes d'individus, le personnage masculin finira ici par gruger les capacités de résistance de sa femme jusqu'à l'exaspération. Dans un autre film, qui est la suite logique des *Scènes de la vie conjugale, Face à Face,* elle deviendra à peu près folle.

Ce qui se passe dans de tels cas a de quoi nous étonner, mais est pourtant d'une simplicité et d'une logique brutale. Ce qui distingue généralement celui qui est en sécurité de celui qui ne l'est pas, c'est que ce dernier surveille constamment ses arrières, son entourage, essaie par tous les moyens possibles de se rassurer sur lui-même et sur les autres, se protège à l'extrême, tandis que le premier fonctionne sans prendre les précautions de l'autre. Que de fois on observe cette situation dans les milieux de travail, dans des conflits qu'on ne veut pas qualifier autrement que de conflits de personnalité, mais qui bien souvent sont liés à l'insécurité des individus. On dira de celui qui avait raison sur le fond d'une question et qui s'affirmait sans détour: «Il avait raison, mais il n'a pas ménagé ses arrières comme l'autre», qui lui, avait tort sur le fond mais a mis en œuvre assez de combines et de stratégies pour l'emporter par la forme. Il arrive aussi que des spécialistes de la stratégie soient des individus très peu sûrs d'eux-mêmes quant aux contenus qu'ils véhiculent par stratégie. Il y a des politiciens, des leaders sociaux, des administrateurs, qui ont l'art de la stratégie dans l'exercice du pouvoir politique, mais qui ont une compétence très limitée en regard des idéologies, des programmes, des contenus qu'ils doivent administrer. On peut ainsi faire tourner à vide une administration, mener à la guerre une population, éterniser des conflits sociaux et idéologiques, uniquement par des stratégies qui éliminent l'engagement sur les contenus.

On peut observer le même phénomène chez un individu en état de crise provoquée par une insécurité résultant de la privation de quelque chose qui lui était essentiel pour être bien dans sa peau: une grande peur, un choc, la maladie, la perte d'un emploi, la rivalité avec un collègue dont on craint la personnalité, la privation d'un jouet pour un enfant ou d'un bien quelconque estimé indispensable. Tout individu dans cette situation peut devenir assiégeant, au point que l'on entendra souventes fois ce cri de la part de ceux qui tenteront de s'en occuper : « Elle va me rendre fou ; il va me rendre folle. » Ceux qui ont vécu des crises conjugales, l'auront aussi entendu ou crié eux-mêmes. Et bien des fois, c'est le plus faible dans le couple qui l'aura emporté, si l'on peut parler ainsi...

D'autres exemples tirés de l'expérience commune peuvent faire saisir cet aspect, de même que les autres dimensions de l'insécurité évoquées jusqu'ici.

Les enfants deviennent tyranniques lorsqu'ils veulent simplement qu'on s'occupe d'eux. L'enfant insécurisé multiplie les crises pour attirer l'attention sur lui et sur son insécurité.

Les personnes âgées, insécurisées dans la mesure même où elles se savent ou se sentent rejetées par leur milieu, vont réagir à la manière d'enfants mal-aimés en se mettant manifestement à la charge de leur milieu, jusqu'au harcèlement au besoin et d'une manière absolument infatigable. On rejoint ici l'extraordinaire énergie de l'enfant frustré, qui peut pleurer pendant des périodes interminables pour obtenir gain de cause.

La maladie, parce qu'elle est proprement la perte de la sécurité sur le plan physique, fournit un bon laboratoire pour étudier l'insécurité. Quand on est malade, on devient vite fatigant et harassant pour les autres. Ne nous supportant plus nous-mêmes, on en vient à ne plus supporter les autres, même s'ils essaient de nous aider. On sait l'abus, dans ce contexte, que les malades, comme les mal-aimés, peuvent faire de ce qu'on appelle les bénéfices secondaires. Ce n'est pas par hasard qu'il y a une partie de la clientèle des hôpitaux qui est presque stable. Quantité de personnes se rendent compte que la maladie est un moyen pour qu'on s'occupe d'eux, pour qu'on s'intéresse à leur personne. Le bénéfice secondaire qu'ils retirent de la maladie, du fait que l'on s'occupe d'eux, leur permet de venger positivement et négativement à la fois leur insécurité affective et relationnelle.

Dans le même sens, *on ne devra pas s'étonner de voir de plus en plus d'individus, placés en état d'insécurité par la société, par le chômage notamment, ou par une organisation du travail qui ne tient pas compte des besoins de la personne, se mettre à la charge de la société.*

Voilà donc un premier portrait. Il fait voir à ce stade « un » aspect de ce que peut entraîner la privation de la sécurité, mais c'est l'aspect qui nous renvoie à une sorte de monnaie courante quotidienne. Il nous explique du même coup la présence de la violence et les risques d'exploitation subtile d'autrui qui découlent d'un manque de sensibilisation aux exigences du développement de la personne. Car là est pour moi le vrai problème et la première fonction de la famille pour prévenir et engendrer une qualité de vie.

Une notion fort concrète nous permettra de faire un pas de plus, en approfondissant à la fois ce qui peut porter un individu à la sécurité et ce qui peut entraîner sa privation. C'est la notion de compétence.

Une bonne façon de comprendre la sécurité :
appliquer la notion de compétence au développement de sa personne

J'ai constaté que la notion de compétence aidait autant la plupart des gens à comprendre l'importance de la sécurité, qu'elle m'avait aidé moi-même. Qu'est-ce qui donne, par exemple, le plus de sécurité dans un métier que la compétence ? Et la compétence a ceci de rigoureusement comparable à la sécurité : elle est aussi rassurante pour les autres que pour soi-même. Dans une famille, on peut donc développer la compétence de chacun des membres de la famille, si chacun est amené à prendre conscience de ses capacités individuelles et à les utiliser en conséquence[6].

Le sens commun nous a depuis longtemps fait voir que, les gens les plus compétents sont généralement les plus humbles quant à l'état de leurs connaissances et surtout, qu'ils peuvent allier à une grande sûreté le sens de l'inquiétude intellectuelle et de l'apprentissage. Les gens les plus compétents sont aussi des personnes ouvertes, la plupart du temps, à d'autres idées que les leurs, à d'autres convictions. *La confiance en soi entraîne la confiance aux autres.* Les manifestations de la sécurité nous présentent vraiment, là encore, le portrait inverse des manifestations de l'insécurité. Autant la violence et l'irrespect d'autrui sous diverses formes sont fréquemment l'expression de l'insécurité qui se venge, autant le respect d'autrui et les capacités d'échange positif sont les produits de la sécurité personnelle.

---

6. La notion de compétence est de plus en plus utilisée en psychologie de l'enfant. Un enfant est vu comme compétent à partir des apprentissages qui sont propres à tel ou tel stade de développement et qu'il réussit. Cette notion doit s'appliquer à l'adulte également, dans la mesure où l'on accepte de voir tous les apprentissages qui sont spécifiques au développement de l'adulte. Cela exige surtout que l'on cesse d'associer « maturité » et adulte. Il y a des enfants qui sont beaucoup plus matures que des adultes, parce qu'ils réussissent mieux les apprentissages qui sont propres à leur âge.

Quand on a beaucoup de connaissances sur un sujet, on est ouvert au dialogue et à la confrontation, on ne craint pas d'en parler. Dans les milieux d'enseignement, j'ai observé le même phénomène pendant quinze ans : ce sont les professeurs les plus compétents qui étaient les moins jaloux de leur autorité et les plus disponibles pour répondre substantiellement aux questions des étudiants.

Les professeurs les plus insécures et les moins compétents sont fréquemment comme les parents insécures, « jaloux » de leur titre, de leur fonction, de leur autorité. On aura évidemment observé le même phénomène dans des bureaucraties et des administrations de tous ordres. Les patrons et les fonctionnaires les plus insécures, comme personnes et dans le champ de leurs connaissances, s'accrochent à tout ce qui leur donne du pouvoir formel. Ils vont avec leurs titres et leurs diplômes quasi imprimés sur leur front, n'osent pas sortir des sentiers battus, frémissent devant des cas nouveaux et complexes, prennent panique à l'annonce de tout changement, se réfugient derrière les pratiques longuement établies par les autres et ont une peur bleue de la discussion franche, de la confrontation en équipes et de la collégialité. J'ai vu un jour le président d'une haute administration, insécurisé par sa tâche et en conflit avec ses collègues qui lui reprochaient d'avoir peur de partager son pouvoir, écrire lui-même la définition de ses pouvoirs en s'appuyant sur le dictionnaire, pour essayer de convaincre ses collègues que la définition de ses fonctions dans le dictionnaire lui donnait une supériorité sur eux.

L'insuffisance de moyens sur le plan du langage amène des individus et des foules entières à recourir à des actions violentes, pour exprimer par le geste ce qu'ils ne peuvent pas dire par la parole. Le coup de poing sur la table et la série de jurons peuvent avoir cette signification. Dans les familles, au sein des couples, l'insuffisance du dialogue entraîne ainsi, dans d'innombrables cas, l'usage de la violence physique. C'est pourquoi l'habitude de la communication verbale, et non verbale, basée sur une expérience sécurisante de confrontation, d'échange, d'évaluation de comportements, pourrait transformer nombre de familles et de couples. Mais en général, on a peur des remises en question, des confrontations profondes sur le vécu de chacun.

À cet égard, l'un des signes incontestables du manque de sécurité des personnes dans les familles est la très grande difficulté que l'on rencontre, chez la plupart des couples et dans les relations parents-enfants, à pouvoir vivre positivement des conflits, des crises.

45

On fait comme si l'on était « arrivé », « fixé » comme personne, comme couple, alors que dans les faits on est en plein cheminement.

Je crois que ce que les jeunes attendent, instinctivement d'ailleurs, de plus global comme de plus fondamental, de leurs parents, c'est de pouvoir compter sur eux comme sur des personnes, vraies, authentiques, réelles, en cheminement constant. Et est-ce que la même exigence n'est pas au cœur de l'expérience d'un couple ? Que peut-on exiger de plus essentiel et de minimum à la fois d'un conjoint, *qu'avec lui ou avec elle on devienne davantage soi-même, une personne qui s'aime elle-même de plus en plus, à force de vivre avec l'autre,* une personne qui soit de plus en plus fière de ce qu'elle devient dans un milieu auquel elle peut s'identifier positivement.

Il y a plein de gens dans le monde qui sont fiers de dire qu'ils sont Québécois, Américains, Suédois, Anglais, Français, qu'ils appartiennent à telle société et qui s'en réclament. Je ne pense pas qu'il soit démodé de souhaiter qu'à notre époque on puisse être fier de dire, à tout le moins d'en vivre au-dedans de soi, qu'on est le fils ou la fille « de », qu'on vit depuis tant d'années avec « elle » ou avec « lui ». La question de l'appartenance à une famille où l'on prend son envol comme personne, où l'on se fait chaque jour, est fondamentale. Elle pose tout le problème de la qualité de nos liens affectifs, de nos liens spirituels, de nos sources physiques, de l'histoire de notre corps.

La question de l'autorité des parents vis-à-vis des enfants et aussi celle de la fidélité dans le couple se poseraient d'une toute autre façon qu'elles se sont posées jusqu'ici, si les parents, si l'homme et la femme, étaient animateurs de leur propre existence et de celle de leur famille, s'ils apparaissaient d'abord comme des êtres à la recherche d'une compétence humaine en tant que personnes et s'ils partageaient ostensiblement une quête de croissance individuelle.

— *Pourquoi est-ce que toi, tu fais si facilement telle chose ?*

— *Pourquoi est-ce que tu réagis si violemment à cela ?*

— *Pourquoi sembles-tu avoir peur de telles personnes ?*

— *Pourquoi ne fréquentes-tu que ce genre de personnes ?*

— *Pourquoi es-tu si agressif en telle circonstance ?*

— *Comment pourrais-tu m'aider à développer ceci en moi ?*

— *Tu es mon père, mais je n'ai pas confiance en toi. Pourquoi en suis-je arrivé là ?*

— *Je veux bien m'appuyer sur toi, mais toi, est-ce que tu as vraiment besoin de moi ? Est-ce que tu m'admires un peu ? Il ne* peut pas y en avoir qu'un de nous deux qui puisse compter sur l'autre. Encore faut-il se le dire, savoir sur quoi, toi, tu peux compter chez moi, et sur quoi, moi, je peux le plus compter en toi.

— J'ai besoin de te dire ce que je vis, moi, en dedans de moi, sans me sentir jugé, contrôlé, évalué.

— Vous parlez de confiance, de respect, mais comment se fait-il alors que devant vous je ne me sens jamais libre de parler de ce que je vis intimement, de ma sexualité, par exemple? Je suis sûr que je peux apprendre des tas de choses sur moi et sur les autres dans les relations sexuelles. Mais pourquoi est-ce qu'on ne peut à peu près jamais en parler avec les parents?

— Si vous nous faites confiance, pourquoi ne nous laissez-vous pas choisir nos amis? Pourquoi contrôlez-vous toutes nos sorties? Pourquoi nous culpabilisez-vous à l'avance en nous disant que vous nous faites confiance, et en nous mettant devant toute une série de choses à ne pas faire en votre absence?

— Moi, depuis que mes parents ont ouvert mes lettres et sont allés jusqu'à lire mon journal, c'est fini. Je ne pourrai plus jamais leur parler de moi. Ils m'ont sorti de la famille en me faisant cela.

— Je veux bien y croire à votre famille, moi, mais qu'est-ce que vous pouvez m'apporter comme parents si vous ne croyez pas à votre propre vie, si vous ne faites confiance à personne, si vous êtes toujours à nous rabâcher les oreilles avec vos prédictions défaitistes en disant «Quand t'auras mon âge ... quand t'auras mon âge». Ça me donne le goût de ne pas avoir votre âge. C'est logique, non! Alors qu'est-ce que je fais?

— Nous, on a le goût qu'on puisse se parler des vraies affaires. Ça fait quinze ans qu'on vit avec vous et qu'on ne vous a jamais entendus parler pour vrai de ce que vous vivez comme couple. Pourquoi vraiment êtes-vous ensemble? Ce n'est pas seulement à cause de nous? Qu'est-ce qui vous tient ensemble chaque jour? Qu'est-ce qui est vraiment difficile pour vous dans votre vie? Si on ne peut pas se parler de ce que l'on vit chacun dans la famille, de ce qui nous tient ensemble ou nous éloigne, à quoi ça sert une maison, l'argent, cette routine...?[7]

---

7. Extraits de rencontres de groupes rassemblant des jeunes, des parents, des couples, où la tâche à accomplir était d'aller le plus loin possible ensemble dans l'expression de ses besoins très intimes, en regard des relations humaines vécues dans la famille.

Il faudrait écouter encore longtemps ces personnes parler — des jeunes surtout — nous dire leurs besoins de personnes, se poser des questions essentielles sur leurs raisons de vivre, leur degré d'autonomie, de solidarité humaine, de sécurité, d'appartenance à une famille.

Ce genre de questions, et les dialogues auxquels elles peuvent donner lieu entre membres d'une même famille, est-ce monnaie courante? Est-ce là le genre de nourriture d'où l'organisme familial peut tirer sa santé mentale et affective? Est-ce que la famille est le lieu de ces explorations où, au sein d'un couple, entre parents et enfants, on peut régulièrement parler de ce que l'on vit au-dedans de soi, de ses cheminements comme personne, de la satisfaction ou de la frustration de ses besoins, de ses relations avec les autres, de son corps, de ses passions, de ses inquiétudes, de ses angoisses, de l'état dans lequel se trouve l'admiration qu'on peut se porter mutuellement au sein de la même famille, de sa tendresse brimée, de la dernière grande satisfaction qu'on a ressentie à être soi-même et pas un autre...

Pour quantité d'individus, et je dirais même en règle générale, *le problème de l'insécurité est un problème de sous-emploi ou de mal-emploi des personnes par le milieu.* D'où l'immense responsabilité de la famille qui est le premier «employeur de la personne». (Le deuxième est l'école.)

Qu'est-ce qu'une famille fait de la capacité de chacun de ses membres? Qu'est-ce qu'un conjoint fait du partage quotidien des capacités de son conjoint? «Qu'as-tu fait de tes talents?» demande-t-on dans l'Évangile. Il faudrait poser la question aux familles: qu'avez-vous fait des talents des personnes qui croissaient, qui se développaient comme personnes dans la famille? Est-ce que la vie de couple, au long des jours, est le moyen pour chacun des deux individus d'aller plus loin dans la satisfaction de lui-même, dans la confiance qu'il a d'être une personne possédant telles et telles capacités?

La fonction de compétence est également porteuse d'une DÉMOCRATISATION DE LA CULTURE ET DES RAPPORTS HUMAINS dont on rêve de plus en plus dans nos sociétés bureaucratisées et dominées par le pouvoir des spécialistes et des professionnels. Très spécifiquement, cela signifie que *les parents doivent pouvoir exercer leur métier de parents et vivre leur aventure personnelle sans être placés, par nos sociétés, à la merci d'un cortège de professionnels qui viennent leur dire quoi faire et comment vivre.* Il y a des situations invraisemblables qu'on est en train de vivre sur ce plan-là, quand on voit, par exemple, un jeune travailleur social de vingt ans, tout frais émoulu de l'université, avec un petit diplôme et sous son diplôme tous ses problèmes à lui de croissance personnelle, venir dire à des gens de quarante cinquante ans comment ils doivent vivre, au nom de quelle idéologie ou de quelle théorie actuellement à la mode dans le monde des sciences humaines. Il est clair que des professionnels de plusieurs disciplines peuvent rendre des services indispensables à la famille à notre époque, mais à la condition expresse que ces services aient pour objectif premier de faciliter aux gens leur prise en charge.

Nos sociétés, nos états, ont des choix déterminants à faire dans ce contexte, notamment quant à l'organisation de leurs services sociaux et aux politiques sur la famille. Allons-nous, dans trop de cas, refaire ici ce que nous avons fait avec la santé et l'école, en confiant nos corps et nos esprits à des médecins, à des enseignants et à des techniciens de tous ordres? C'est toujours pitoyable de se retrouver dans un hôpital et de ne même pas pouvoir se faire expliquer par les professionnels de la santé, dans un langage accessible à tous, ce qui arrive à notre corps. C'est aussi pitoyable que de confier une cause judiciaire à un avocat qui nous demande un chèque en blanc, une confiance aveugle en sa compétence et qui est incapable de nous dire comment fonctionne le droit, dans une langue accessible... Je ne reprendrai pas ici le discours d'Illich, qui est essentiel sur ces points, pour tous ceux qui ont soif d'une démocratie qui atteigne les personnes dans leurs besoins et leurs droits les plus fondamentaux.

On voit l'ampleur des enjeux en cause pour la qualité de la vie humaine et de la civilisation. Les grands techniciens de l'État et notamment ceux qui, dans certaines de nos sociétés, commencent à s'appeler « les travailleurs » de l'enseignement et de l'éducation, vont-ils enfin être capables de mettre en œuvre des politiques et des méthodes pédagogiques qui permettront aux personnes de se prendre en charge elles-mêmes, dans l'essentiel de leur développement personnel? Peut-on collectivement équiper les familles, mettre à leur disposition des ressources qui permettent aux membres de la famille d'assumer eux-mêmes le développement de la personne et de vivre davantage en fonction de cet objectif de croissance? Parler de sécurité et de compétence des personnes dans ce premier chapitre, c'est nécessairement ouvrir la voie aux questions collectives et politiques, dont nous traiterons dans la dernière partie de ce livre. Que peuvent les personnes dans des sociétés qui n'existent pas pour elles? Comment la famille peut-elle vivre au niveau du « développement » de la personne, si l'environnement collectif ne s'y intéresse pas et si l'on évalue strictement le « fonctionnement » des personnes en vue d'une rentabilité matérielle, fonctionnelle, productive ?

Ce n'est rien de facile puisque *l'idée même d'un développement organique de la personne dans nos sociétés est à semer.* Le prochain pas que nous allons franchir dans ce chapitre va l'illustrer en nous permettant, d'une part, de creuser cette notion de compétence de soi comme personne et d'aller plus loin, d'autre part, dans l'examen des manifestations de l'insécurité qui peuvent tout à fait coexister chez un même individu avec la sécurité.

Comment on peut se tromper sur soi-même et tromper les autres, en n'identifiant pas ses zones de sécurité et d'insécurité

Le cas type que je vais présenter pose un problème précis : comment on peut en quelque sorte s'échapper à soi-même dans toute une partie de sa vie, en étant très fort dans une autre. Ce cas se situe également dans un groupe type, soit celui des personnes qui ont une grande maîtrise de leurs ressources intellectuelles, mais qui sont souvent démunies devant le contrôle de leur vie affective. Il s'agit d'une rupture qui s'observe fréquemment chez les hommes, lesquels reçoivent, dans la plupart de nos sociétés occidentales, une éducation qui diminue leur développement affectif en regard de celui des femmes. Le fait qu'on nous éduque à ne pas montrer nos sentiments a souvent pour effet de nous amener à sous-estimer le monde des sentiments. On nous apprend aussi à se garder d'avoir des émotions, à ne pas pleurer pour contrôler une pseudo-virilité à l'état brut. D'une manière plus fondamentale, les hommes sont amenés à ne pas se rendre responsables du monde des relations interpersonnelles et du développement de la personne, préférant le confier aux femmes. Ils les ont instituées gardiennes de ce refuge affectif qu'est la famille et aussi, jusqu'à il y a quelques années dans nombre de sociétés, gardiennes des œuvres de service à la personne dans des institutions comme les hôpitaux, les écoles pour enfants difficiles, et combien d'autres encore. Ces éléments sont très apparentés à la compréhension du cas qui suit.

Le cas dont nous allons parler est celui d'un ex-religieux qui, dans la communauté dont il faisait partie, figurait parmi les sommités de son élite intellectuelle. Il a appartenu à cette communauté durant vingt-trois ans et, pendant plus de dix ans, point important dans ce cas, il a joint à ses activités dans les domaines de la théologie et de la philosophie ce que l'on appelait à l'époque chez nous « la direction spirituelle », en la réservant strictement aux femmes [8].

Il quitte sa communauté pour plusieurs raisons, dont les principales tiennent à un contexte de remise en question qui entraîne une véritable saignée des effectifs de plusieurs communautés, à un début d'aventure avec l'une de ses dirigées, à un besoin de relations avec des femmes, lequel, après dix ans de vie laïque, était plus ou moins confondu avec ses besoins sexuels.

Un an après avoir quitté la vie religieuse, il épouse, dans un mariage civil, une amie de la jeune dirigée avec laquelle il avait commencé une aventure et qui est âgée comme elle de 22 ans. Elle compte quinze ans de scolarité. Il est alors âgé de quarante-quatre ans et est titulaire de deux doctorats. (Ces renseignements sont importants dans ce cas.) Il divorce au bout d'un an et demi, pour aller vivre dans ce qui deviendra une union de fait avec une femme de plus de trente ans et jugée par lui « très forte intellectuellement ».

Cette deuxième union ne durera qu'un an environ et sera suivie d'une période très dépressive, puis du projet d'un retour éventuel à la vie religieuse, projet rendu impossible par le développement d'une troisième aventure et qui aura donné lieu à un avortement.

Pendant ce temps toutefois, cet individu n'a aucune difficulté à prolonger et à imposer, dans la société laïque, sa réputation intellectuelle. Il occupe des postes clés quasi à son choix.

D'une analyse qui pourrait être très longue, sur un cas qui est loin d'être aussi exceptionnel qu'on pourrait l'imaginer, retenons quelques observations relatives au problème que nous voulons approfondir. Je précise que j'ai tenu compte, en isolant ces observations, de plusieurs autres données notamment celles qui étaient liées à l'histoire religieuse de cette personne et à l'impact que cette histoire a pu avoir sur sa culpabilité, par exemple.

---

8. J'ai choisi ce cas non seulement parce qu'il s'agit d'un cas type, pour illustrer notre propos, mais aussi pour son importance sociologique. Il se situe en effet dans le contexte de la transformation radicale de l'influence de l'Église sur la société et sur les valeurs dictées à la famille. Il faut se représenter le choc subi par des gens de 40 ans et plus qui, pendant des années, s'étaient fait tenir la main en direction de l'éternité par des religieux, et qui brusquement voient ces religieux changer complètement de valeurs. Ce qui était hier sujet de damnation est devenu, du jour au lendemain, source de libération humaine chez ceux qui leur dictaient le sens de leur vie.

1. L'expérience de relations interpersonnelles et de vie affective de Monsieur «X» a été vécue quasi exclusivement avec des hommes, de vingt à quarante-trois ans, années auxquelles il faut ajouter huit années passées dans un collège masculin. Dans cette communauté, malgré les objectifs de charité et d'amour visés pour le service à la chrétienté, c'était souvent la règle du chacun pour soi qui dominait les rapports quotidiens entre les personnes.

2. L'expérience affective la plus marquante et la plus positive pour cette personne était, chose peu rare, le fait de sa relation avec sa mère. La relation avec son père avait toujours été conflictuelle.

3. Son expérience de direction spirituelle auprès des femmes était intense sur les plans affectif, intellectuel et spirituel, mais son rôle dans cette expérience était celui d'un «dirigeant», peu habitué d'ailleurs à vivre des relations intenses d'égal à égal.

4. L'évaluation du premier mariage avec la première jeune femme fait ressortir comme difficulté majeure l'insatisfaction intellectuelle, insatisfaction qui était compensée au début par une vie sexuelle enivrante. Chose assez typique pour ce qui nous intéresse, il a été très difficile à cette personne de se rendre compte qu'il ne pourrait pas, du jour au lendemain, remplacer dans le quotidien une communauté qui représentait d'abord pour lui un milieu d'intense satisfaction intellectuelle, par une jeune femme de vingt-deux ans qui n'était pas, dans le cadre de ses intérêts personnels, tournée vers la vie intellectuelle. Le conflit entre la satisfaction sexuelle et l'insatisfaction intellectuelle devint insupportable, aux deux d'ailleurs. Autre détail important, à ses yeux et objectivement: en dehors de ses performances sexuelles, il était incapable d'admirer cette femme, de qui il était follement admiré.

5. On aura noté évidemment la rapidité et l'importance des bouleversements survenus pendant une période de cinq ans, entre quarante-quatre et quarante-neuf ans: le départ de la communauté, trois unions avec des femmes qui sont des échecs, un avortement, le projet de retourner en communauté. Bien que le départ de la communauté puisse avoir causé un choc grave, avoir été mal assumé et avoir produit une sorte d'effet d'entraînement dans des unions avec les femmes, comme s'il devait y avoir multiplication d'échecs pour se culpabiliser à outrance, cette dimension est apparue comme subordonnée au problème global et permanent de la maîtrise de la vie affective depuis l'enfance.

6. On aura noté également la dichotomie extrêmement marquée entre les succès de la vie intellectuelle et de la carrière,

d'une part, et les échecs de la vie affective et des relations inter-personnelles, d'autre part.

L'observation la plus importante et la plus évidente, celle d'ailleurs qui revient le plus fréquemment chez les non-spécialistes qui réagissent à ce cas, touche l'extrême fragilité de la vie affective et des capacités relationnelles avec autrui pour un individu de plus de quarante ans, qui est par ailleurs une sommité intellectuelle et un *leader* dans l'organisation collective de la société où il évolue.

Cette observation est toujours liée, chez les non-spécialistes, et dans un contexte empathique à l'égard du cas de Monsieur « X », à de multiples constatations et interrogations sur la situation des trois femmes et sur l'avortement auquel a donné lieu la dernière relation. Bien sûr ces trois femmes se sont engagées librement dans ces relations, mais que veut dire la liberté dans l'expérience des relations interpersonnelles, face à l'infinie complexité des responsabilités qui découlent de l'engagement affectif? Une chose est certaine: les dégâts psychiques ont été nombreux pour tous. Et il y a eu pire, puisque trois ans après la dernière union qui s'est rapidement détériorée à la suite de l'avortement, apparemment décidé par la jeune femme et sans aucune pression indue de la part de Monsieur « X », ce dernier s'est suicidé. Il avait entrepris une thérapie qui lui était devenue insupportable et au cœur de ce cheminement il y avait, de plus en plus présente, la haine du père.

La remontée vers les antécédents familiaux ramenait, une fois de plus, des conflits non résolus, mais qui n'avaient pas cessé de vivre dans l'organisme au point de modeler son développement et d'orienter ses comportements. L'insécurité affective et relationnelle, liée à la fois au conflit avec le père, à la dépendance à l'égard de la mère, à l'histoire en communauté mâle, s'est manifestée brutalement au changement de vie, par une sorte d'abandon aveugle aux circonstances nouvelles et aux personnes qui se présentaient pour combler les besoins affectifs, relationnels et sexuels. Et ceci se passait chez quelqu'un qui était formé à la maîtrise de la vie intellectuelle, au point de la survaloriser au détriment des autres ressources et besoins de sa personne.

Les circonstances particulières entourant ce cas étant mises à part, on est loin d'être devant l'exceptionnel. On peut se représenter une foule de situations, dans la famille, dans les relations amoureuses, dans les relations de travail, où de telles carences de la personne donnent lieu à des dégâts énormes. Et c'est une illusion de croire que l'on peut exercer des métiers et des professions, diriger ses semblables à des postes de commande, sans que des conflits aussi violents à l'intérieur de soi n'aient de répercussion sur autrui.

La fragilité de l'être humain ;
se garder d'opposer systématiquement sécurité et insécurité

L'être humain est aussi fragile que puissant, par nature, par la difficulté de prendre charge de son existence personnelle et de ses rapports avec autrui, et du fait que les individus trouvent en général bien peu de supports collectifs pour devenir des personnes. Je rappelle cette vérité première, au cœur de ce chapitre, pour situer la sécurité et l'insécurité en conséquence et dire combien il faut rester réaliste dans la détermination à conquérir la sécurité, sans toutefois ne jamais renoncer à cette détermination.

Forts ici, les êtres humains trébuchent là. Celui qu'on prenait pour un surhomme hier, s'écroule aujourd'hui, tandis que celui qu'on prend pour un faible pourra se révéler demain un héros. Les situations extrêmes, comme la guerre, révèlent ainsi nombre de personnes qui, sans une stimulation extraordinaire, seraient peut-être toujours restées obscures à leurs propres yeux et à leur entourage. Dominant ceux-ci, nous sommes dominés par ceux-là. Rien n'est plus rare que l'égalité réelle entre les êtres. La vie affective, le respect des différences entre les êtres, l'expérience de relations humaines positives soutenues représentent des défis souvent insurmontables. Pensons qu'en 1980, des individus de plus en plus nombreux paient cher pour aller, dans des sessions de groupe ou dans des bureaux de thérapeutes, apprendre simplement à donner la main, à dire bonjour, à être capables de toucher et être touchés. En 1980 encore, la sexualité représente un potentiel à peine exploré, au strict plan des connaissances physiologiques aussi bien qu'au plan des interactions qui caractérisent les relations sexuelles et qui touchent la totalité de la personne.

On vit avec un corps dont on ignore presque tout, principalement dans la culture occidentale. Deux milliards de cellules logent dans notre cerveau et nous avons exploré jusqu'à maintenant à peine 10% de sa puissance. À cinq ans, l'intelligence d'un enfant est déjà développée à 50%, à vingt ans, ce développement sera presque complété. Dans un grand nombre de sociétés, en Occident toujours, plus de 30% des jeunes n'ont pas tout ce qu'il faut pour être adaptés de façon minimale à l'existence, les formes de mésadaptation allant des tares génétiques à l'incapacité de réussir suffisamment à l'école, en passant par les multiples formes de mésadaptation physique, affective et sociale. Et c'est aux extrémités de la vie que nous réussissons le plus mal, peut-être parce que nous y investissons le moins, livrant les personnes âgées et les jeunes à toutes sortes de formes d'irrespect, d'exploitation et de discrimination. Nous célébrons la justice et les droits de l'homme en paroles, mais dans les faits nous trouvons les pires formes d'inégalité entre les deux moitiés de l'humanité que sont les hommes et les femmes. La plupart des individus sont, vis-à-vis des pouvoirs qui régissent nos sociétés, dans le même état de dépendance, dans le même statut psychologique de mineurs, que la plupart des enfants devant le pouvoir adulte.

Voilà la sorte de tableau qui illustre une problématique de civilisation bien réelle et devant laquelle les familles devraient se placer, en groupes, dans des démarches de discussion et de réflexion. C'est en tout cas devant un tel fond de scène que l'interaction de la sécurité et de l'insécurité des êtres se joue dans le concret.

Montrer l'importance de la sécurité n'est pas plaider pour une «assurance tous risques». Le développement de chaque individu se fait dans l'interaction de ses forces et de ses faiblesses à soi, dans l'interaction avec celles des autres. *L'essentiel est de pouvoir en être conscient, de vivre à ce niveau de développement de la personne et de plaider pour un environnement collectif qui facilite cette prise de conscience et ce niveau de développement.* Que d'individus en arrivent à découvrir un réel bien-être, à réinventer leur propre vie, à partir du moment où ils peuvent identifier leurs zones de sécurité et d'insécurité, en particulier dans leurs relations avec autrui.

Il ne s'agit pas non plus d'opposer sécurité et insécurité d'une façon systématique et globale, comme si dans la société il y avait d'un côté des êtres en sécurité et de l'autre des êtres dans l'insécurité. La réalité est plus complexe et souvent médiane, dans le sens où, par exemple, un même individu a des comportements de sécurité dans telles circonstances et dans tels domaines, et des comportements d'insécurité dans d'autres dimensions de son existence.

Le «pouvoir énergétique» que représente pour l'organisme l'affirmation du besoin de sécurité est tel, qu'il est fatal qu'un individu retire des satisfactions dans toutes sortes de comportements, que ce soit des satisfactions compensatoires comme nous l'avons montré, ou que cela corresponde tout simplement à des secteurs d'activité où la personne investit le plus et se sent à l'aise. Ainsi d'aucuns témoigneront d'une très grande sécurité dans des activités intellectuelles, dans des habiletés physiques, dans des domaines spécifiques comme la création artistique, alors que dans d'autres dimensions ils se révéleront insécures. Atteindre la sécurité comme un état de satisfaction qui modèle l'ensemble de son développement personnel représente une longue conquête, et surtout une très longue quête. Et cette quête requiert d'ailleurs la capacité de pouvoir vivre avec une certaine insécurité.

Chez une foule de gens néanmoins, les réponses que leurs comportements ont pu offrir à leur besoin de sécurité, dans leur enfance et leur adolescence surtout, ont progressivement modelé leur personnalité dans le sens de la sécurité ou de l'insécurité. On voit ainsi les enfants faire très jeunes des choix déterminants par rapport à ce qui les sécurise et les insécurise, se développant dans tel domaine, écartant tel autre. On constatera, par exemple, que Jacques fonctionne bien quand il s'arrange tout seul, tandis que Pierre recherche les situations de compétition pour s'affirmer à tout prix, que Paul aime bien s'entourer d'amis à la condition qu'il dirige leurs jeux, que Louise semble à l'aise quand on ne lui demande pas de prendre des initiatives, que Jeanne s'isole dès qu'il vient des visiteurs dans la famille, et ainsi de suite. Toutes ces attitudes ont une raison d'être dans le développement du jeune et le disposent à se sentir bien avec les autres ou mal, dans telles et telles conditions qui correspondent à sa façon personnelle de vivre dans la sécurité ou l'insécurité ses rapports avec les autres.

● L'insécurité créatrice et la sécurité destructrice

L'insécurité peut être créatrice et la sécurité destructrice. Sans l'ériger en règle comme d'aucuns y tendent souvent, il est clair que la privation, la souffrance, l'inquiétude peuvent être sources de créativité[9]. Que de fois on aura vu des individus privés de toutes sortes de ressources dans leur milieu, en développer d'énormes à partir de leur vigueur interne. Les êtres qui « réussissent à aller loin », comme on dit, sont souvent des êtres qui n'ont pas été gâtés par la vie au départ. À l'inverse, des êtres gâtés par la vie se seront assis sur leur acquis dans une dépendance stérile à l'endroit,

---

9. On pourrait évidemment citer ici l'exemple classique des œuvres d'art, qui le plus souvent ont été produites dans des conditions d'insécurité matérielle, sociale, psychologique et autres encore. Mais cela est très particulier, car il faut distinguer la relation de l'artiste à son œuvre de sa relation à sa vie et à ceux qui l'entourent. Dans le premier cas, l'insécurité a un effet créateur, tandis que dans le second c'est souvent le contraire. Cette question est extrêmement riche pour approfondir l'univers de la sécurité, mais elle nécessiterait à elle seule plusieurs ouvrages.

par exemple, de leurs ressources matérielles. C'est presque un lieu commun de rappeler que la vraie bourgeoisie n'est pas une affaire de biens matériels, mais l'expression d'une attitude de la personne qui fait qu'on se repose sur des acquis, qu'on se fixe, avec une douce assurance, qu'on ne veut pas être confronté à d'autres valeurs que les siennes.

L'observation des milieux de délinquance juvénile est éclairante à cet égard, précisément sous l'angle des conditions de sécurité personnelle et de développement fort de la personnalité. On sait en effet la situation classique de nombreuses familles de milieux favorisés qui suscitent toutes sortes de pathologies, notamment des cas d'insécurité chronique qui débouchent sur la vengeance affectivo-sociale que constitue pour eux la criminalité, pour des raisons de carence affective et de conflits variés avec les parents. Que de fois des adolescents commettent un délit ou un acte de violence pour attirer l'attention de leurs parents, du père bien souvent, occupé autrement qu'à ses tâches de père ou convaincu que lorsque l'on a abondance de pain, on n'a plus besoin d'autres rations ou qu'elles viennent toutes seules. Que de fois des adolescents, des enfants même, vont jusqu'au suicide, pour rappeler cruellement à leur milieu familial et à leurs camarades qu'ils existaient et qu'ils avaient d'autres besoins que des besoins matériels.

L'expérience des sociétés bien nanties et des collectivités de consommation que nous avons développées dans les dernières décades n'est pas moins éclairante. On y voit bien que si l'augmentation du niveau de vie n'est pas accompagné d'autres ressources que les ressources économiques pour évoluer vers une vie plus humaine, cette vie plus humaine n'arrivera pas et même on pourra régresser. Le nombre de personnes inadaptées, dépendantes, dominées, insécurisées, ne cesse de s'accroître dans nos sociétés bien nanties. Même parmi les sociétés bien nanties, où par exemple l'on a réussi à procurer à la majorité de la population le même revenu, le problème du développement de la personne et de sa sécurité individuelle demeure entier.

● Vivre avec l'insécurité

Le fait de ne pas savoir quelque chose, de se tromper même, comme le fait d'être privé de quelque chose, peut être stimulant, si l'on est capable d'en tirer profit. Qui n'a pas fait l'expérience de cette dynamique que l'on identifie comme le « savoir oser ». Que de gens ne se risqueraient pas à faire telle chose, à produire, si précisément ils n'avaient pas un certain défi à relever ou quelque chose à apprendre en le faisant. Oser faire un nouveau métier, s'engager socialement alors qu'on n'avait pas l'habitude de s'impliquer, se prendre en charge sans être à la merci des spécialistes, acquérir des habiletés dans des domaines où l'on n'a pas nécessairement été préparé, voilà autant de formes de la dynamique du savoir oser.

Il n'est pas de grand comédien qui n'ait connu l'expérience du trac et qui ne l'ait apprivoisé durant toute une carrière. Ceux qui ont vaincu leur bégaiement, par exemple, ou encore qui ont dominé des phobies, ont expérimenté le fait de vivre avec l'insécurité liée à leur bégaiement ou à leurs phobies.

Vivre avec l'insécurité, c'est par-dessus tout vivre avec les difficultés de sa croissance comme avec tout ce qui peut la faciliter. C'est vivre avec les difficultés de croissance du couple et de la famille dans son ensemble. Cela constitue l'un des comportements de maturité et d'adaptation à la réalité les plus nécessaires qui soient. On pourrait, pour cerner le phénomène de façon plus précise encore, évoquer la «capacité de tolérance à la frustration», qui conditionne tout processus de croissance et de partage avec autrui.

Mais voilà le problème, plaideront ici ceux qui prétendent avec raison d'ailleurs que, oui, l'insécurité peut être créatrice, mais à la condition d'avoir un minimum de sécurité pour pouvoir tirer profit de cette insécurité. En d'autres termes, l'insécurité est tolérable quand on a une certaine sécurité pour la tolérer.

Pour montrer l'importance de ce problème, représentons-nous un défi qui est constant dans la famille et dans l'expérience d'un couple. C'est le défi qui consiste, d'une part, à avoir assez de sécurité soi-même pour accepter les comportements d'autonomie de l'autre et, d'autre part, à vivre avec l'insécurité que provoque nécessairement chez presque tout le monde l'apprentissage de l'acceptation des comportements d'autonomie de l'autre. Deux situations types incarnent ce défi.

La première est celle à laquelle sont confrontés les parents quand ils ont à respecter l'exercice de l'autonomie chez leurs enfants dans le choix de leurs amis, dans le choix de leurs sorties, surtout si elles impliquent une absence prolongée du foyer, dans leurs relations amoureuses et jusqu'à leurs comportements sexuels. Les parents les plus ouverts, les plus compréhensifs, les plus dynamiques — employons tous les termes que l'on voudra pour les caractériser positivement —, ces parents ressentiront de l'insécurité, aussi bien en fonction de l'intérêt de leurs enfants que de leurs propres intérêts et valeurs de vie à eux. C'est insécurisant de ne pas savoir ce que son enfant fera avec tels amis, dans telles circonstances. C'est d'autant plus insécurisant pour des parents qui, par exemple, peuvent avoir reçu une éducation systématiquement contraire à celle qu'ils tentent de donner à leurs enfants aujourd'hui. Or cela se produit fréquemment.

Le même défi est présent, avec plus d'acuité encore, à l'intérieur d'un couple, sous quelque forme d'union que ce soit. C'est insécurisant pour un conjoint de respecter les démarches d'autonomie de l'autre, en fonction de l'autre, en fonction de son autonomie à soi et de l'autonomie du couple comme couple. C'est insécurisant pour des couples de simplement concevoir que le conjoint puisse avoir sa vie à lui, ne pas mettre tous ses œufs dans « le panier couple et famille », ne pas rendre compte à l'autre de toutes ses allées et venues en dehors du foyer. Il faut voir comment le seul fait que des femmes de quarante ans veuillent décider d'aller sur le marché du travail, de retourner aux études, insécurise des hommes, jusqu'à remettre en question leur vie de couple.

Si l'on va plus loin encore, dans quelque chose qui est capital pour l'avenir du mariage et de la famille, pensons à l'insécurité extrême que provoque chez la très grande majorité des individus vivant une expérience de couple, l'idée même que l'autre ait une amitié avec une personne du sexe opposé. Et que dire si l'on parle non plus d'une amitié excluant les relations sexuelles, mais de divers types de relations pouvant inclure les relations sexuelles, et ceci de façon ouverte et avouée. La grande majorité des couples n'ont pas vécu encore l'insécurité que représente l'acceptation de ce fait, puisque cela demeure dans la plupart des cas un interdit.

Je crois pourtant qu'il faut concevoir le renouvellement du mariage et de la famille en ne considérant plus les relations extraconjugales comme un interdit ou un phénomène caché. Pour plusieurs, une telle évolution paraît invraisemblable. Mais je trouve plus invraisemblable encore de voir des couples qui ont partagé des choses essentielles pendant des années, s'effondrer parce que l'un des conjoints a un jour ce que l'on appelle une aventure. Quand on s'arrête à ces cas, on se rend compte bien souvent qu'ils sont liés à la survalorisation culturelle de la notion de fidélité sexuelle, au détriment d'autres valeurs essentielles à un couple. *Il y a d'ailleurs une sécurité du couple qui se construit comme la sécurité personnelle.* C'est une question qu'il faut évidemment approfondir; le chapitre huit y est consacré.

Au-delà des dimensions qui touchent la sécurité et l'insécurité, les deux exemples que nous venons d'examiner sont parmi les plus stimulants que l'on puisse envisager, pour alimenter des réflexions et des discussions sur le type de famille et d'union durable entre hommes et femmes qu'il faut réinventer.

Les composantes de la sécurité et de l'insécurité

Résumons maintenant les principales composantes de la sécurité et de l'insécurité, en considérant que l'insécurité et la sécurité peuvent prendre assez de place dans une vie pour orienter l'ensemble des comportements d'une personne. Le tableau qui suit résume ces composantes.

TABLEAU II

LES COMPOSANTES
DE LA SÉCURITÉ ET DE L'INSÉCURITÉ

LA SÉCURITÉ	L'INSÉCURITÉ
• IDENTIFICATION POSITIVE À SON MOI constituée de: • la confiance en soi • l'autonomie • le sens de son identité personnelle • la connaissance de soi, concrète et souple	• FAIBLE IDENTIFICATION À SON MOI constituée de: • manque de confiance en soi, doute sur ses capacités • dépendance à l'égard de ce qui est extérieur à soi, événements, personnes • peu de sens de son identité personnelle • perception souvent simplifiée et rigide de soi Dans le cas de comportements compensatoires, certaines de ces composantes peuvent être remplacées par leurs contraires; ex.: la hauteur et la suffisance orgueilleuse pour masquer le doute et la crainte
• SÛRETÉ, FORCE INTÉRIEURE, DÉTERMINATION « à prendre sa place au soleil »	• PEUR, TENSION, INDÉCISION, CRAINTE DE S'AFFIRMER et de « ne pas prendre sa place au soleil »
• CAPACITÉ D'ÊTRE INQUIET	• BESOIN D'ÊTRE RASSURÉ, PROTECTIONNISME (assurance tranquille de la vérité)
• LARGEUR DE VUE, SOUPLESSE ET POUVOIR D'ADAPTATION	• ÉTROITESSE (intellectuelle, affective) RIGIDITÉ POUVOIR DE RÉSISTANCE

● L'identification positive à son moi

Cet état intérieur de la personne qu'est la sécurité, il semble qu'il se façonne au-dedans de nous comme une sorte de seconde ossature, invisible, comme une énergie qui circule en nous, comme une animation qui stimule nos comportements dans un sens qui corresponde à la satisfaction de nos besoins les plus fondamentaux.

Les premières composantes de cette animation, qui équivalent à des attitudes de la personne, à des postures que chaque individu prend dans le réel, sont: *la confiance en soi, l'autonomie, le sens de l'identité personnelle et la connaissance concrète, active et souple, de ses capacités.* Ces attitudes, que l'on a souvent identifiées comme des qualités d'un individu, sont essentiellement complémentaires l'une de l'autre. Elles gravitent autour d'un même pôle, d'une même force d'animation, que l'on peut désigner comme « l'identification positive et large à son moi ».

Inversement, l'insécurité se constitue petit à petit d'un manque de confiance en soi, de doutes sur ses capacités, de comportements de dépendance à l'égard de ce qui est extérieur à soi, événements et personnes, quotidienneté même. Cela diminue le sens de l'identité personnelle, et la connaissance que l'on acquiert de soi se traduit dans des perceptions rigides et simplificatrices de son moi. Cette faible identification à son moi devient néanmoins une force d'animation interne de l'ensemble de sa personne. C'est une force qui joue à rebours, contre soi, mais elle est non moins agissante que le sont, par exemple, les forces de la maladie quand elles grugent un organisme.

L'insécurité est « mangeuse d'énergies ». Car *rien n'est plus propre à l'insécurité que d'amener un individu à se développer à contre-courant, contre ses propres ressources, qu'il ignore ou qu'il utilise à perte.* C'est pourquoi aussi l'une des grandes caractéristiques de la personnalité d'un insécure chronique est son « pouvoir de résistance » à la vie, alors que la grande ressource de celui qui est en sécurité lui vient de son « pouvoir d'adaptation » à la vie.

Chacun peut se représenter ici, en faisant le tour de sa vie, le très grand nombre d'individus qui, faute de confiance en eux-mêmes, en arrivent à vivre en deçà d'eux-mêmes, en dessous de leurs capacités et de ce qu'ils pourraient s'apporter à eux-mêmes et à la société. Que de jeunes, de personnes âgées, de conjoints, de parents, de travailleurs, ouvriers, fonctionnaires, professionnels, n'étant à peu près jamais valorisés, reconnus et encouragés pour ce qu'ils sont comme individus, n'auront pas éprouvé le sentiment d'être vraiment nécessaires à quelqu'un, à un milieu. Aussi, est-ce dans ce contexte que j'ai insisté dans ce qui précède sur cette valorisation compensatoire de ceux qui s'accrochent à leurs titres, à leurs fonctions, ou à leur autorité de parents, plutôt qu'à leur compétence comme personnes, et aux rôles de dominants que des conjoints se donnent pour affirmer l'un devant l'autre qu'ils sont quelqu'un.

Ne reconnaît-on pas ici également le déguisement de l'insécurité chez ceux qui, craignant de ne jamais être valorisés par autrui, prennent les devants et cherchent sans cesse à se mettre en valeur dans ce qu'ils font, à vanter leur produit. Ils se disent «bons en tout» et «capables de tout». Ils deviennent les vendeurs de leur propre personne. L'orgueil, la suffisance, la vantardise constante ne sont souvent que le subtil déguisement de l'insécurité, surtout chez des individus qui ont des moyens extérieurs (scolarisation, diplômes, titres, argent, rôle social et professions valorisées) de recourir à tel déguisement. D'autres, au contraire, qui auront trouvé peu de moyens de compenser et de masquer leur insécurité, la subiront, ostensiblement, et finiront par s'affirmer dans la négation de leurs possibilités. Des propos types illustrent ces simplifications de personnalités diminuées, lorsqu'ils sont constants, répétitifs: «Je ne peux pas... Demandez cela à d'autres... Je ne peux pas. Je me connais.»

La confiance en soi est évidemment l'attitude la plus génératrice de sécurité. Pour en mesurer la portée, chacun peut se demander s'il est en mesure d'attendre de lui-même ce qu'il attend d'autrui, lorsqu'il a confiance en quelqu'un. Ce quelqu'un, c'est généralement une personne qu'il connaît ou qui lui inspire confiance pour certaines raisons ou intuitions; c'est quelqu'un qu'il respecte, à qui il peut confier des choses importantes de sa vie, de qui il attend la disponibilité, sur qui il peut s'appuyer, se reposer presque. Est-on capable de la même sûreté avec soi-même? Avec chacun des membres de sa famille?

La connaissance de soi est un complément indispensable de la confiance en soi, pour constituer cette compétence de soi comme personne, que j'ai proposée comme l'une des façons de se représenter globalement la sécurité. Plus on se connaît soi-même, plus on est en mesure d'avoir une confiance éclairée en soi. Or, autant la famille doit favoriser la confiance en soi, par divers moyens dont la valorisation de chacun de ses membres, autant elle doit permettre la connaissance de soi. Les moyens sont multiples, comme nous le verrons dans les chapitres qui suivent. Ils tiennent à la sensibilité d'une famille à assurer les apprentissages fondamentaux qui sont ceux de l'enfant, de l'adolescent, du métier de parents, de la vie de couple. Ils tiennent à la capacité de la famille à se communiquer ces apprentissages et à partager le vécu de chacun. C'est la qualité affective, cognitive, spirituelle du dialogue familial qui est en cause alors. Comment les vit-on, ses démarches de croissance personnelle, ses tensions, ses échecs, ses luttes, ses méfiances, ses emballements, ses craintes, ses phobies, ses préférences dans tous les secteurs de son développement personnel? *Peut-on vraiment se vider le cœur chaque fois qu'on en sent le besoin et dire à ses parents, à ses frères, à ses sœurs, à son conjoint, ce qu'on a envie de leur dire de leur vie, de leur personne, pour les écouter à leur tour ensuite?*

Si chaque adulte pouvait seulement situer l'histoire de ses apprentissages fondamentaux (marche, langage, propreté, tolérance à la frustration, partage avec les frères et sœurs, expression des sentiments, socialisation, développement intellectuel, prise de possession de son corps, sexualité, etc.), il aurait déjà à sa disposition un instrument majeur de connaissance et d'adaptation. Ainsi un jour, j'ai constaté qu'une sorte de « journal de bord », tenu par une femme dont le mari était la plupart du temps absent de la maison pour de longues périodes, permettait d'éclairer tout le cheminement de la famille et de chacun de ses membres. On pouvait se rendre compte comment les enfants avaient réagi à cette situation particulière, de l'influence que cela avait pu avoir sur leurs apprentissages, du type de relation que la mère avait développé avec eux, bref d'une foule de renseignements majeurs qui, bien qu'exprimés seulement par la mère, devenaient extrêmement précieux. Car, de tous les facteurs pouvant expliquer l'insécurité ou la sécurité, les difficultés et les réussites dans les apprentissages sont parmi les plus importants.

Que de drames familiaux, de difficultés et d'échecs personnels laissant des traces pour la vie, que de violences pourraient être évitées, si l'apprentissage de la condition humaine que représente la relation frères et sœurs, par exemple, était fait de façon plus lucide et plus critique. Ils sont innombrables les cas d'insécurité, de repliement sur soi, de jalousie, de méfiance, de domination, qui sont le prolongement d'une relation négative avec un frère ou une sœur, avec des frères ou des sœurs. Autant que la relation parents-enfants, la relation entre enfants structure la personnalité et la modèle de telle sorte que « l'autre », « les autres » seront vus au départ à travers le modèle de la relation initiale vécue entre enfants. — Cela est d'autant plus marqué que des conflits non résolus empêchent de prendre ses distances intérieurement des membres de sa famille, pour pouvoir accueillir les autres comme des êtres humains distincts et vivre avec eux des contacts neufs, sans voir à travers eux le frère qui a réussi et qu'il faut vaincre, ou la sœur à dominer.

Est-ce que finalement la qualité du métier de parents, de l'expérience d'une vie de couple, de la relation entre enfants, ne tient pas dans une large mesure à cette capacité, qui peut être développée par chaque membre de la famille, de prendre en charge «lucidement» et de façon «critique» sa croissance personnelle et de la partager avec celle des autres.

En d'autres termes, il s'agit de voir comment on peut «s'instrumenter», au plan des connaissances comme au plan des moyens que l'on peut se donner dans une famille, pour devenir compétent comme personne et satisfaire ces autres besoins fondamentaux que sont l'autonomie et l'identité personnelle[10].

● «Prendre sa place au soleil» ou l'affirmation de soi

Les composantes qui figurent dans la partie inférieure du tableau de la page 60 sont à maints égards le résultat des premières. Elles caractérisent surtout la sécurité «agissante», tandis que les premières sont davantage nécessaires à sa formation.

Le défi type de l'insécurité est précisément «le passage à l'acte», car c'est l'acte qui engage vraiment le moi. Le passage à l'acte implique bien sûr une «prise de décision». Il peut être fort instructif sur soi-même de voir dans quelle mesure, et selon les circonstances, le fait d'avoir à prendre une décision nous inquiète, nous insécurise, nous traumatise. Lorsque l'insécurité évolue vers des stades chroniques, elle s'accompagne de tensions, de peurs, de phobies, d'angoisse. Il n'est pas rare même que l'échéance d'une prise de décision entraîne des formes de paralysie et de dérangement de l'organisme, qui ne font alors qu'exprimer physiquement la paralysie et le dérangement psychique: douleurs dans le dos, à la colonne vertébrale fréquemment, spasmes, tremblements, besoin d'uriner à répétition, diarrhées, migraines, changement du cycle menstruel et d'autres encore[11]. Nombre d'enfants, et autant d'adultes, présentent ces symptômes lorsque leur organisme enregistre leur insécurité et organise «la résistance» à une décision éventuelle qui risque de les affecter, à un contact, à une sortie qu'ils ne veulent pas faire. Que d'enfants qui veulent garder leurs parents auprès

10. Il sera question de ces moyens dans la dernière partie de ce livre.
11. L'asthme, qui est fort répandu, est souvent chez les enfants une maladie type de l'insécurité, engendrée par les comportements d'insécurité des parents.

d'eux développent subitement ces symptômes. La peur du voyage se traduit dans cette forme de résistance; ce n'est pas l'automobile ou l'autobus qui fait vomir, c'est l'insécurité que représente le fait de voyager, de quitter son « nid », de se trouver en milieu inconnu, de ne pas vouloir partir pour telles et telles raisons, dont celle d'avoir à quitter des amis pour alller avec ses parents.

La simple organisation de sa vie, le fait d'avoir à planifier des choses, à prévoir, peuvent aussi devenir des choses traumatisantes pour celui qui manque de sécurité. L'insécurité aime mieux « guérir » que « prévenir » ; guérir est dans la ligne du pouvoir de résistance de l'organisme, prévenir est dans la ligne du pouvoir de créer. Quand un individu, un groupe, un milieu, se trouve dans l'insécurité, à l'occasion d'un conflit, ou d'une crise, c'est classique, il va généralement le laisser pourrir pour s'affirmer, d'une façon un peu maladive, dans la résistance. Chez des couples en difficulté, il est d'usage courant que les individus les plus insécurisés entretiennent le conflit et cherchent à le pousser à la limite de l'auto-destruction.

Dans la ligne de la sécurité, il est aussi de notoriété publique et du sens commun qu'une caractéristique indispensable des vrais leaders, ceux à qui l'on reconnaît de façon manifeste une force intérieure, une sûreté vis-à-vis d'eux-mêmes, c'est la capacité de prendre des décisions et de les prendre rapidement au besoin.

Le vrai problème que nous posons dans le cadre de ce défi que représente l'acte, la prise de décision, l'implication de sa personne dans un milieu donné, et jusqu'à l'adaptation aux changements, à l'inconnu, c'est le défi de l'affirmation de soi. Il est exprimé par l'expression populaire « prendre sa place au soleil ». Voilà bien l'enjeu concret, en même temps que global, qui met notre sécurité ou notre insécurité au défi.

Cela entraîne pour les parents et pour tous les membres de la famille une responsabilité majeure dans l'apprentissage de la socialisation. Un des moments clés de cet apprentissage est l'entrée à l'école; la place physique que l'enfant y prend, tout comme son bien-aise psychique, son ouverture aux autres, ses attitudes dégagées sont extrêmement significatives et révélatrices de sa force et de sa détermination à se faire une place ou non dans la société. La vigilance et la délicatesse de la famille dans ce moment clé sont déterminantes.

C'est un moment qui se situe comme tant d'autres dans la chaîne des apprentissages fondamentaux. Quitter les genoux et les bras de ses parents pour se tenir soi-même assis, pour marcher, conquérir l'expression de soi par le langage, pouvoir dire des « non » de santé à son milieu qui signifient qu'on se dit oui à soi-même au moment de ce qu'on appelle l'âge du non et qui est en fait une grande période d'affirmation de soi[12], pouvoir s'identifier positivement à ses parents comme aux premiers symboles de «l'autre», pouvoir assumer la venue d'un frère ou d'une sœur, sont autant de moments à vivre positivement et de façon dynamique dans la petite enfance. L'entrée à l'école en sera d'autant facilitée ou rendue difficile. Que l'un ou l'autre de ces moments, de ces apprentissages, soit mal vécu, et c'est un maillon de la chaîne des temps de socialisation qui se rompt. Or, ces ruptures, la personne les enregistre, l'organisme les conserve. Notre personnalité se trouve structurée à même ces moments de rupture qui sont les fragments du temps que nous assimilons et qui façonnent notre devenir réel. On pourrait reprendre ici l'image de «l'ossature», dont nous avons parlé précédemment, pour situer l'insécurité comme pouvoir de structuration de la personnalité. Plus il intervient de ruptures dans le processus continu de formation de la personne, plus il y a risque que l'ossature se tienne plus ou moins et qu'il y ait «dépôt», «structuration» de l'insécurité. Nous sommes ainsi confrontés à ces phénomènes extraordinaires de la rencontre qui s'opère dans la personne entre le physique et le psychique, entre le moi et le milieu, entre l'être et le temps même.

N'est-ce pas là des phénomènes assez vitaux, assez beaux, pour qu'on instrumente les familles et les personnes en vue de leur permettre de les voir et d'y déchiffrer progressivement l'image de la «famille humaine»?

Il est clair que des phénomènes semblables s'opèrent dans le devenir du couple. Nous allons les observer en conséquence plus loin dans ce livre.

Pour terminer sur ce point, évoquons un dernier exemple qui touche la façon dont on peut se situer dans un groupe, à l'école, au travail, dans une assemblée publique. La place qu'on y prend, notre degré d'implication, aussi bien pour participer à la vie du groupe que pour nous exprimer, peuvent être révélateurs de notre sûreté intérieure, de notre détermination à prendre notre place au soleil. C'est un fait notoire que seule une minorité de personnes s'expriment, s'impliquent, s'engagent, dans toutes sortes de groupes et de collectivités. De très nombreux facteurs peuvent expliquer ce phénomène parmi lesquels, par exemple: la dépendance des

---

12. Il ne faut pas oublier qu'il y a également deux autres périodes sensibles qui s'apparentent à l'âge du non (situé vers la troisième année): la puberté et la fin de l'adolescence.

groupes à l'égard de leurs leaders, une sorte d'environnement collectif qui prédispose à la passivité et à la dépendance, l'habitude culturelle qui fait que l'on s'exprime davantage pour critiquer négativement, dénoncer, exploiter les scandales, que pour aider à construire des choses, et jusqu'à cette réalité complexe, mais fort significative pour notre propos, des majorités silencieuses.

Il entre certes dans la vie des majorités silencieuses une grande part d'insécurité collective et de dépendance, que nombre de nos systèmes sociaux entretiennent, à partir de la formation acquise à l'école et dans les familles. Si le milieu familial et le milieu scolaire étaient des milieux où les individus étaient vraiment formés à l'affirmation de soi, à l'expression de soi, à l'autonomie, nous développerions certainement d'autres types de personnes et de sociétés.

Quand on interroge des groupes de jeunes et d'adultes sur le fait que la majorité d'entre eux ne s'expriment pas ou peu, on obtient ce genre de réponses, qui mettent en cause un environnement collectif qui prédispose à la passivité et à la dépendance. « Je n'ai pas l'habitude », répond-on, « d'autres ont dit ce que je pense mieux que j'aurais pu le dire moi-même », « ce n'est pas important que les autres sachent ce que je pense », « je ne veux pas me prendre pour un autre ».

Que de fois, de la part d'individus que l'on sait pleins de capacités à peine utilisées et jamais exprimées, on voudrait plutôt entendre : « Je me prends pour moi ! » Entre l'une et l'autre formule, il y a une différence semblable à celle qui sépare « le bien, qui est l'absence du mal » et « le bien, qui est la production du bien »...

L'exploration de la qualité de la vie humaine et des ressources de la personne nous confronte fréquemment à des paradoxes qui en expriment le merveilleux. Ainsi, paradoxalement, *une des composantes types de la sécurité est la capacité d'être inquiet.* Ceci rejoint une vérité première dans l'expérience de la connaissance : plus on a de connaissances, plus on éprouve les limites de la connaissance à l'égard de tout ce qui est à connaître, et plus on développe le sens de l'inquiétude intellectuelle. C'est aussi une affaire d'authenticité dans le sens où, plus on en sait, plus on apprend à ne pas « se prendre pour un autre » et à ressentir le besoin du partage et de l'échange.

En revanche, l'état d'insécurité entraîne maintes fois une attitude d'auto-protection qui prend diverses formes, dont : le refus de remettre des choses en question, la crainte du changement, l'assurance d'un minimum de croyances qui devient l'équivalent d'une possession tranquille de la vérité. Beaucoup de jeunes se situent en état de rupture avec leurs parents, avec des enseignants, avec les adultes en général, parce qu'ils les sentent trop protectionnistes à l'égard d'un fragile acquis et pas suffisamment ouverts à des remises en question, à des cheminements culturels. Moins on en sait, plus on s'acharne à le défendre. La sécurité n'est pas un refuge, mais il peut être tentant d'en faire un refuge pour se protéger contre tout ce qui est susceptible d'amener des remises en question, des changements, une évolution nécessaire tout au long de sa croissance.

Enfin, dans la même optique, on constatera que l'insécurité peut entraîner une étroitesse dans la manière de se situer dans la réalité et de la comprendre, par exemple, sur les plans affectif et intellectuel. Que de professionnels et d'administrateurs peu sûrs d'eux-mêmes en tant que personnes, et souvent sous-développés en matière de relations humaines et d'attention délicate aux besoins des personnes, se réfugient dans le légalisme. Le légalisme est une arme type de l'insécure, parce que les limites de la lettre le sécurisent tandis que le champ de l'esprit le perd. De la même façon, nombre d'éducateurs et de parents, peu sûrs de leur personne et de leurs moyens d'éducateurs, se réfugient derrière une série de principes et de recettes toutes faites. Chacun sait par ailleurs, au fond de lui-même, et d'expérience, que la ressource la plus utile et la plus efficace en éducation est la capacité d'adaptation à une foule de situations des plus diversifiées. Or c'est la largeur d'esprit et la sécurité personnelle de l'éducateur qui lui permettront surtout de répondre à cette diversité et de ne pas prendre panique.

Que de fois la volonté de réussir à tout prix l'éducation de ses enfants, au mépris de leur personnalité propre et de leur liberté, est l'expression sournoise de la tentation, de la part de parents insatisfaits de leur propre vie, de racheter cette vie, de la venger, par celle de leurs enfants. Mais à quel prix de conflits, de déchirements quotidiens, de crises de croissance non-avouées.

Que de conflits de valeurs étouffent les personnes dans les familles, parce que trop souvent les valeurs comme les rôles, les fonctions, les titres, les pouvoirs officiels deviennent, avec les conflits qui éclatent à leur sujet, des occasions de s'affirmer soi-même. Comme le faisait remarquer un père de famille un jour, dans une discussion publique: « N'est-ce pas aussi misérable qu'insensé, quand on y pense, d'empoisonner des rapports humains aussi essentiels que ceux qui pourraient être vécus dans une famille, pour des questions de cheveux longs, de vêtements, d'horaires familiaux rigides, de sorties à faire ou à ne pas faire, de choix d'amis, à propos desquels nombre de parents bafouent, hélas, systématiquement l'autonomie de leurs enfants. »

On aura observé le même phénomène dans des conflits de couple. Chez combien de couples le manque de sécurité et d'autonomie personnelle de l'un des deux le change en possesseur, en propriétaire de l'autre, quand ce n'est pas les deux qui se grugent réciproquement par manque de confiance et d'ouverture. Et l'insécurité entraînée par les conflits, par une crise, amène nombre de conjoints à s'enfermer dans une étroitesse de vue qui les fait s'accrocher à des détails, revenir constamment sur le même reproche à l'autre, par exemple. S'il y a une tierce personne dans le portrait, elle deviendra l'exutoire de tous les maux du couple. C'est la technique bien connue du bouc émissaire à laquelle recourent aussi des groupes et des collectivités tout entières même, pour se détourner de l'analyse d'une situation complexe et difficile, au profit d'une simplification concentrée sur le bouc émissaire. Pourtant, bien des couples passeraient à travers des crises sans éclater, s'ils pouvaient précisément dépasser des détails avec lesquels ils s'empoisonnent, et se situer dans la confrontation de leurs itinéraires personnels ou évaluer comment telles carences en chacun des deux étouffent leur relation.

À la limite, l'étroitesse mentale et affective, la rigidité sont dans la ligne des états chroniques, puisqu'elles sont la caractéristique majeure des névroses et des psychoses. On sait que chez le névrosé et le psychotique, la capacité de saisir et de percevoir la réalité pour s'y adapter cède le pas à un rétrécissement extrême de la personnalité.

D'ailleurs, dans cette ligne même, il se trouve que nombre de personnes en état d'insécurité chronique, sans être sous traitement dans des institutions, exercent des responsabilités importantes dans toutes sortes de secteurs, ont souvent le pouvoir entre leurs mains et commettent, sans que personne ne puisse protester, des ravages sur les personnes. C'est pourquoi la prévention et la connaissance en matière de développement de la personne sont si vitales et devraient être mises à la portée de chacun. Il suffit d'observer les différents milieux où se passe notre vie pour le mesurer...

En achevant cette exploration, le lecteur trouvera utile de rassembler des éléments dont il a été question pour la plupart au cours de ce chapitre et qui représentent ce qui dans la famille est susceptible d'avoir une influence déterminante sur le développement de la sécurité ou de l'insécurité. Ils figurent dans le tableau suivant en deux groupes : *les stimuli de la sécurité et les facteurs de l'insécurité.* Cette seule nomenclature évoque le genre de milieu familial dans lequel il peut être sain ou malsain de vivre, à des degrés divers bien sûr, puisqu'il ne s'agit pas de voir les choses toutes blanches ou toutes noires.

Ce tableau étant considéré, on pourra conclure en essayant de cerner l'essentiel de ce que représente la sécurité pour la personne.

TABLEAU III

LES FACTEURS DE L'INSÉCURITÉ
ET
LES STIMULI DE LA SÉCURITÉ

- Insuffisance dans les rations nécessaires à la croissance de la personne: ration nutritive, ration affective, ration sociale, ration de développement corporel, intellectuel
- Environnement insécurisant, à partir de l'influence des personnes, dont les parents, les éducateurs, les conjoints
- Traumatismes dans la croissance, en particulier aux périodes sensibles d'apprentissage
- Carences dans les apprentissages
- Difficulté à accepter un frère ou une sœur, sentiments divers d'hostilité, de rivalité, rapports de dominants à dominés
- Frustrations touchant les quatre besoins complémentaires de la sécurité: vouloir-vivre, autonomie, identité personnelle, motivation sociale
- Manque de considération des autres à l'égard de sa personne
- Conflits mal traités et non résolus dans la famille
- Isolement social de la famille
- Inhabitude de l'exercice d'une fonction critique et évaluative de ses comportements
- Manque d'estime de soi-même
- Identification négative au parent de son sexe

- Souci de procurer les rations nécessaires à la croissance de la personne
- Créer un environnement sécurisant, à partir surtout de la compétence des parents comme personnes
- La qualité et l'ouverture de la relation du couple, lorsqu'il y a couple
- Maîtrise des apprentissages fondamentaux dans l'enfance et l'adolescence, et dans la vie de couple, dans l'expérience d'être parents
- Satisfaction des besoins fondamentaux complémentaires de la sécurité
- Qualité des relations entre frères et sœurs, notamment du point de vue de l'égalité et du respect des différences individuelles
- Valorisation de chaque personne, de l'identité personnelle, sentiment de la nécessité de son existence
- Capacité du milieu familial à assumer positivement les conflits et les crises
- Qualité de la vie sociale de la famille
- Capacité du milieu familial d'être un milieu réel de croissance, développant sa masse critique avec chaque membre de la famille
- Susciter chez chacun l'estime de soi-même
- Identification positive au parent de son sexe

70

Un état global de la personne

C'est finalement de l'«état de sécurité» chez une personne dont il faut parler. Une définition de cet état ne peut que s'inscrire dans le phénomène de la croissance. La sécurité est un besoin si important, et sa satisfaction touche tellement l'ensemble de la personne, qu'elle devient, dans la croissance de chaque individu et à travers sa relation aux milieux et aux autres individus: *une disposition, une manière d'être de toute la personne, qui modèle notre développement, structure notre personnalité, détermine l'image (ou l'idée) que nous nous faisons de nous-même, oriente nos relations avec autrui et notre façon de nous situer dans la société.*

J'ai déjà qualifié cet état global, en insistant sur la notion de «compétence de soi-même» en tant que personne et en identifiant les principales composantes de cette compétence. L'expression «être bien dans sa peau» n'est pas moins révélatrice de l'expérience de la sécurité.

On aura également noté l'importance de distinguer la sécurité comme état global de la personne et comme état partiel ou circonstanciel, c'est-à-dire sur tel ou tel plan de son développement et en fonction de telles ou telles ressources.

C'est seulement par une prise de conscience de l'ensemble de son fonctionnement comme personne, que l'on peut identifier ses zones de sécurité et d'insécurité, et introduire dans sa vie plus de force et plus d'harmonie à la fois. C'est peut-être l'œuvre de civilisation par excellence. On peut y voir, sur ce plan individuel, le même type d'efforts que font, sur le plan collectif, les sociétés pour «ordonner» au mieux la diversité de leurs ressources. Car, en définitive, quelle est la tâche première d'une société si ce n'est sa lutte pour gagner de plus en plus de sécurité, pour elle-même et pour la qualité de ses relations avec les autres sociétés. Dans ce contexte, tous les modèles que les sociétés recherchent pour croître et se développer deviennent extrêmement utiles pour éclairer le développement de la personne, en particulier sous l'angle de la recherche de cohérence, d'ordre et d'harmonie. Psychologues et sociologues, pour ne référer qu'à ces deux disciplines, auraient beaucoup plus encore à partager qu'ils ne le font déjà, pour confronter des problématiques de développement des sociétés et de la personne.

● *L'image de l'«arrimage» entre soi et le monde*

Complétons par une image notre perception de la sécurité. C'est une image qui exprime un phénomène extraordinaire dans l'ordre de la science et de la technologie et qui convient d'autant plus pour faire voir la relation entre la personne et son milieu.

Cette image, c'est celle de l'arrimage entre un vaisseau spatial et un module lunaire. Qui n'a pas vu à la télévision ces moments fantastiques où le module lunaire, revenant de la lune, s'arrime au vaisseau spatial pour rentrer sur terre?

Eh bien, ce phénomène de l'arrimage exprime quasi parfaitement à mes yeux ce qui peut se passer quand un individu, par son état de sécurité, se trouve bien relié au monde, à la société, à la vie. *La sécurité est tout ce qui fait qu'il y a un bon arrimage entre soi et le monde, entre soi et la société, entre soi et la vie.*

Dans le même ordre, on peut reprendre l'image «être bien dans sa peau» et l'ajouter à celle de l'arrimage, pour conjuguer le fait d'être bien dans sa peau et de pouvoir s'ajuster (s'arrimer) à celle des autres, à la «peau du monde».

Une autre image, souvent utilisée en psychologie de l'enfant, rejoint celle de l'arrimage. C'est celle de «la mise au monde» ou de «l'être au monde». On dira, par exemple, de l'enfant qui a eu une bonne ration de sécurité à l'âge du nourrisson et qui grandit bien, «qu'il est au monde», qu'il est bien inscrit dans le réel. On dirait, par opposition, du schizophrène, «qu'il n'est pas au monde», parce que n'étant pas dans une sécurité suffisante pour s'adapter à la réalité, le schizophrène s'invente un monde à lui (monde dit «autistique»).

Mais j'aime particulièrement la représentation de la sécurité à travers l'arrimage, car elle illustre surtout la dimension «relationnelle» de la sécurité. *C'est dans les relations interpersonnelles et sur le plan de la vie affective qu'on met le plus à l'épreuve notre potentiel de sécurité.* En définitive, la sécurité est ce qui nous procure davantage:

> *la capacité de composer avec autrui, d'être relié à autrui, jusqu'à la solidarité, jusqu'à l'amour.*

Or, pour comprendre l'essentiel de ce que la sécurité signifie comme bien pour soi-même, il faut en quelque sorte raffiner cette dimension relationnelle et, l'appliquant à soi-même, se représenter la sécurité tout simplement comme:

> *la capacité de prendre soin de soi-même et de sa vie avec les autres.*

Prendre soin de son corps, de ses sentiments, de ses émotions, de son esprit, de ses relations avec les autres, de son appartenance sociale. Autant de sécurité «s» à façonner pour arriver progressivement à se sentir globalement dans un état de sécurité.

C'est un autre programme qui me paraît assez emballant pour croire que la famille puisse vraiment être un milieu où l'on apprend à prendre soin de soi et des autres.

De la sécurité au vouloir-vivre

En passant à l'exploration du vouloir-vivre, nous entrons dans l'interaction des besoins et dans la dynamique d'ensemble qu'elle représente pour le développement de la personne. Il devient alors extrêmement utile de se représenter symboliquement cette dynamique, à travers des images de vie intérieure, des structures, des mouvements, des rapports, que l'on peut évoquer visuellement à l'aide de tableaux, par exemple, ou de diagrammes. Nul n'a jamais vu la superposition, à l'intérieur d'un être, du «ça», du «moi» et du «sur-moi» que nous projette notamment la vision freudienne, pas plus que le diagramme «PAE» utilisé en analyse transactionnelle[13] ou le schéma «S-R» dont on se sert en psychologie behaviorale pour démontrer la dynamique d'un stimulus et d'une réponse de l'organisme humain dans un comportement. Nous n'avons pas vu non plus les réseaux de communication entre les membres de la famille que la thérapie familiale pratiquée par Virginia Satir nous permet pour ainsi dire de «palper». Mais toutes ces approches nous aident à entrevoir, sinon à voir, comment nos comportements reproduisent à l'extérieur de nous-mêmes ce que nous sommes à l'intérieur de nous-mêmes et ce que nous devenons. Cela se joue dans une interaction permanente des stimuli que nous présentent les milieux de vie où nous nous trouvons et de nos dispositions individuelles.

C'est dans ce contexte qu'il faut situer l'action du milieu familial sur la personne et qu'il est fort utile de se représenter cette action à travers l'ensemble des besoins fondamentaux qui nous animent comme individus. Plus l'action et l'atmosphère du milieu familial sont stimulatrices de l'expression de ces besoins, plus il y a de chances que nos besoins-satisfaits deviennent des forces de croissance, des capacités, bref, la manifestation de tout ce que nous sommes comme POSSIBLE HUMAIN (selon la formule déjà utilisée dans la lettre au lecteur). Les tableaux, les diagrammes, les symboles, les structures, les méthodes sont extrêmement utiles pour tenter de déchiffrer cette croissance, mais à la condition expresse qu'ils soient utilisés comme instruments d'approximation et d'apprivoisement symbolique, et non comme l'expression de systèmes rigides et théo-

---

13. Le diagramme PAE reproduit trois formes possibles du moi : le moi *Parent,* le moi *Adulte* et le moi *Enfant.*

riques. (On ne se méfiera jamais assez de l'esprit de système.) Nous les utiliserons donc en conséquence pour nous représenter l'ensemble de nos besoins fondamentaux et leur interaction.

Ainsi le tableau qui vient, et qui est intitulé « Les besoins de croissance de la personne », a-t-il les fonctions suivantes : a) Greffer, sur l'image combinée de l'arbre et du « Y » comme symbole de la croissance de l'être humain, l'ensemble des besoins fondamentaux (que nous désignerons dorénavant comme les besoins de croissance); b) Nous représenter qu'on prend racine dans le milieu de vie où l'on croît (la famille ou un milieu équivalent)**s**, et que la qualité du rapport entre ces stimuli et nos besoins personnels**ph** fait qu'en devenant adulte, on aura des comportements en conséquence avec les autres et face à soi-même**r**.[14] C'est comme si nos gestes d'adulte étaient la projection extérieure de nos racines d'enfant et d'adolescent, et que ces gestes et ces attitudes devenaient nos racines à nous, à mesure qu'on se fait une place dans la société. Devenir adulte, c'est pouvoir prendre la mesure de ses racines et pour ainsi dire se « replanter » dans la vie, en s'assumant à travers les différents cycles que l'on franchit. On a souvent à se replanter plus qu'ne fois... Si j'ai placé l'égalité au sommet du tableau, c'est qu'elle représente un sommet de développement personnel et social, où l'on ne voit plus les autres comme des rivaux mais comme des partenaires, même dans l'expression de leurs DIFFÉRENCES (Sujet du chapitre 12). Elle représente l'enracinement dans « Le sens de l'humanité », par une démarche consciente et choisie.

La sécurité est à la souche de l'arbre, où nos premières racines nous viennent au contraire, en grande partie, de l'action parentale. Quant aux autres besoins, nous les situerons au fur et à mesure des chapitres, pour construire progressivement l'ensemble du tableau. Il ne prendra d'ailleurs son plein sens qu'à partir des contenus que nous aurons dégagés de l'analyse de chacun des besoins et de leur interaction.

---

14. Le lecteur qui a des connaissances en psychologie aura sans doute identifié dans les lettres S-Ph-R le schéma behavioral, le S référant à l'action stimulatrice du milieu, le Ph à la personne et le R au comportement réponse issu de l'interaction entre le milieu et la personne. Je préfère le schéma S-Ph-R au schéma habituel S-R parce qu'il met la personne au cœur de la structure de stimulation. On trouve là-dessus une excellente analyse de Gordon Allport, l'un des maîtres des études sur le développement de la personnalité. Voir Gordon W. Allport, *Structure et développement de la personnalité*, Delachaux et Niestlé, Neuchâtel/Suisse, 1970.

TABLEAU IV

LES BESOINS DE CROISSANCE DE LA PERSONNE : 1

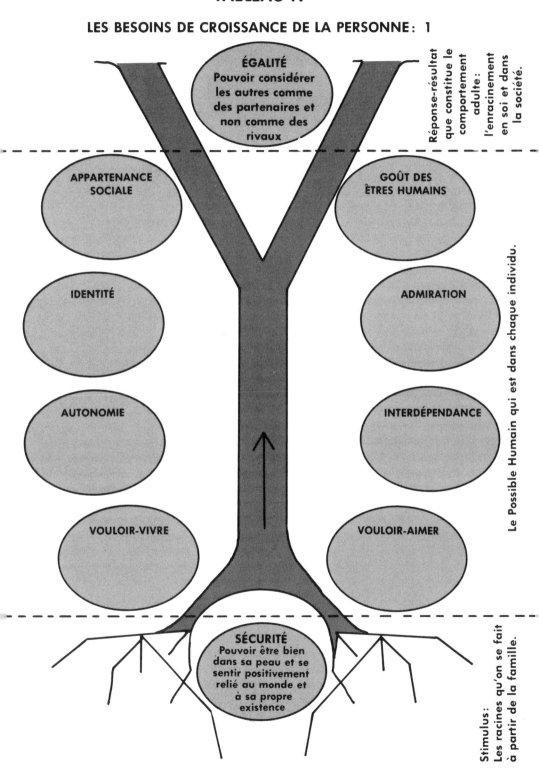

En abordant le prochain chapitre, on constatera par exemple que passer de la sécurité au vouloir-vivre, c'est comme passer de la « santé » à l'« énergie », à l'« enthousiasme » ; à la « passion d'être », à la « créativité », à l'« initiative », à l'« ingéniosité »[15]. Avec le vouloir-vivre le moi s'abandonne à la vie, il prend la vie et se laisse prendre par elle. L'enfance est une période sensible unique pour exprimer ce besoin qui est très lié à la sécurité. Leur interaction est autant simultanée que successive dans le développement de l'enfant, surtout à travers les premiers apprentissages de la période orale, de la marche, de la propreté, du langage. L'enfant a tout le temps besoin de sécurité pour réussir ses apprentissages et affirmer son vouloir-vivre. Et c'est ici que le monde adulte peut être un « stimulus » de la vie ou un « obstacle » à la vie.

---

15. Dans un diagramme qu'Erik Erikson a construit pour illustrer le cycle de la vie tel qu'il le voit, il distingue huit besoins fondamentaux dans la succession suivante : 1) La confiance (petite enfance) ; 2) L'autonomie (première enfance) ; 3) L'initiative (seconde enfance) ; 4) L'ingéniosité et la compétence (âge scolaire) ; 5) L'identité personnelle (l'adolescence) ; 6) La capacité d'intimité (jeune adulte) ; 7) La générativité (adulte) ; 8) L'intégrité et l'acceptation de soi (maturité adulte et sociale).
Voir là-dessus deux ouvrages d'Erikson : *Enfance et société*, Delachaux et Niestlé, Paris, 1959 et *Adolescence et crise*, Paris, Flammarion, 1972.

Chapitre 2

LE VOULOIR-VIVRE ET L'ENFANCE

Des commentaires de jeunes — Notre énergie devant la vie — L'éducation au «oui à la vie» — L'entraînement à dire oui, surtout à ce qui est nouveau et à ce qui change — Le oui à toutes ces formes de oui à la vie que sont l'abandon, la disponibilité, la spontanéité, la curiosité, l'exploration, l'initiative, la créativité — Le oui aux enfants dans l'univers adulte et aux adultes dans l'univers des enfants — Le oui à la présence d'êtres vivants autres que les humains dans la vie de l'enfant — Le oui à une vie sociale intense pour la famille — Le oui au corps et aux sens — Le oui à l'émotivité — Le oui au plaisir d'être et de croître — Oui à l'enfant et à de nouveaux adultes

Du vouloir-vivre à l'autonomie

Des commentaires de jeunes

À l'occasion d'une recherche avec un groupe d'étudiants de la fin du cycle collégial (pré-universitaire pour certains régimes), ceux-ci avaient manifesté le désir d'approfondir l'idée qu'ils se faisaient du vouloir-vivre, en se limitant strictement à l'expérience qu'eux-mêmes et d'autres jeunes en avaient dans leur milieu familial. La question principale qui était posée à une centaine de jeunes issus de familles fort diversifiées, sur le plan socio-économique notamment, était la suivante : « Qu'est-ce qui dans votre milieu familial vous semble le plus stimulant, ou le plus frustrant, quand vous voulez vivre en vous affirmant vous-mêmes et en ayant une certaine prise sur la vie ? » Chose assez significative, la grande majorité des réponses et des commentaires obtenus portaient sur l'attitude des parents devant la vie et sur l'influence qu'elle avait dans la vie des jeunes. Voici quelques réponses types exprimant cette opinion majoritaire, et ce qu'elle révèle à propos des attentes de ces jeunes quant à la satisfaction de ce besoin. Ces réponses ont été regroupées et reformulées par les étudiants aux fins d'un rapport présenté comme suit à leurs camarades, et dont voici l'essentiel.

— *Moi, ma famille n'a rien à dire là-dessus, mais je suis consciente d'une chose dont on a beaucoup discuté dans notre groupe. C'est le fait que dans l'opinion publique en général, dans la presse, dans la vie courante quoi, on s'inquiète vraiment de la vie quand ça va mal, quand des grands personnages meurent, quand il y a des grandes catastrophes, quand on réagit contre l'avortement, pour ou contre la peine de mort, quand on dénonce la torture, l'oppression, quand on vient en contact avec la maladie.*

Ce qui nous frappe dans le groupe, quand on essaie de s'expliquer cela, c'est le contraste avec la vie quotidienne où la vie, c'est à peu près tout ce qui nous échappe, à nous les jeunes surtout, par exemple : les traditions, les conventions, la routine, les habitudes, les pouvoirs. C'est bien descriptif, notre approche, mais on n'a pas cherché à aller plus loin... en nous disant que la vie a l'air d'être bien mal organisée...

— *Notre groupe nous amène à constater quelque chose qui frappe tout le monde et on l'a exprimé comme ceci : On dirait que la vraie vie, ce qu'on a le goût de vivre par en dedans, elle est réservée à une minorité d'individus, par exemple, les créateurs, ceux qui ont un métier qui les valorise comme les médecins, les enseignants, les avocats, et surtout, tous ceux qui peuvent se sentir utiles à d'autres à travers leur métier et qui ont une responsabilité sociale.*

Comme on pense que cette chance-là n'est pas une affaire purement personnelle, mais dépend d'une foule de facteurs sociaux — dans quel milieu on est né, dans quelle famille on a vécu, avec quels revenus, on se dit, comme d'autres groupes, que c'est une affaire d'organisation sociale, de planification des tâches, pour qu'il y ait le plus de gens possible qui fassent des choses utiles, qui les valorisent, qui leur donnent le sentiment d'être responsables.

— Dans notre groupe, on n'est pas arrivé à des réponses qui puissent faire ressortir une chose en particulier. On a plutôt retenu des formulations qui en rejoignaient d'autres semblables. En voici quelques unes :

— Moi j'ai des parents éteignoirs. Ils vivent en passant leur temps à éteindre. Pour eux, il n'y a rien de bon dans la société, ils se méfient de tout le monde. Chose curieuse, on dirait qu'ils s'accrochent à la famille comme si la famille ne faisait pas partie de la société. Ils veulent nous faire croire à un paquet de valeurs et nous les imposer d'autorité. Ça doit être pour ça que chez les enfants, on se sent tiraillés, tendus, agressifs, puis on a toujours le goût de sortir de la maison. Finalement tout le monde s'engueule tout le temps. Et bravo pour le vouloir-vivre ! Ah ! Ah !

— Moi, mes parents sont des gens simples qui ont toujours vécu d'un petit commerce, « l'épicerie du coin » comme on l'appelle. On a grandi autant avec les gens qui viennent au magasin qu'avec nos parents. Mais ce sont nos parents qui font l'atmosphère du magasin. Un jour, on leur a demandé d'ailleurs ce qu'ils aimaient le plus dans la vie et ils nous ont répondu sans chercher une seconde : « la vie ». On dit ça pour les besoins de l'enquête, mais de fait on n'a pas besoin de le dire, ça se sent qu'ils aiment la vie. On a l'impression qu'ils seraient n'importe où, qu'ils feraient n'importe quoi, et qu'ils seraient les mêmes. Ils sont vivants et nous ça nous pousse à faire plein de choses.

— Moi, si seulement mes parents me demandaient quelquefois ce qui me rend bien, ce qui fait que j'ai le goût de faire des choses, de m'exprimer, j'aurais peut-être le goût de vivre avec eux... On dirait que pour eux tout est arrangé d'avance chaque jour et que tout recommence tout le temps de la même façon. Ça m'écrase.

— Moi, je me sens vivant quand je peux affronter la vie par moi-même, quand je peux décider des choses, quand je ne me laisse pas avoir par tout ce qui est autour de moi.

— Mon père, lui, quand il rentre à la maison, il ne veut pas entendre parler de rien, il veut avoir « la paix », comme il dit. La paix, c'est la télévision !

— Dites-moi pourquoi les enfants s'ennuient le dimanche et je vous dirai, moi, que c'est pas dans ma famille que j'aiguise mon vouloir-vivre.

— Nous, c'est quand on retrouve maman le soir dans notre chambre ou dans la sienne et qu'on a des grandes conversations sur tout et n'importe quoi, qu'on se sent bien et qu'on a le goût de faire plein de choses.

— Dans notre groupe, un sentiment revient presque tout le temps à travers ce qui est rapporté. C'est un sentiment de conflit entre ce que les individus peuvent faire et les conditionnements sociaux auxquels ils sont soumis. À titre d'exemples on a retenu les résumés suivants :

En discutant de la chose avec mes parents, j'ai compris que ce que mon père disait nous influençait tous beaucoup. Ça se résume à ceci : « La vie, mon vieux, tu ne fais pas ce que tu veux avec mais ce que tu peux ! Les hommes proposent et Dieu dispose, dit-on, et Dieu c'est le gouvernement, les multinationales, les riches, les forts en gueule, tous ceux qui ont le pouvoir d'une façon ou d'une autre. » Je ne suis pas loin de penser que mon père a raison. Ma mère, qui ne discute jamais sur des choses semblables, est plutôt d'accord ; de toute manière on l'a toujours connue malade de quelque chose.

Comment fait-on pour être l'acteur de sa vie et non le specta-teur, alors qu'il y a tant de choses qui ne dépendent pas de l'indivi-du, à commencer par le genre de famille que l'on a, la richesse ou la pauvreté, la maladie ou la santé. Je sais qu'on va nous répondre qu'il y a des pauvres qui ont des personnalités telles qu'ils trouvent les moyens de s'affirmer comme des riches, que des grands malades, des handica-pés, témoignent d'une vitalité incroyable, mais est-ce que cela ne vient pas seulement ajouter aux inégalités sociales des inégalités biologiques, constitutionnelles, pour parler le langage des spécialistes. Qu'est-ce qu'on en sait ?

— Nous, on dit que c'est une question de liberté et de combat. Il y a des individus qui arrivent à percer dans n'importe quel milieu, y en a d'autres qui sont très influençables. Il y a des sociétés qui font plus de place à l'initiative individuelle, d'autres qui encadrent, qui pro-gramment. C'est comme les parents ; il y en a qui te laissent exprimer ce que tu as en toi, d'autres veulent juste te mouler sur ce qu'ils sont, eux. Faut-il changer la société ou les individus ? Nous, on dit : les deux. En tout cas, y faut vouloir faire quelque chose, parce que, si tu ne le fais pas, toi, d'autres vont le faire à ta place.

Notre énergie devant la vie

Ce compte rendu n'apporte sans doute rien de nouveau ni de révolutionnaire, mais je le trouve typique. Il correspond à ce que l'on peut entendre d'une foule de gens de tous milieux sur ce sujet. Il correspond également à ce que l'on entend de la part de spécialistes de toutes disciplines qui se sont penchés sur la question. On pourrait l'analyser dans le détail pour voir tout ce qu'il met en évidence, mais je passe outre pour retenir le point majeur sur lequel les étudiants et moi nous étions d'ailleurs facilement rejoints. Ce point se retrouve dans l'ensemble du compte rendu et la dernière phrase citée le résume parfaitement : «*En tout cas, y faut vouloir faire quelque chose, parce que, si tu ne le fais pas, toi, d'autres vont le faire à ta place.* » En d'autres termes, cette phrase met en relief le « vouloir« autant que le vivre et illustre le rôle clé joué par les « attitudes » que l'on a devant la vie pour prendre charge de sa vie de telle ou telle manière[1]. Les attitudes que l'on adopte devant la vie sont aussi importantes sinon plus que ce que la vie, à travers les circonstances, le milieu, autrui, nous présente et nous impose. Qui ne s'est pas rendu compte que, placées devant le même événement, le même paysage, quatre personnes le décriront de façon tout à fait différente, c'est-à-dire à partir de ce qu'elles sont chacune, autant que de ce qui leur est montré. Le vieil adage qui oppose celui qui boit une bouteille « à moitié pleine » à celui qui boit une bouteille « à moitié vide » illustre le même phénomène. Et il est crucial, surtout quand on considère le quotidien et les êtres qui le partagent avec nous.

Quand il s'agit de considérer notre façon d'aborder le vouloir-vivre ou la sécurité, et qu'on le fait en plus à travers l'éducation que transmettent les parents, on comprend jusqu'à quel point leurs attitudes devant la vie peuvent être déterminantes, pour stimuler ou freiner le vouloir-vivre des jeunes. Elles sont effectivement un stimulus ou un frein, selon que les parents se montrent eux-mêmes dociles et perméables à l'influence que peut avoir sur eux l'expression du vouloir-vivre de leurs enfants. Ce qui frappe le plus dans

---

1. On sait l'importance que prend en psychologie le domaine des attitudes, que l'on assimilera aussi à l'occasion aux « traits », aux « dispositions personnelles », aux « types de caractères ». G.-W. Allport définit les attitudes comme « la clef de l'édifice de la personnalité » (Chapitres XI, XIV et XV, en particulier dans *Structure et développement de la personnalité*, déjà cité.) Il existe une littérature prolifique sur les attitudes, mais cet ouvrage d'Allport situe fort bien la question sans trop la spécialiser.

le compte rendu qui précède, c'est la référence unilatérale à l'influence des parents sur les enfants. Il est tout à fait révélateur qu'aucun des cent jeunes qui ont pris part à l'enquête n'ait dit quoi que ce soit de l'influence que les jeunes auraient pu avoir sur les comportements de leurs parents.

Malheureusement, il n'y a pas là un fait exceptionnel mais général. Et c'est en regard de ce fait qu'il faut insister sur l'orientation bilatérale de l'éducation au «oui à la vie» dans la famille, les parents et les enfants pouvant vraiment s'éduquer réciproquement au vouloir-vivre.

De tous les besoins fondamentaux, c'est sans contredit le vouloir-vivre qui, avec la sécurité, se trouve le plus exprimé par la jeunesse et surtout par l'enfance. *L'enfance est vouloir-vivre. L'enfance est énergie et croissance de façon maximale. C'est d'ailleurs le premier facteur qui explique l'extrême importance de cette période dans notre vie d'être humain.*

L'intensité énergétique de l'organisme humain dans l'enfance le rend hypersensible, à la fois comme «émetteur» de vie et comme «récepteur». C'est pourquoi, en d'autres termes, l'enfant peut être aussi influencé par les autres et par le milieu, qu'il peut lui-même les influencer. L'inverse est plus rare, si l'on considère tous les blocages et les résistances que comportent les attitudes adultes. Tels sont, par exemple: le sentiment de supériorité adulte, l'autoritarisme, le rationalisme anti-émotionnel, la rigidité, la passivité devant la routine, l'usure (par opposition à ce qu'on entend généralement par vieillissement), les tensions qui bloquent les élans de vie, une éducation moralisatrice manichéenne qui structure tout à partir du bien et du mal et qui ainsi sectionne, petit à petit, l'élan d'ÊTRE qui est propre à l'enfance. Ces résistances et ces blocages adultes jouent un rôle énorme, parce qu'ils peuvent précisément avoir raison du vouloir-vivre de l'enfant. Ils peuvent surtout l'orienter de telle sorte que les jeunes en arrivent à répéter de génération en génération les mêmes comportements appris des adultes. Se pose ici un problème majeur, dans l'éducation que l'on donne aux enfants et face à ses répercussions sur le type de personnes et de sociétés que l'on forme. Le petit schéma qui suit l'illustre.

Premièrement, le schéma présente quatre éléments pôles de la relation entre l'adulte et l'enfant soit: la personnalité de l'adulte et son vouloir-vivre, d'une part, le vouloir-vivre de l'enfant et sa personnalité, d'autre part. Deuxièmement, bien que les analogies du genre soient toujours dangereuses à moins qu'on ne les considère comme des images utiles, l'élément personnalité peut être vu comme un «contenu» et l'élément vouloir-vivre comme un «conte-

TABLEAU V

STIMULI DANS LA RELATION ADULTE-ENFANT

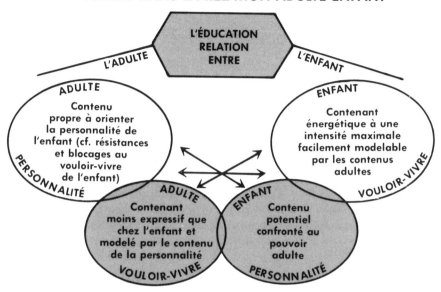

nant» ou comme une forme dynamique. Troisièmement, et c'est la caractéristique principale de cette relation, la personnalité de l'adulte et le vouloir-vivre de l'enfant sont les pôles MAJEURS de la relation (grands cercles) tandis que la personnalité de l'enfant et le vouloir-vivre de l'adulte sont des pôles mineurs (petit cercles).

Ainsi, en général, le vouloir-vivre de l'adulte n'est pas plus développé que la personnalité naissante de l'enfant, tandis que le vouloir-vivre de l'enfant est aussi développé en intensité que l'est en âge la personnalité de l'adulte[2].

---

2. Je décris là un phénomène général qui comporte des exceptions dont celles de délinquants, qui allient souvent à une énergie farouche une personnalité très forte, pour développer contre la société un vouloir-vivre vengeur. Un cas type d'exception est celui des jeunes en difficultés dans des familles où les parents sont déficients mentaux; l'enfant qui a un vouloir-vivre fort et qui doit apprendre à compter sur sa propre personne peut trouver de multiples façons de s'opposer à la faiblesse de son milieu et les circonstances peuvent facilement l'amener alors à la délinquance, à l'association avec une pègre locale.

En somme, d'un côté il y a l'adulte plutôt spectateur de sa vie (pour reprendre l'image courante citée dans le travail des étudiants) mais investi d'autorité, de rôles, de statut, et de l'autre côté, il y a l'enfant sans statut, dans une position de dépendance à l'endroit de l'adulte mais fort en lui-même et dans son vouloir-vivre. *Or c'est en cela qu'il faut voir comment s'exerce le POUVOIR adulte.*

L'adulte tire son pouvoir sur l'enfant du fait qu'il est culturellement et physiquement le plus fort, mais également du fait qu'il peut profiter de la *puissance énergétique exceptionnelle de l'enfant à assimiler les modèles et les contenus culturels à partir desquels on peut l'influencer.* En somme, les enfants sont un peu aux adultes ce qu'étaient les enfants-rois à leurs régents : ceux-ci pouvaient orienter à leur guise un pouvoir qui ne leur appartenait pas, mais que leur situation de régent-adulte leur permettait de contrôler, pour façonner à leur guise, la personnalité du futur roi.

L'enfant a le pouvoir du vouloir-vivre, mais il l'exerce par ces personnes interposées que sont les parents et les autres éducateurs qui interviennent dans sa vie. L'adulte peut se servir de la vitalité de l'enfant, et de son hypersensibilité, pour lui communiquer les contenus de sa personnalité à lui, de sa culture, jusqu'à *modeler l'enfant sur sa propre image.*

C'est vraiment en cela que réside le plus terrible des défis de l'éducation en général, et en particulier, de l'expérience des parents. Et c'est ainsi d'ailleurs que les résistances et les blocages de l'adulte dont nous avons parlé précédemment peuvent être assimilés par le vouloir-vivre de l'enfant et *l'orienter malgré lui à rebours des forces vives de la vie,* l'amenant ainsi à se développer à contre-courant de son instinct fondamental de vie et de croissance. Nous rejoignons le même phénomène que nous avons observé dans l'insécurité, la personne en état d'insécurité orientant son vouloir-vivre dans un *pouvoir de résistance plutôt que d'adaptation à la vie.* L'organisme humain a besoin de vivre coûte que coûte et si on le nourrit de résistance à la vie, de frustrations, de tensions, de rigidité, de soumission à la routine, il fera de celles-ci sa vie. Telle est la loi du vouloir-vivre : *l'être humain vivra autant de ce qui peut le détruire que le construire, l'essentiel étant qu'il vive.* Il n'en est pas beaucoup d'autres qui mettent autant à l'épreuve la responsabilité de l'être humain. Épreuve de responsabilité. Et d'amour ! Car mettre en disponibilité sa personnalité d'adulte, pour accueillir le vouloir-vivre de l'enfant et l'aider à prendre charge de sa propre personnalité, relève de l'amour. Car, quels que soient nos théories et nos principes, ce que l'environnement éducatif peut offrir de plus substantiel aux besoins de développement d'un individu, c'est *un certain savoir de l'amour,* que l'on apprend forcément dans la docilité aux exigences internes de la vie partagée avec autrui.

Il s'agit maintenant de voir comment, à travers ce que j'appelle l'éducation au « oui à la vie », les attitudes de l'adulte peuvent rejoindre et stimuler le vouloir-vivre de l'enfant.

L'éducation au oui à la vie

La liste des thèmes qui suivent n'est certes pas exhaustive. Elle indique seulement un choix de possibles pour le milieu familial, liés particulièrement au développement de l'enfant et visant à créer un climat de vie intense dans lequel chaque membre de la famille sente son vouloir-vivre stimulé.

1. L'entraînement à dire « oui », surtout à ce qui est nouveau et à ce qui change.

2. Le oui à toutes ces formes de oui à la vie que sont l'abandon, la disponibilité, la spontanéité, la curiosité, l'exploration, l'initiative, la créativité.

3. Le oui aux enfants dans l'univers adulte et aux adultes dans l'univers des enfants.

4. Le oui à la présence d'êtres vivants autres que les humains dans la vie de l'enfant (animaux, plantes, insectes).

5. Le oui à une vie sociale intense pour la famille.

6. Le oui à tous ses sens.

7. Le oui à l'émotivité.

8. Le oui au plaisir d'être et de croître.

L'entraînement à dire « oui », surtout à ce qui est nouveau et à ce qui change

Il y a déjà tout un programme dans le simple fait de s'habituer à dire *oui*. Le oui en soi est abandon, spontanéité, risque, engagement. Quand on dit non à quelqu'un qui nous demande quelque chose de possible, on se prive souvent de vie. Avec un non rien ne commence, ni acte, ni contact. Avec un oui tout peut commencer. Le oui peut être une porte d'entrée sur quelque chose de neuf, sur du changement. Chacun peut aisément constater, en s'observant lui-même et en observant les autres autour de lui, que les non que l'on dit, outre le fait qu'ils expriment fréquemment un refus ou une crainte de partager, sont des non au changement, au nouveau, à l'imprévu, en somme à ce qui fait que la vie se renouvelle et qu'on ne la laisse pas à la merci de la routine. Le nouveau et le changement sont particulièrement solliciteurs de oui à la vie. Pensons à cet égard à quatre agents solliciteurs de oui qui se présentent constamment dans le milieu familial : *les nouveaux aliments, les nouveaux lieux, les nouvelles personnes, les nouvelles valeurs.*

On ne se rend pas compte jusqu'à quel point on peut conditionner les enfants à dire non à la vie, au changement, au renouvellement, en les habituant à toujours manger la même chose, à presque tout vivre dans un même lieu. J'ai toujours été frappé de voir comment un très grand nombre de jeunes résistent et éprouvent même de l'insécurité à dormir ailleurs que chez leurs parents. Il faut dire qu'en cela précisément ils reproduisent les comportements de nombreux adultes qui ont à tout prix besoin de leur lit, de leur chambre, de leurs affaires, de leur environnement routinier pour se sentir bien. Il en est de même du régime alimentaire, notamment sous l'influence moderne et nord-américaine de la cuisine du tout prêt, du *fast food*, des préparations artificielles, des chaînes distributrices (dont on doit constater avec stupeur qu'elles recrutent le gros de leur clientèle dans les institutions d'enseignement !). On est littéralement en train de détruire le sens du goût chez les jeunes, en même temps qu'on les habitue à des régimes alimentaires extrêmement nocifs. Mais c'est le produit de la civilisation nouvelle qui fait que, aux États-Unis, par exemple, on constate que 50 % des maladies sont reliées à la mauvaise alimentation. Et bien, c'est là aussi que commence le oui à la vie, à la vie réelle et naturelle. L'entraînement des enfants à *manger des aliments variés et différents* est indispensable.

Il en va de même de l'entraînement à quitter le nid familial, d'autant plus que le fort instinct de propriété des enfants, qui est très sain, doit néanmoins être équilibré par la fréquentation d'autres « territoires » que le sien. Pourtant, que de mères se vantent fréquemment de ne jamais laisser leurs enfants ! Il en va de même également du contact avec de nouvelles personnes et de nouvelles valeurs, souvent liées aux nouvelles personnes. Plus un enfant vient en contact avec des personnes différentes, vivant selon des valeurs différentes, plus il a de chances de s'ouvrir aux autres et d'acquérir une formation au PLURALISME. L'étroitesse d'esprit et le racisme fondamental sont fréquemment le fait d'une éducation surprotégée, sur-sélective, et fermée sur un milieu restreint où l'on est toujours en contact avec le même genre de personnes. Il y a une foule de choses dans ce contexte qui sont du ressort de l'école, mais les parents ont un rôle prépondérant à jouer pour favoriser les contacts de leurs enfants avec un grand nombre de camarades et d'amis, en les accueillant chez eux et en facilitant les sorties de leurs enfants dans les familles de leurs camarades. *Des maisons vivantes sont des maisons en fréquents dérangements.* Nombre de parents mettent malheureusement toutes sortes de freins injustifiables aux sorties et aux contacts de leurs enfants : horaires rigides, où l'on a prévu pour l'enfant qu'il ferait, par exemple, ses devoirs à telle heure, alors que l'imprévu, la spontanéité de la vie, l'appellerait à partir avec des amis ; conventions de pseudo-politesse et de pratiques du «chacun chez soi» qui font que l'on refuse à l'enfant de rester à manger ou à coucher chez des amis ; la visite d'un parent est mise en conflit avec la visite d'un ami ou à un ami et les parents décident pour l'enfant qu'il sacrifiera le contact avec l'ami pour la visite du parent. La liste serait longue si on la poursuivait, pour montrer toutes ces situations, de détails bien souvent, mais qui, à cause d'attitudes rigides, de manque de disponibilité à l'égard de la vie, d'un refuge derrière des conventions et des principes théoriques, deviennent des situations d'empoisonnement du quotidien. Nombre de familles, même à notre époque, vivent d'un ordre puritain qui refuse *un certain désordre, qui est pourtant une loi de la vie et une raison d'être de l'harmonie dans la nature.*

Je ne plaide pas ici pour l'éducation à tout vivre n'importe quand, n'importe comment, sans contrôle et sans discipline. Il y a plutôt un choix à faire face à des méthodes extrêmes. Certains veulent surprotéger l'enfant, en limitant les occasions de vie et d'expériences pour limiter les risques de non contrôle et d'indiscipline. C'est comme s'ils disaient à l'enfant : vis le moins possible et tu courras moins de risques de te tromper ! Il est possible au contraire de mettre l'enfant en contact avec le plus grand nombre de stimuli possible (personnes, objets, milieux, valeurs), tout en développant chez lui des méthodes de contrôle, de discipline personnelle et d'autonomie. Les enfants gâtés ne sont pas gâtés parce qu'on les entoure trop, parce qu'on leur donne trop, mais parce qu'ils ne sont pas entraînés au contrôle, à la responsabilité, à la tolérance à la frustration. D'ailleurs, plus un enfant a de chances de vivre beaucoup de choses, plus on a d'occasions de l'amener à se prendre en charge. Pour l'enfant qui nous demande de différer telle obligation ou habitude (devoir à faire, horaire à respecter), pour vivre tel plaisir qui se présente à lui ou qu'il a tout simplement le goût de vivre à tel moment, l'important est de l'aider à *pouvoir vivre les deux et non à sacrifier l'un au profit de l'autre.* En vivant les deux, il fera l'expérience de savoir réorganiser son temps, distribuer ses énergies, concilier plusieurs besoins. Qui n'a pas remarqué que chez les adultes, ce sont toujours les individus les plus occupés à qui l'on peut demander le plus. Les enfants ne sont pas différents sur ce point, ils vivent de la même énergie humaine, qui a besoin d'être employée généreusement...

Le oui à toutes ces formes de oui à la vie que sont l'abandon, la disponibilité, la spontanéité, la curiosité, l'exploration, l'initiative, la créativité

Tous ces mouvements de l'être humain sont parmi les gestes et les attitudes les plus propres à la vie. Ils sont naturels à l'enfant. Même le nourrisson les connaît presque tous. Mais un grand nombre d'adultes, éduqués à refouler en eux les valeurs de spontanéité et d'emportement de l'enfance, sont devenus prisonniers de bonnes manières, de recul devant autrui, de calcul, de méfiance, de stratégies, de conventions, de modes, de styles, de masques. Il ne faut pas s'étonner alors que l'éducation devienne un véritable dressage, où l'enfant est à son tour soumis à devenir une réplique de l'adulte, plutôt que d'être entraîné à aller le plus loin possible dans ses mouvements d'enfant.

C'est presque tout le développement de l'enfant qui est en cause dans ces mouvements que j'ai identifiés au sous-titre, mais une foule d'adultes répriment quotidiennement ces mouvements. Qui n'a pas vu dans des salles d'attente de médecins, par exemple, de ces tout-petits rabroués parce qu'ils portent à leur bouche leurs vêtements et tout ce qu'ils peuvent atteindre d'autre. Rien de plus normal pourtant que ces gestes d'enfant, puisqu'ils sont à la période orale et qu'ils prennent ainsi possession du monde et d'eux-mêmes par la bouche. Possession du monde par la bouche, par le regard, par le toucher qui vous saisit dans les premiers réflexes du nourrisson, qui s'empare ensuite des objets, pour toucher à tout, fouiller partout, explorer, manipuler, défaire, construire, re-défaire et reconstruire. Et ce que l'enfant fait vivre avec ses mains et ses jambes, il le fait revivre syllabes par syllabes, mots par mots, dans l'apprivoisement de lui-même et du monde par le langage. Son propre nom, quand il peut le prononcer, devient un point de référence autour duquel il s'amuse à tourner, et pour bien marquer, du fond de lui-même, qu'il commence à se percevoir distinctement du milieu. Il se parle à la première, puis à la deuxième, puis à la troisième personne. Il découvre qu'il est tout et qu'il peut tout être. Ce que l'enfant a fait revivre par le langage, il le fera revivre ensuite par la pensée, une pensée sans limites, où les objets deviennent des êtres, les êtres des objets, où le monde devient lui-même et où lui-même devient le monde. C'est la pensée magique, c'est l'âge magique qui occupe presque quatre années de la petite enfance, suivant immédiatement la période sensori-motrice des deux premières années[3]. Quel film extraordinaire que cette croissance de l'enfant! Il est peu de choses que la vie nous donne de voir et qui soient aussi belles et aussi pleines. Mais le voyons-nous vraiment, surtout lorsque nous regardons à travers des barrières, dans des parcs[4], dans des jouets qui reproduisent l'univers adulte, dans des gratte-ciel (H.L.M.) qui ouvrent sur le vide et sur le béton[5]. Le plus invraisemblable est qu'en 1980, on puisse mettre des enfants au monde, dans des sociétés suréquipées technologiquement, sans avoir bénéficié, par exemple, de documents audiovisuels qui reproduisent ce film de la vie de l'enfant. L'explication la plus plausible de cette invraisemblance n'est-elle pas dans le fait que nos valeurs sont ailleurs? À quelle sorte de vie disons-nous oui? Quelles sont les préoccupations du pouvoir social mâle?

---

3. Il existe une pléiade de livres sur le développement de l'enfant. L'un de ceux qui m'a le plus frappé est un ouvrage tout récent qui est consacré aux trois premières années de la vie: *Les trois premières années de la vie*, du Dr Burton White, Paris, Buchet/Chastel, 1978. On trouve rarement une description aussi détaillée et complète du développement de l'enfant. Les parents comprennent facilement à sa lecture que son auteur ait dit que «dans une certaine mesure, tout est joué à trois ans».

4. L'ouvrage de Burton L. White a l'avantage de relier la compéhension théorique du développement de l'enfant à l'expérience du quotidien, en devenant une sorte de guide pratique des plus acceptables, sans tomber dans la facilité du livre de recettes. Voici à titre d'exemple ce qu'il dit sur le fameux problème des parcs: «Ils jouent certainement un rôle utile dans la mesure où ils évitent certains types d'accidents à de jeunes enfants, mais je vous conseille fortement d'envisager d'autres manières d'éviter les accidents. La principale raison pour laquelle je vous donne ce conseil est qu'on met généralement des enfants dans des parcs dès qu'ils commencent à se déplacer. Vous les parquez soit pour les empêcher de ramper dans la maison, soit pour les protéger. Nous avons observé des centaines de bébés de tous âges installés dans des parcs pendant des heures d'affilée, et nous sommes parvenus à cette conclusion simple: il n'y a pas moyen d'empêcher la plupart des enfants de s'ennuyer dans un parc pendant des périodes prolongées, c'est-à-dire au-delà de dix à vingt minutes.»

5. Il faut vraiment que des promoteurs immobiliers, des architectes, et finalement tous ceux qui rendent possible la construction d'une multitude de H.L.M., n'aient pas de conscience de l'être humain, ni des besoins de l'enfant.

Le oui aux enfants dans l'univers adulte et aux adultes dans l'univers des enfants

C'est dans leur plus jeune âge que les enfants doivent être mêlés à la vie de leurs parents et, chose aussi importante pour plusieurs raisons, à la vie de leurs parents avec les amis de leurs parents. Je n'ai jamais compris, par exemple cette habitude fort répandue qui consiste à faire manger les enfants séparément, lorsque leurs parents reçoivent des amis, ou encore à les envoyer au lit sous prétexte que des enfants doivent se coucher à «telle heure». On peut certes vouloir se retrouver entre adultes à certains moments, les mères en particulier, qui ont généralement à assumer les tâches ménagères et culinaires en s'occupant en même temps des enfants, peuvent vouloir relaxer, mais alors, que les pères prennent davantage leurs responsabilités et qu'on n'érige pas en règle générale ce genre d'exclusion systématique des enfants.

Le point principal que je veux faire ressortir ici est le suivant: *les enfants vont respecter l'univers adulte dans la mesure où ils vont s'y sentir intégrés.* L'exclusion dont nous venons de parler est du même type que le recours abusif aux barrières et aux parcs pour empêcher les enfants de toucher aux objets et de faire les tiroirs. Plus on leur cache les objets et plus on les empêche de les atteindre, plus ils ont le goût de s'en emparer. Ceci est aussi bien connu que le phénomène des mauvais coups, que les enfants font pour attirer l'attention sur eux. On peut habituer l'enfant à prendre soin des beaux objets très, très jeune, comme on peut l'habituer à sortir sans être perturbé, à s'adapter aux divers moyens de transport (en ne prenant pas un siège d'automobile pour un cheval à ressort), à respecter le sommeil de ses parents le matin, à ne pas déranger une conversation entre ses parents, entre eux ou avec des amis. À quoi sert de coucher des enfants très tôt le soir quand on veille avec ses amis, s'ils vous rendent la monnaie le matin en faisant à leur tour leur grabuge et en vous réclamant pour la moindre chose? Il est tout à fait normal qu'un enfant qui est allé au lit frustré de ne pas avoir pu passer de bons moments avec des gens qu'il aime, nous le fasse en quelque sorte payer en nous imposant l'univers séparé que nous aurons nous-même établi par des horaires rigides et des conventions artificielles. Une majorité de parents se rendent esclaves de conditions qu'ils créent eux-mêmes et qu'ils imposent à leurs enfants, pour ensuite se plaindre que les enfants sont exigeants, impossibles, et je ne sais quoi encore. L'important est qu'un enfant ait sa ration de sommeil et non qu'il l'ait de telle heure du soir à telle heure du matin de façon immuable. Il dormira mieux d'ailleurs, et mangera mieux, s'il jouit d'une bonne ration sociale et affective en étant intégré positivement à la vie des adultes, ce qui suppose aussi que des amis s'intéressent autant à Nos enfants qu'à Nous! Là-dessus les enfants ont un flair terrible, ils repèrent spontanément ceux qui aiment vraiment les enfants, pour eux-mêmes, et dans ce cas, ils se mettent en disponibilité totale. Bref les enfants retirent énormément du contact avec un grand nombre d'amis et de voisins, qui deviennent rapidement leurs amis et qui peuvent représenter dans leur vie une richesse irremplaçable du point de vue de leur perception du monde adulte et de la société. Ce peut être un monde de fêtes constamment renouvelé. La fête de la vie, où les enfants ont spontanément l'art d'être de bons convives.

La règle qui veut que les enfants respectent l'univers adulte dans la mesure où ils vont s'y sentir intégrés a un complément qui requiert que les adultes s'intègrent également à l'univers des enfants. Dans notre culture, je devrais dire surtout que « les pères » s'intègrent à l'univers de leurs enfants. Il ne s'agit pas seulement de prendre du temps pour jouer avec ses enfants, par exemple, bien que jouer « avec » ses enfants, sans les transformer eux-mêmes en jouets que l'on prend et que l'on remet à sa place un peu à sa guise, représente déjà un apprentissage pour l'adulte. Ce que je vise ici, c'est l'esprit d'enfance de la part des adultes et qui fait qu'on peut accompagner l'enfant dans ses activités, en étant capable de se mettre à sa place, de valoriser ce que l'enfant valorise, de comprendre ce qu'il comprend. L'enfant doit pouvoir se rendre compte que son monde d'enfant est assez important pour que l'adulte éprouve lui aussi, le besoin d'y vivre et d'en vivre. Si l'on demande aux enfants de nous accompagner dans une foule de démarches et de rites adultes, n'est-il pas indispensable de pouvoir les accompagner, par exemple, dans leur période magique, qui occupe quatre des années les plus importantes de leur vie quant à la formation de leur personne. Accompagner son enfant dans la période magique, suppose qu'on soit sensible aux valeurs qui caractérisent cette période, par exemple, en allant au-delà des lectures de contes et d'histoires, pour partager ce que les enfants en ressentent, pour rendre vivant ce qui est inanimé, partager la vie d'une poupée ou d'un animal en peluche, devenir soi-même quelque chose ou quelqu'un d'autre, vivre les emportements, les peurs, les rêves d'un enfant, son besoin d'infinitude et d'absolu. *Pouvoir se mettre à la place d'un enfant est essentiel pour vivre avec les enfants*, surtout si l'on est un adulte qui a l'air d'être bien dans sa peau comme adulte. On constatera d'ailleurs que les enfants sont bien meilleurs imitateurs que nous et, qu'en échange, ils s'intègreront sans mal à l'univers adulte et le respecteront à leur tour, en faisant par contraste, par exemple, l'apprentissage du relatif, du fait que les choses et les êtres ont des limites mêlées à des possibilités, qu'ils se situent dans le temps et dans l'espace. Pour l'apprentissage de l'adaptation à la vie, rien n'est plus utile que l'échange poussé et constant de l'univers de l'enfant et de l'adulte.

Le oui à la présence d'êtres vivants autres que les humains
dans la vie de l'enfant

Il y a un moyen que je trouve fantastique pour créer un milieu vivant à l'enfant. C'est la présence des animaux et des plantes. Dans les villes dénaturées que notre siècle est en voie de multiplier, je dirais même que nous avons presque l'obligation de re-situer les enfants dans le règne végétal, animal et humain. Le contact avec le règne minéral n'est pas moins nécessaire aussi *pour que l'enfant pren-ne conscience de l'écologie originelle de l'être humain.* Mais ceci est loin de justifier toutes les raisons que l'on peut avoir d'utiliser ce moyen dans la vie des enfants. L'une des principales raisons tient à ce que du point de vue de l'apprentissage du contact avec autrui, les animaux en particulier peuvent devenir une sorte d'agent d'é-quilibre. Alors que l'enfant peut éprouver un sentiment d'infériorité vis-à-vis des adultes et de rivalité avec les autres enfants, ce sont les animaux qui sont susceptibles de lui procurer la relation la plus satisfaisante et la plus valorisante quant à son besoin de s'affirmer. Bien sûr, il peut abuser de son pouvoir sur l'animal, et on le voit effectivement souvent, mais alors, l'occasion est excellente pour tous d'en prendre conscience et de l'éveiller au soin des animaux et des plantes et aux autres dimensions que cela peut révéler. L'en-fant apprend très vite en ce domaine et il s'occupe souvent beau-coup mieux d'animaux, de plantes, d'insectes, que ne le font les adultes. Il se renseigne sur leurs besoins spontanément et va au-delà de la connaissance et de la fréquentation des animaux domes-tiques d'usage comme les oiseaux, les petits rongeurs, les chiens et les chats.

Le contact de l'enfant avec ces créatures et avec les plantes devient une expérience de la vie affective, de la vie sociale, de la responsabilité et de la discipline que requiert leur soin. Et quel champ de tendresse surtout.

Instrumenter les familles pour répondre aux besoins de la per-sonne, cela veut dire ici: prendre dans les villes tous les moyens nécessaires en vue de faciliter la présence des animaux et des plan-tes auprès des enfants. Il s'agit d'un moyen accessible aux familles sur le *plan économique.*

Le oui à une vie sociale intense pour la famille

Autant il est nécessaire pour la famille de disposer d'un cadre privé et intimiste, autant sa vitalité sociale et son insertion dynamique dans un milieu communautaire aux dimensions d'un quartier urbain, ou d'une unité de quartier, sont essentielles. Les relations des parents et des enfants avec leurs amis, et avec des familles du voisinage constituent un support social privilégié au développement de l'enfant. Il nous faut retrouver dans des petites unités de vie communautaire, à l'intérieur des quartiers urbains, de cette familiarité que l'on connaissait dans une certaine vie de village en milieu rural. On doit aller plus loin dans l'échange et le partage de ce que l'on peut vivre dans un groupe de familles, d'amis, de voisins. Les expériences de couple, l'éducation des enfants, l'éducation des parents, ça se partage. Nombre de biens matériels peuvent être partagés également : vêtements d'aînés d'une famille qui peuvent servir aux plus jeunes d'une autre famille, approvisionnement en nourriture par groupes de familles, échange de multiples objets d'usages courant (jeux, outils, etc.). N'est-il pas vain de fonder des espoirs de socialisation réelle des individus à travers des idéologies et des systèmes politiques, si l'expérience de cette socialisation ne commence pas dans l'enfance et sur le plan le plus contrôlable, celui du regroupement familial et communautaire.

Au fond, on peut souhaiter une sorte de mariage entre la famille nucléaire et une vie communautaire organique au plan d'unités concentrées de populations, où les contacts entre individus et familles sont possibles et naturels au ras du quotidien. J'avoue nettement ma préférence pour une telle orientation plutôt que pour des communes où l'individuel et le privé disparaissent souvent au profit du collectif et du public[6]. L'expérience des « coopératives familiales » qui marie souvent les avantages de la famille nucléaire et ceux de la commune, est un moyen terme qu'il faut observer de près. Évidemment, pour qu'une telle évolution soit possible, il ne faut pas seulement que la mentalité individualiste change (mentalité qui se retrouve fréquemment au niveau du développement personnel et familial chez des gens qui, pourtant, font profession de socialisme au niveau de l'idéologie politique qu'ils pratiquent à distance...). Il faut des politiques sociales, par-dessus tout, un urbanisme et un habitat qui le permettent. Il y a une écologie de l'ha-

6. Ceux qui dans ce contexte pensent à l'expérience très particulière des kibboutzim d'Israël trouveront une matière extrêmement riche dans le livre de Bettelheim, *Les enfants du rêve*, Paris, Laffont ,1972.

bitation-familiale-sociale à mettre en œuvre partout. Car ce n'est pas dans les H.L.M. que l'on connaît dans le monde, ni dans les alignements de maisons unifamiliales bien protégées de clôtures, que l'on va développer une telle écologie. Une fois de plus, nous posons le problème des supports collectifs aux familles. Le oui à la vie les exige : rien de plus concret.

Le oui au corps et aux sens

Vivre dans cet environnement qualitatif pourrait ne pas produire ce que l'on peut en attendre, si l'éducation au oui à la vie ne cherche pas à faire éclater la même richesse et le même dynamisme, de l'intérieur des personnes, dans la formation du moi. Et pour commencer par le commencement, dire oui à la vie alors c'est dire oui au corps de l'enfant et à la sensualité qu'il lui faut éprouver dans la relation à son corps et à l'environnement. Entendons par sensualité ce que cela signifie rigoureusement : le développement de tous ses sens. Il faut dégager la sensualité de la connotation sexualisante qu'on lui donne dans une culture de sous-développement du corps et des sens. *L'Occident est malade de l'insuffisance du contact avec le corps.* Malade à isoler l'esprit de la chair, à désintégrer la sexualité de la sensualité et d'une maîtrise d'ensemble de son corps, à rompre l'harmonie du corps avec la nature végétale et animale, à sous-estimer l'éducation physique, à fabriquer des aliments artificiels, à pousser les enfants à se pâmer pour des robots plutôt qu'à s'émerveiller de leur propre corps.

La première éducation à donner aux enfants est le sens du contact avec leur corps. Mais comment y parvenir quand on a soi-même perdu contact avec son corps ?

L'enfant naît avec une histoire biologique, longue des neufs mois de vie fœtale et suivie immédiatement de cette phase prodigieuse des trois premières années de l'enfance, à laquelle vont succéder toutes les autres périodes de croissance de l'enfance et de l'adolescence. C'est prodigieux d'être parents et de partager cette croissance.

Pour nous réinscrire dans la vie du corps et des sens avec nos enfants, nous pouvons avoir à notre disposition toute une gamme de moyens, d'occasions et de thèmes éducatifs à explorer dans le quotidien. En voici quelques exemples :

● Le contact physique chaud, chaleureux, enveloppant de l'enfant à *tous les âges*, de la part des parents, de la part des aînés à l'égard des plus jeunes. On ne s'embrassera et on ne se touchera jamais trop dans une famille.

● Nos réactions aux pleurs du nouveau-né et du nourrisson. Il ne s'agit pas d'empêcher absolument l'enfant de pleurer ni de le laisser pleurer jusqu'à ce qu'il s'épuise. Le juste milieu est très important ici.

● La valorisation de chaque apprentissage sensori-moteur par des références marquées à la capacité et à la puissance du corps. «Tu te tiens bien, tu marches bien, ton corps te permet d'aller partout, ton corps a besoin de repos, ton corps a besoin d'entraînement, d'air pur, de sport...»

● Les massages à l'enfant, à tous âges, sont un excellent moyen de lui faire connaître son corps, de le sensibiliser à ses besoins et d'identifier les points d'auto-contrôle, d'apaisement, de sensibilité.

● L'éducation de chacun des sens. Apprendre à goûter, à sentir, à toucher, à écouter, à voir. Le régime alimentaire, le contact avec la nature, le soin des plantes et des animaux nous fournissent des occasions quotidiennes.

● L'habitude de la communication non verbale. Il faut apprendre aux enfants de culture occidentale que c'est tout le corps qui est notre instrument de communication et pas seulement notre langage verbal.

● La sensibilisation au fait que notre caractère est dans notre corps, que les sentiments de l'enfant sont dans son corps. Il doit se rendre compte à partir de sa propre expérience que, comme tout le monde, il peut rougir de colère, pâlir de frayeur, avoir froid de solitude et de manque d'affection, éclater de joie, resplendir de bonheur. Il doit pouvoir apprécier cela.

● La dextérité manuelle, le savoir construire avec ses mains, que facilitent de plus en plus les jeux de montage, d'assemblage, de construction.

● Les exercices de yoga, de méditation, de bio-énergétique.

Mais dans ce domaine comme dans les autres, c'est l'expérience personnelle des parents, ce que l'enfant voit dans son milieu, à l'école autant que dans la famille, qui comptent plus encore que ce qu'on lui fait faire à lui. S'il est entouré de personnes qui prennent soin de leur corps, s'il grandit dans la familiarité et la dignité du nu, s'il est témoin chaque jour de gestes de tendresse, d'affection, de passion, il dira oui, non seulement à son corps, mais à la tendresse, à la dignité, à l'affection, à la passion, qu'il aura assimilées non pas dans des idéaux abstraits, mais dans son corps. Nous sommes comme les arbres, nous avons besoin de racines, il faut nous mettre en terre quelque part. *Or, cette terre et ces racines, l'enfant les trouve dans une intégration à l'environnement naturel, à l'environnement social et à son corps. C'est par cette intégration, beaucoup plus que par un contrôle rationnel et l'attachement à des vertus angéliques, que l'on peut maîtriser les forces vives que sont l'émotivité, le plaisir d'être et la passion des choses et des êtres.* Elle permet de prendre pied sans perdre pied !

Le oui à l'émotivité

L'être humain qui se sent ainsi des racines dans son corps, dans son environnement naturel et social, peut prendre la vie pour pays, il peut s'abandonner à la vie, *se laisser prendre par la vie*. Telle est foncièrement l'émotivité : une disposition de l'organisme à se laisser prendre par la vie, à sortir de soi, à tenter de voir les choses et les êtres à travers eux plutôt qu'à travers soi seulement. Qui n'a pas expérimenté cette démarche dans l'amour, alors qu'on se sert de soi pour aller voir les choses à travers les yeux de celui ou de celle que l'on aime. L'émotivité est vraiment une forme de « connaissance », autant qu'elle est l'expérience de la vie dans ce qu'elle a de plus spécifique : *le mouvement*. Mounier, qui est l'un des penseurs de notre époque qui a sans doute le plus traité de l'émotivité, la situe d'une façon à laquelle j'adhère totalement lorsqu'il en parle comme d'une « générosité de l'organisme » et d'une « force psychique de base »[7]. On restreint le plus souvent l'émotivité en la liant strictement à l'affectivité. Or, elle est plutôt une disposition énergétique de l'organisme humain qui anime toutes nos ressources, de telle sorte qu'on a des émotions intellectuelles, affectives, sensuelles, sexuelles, physiques. On a bien tort en particulier de l'opposer à un prétendu « sérieux » rationnel. Les grands créateurs, qu'ils soient philosophes, artistes, ou représentants de sciences dites exactes, se rejoignent sur le double terrain de la connaissance et de la création, par l'émotion et par le raisonnement intellectuel. L'intelligence créatrice est aussi chaude et aussi charnelle que l'émotion. C'est une intelligence à la Rostand, à la Schweitzer, à la Einstein.

C'est restreindre davantage encore l'émotion, et la dénaturer en fait, que de l'identifier aux excès, aux crises émotionnelles. Or, c'est malheureusement ce qui arrive dans notre culture cartésienne et mâle. Je veux dire une culture dominée par l'homme froid, l'homme statue, presque l'homme mausolée. Qui ne l'a pas rencontré un jour ou l'autre dans le bureau d'un grand administrateur, d'un grand

---

7. Emmanuel Mounier, *Traité du caractère*, Paris, Seuil, 1946.

technocrate, d'un fonctionnaire superbe, d'un être de pouvoir se défendant, par exemple, de se laisser aller à des considérations humanitaires, existentielles, au nom d'un rationalisme froid, ou de l'esprit de système... ? Lorsque, de façon péjorative dans cette culture, on dit de quelqu'un ou d'une attitude «c'est un émotif», «c'est émotif», ou bien on témoigne en cela de son mépris pour un mouvement de vie, ou bien on veut indiquer un excès ou un manque de contrôle de l'émotivité, et alors, il faudrait l'exprimer comme tel. Si notre culture n'était pas sous l'empire de la raison froide et que l'émotivité était développée comme une force de la vie, on trouverait le même type de dénonciation à l'endroit de mouvements rationnels et intellectuels coupés de la vie, qu'on en trouve à l'endroit de comportements émotifs excessifs. On dirait plus souvent: «c'est de la raison froide», «ça ne colle pas à la vie». Au fond, il se pose pour l'activité rationnelle un même problème de contrôle, de dosage, qu'il s'en pose pour l'activité émotionnelle. On peut tout autant perdre le contrôle de l'activité rationnelle que le contrôle de l'activité émotionnelle, de l'activité sexuelle, de l'activité alimentaire, ainsi de suite[8].

Aussi, n'est-il pas superflu, en faisant ce constat, de rappeler *que ce n'est pas la raison qui est le siège du contrôle de soi, de l'adaptation au réel, mais une façon de situer son moi dans la réalité qui tient de multiples facteurs, dont la sécurité, par exemple, le vouloir-vivre, l'autonomie.*

En disant aux enfants, pour faire appel à leur contrôle et à leur maîtrise d'eux-mêmes, «sois raisonnable», on les met sur une fausse piste, leur faisant croire que c'est la raison qui est leur centre de contrôle. C'est comme de leur dire: «Fais un homme de toi.»[9] On projette ainsi notre volonté d'en faire un adulte à notre image.

Il y a un véritable échange à réaliser entre adultes et enfants dans le développement de l'émotivité. Nous n'avons pas à inciter les enfants à l'émotivité puisqu'elle leur est naturelle. Nous avons plutôt à nous laisser pénétrer de leur expérience, d'autant plus que nous avons été en général éduqués nous-mêmes à retenir nos émotions, à les refouler (sauf dans les grandes circonstances comme les naissances, les mariages, les mortalités, les fêtes, les grandes ruptures). Pour les enfants au contraire c'est une denrée quotidienne que de se laisser emporter, de s'émerveiller, de s'identifier à autrui de façon totale, dans les contes, par exemple, de rompre un contact aussi vivement qu'ils l'ont engagé, de vivre de grandes joies,

---

8. Cf., le cas de l'ex-religieux analysé au chapitre I.
9. Avez-vous remarqué qu'on dit rarement à une petite fille: «Fais une femme de toi.»

de grandes peines, de grandes peurs. En somme, ils mettent leur énergie à la disposition de tout leur vécu. Ils « mordent la nature à nu », comme disait Gide. C'est fatigant. Cela rend vulnérable. Les enfants sont de ce point de vue aussi exposés que les adultes qui ont une densité émotionnelle excessive : ils vivent leur vie « aux aguets ».

Ce que les adultes peuvent apporter aux enfants alors, ce n'est pas une réduction de leur expérience émotionnelle, mais une capacité d'ancrage, d'enracinement, d'arrimage. Les adultes peuvent aider les enfants à rapatrier leur emportement émotionnel, à partir du sentiment qu'ils leurs communiqueront « d'être bien dans la réalité », « d'être bien dans leur peau ». On ne refuse pas de prendre la mer, parce qu'elle peut nous emporter ; on s'équipe pour pouvoir être emporté par la mer. On peut ainsi équiper les enfants pour enraciner leurs émotions dans la réalité de l'environnement qu'on leur crée.

Des premières méditations de l'être humain sur la vie, les Grecs nous ont montré qu'il y avait deux positions fondamentales de l'être humain dans son contact avec la vie. Il y a l'être qui se baigne dans le fleuve et celui qui regarde le fleuve couler mais qui a assez de consistance en lui-même pour pouvoir prendre le fleuve en lui-même, le penser, le recréer, l'imaginer, le comprendre, l'aimer. Laissons les enfants se baigner dans le fleuve et soyons de bons parents qui ont leurs propres affaires sur la berge, mais qui ont l'œil ouvert vers le fleuve ; mais plongeons nous aussi dans le fleuve et laissons les enfants vaquer à leurs affaires sur la berge... ils auront eux aussi l'œil ouvert vers le fleuve.

Le oui au plaisir d'être et de croître

L'un des plus grand torts que nous puissions causer aux enfants, pour eux-mêmes et pour la qualité de la société, est de les éduquer dans la tension. Je songe en particulier ici à la tension qui résulte d'un système d'éducation et d'une culture qui, au lieu d'être tournée vers des valeurs d'être et de croissance humaine, est centrée sur la division de la vie entre le bien et le mal. On n'a de cesse partout que de partager le monde entre bons et méchants, entre gens malades et gens en santé, entre anormaux et normaux, entre coupables et innocents. La famille est prisonnière de cette culture et de la morale primitive qui l'inspire depuis des siècles. L'école a suivi la même direction bien sûr. Et l'une et l'autre ont en cela surtout subi l'influence des religions, notamment celle de la tradition catholique et chrétienne qui s'est imposée comme l'anti-Incarnation.

Au lieu de faire prendre chair de la vie humaine, de faire aimer la création, on célèbre l'au-delà au mépris de la vie humaine. Et cela ne change guère.

La même pathologie caractérise, hélas, nombre de courants en psychologie et en psychanalyse qui s'inscrivent dans l'obédience freudienne. Autant nous devons à Freud, autant la survalorisation du pathologique qui caractérise son œuvre peut être nocive. Il y a bien peu de place dans son œuvre et dans celle de ses continuateurs, souvent, pour l'individu normal. On s'explique d'ailleurs qu'il ait écrit qu'il ne faut pas rechercher « les bons parents ».

Presque tout est ANGOISSE chez Freud. Le développement de l'enfant, il le voit dans une succession de situations angoissantes, dont la naissance est le point de départ. C'est extrêmement révélateur des différentes attitudes qui peuvent être adoptées pour observer un même phénomène. Pourquoi, par exemple, situer la naissance comme un traumatisme et percevoir le premier cri de l'enfant comme l'expression d'un déchirement? Le premier cri de l'enfant est peut-être bien davantage l'expression de l'énergie extraordinaire qui le rend capable de quitter l'univers fœtal et de venir au monde. Dans presque toutes les analyses que Freud fait ensuite des grands moments de croissance de l'enfant, il met toujours en relief la difficulté d'avoir à quitter un stade initial et passé, plutôt que l'enthousiasme à franchir un nouveau stade, à croître et à devenir de plus en plus compétent et maître de ses apprentissages. Là est pourtant le PLAISIR DE CROÎTRE auquel nous rend sensible la psychologie de la santé et du développement. Le plaisir de croître et de devenir tout ce qu'il est possible de devenir à tel être humain, en tant qu'être humain mais surtout dans sa singularité propre, dans son individualité, comme être unique.

Les parents peuvent-ils vivre cela comme un véritable plaisir? Il me semble que c'est plus qu'une question d'attitude, de tempérament, d'humeur: c'est *une question de fidélité à la vie*. À partir du moment où l'on a accepté, où l'on a choisi de mettre au monde un enfant, de le faire vivre, est-ce qu'alors on ne s'est pas soi-même marqué de LA FOI EN LA VIE? La foi en ce qui croît, qui progresse, selon son dynamisme propre, et non pas en vertu d'un système culturel qui divise et rompt ce dynamisme, en assignant des tendances bonnes et des tendances mauvaises aux êtres et en les classifiant en conséquence. Maslow a recours à une formule des plus appropriées quand il indique que la psychologie de la foi en l'être humain annonce un système de valeurs naturel qui représente « une instance d'appel pour la détermination du bien et du mal, du vrai et du faux »[10]. Si l'on pouvait voir à l'intérieur des êtres, on apercevrait cette rupture, cet écartèlement (ou cette crucifixion), qu'on fait subir aux êtres dans notre culture manichéenne où l'on range le bien d'un côté de la vie et le mal de l'autre. S'il y a des chrétiens qui parlent en ce moment, à propos de peuples opprimés, d'une « théologie de la libération », parlons ici à propos de la personne opprimée, d'une « culture de la libération ». Les familles peuvent en être des artisanes, si on les aide, si elles s'aident et s'entr'aident.

Les familles ont besoin de se détendre en redécouvrant le sens heureux de la personne, du plaisir de croître et de la liberté d'être. *C'est la liberté d'être au maximum et de tout vivre qui compte avec les enfants, et non la liberté de choix.* Ils ont trop à vivre, à explorer, à découvrir, à expérimenter, pour choisir. Bien des adultes, s'ils avaient vécu leur enfance et leur adolescence pleinement, seraient plus en mesure de faire les choix qui sont le propre de la vie adulte.

Oui à l'enfant et à de nouveaux adultes

Ces diverses formes de oui à la vie que je viens d'esquisser peuvent être rassemblées en une seule : le oui à l'enfant et à de nouveaux adultes.

L'éducation des enfants est souvent dominée par cet étrange phénomène qui fait qu'on a peur de gâter les enfants en leur faisant confiance. On a même peur de leur témoigner trop d'affection et d'amour, sous prétexte de les entraîner à la dureté de la vie. On craint qu'en leur reconnaissant « le droit d'être jeune », ils ne deviennent pas des êtres de devoir, capables d'obligations envers autrui. Il me semble de plus en plus certain que la principale explication à cela est bio-culturelle : on traite les enfants comme on est soi-même traité en tant qu'adulte et comme on a été traité enfant. Il est rare qu'on nous témoigne trop d'affection à nous, les adultes, qu'on nous fasse vraiment confiance. On nous a pétris de la morale du devoir et de l'obligation envers autrui plutôt que de celle du droit à la vie et à la responsabilité. Revendiquer des droits est souvent perçu comme quelque chose de marginal, qui peut même avoir l'allure de provocation au désordre et à l'immoralité publique. Aussi, la relation de l'adulte à son propre vouloir-vivre se trouve-t-elle influencée par un environnement culturel qui est bien davantage porteur de « non » à la vie que de « oui ». Reprenons quelques caractéristiques de cet environnement pour les ressaisir comme déterminisme culturel d'ensemble.

---

10. *Vers une psychologie de l'être*, déjà cité, pages 1 à 10.

• Seule une minorité d'individus vivent des situations, par leur métier, par exemple, qui les valorisent et leur permettent de s'affirmer en tant que personne ;

• Nombre de sociétés sont de plus en plus marquées par une véritable sociologie de la dépendance des personnes ;

• Le changement et la nouveauté effraient plus qu'ils ne stimulent ;

• Les conventions, les modes, les masques, les stratégies, la vie artificielle prennent le pas sur les valeurs de disponibilité, de spontanéité, d'initiative, de créativité ;

• Une peur puritaine du désordre et la rigidité freinent l'abandon à la vie et la souplesse dans l'éducation ;

• On limite les stimuli de vie personnelle pour limiter les pertes de contrôle. L'expérience de la liberté et l'apprentissage de la tolérance à la frustration sont mis en contradiction plutôt que d'être développés en complémentarité ;

• L'environnement naturel est de plus en plus restreint, pour les adultes comme pour les enfants ;

• Le manque de contact avec son corps est dominant, de même que le manque de maîtrise de ses sens ;

• L'émotivité est redoutée ou méprisée ; elle doit céder le pas au rationalisme froid et à l'efficacité technologique ;

• Le règne de la morale du bien et du mal, du normal et de l'anormal, demeure on ne peut plus vivace et rompt les processus de croissance et de recherche de l'être ;

• L'avoir matériel, en particulier dans le contexte du « gavage » d'enfants et d'adultes par la société de consommation, se répand de telle sorte qu'il est loin de faciliter une libération psychique de la personne et un plus grand amour de la vie.

Il y a un monde qui sépare le vouloir-vivre des enfants et la manière dont les adultes pourraient eux-mêmes le satisfaire à travers ces limites culturelles qui se transmettent depuis des générations (il n'y a pas tellement d'âges d'or en arrière de nous...). Comment donc nous réconcilier comme adultes avec notre besoin de vie et d'affirmation dynamique de notre personne ? Comment surtout respecter le vouloir-vivre de l'enfant ? Ce sont les deux questions que j'ai voulu explorer en recherchant ces formes de oui à la vie. Elle sont autant de formes de oui à l'enfant et à un changement de valeurs du monde adulte.

Il faut nous tourner vers les enfants pour réapprendre à vivre. Vers les enfants, vers les femmes et vers les personnes âgées[11], vers ceux qu'en cas de catastrophe on tente de sauver les premiers mais que dans le cours normal des choses, on oublie, sous-estime, discrimine, soumet au pouvoir de la minorité des mâles-adultes-productifs et gestionnaires. Vers ceux que la culture a considérés comme les plus faibles, mais dont la force représentera peut-être plus tôt qu'on ne le croit la transformation de la culture. Ils représentent les personnes qui peuvent interjeter à la civilisation l'appel en faveur de nouvelles valeurs naturelles d'ÊTRE dont parle Maslow.

À ceux qui, avec raison d'ailleurs, sont préoccupés de contrôle et de discipline, de responsabilité pour les jeunes, et qui craignent que trop de confiance et d'accent mis sur la reconnaissance du DROIT D'ÊTRE JEUNE diminue le sens du devoir et des obligations envers autrui, on ne peut que donner l'assurance du contraire. La limitation de la liberté n'a jamais rendu les gens plus responsables. «Doute et tu seras trompé». «Fais confiance et il se produira bien davantage que tu n'en attendais même».

Du vouloir-vivre à l'autonomie

En abordant l'autonomie au prochain chapitre, nous passons à une étape différente du point de vue d'une certaine hiérarchisation dans l'ordre des besoins. La sécurité et le vouloir-vivre expriment le besoin de «vivre pour vivre», pour retirer de la vie le maximum d'énergie possible. Par l'autonomie, et davantage encore par l'identité personnelle, cette énergie s'individualise, elle prend la forme du moi. En reprenant l'image de l'enracinement et en se référant à notre tableau sur «les besoins de croissance et la famille», on pourrait dire que par la sécurité et le vouloir-vivre «le moi s'enracine dans la vie», tandis que par l'autonomie et l'identité personnelle, «la vie s'enracine dans un moi».

Je souligne à nouveau qu'en recourant à de telles formules et à de telles images, nous exprimons des nuances et des temps forts de croissance. Nous isolons, pour fins d'étude et de représentation de notre fonctionnement interne, des phénomènes qui ne sont pas isolés dans notre vécu. Dans un apprentissage comme la marche, par exemple, la sécurité, le vouloir-vivre et l'autonomie se manifestent ensemble. Mais chaque besoin connaît des temps forts, des périodes sensibles à des acquisitions plus spécifiques d'un besoin que

---

11. Je n'aime pas beaucoup ce rapprochement devenu presque un cliché, mais il signifie beaucoup sur le plan culturel.

d'un autre, et c'est la répartition de ces temps forts qui permet de déceler de l'enfance à l'âge adulte une progression, à laquelle correspond l'ordre dans lequel nous les abordons de chapitre en chapitre. Il est manifeste que le cycle de l'enfance à l'âge adulte est tel, *que l'enfant a d'abord besoin de vivre pour vivre, que plus il vit intensément, plus son moi a de chances de prendre forme, pour pouvoir ensuite se situer positivement dans sa vie sociale.* Voilà l'essentiel du mouvement de croissance qu'il faut identifier à travers le contenu de ces chapitres sur la sécurité, le vouloir-vivre, l'autonomie, l'identité personnelle et l'appartenance sociale.

Pour étudier la place de l'autonomie dans le développement de l'enfant, on dispose de nombreux instruments, notamment par la psychologie génétique. Ce n'est pas le cas pour l'adulte. On commence à peine à s'intéresser à sa croissance. Pourtant les comportements de dépendance chez l'adulte sont peut-être beaucoup plus importants que les comportements de réelle autonomie, et c'est devenu normal, puisque l'univers adulte est structuré par des rapports de dominants à dominés. *Or le respect et la compréhension des enfants dépend dans une large mesure de la capacité d'autonomie des adultes qui l'entourent.* C'est dans cette optique que j'aborde le chapitre trois. Et comme il s'avère que l'une des expériences les plus renseignantes sur les conditions du développement de l'autonomie dans l'univers adulte et social, c'est sa revendication par les femmes, j'en traiterai à partir de cette revendication.

Chapitre 3

L'AUTONOMIE

Les conditions qui dépendent du milieu et celles qui dépendent de la personne — Un premier groupe de questions que se posent les femmes — Un deuxième groupe de questions que se posent les femmes — Les composantes de l'autonomie et leur signification. L'autonomie comme une manifestation d'énergie. La croissance humaine de l'environnement et celle de l'individu sont indissociables. La croissance individuelle est naturellement en expansion sociale.

De l'autonomie à l'identité personnelle

La revendication de l'autonomie telle qu'exprimée par les femmes depuis de nombreuses années, à titre individuel, dans des groupes de croissance ou dans des mouvements féminins, nous renseigne sur *les deux dimensions fondamentales de l'autonomie vécue: les conditions d'autonomie qui dépendent du milieu et celles qui dépendent de la personne* [1]

Ce chapitre s'appuie donc sur des questions que se posent les femmes en fonction de ces deux types de conditions. Elles nous permettront d'identifier ce qu'implique la démarche d'autonomie chez l'individu qui veut accéder à *la liberté de se prendre en charge*. Car telle est l'autonomie.

Les questions retenues, et qui portent essentiellement sur des démarches vécues, sont partagées en deux groupes. Le premier porte sur des conditions qui mettent en cause les politiques sociales aussi bien que la collaboration des personnes constituant l'environnement humain immédiat des femmes, dans la famille en particulier. «Puis-je vraiment faire ceci, décider cela, dans ma famille, à l'intérieur de ma relation à mon conjoint et distinctement de cette relation?» Et surtout, «puis-je le faire dans des conditions telles que je me sente libre dans ma démarche, que non seulement on ne me mette pas en situation de culpabilité mais qu'on m'encourage et qu'on facilite ma démarche, sans paternalisme, avec délicatesse et un souci normal de l'autre?»

Le second groupe vise davantage les ressources personnelles sur lesquelles l'individu doit compter dans sa démarche. Revendiquer l'autonomie est une chose, la vivre en est une autre. «Suis-je capable de solitude?... Ai-je vraiment confiance en moi?... Suis-je assez en sécurité avec moi-même pour en arriver à ne compter que sur moi dans certains gestes, dans certaines décisions?... Suis-je assez indépendant à l'égard des sentiments que les autres ont à mon endroit, tout en étant assez libre vis-à-vis de moi-même pour pouvoir en tenir compte et les évaluer en conséquence?... Est-ce que je puis concilier mon autonomie avec l'expérience de l'interdépendance?» Pour faciliter la réflexion au fur et à mesure de l'énumération des questions, j'ai séparé graphiquement la page en deux. Du côté gauche on trouve les questions; du côté droit, des observations sur les questions.

Je dois dire enfin que j'ai beaucoup hésité à présenter des «questions» plutôt que des affirmations. Le choix de la voie interro-

1. Faut-il noter que les questions que se posent les Québécoises, les Canadiennes, les Françaises, les Américaines, par exemple, se rejoignent dans l'essentiel.

106

gative m'a finalement paru nécessaire pour être conforme au cheminement réellement suivi par des femmes. Cheminement pénible s'il en est un, en raison des stéréotypes sociaux et des rapports culturels de dominants à dominés qui font pression sur les individus et des comportements de contrôle et d'isolement psychologique qui prévalent entre les couples sur les comportements de liberté et de partage. Pour une majorité de femmes, c'est plus qu'une interrogation, vivre l'autonomie, c'est une source d'angoisse.

La plupart sont atteintes à des degrés divers par les pressions culturelles, sociales, ou économiques. Un grand nombre sont culpabilisées par leur milieu, quoiqu'elles fassent. Des femmes qui croient qu'elles peuvent vivre bien dans leur peau dans un régime familial de type plus traditionnel se font dévaloriser par celles qui ne veulent plus entendre parler de mariage ou de famille et qui font comme si l'autonomie était uniquement liée à des situations extérieures à la personne, tel le travail à l'extérieur du foyer. Des femmes qui travaillent à l'extérieur du foyer, elles, se font dévaloriser par d'autres qui les accusent de ne penser qu'à elles, de travailler pour leur confort, et de confier leurs enfants aux garderies[2].

---

2. Une journaliste du Québec, Lysiane Gagnon, a étudié la difficile situation des femmes employées dans la Fonction publique du Québec et qui tentent de concilier leurs responsabilités comme personnes autonomes, comme femmes de carrière, comme mères, comme conjointes. Voici comment elle pose le problème: «Elles affirment toutes mettre une fin à leurs activités professionnelles, aux réunions de travail qui se prolongent abusivement; pour toutes, les week-ends sont chose sacrée et pour compenser leur absence quotidienne, elles s'abstiennent en général de participer à des activités sociales ou mondaines.

Nous sommes ici au cœur de l'injustice, qui entre toutes sera la plus difficile à déraciner du comportement humain. Car, demande-t-on aux hommes qui font carrière de renoncer à l'amour et à la paternité? Leur demande-t-on de se partager, au risque de terribles déchirements entre le foyer et le travail?

Leur impose-t-on cet impossible défi, qui est pourtant celui que vivent quotidiennement les femmes qui investissent une partie de leurs énergies dans un travail intéressant: d'une part, s'arranger pour que rien de leurs problèmes personnels et normaux ne transpire en milieu de travail, et d'autre part, de retour au foyer, s'arranger pour que rien ne transpire de la fatigue et de la tension accumulées au travail?... On voit ici que cette vie de corde raide est aussi le lot des femmes qui ont les moyens d'avoir de l'aide pour l'éducation des enfants et les tâches domestiques. On voit aussi qu'il faut être une

On porte ainsi plein de jugements sur des comportements sans départager ce qui tient, d'une part, aux conditions sociales, économiques, politiques, et d'autre part, aux choix que peuvent faire les individus pour répondre à leurs besoins personnels dans ces conditions. Il y a des conditionnements profonds qui opèrent sur les deux plans et qui amènent des individus à vivre en contradiction de leurs propres aspirations. Nombre de femmes, y inclus des femmes engagées dans la cause féminine, continuent, par exemple, à entretenir chez leurs enfants et chez leurs conjoints des comportements qui les rendent prisonnières des rôles traditionnels : elles font le lit de leur fils ou de leur fille de dix-sept ans, elles se croient obligées de voir elles-mêmes aux provisions en alimentation, bref, n'exigeant pas le partage des tâches domestiques à part égale entre tous les membres de la famille, elles suppléent à tout ce que les autres ne font pas mais devraient faire.

Par ailleurs les conditionnements provenant de l'entourage immédiat sont énormes, *car il est aussi difficile d'apprendre à vivre pour favoriser l'autonomie des autres, que pour la vivre soi-même.* On peut paraître très progressiste et très à la mode au plan des questions sociales et politiques, même face aux libertés individuelles, et se comporter à l'inverse dans les faits avec les personnes qui nous entourent... Nombre de jeunes actuellement parlent d'autonomie et de liberté en regard de la famille et des relations hommes-femmes, sans nullement mesurer ce que cela implique concrètement. Quand on envisage avec eux des situations concrètes, sur la manière dont ils vont partager les tâches domestiques et l'éducation des enfants, sur leur réaction au fait que leur futur conjoint puisse entretenir des relations soutenues avec des personnes de l'autre sexe, sur le choix qu'ils feraient si la carrière de la femme autant que celle de l'homme devait requérir un changement de résidence, on saisit la fragilité du discours théorique qu'ils tiennent sur l'autonomie. Plusieurs d'entre eux ont alors cette réaction spontanée : « Ah ! si c'est ça l'autonomie, je vais y repenser... » Les questions qui suivent peuvent peut-être les y aider...

femme exceptionnellement forte pour concilier tout cela, et qu'il est en vérité à la fois injuste et cruel d'exiger pareille force d'un être humain. » *Les femmes c'est pas pareil*, Lysiane Gagnon, Éditions du Journal *La Presse*, Montréal, 1976.

Premier groupe de questions que se posent des femmes, sur l'exercice de l'autonomie et sur sa signification[3].

Ces questions ne sont pas citées textuellement. Il s'agit de reformulations fidèles sur le plan des significations, bien que dans plusieurs cas le texte est à peu près celui utilisé par des femmes.

Elles viennent dans un ordre susceptible de dégager progressivement les principales significations d'une démarche qui, bien qu'illustrée à partir de la condition féminine, vaut pour tout être humain et dans des situations débordant le cadre familial ou conjugal.

1. ● *Puis-je décider des activités qui me touchent sans avoir de permission à demander, sans me sentir obligée de rendre des comptes, sans me sentir contrôlée, jugée, évaluée, culpabilisée?*

   ● *Puis-je décider de travailler à l'extérieur du foyer sans que cela ne remette en cause l'harmonie de ma famille et de ma relation avec mon conjoint ou mon copain?*

   ● *Puis-je me sentir bien dans ma peau et valorisée par mon milieu, si je fais le choix de ne pas travailler ou de travailler à l'extérieur du foyer?*

   ● *Puis-je poursuivre ma scolarisation le jour ou le soir dans des milieux d'enseignement qui le permettent?*

1. Ces questions définissent la base de l'autonomie comme:
   LA LIBERTÉ DE DISPOSER DE SA PERSONNE.

   ———————————

   Elle est pouvoir de décision, d'autodétermination et d'autogestion de la personne.

   Concrètement et en relation avec le milieu familial et la société, elle se présente comme:

   ● *La libération à l'égard de conditions de dépendance;*

   ● *L'accès à des conditions de choix* (en dehors desquelles l'exercice de l'autonomie est presque impensable);

   ● *L'exigence d'un environnement altruiste et juste* qui facilite la libre disposition de sa personne.

———————————

3. L'énumération successive des questions est certes de nature à déshumaniser les réalités qu'il y a sous chaque question, mais le procédé est inévitable pour colliger un ensemble et en rendre compte sans dissocier le plan social du plan personnel.

● *Puis-je facilement m'engager dans des mouvements féminins et dans toutes autres associations qui puissent compter sur ma personne et sur lesquelles je puisse compter?*

● *Puis-je prendre telles ou telles décisions et compter sur la collaboration et l'appui des autres membres de ma famille en me sentant vraiment libre?*

● *Ai-je le choix d'être autonome ou si les conditions sociales, les mentalités et les lois me refusent ce choix (absence de garderies, régimes d'enseignement qui défavorisent les personnes soutiens de famille, discrimination et exploitation des femmes dans le monde du travail, rigidité des horaires et des autres conditions du monde du travail, discrimination dans les régimes d'impôt sur le revenu et dans les avantages sociaux, mentalités sexistes, éducation et orientation scolaire et professionnelle sexistes, etc.)?*

2. ● *Puis-je disposer de ma personne comme je l'entends dans des relations humaines extra-familiales? Puis-je vivre des relations de camaraderie et d'amitié avec telles femmes ou tels hommes, sans me sentir contrôlée, limitée, étiquetée, en fonction notamment des stéréotypes sexuels dont on affecte automatiquement des relations humaines intenses de*

2. Les questions qui suivent se situent à un niveau supérieur (ou plus profond), plus intime, plus personnalisant. Elles requièrent d'autrui une capacité d'autant plus grande de respect de la liberté de la personne.

110

gens mariés avec des personnes de sexe différent ?

● *Puis-je m'absenter du lieu familial facilement, pour vivre ce que j'ai le goût de vivre avec des camarades et des amis ?*

● *Puis-je vivre mes absences du lieu familial comme quelque chose de naturel, en comptant sur l'autonomie des autres membres de la famille comme eux peuvent compter sur la mienne ? Ou serai-je pénalisée à mon retour par une surcharge de tâches, par de l'agressivité retenue ou libérée ?*

● *Puis-je vivre des relations sexuelles extra-conjugales de façon authentique et sans qu'on y voie un facteur de destruction du couple et de la famille[4].*

● *Puis-je disposer de mon corps aussi librement que de mes sentiments, de mes émotions, de mes pensées, de mes goûts les plus personnels ?*

● *Puis-je me sentir libre de partager ce que je vis de plus intime avec mon conjoint et avec nos enfants au moment où j'en éprouve le besoin, plutôt que d'avoir à rendre des comptes systématiquement ?*

---

4. On voudra bien se reporter au chapitre VIII pour la question des relations sexuelles extra-conjugales.

3. • *Puis-je sentir que mon autonomie est aussi stimulante et enrichissante pour autrui que pour moi-même?*

• *Ne serait-il pas normal, par exemple, qu'une femme se voie supportée à son tour dans une carrière publique, politique, par son conjoint, comme les femmes l'ont fait, elles, depuis des siècles pour la carrière et l'engagement des hommes?*

• *Est-ce qu'il peut devenir aussi normal pour des hommes d'accompagner leur conjointe dans des activités para-professionnelles, dans des congrès, des loisirs, que l'inverse l'a été? Si je garde les enfants pendant que Monsieur va au base-ball ou au tennis, Monsieur peut-il lui aussi garder les enfants pendant que je m'adonne à «mes» loisirs?*

• *Est-ce que la société peut en arriver à compter autant sur mon travail, sur mon engagement professionnel, public et politique, que sur celui des hommes?*

• *Est-ce que les femmes ont le droit, individuellement et collectivement, de ne pas restreindre l'exercice de leur autonomie à la maternité et à l'éducation des enfants?*

• *Est-ce que les femmes, tout en étant mariées et mères, ont le droit d'être seules à certains moments?*

3. La troisième série de questions réfère, comme la seconde, à des composantes de l'autonomie qui requièrent une qualité d'environnement interpersonnel et de conditions sociales marquée par une valorisation de l'autonomie.

De la première série à la troisième, on aura distingué trois degrés bien différents dans les conditions d'exercice de l'autonomie:

• *Le fait de pouvoir décider;*

• *Le fait de sentir qu'on soit vraiment libre dans l'exécution de ses décisions;*

• *Le fait de constater que son autonomie soit aussi stimulante pour autrui que pour soi et qu'elle soit valorisée en conséquence par le milieu.*

4. • *Les femmes n'ont-elles pas le droit strict de décider de leurs maternités?*

• *Les femmes n'ont-elles pas aussi le droit strict d'interrompre leur fécondité quand elles le veulent, de façon provisoire comme de façon définitive?*

• *Les femmes n'ont-elles pas seules le droit de décider d'interrompre une grossesse[5].*

• *Les femmes n'ont-elles pas le droit et la responsabilité*

4. La quatrième série de questions porte sur la maternité, la stérilité et l'avortement, ainsi que sur le souci des femmes de transmettre à leurs filles et à leurs fils l'autonomie qu'elles réclament pour elles-mêmes.

Ces questions, bien qu'elles aient une portée sociologique évidente, n'en ont pas moins d'impact sur le plan personnel.

---

5. J'ai exprimé mon propre point de vue sur l'avortement à diverses reprises au Québec et au Canada, notamment dans le cadre d'un groupe de travail que j'ai dirigé à *La Ligue des droits de l'homme* en 1974. La principale conclusion de notre groupe était la suivante:

> «La ligue ne saurait reconnaître l'avortement en soi comme un droit, mais comme une mesure d'exception elle-même légitimée par le droit à la santé et à la qualité humaine de la vie pour tous, ainsi que par le droit de la femme à décider de ses maternités et à s'en voir faciliter l'exercice par la société et l'État.»
> La Ligue des droits de l'homme, *La Société québécoise face à l'avortement*, Montréal, Leméac, 1974, p. 99.

L'une des questions qui nous a le plus préoccupés dans cette étude, et qui ressort de nombreuses études menées dans d'autres pays, est *la nécessité de la prise de décision par la femme concernée.* On s'est rendu compte en effet que les conséquences négatives d'un avortement étaient souvent liées au fait que la personne avortée n'avait pas pris la décision elle-même ou qu'elle avait été influencée. Les mêmes difficultés ont été démontrées dans le cas de mères qui ont donné naissance à des enfants non voulus et qui n'ont pas vraiment pris elles-mêmes la décision de ne pas se faire avorter.

On m'a souvent présenté l'objection à l'effet de favoriser une décision de couple, lorsqu'elle est possible. J'en suis arrivé à maintenir que même dans ces cas, la décision doit être celle de la femme. Je crois que l'attitude la plus souhaitable chez l'homme, alors, consiste à manifester une extrême sensibilité et une grande délicatesse à l'égard de la femme, mais en se gardant de l'influencer, compte tenu surtout qu'une bonne relation affective entre l'homme et la femme peut de soi influencer la femme aux fins de ne pas décevoir le désir de l'homme. Il y va, en définitive, du droit de la femme à contrôler elle-même son intégrité physique et sa santé.

113

la plus stricte de réclamer pour leurs filles de meilleures conditions à l'exercice de la fécondité et de la maternité? Et le choix d'un autre avenir que celui qui consiste à dépendre d'un mari et d'une famille, pour subvenir à ses besoins?

● *Les femmes n'ont-elles pas le droit et la responsabilité de réclamer pour leurs fils un statut plus libérateur et plus enrichissant à l'intérieur du mariage et de la famille, que le statut de pourvoyeur matériel?*

C'est une chose de revendiquer l'autonomie et de faire appel alors à son milieu. C'en est une autre de l'exercer et de s'en remettre ainsi à ses ressources personnelles. En revendiquant l'autonomie, la personne réclame *la liberté de disposer de sa personne, de prendre charge d'elle-même;* en l'exerçant, elle manifeste *sa capacité de prendre charge de cette liberté.* Les questions qui suivent portent sur cette capacité. En passant du premier groupe au second, on retrouvera un nouvel exemple du processus de maturation de la personne, que nous avons précisément défini au chapitre sur la sécurité comme *l'évolution de nos besoins en capacités.*

Deuxième groupe de questions sur l'exercice de l'autonomie et sur sa signification

Ces questions *portent sur les ressources de la personne plutôt que sur les stimuli provenant du milieu et,* à ce titre, sont celles de tout individu, homme ou femme, jeune ou adulte, qui s'interroge sur ses capacités d'autonomie.

On peut se les approprier en conséquence.

1. ● *Est-ce que je me sens assez fort pour résister aux besoins de dépendance que d'autres pourraient manifester à mon endroit, pour ne pas être démoli par ce qui démolit, et surtout pour ne pas profiter de la dépendance des autres?*

● *Ai-je assez le contrôle de mes sentiments, surtout ceux que j'ai à l'égard de ma propre personne, pour ne pas être à la merci des sentiments et des opinions d'autrui à mon endroit?*

● *Puis-je me laisser aller à mes émotions sans crainte de montrer des facettes de ma personne que des attitudes conventionnelles et des principes rigides m'empêchent de montrer? Est-ce qu'en me laissant aller à mes émotions, je crains surtout d'être jugée, étiquetée?*

● *Est-ce que ma personne est assez forte pour que je n'aie pas (inconsciemment) à compenser par des rôles, en l'occurence le rôle de parents? Est-ce que je puis surtout éviter de capitaliser avec la faiblesse d'autrui, celle d'un alcoolique [6] par exemple, ou*

1. Comme dans le premier groupe, distinguons des sous-groupes qui représentent divers degrés de maturation dans le développement de l'autonomie.

Ainsi cette première série vise des conditions de libération intérieure, autour de cette question centrale: « Jusqu'à quel point puis-je assez compter sur ma propre personne, dans l'ensemble de mes comportements, pour éviter de dépendre de l'influence et de l'opinion d'autrui, aussi bien que pour me libérer de rôles et de situations où je tenterais de neutraliser ma faiblesse en exploitant celle d'autrui? »

Ces conditions de libération intérieure correspondent d'ailleurs aux conditions de libération provenant des situations sociales et des comportements d'autrui, qui étaient visées dans les premières questions du premier groupe.

---

6. Les personnes qui ont cheminé longtemps avec un conjoint alcoolique se trouvent souvent exposées à s'habituer à la situation en se valorisant elles-mêmes, inconsciemment, à partir de la dévalorisation du malheureux ou de la malheureuse alcoolique. Il s'agit toujours d'une situation extrêmement difficile, mais la dévalorisation de l'alcoolique comme personne n'arrange rien et aggrave les effets chez les enfants quant aux images qu'ils se font du parent alcoolique. Il faut s'attaquer massivement au problème social de l'alcoolisme.

tout simplement des faiblesses que je connais bien chez des gens de mon entourage et dont j'aime mieux tirer profit subtilement plutôt que de m'en plaindre?

● *Puis-je rester vraiment libre à l'égard des influences qui peuvent s'exercer sur moi, de la part de personnes auxquelles je suis lié affectivement, de leaders du milieu, d'autorités, des opinions qu'on dit majoritaires?*

● *Est-ce qu'à la limite une manifestation excessive du besoin d'autonomie, ou du sentiment que je suis moi-même autonome, ne serait pas une façon subtile de me défendre et de me protéger du contact et du partage avec autrui?*

2. ● *Suis-je capable de solitude, en éprouvant un réel bien-être et de la plénitude à me retrouver seul(e) avec moi-même[7]?*

● *Est-ce que je puise en moi les sources de la justification à mon existence, en étant en quelque sorte assez motivé par ma propre personne pour trouver en moi mes raisons de vivre?*

Ou bien ai-je constamment le besoin, par exemple, de justifier mon existence à partir

2. Les questions qui suivent portent sur l'essence même de l'autonomie, savoir la capacité de pouvoir fonctionner et agir par soi-même, en comptant sur ses propres moyens.

Elles nous renvoient à ce qui supporte notre liberté.

Elles correspondent, elles aussi, à la seconde série du premier groupe, qui portait sur les conditions de choix et sur la possibilité de se sentir libre dans l'exécution d'une décision.

---

7. Il n'est peut-être pas inutile de rappeler ici la distinction entre «solitude» et «isolement», la première pouvant se référer à la capacité de vivre avec soi tandis que le second est souvent un geste de fuite d'autrui.

d'autrui, en rappelant sans cesse à mes enfants que je vis pour eux, que je me sacrifie pour eux?

● Est-ce que je manifeste assez de confiance et d'engagement envers ma propre personne, par exemple, dans la mise en valeur de mes convictions, de mes sentiments, pour inspirer aux autres la confiance que je souhaite retrouver chez eux à mon endroit[8]?

● Puis-je sentir que les gens restent libres à mon endroit, comme je veux me sentir libre vis-à-vis d'eux?

3. ● Suis-je assez relié(e) à moi-même par la connaissance que j'ai de mon corps, de mes sentiments, de ma capacité émotionnelle, de mes convictions sur ce qui me motive le plus dans l'existence, pour ne pas craindre de me perdre ou de me couper de moi-même, en m'abandonnant à autrui?

3. Les dernières questions du premier groupe portaient sur le fait que l'autonomie pouvait être aussi stimulante pour autrui que pour soi. Celles-ci font ressortir l'inverse, par complémentarité, savoir que lorsque l'on est autonome, non seulement on ne craint pas les autres,

---

8. Cette seule question a une immense portée dans l'éducation des jeunes, en particulier si l'on considère une attitude de plus en plus répandue chez des enseignants et des parents et qui veut que l'adulte mette en quelque sorte sa propre personnalité, ses valeurs, entre parenthèses, sous prétexte de respecter la liberté des jeunes et de ne pas les influencer. C'est à partir d'une telle attitude qu'on est en train d'évacuer le sens du « maître » des milieux d'enseignement. Les jeunes pourtant, comme toute personne saine en face d'une autre personne saine, souhaitent se trouver devant des adultes qui se tiennent debout, qui ne sont pas gênés d'être eux-mêmes, qui ont le courage de leurs convictions.

● Puis-je me sentir aussi sti-mulé(e) par autrui que par moi-même?

● Puis-je me sentir aussi libre avec autrui qu'avec moi-même?

● Est-ce que j'aborde les au-tres tels qu'ils sont, sans avoir besoin de les juger, de les étiqueter, de les changer pour les rendre conformes à ce que je pense, à ce que je tolère, à ce que je désire?

● Quelle est ma disponibilité pour accueillir les valeurs d'au-trui et agrandir mon auto-nomie personnelle?

● Est-ce que je me rends compte jusqu'à quel point la participation à un groupe qui favorise mon autonomie me rend capable d'aller ensuite la négocier avec mes proches ou de la respecter chez les au-tres?

(Ceci est manifesté par de nombreuses femmes qui ont découvert cet avantage en par-ticipant à des groupes).

mais on peut se sentir aussi stimulé par eux que par soi.

Le droit de disposer de sa personne nous fait éprouver en nous-même qu'il vaut la peine d'être une personne et nous dispose à rechercher la complémentarité et l'expan-sion chez autrui.

L'autonomie est ce qui nous fait dépasser la morale du devoir à l'égard d'autrui, pour nous donner le sens du «droit à l'autre».

La véritable autonomie s'ac-compagne d'un profond sen-timent d'interdépendance.

Les composantes de l'autonomie et leur signification

Le tableau qui suit résume les composantes dégagées pro-gressivement dans les observations accompagnant les questions. Il permet surtout de voir d'un seul coup d'œil les principaux mouve-ments de CROISSANCE que comporte une démarche d'autonomie:

a) l'évolution du *besoin* d'autonomie vers la *capacité* d'autono-mie;

b) le passage de la *libération* à l'endroit de conditions relevant du milieu et d'autrui, à *la liberté* qui dépend de la capa-

118

TABLEAU VI

LES COMPOSANTES DE LA DÉMARCHE D'AUTONOMIE

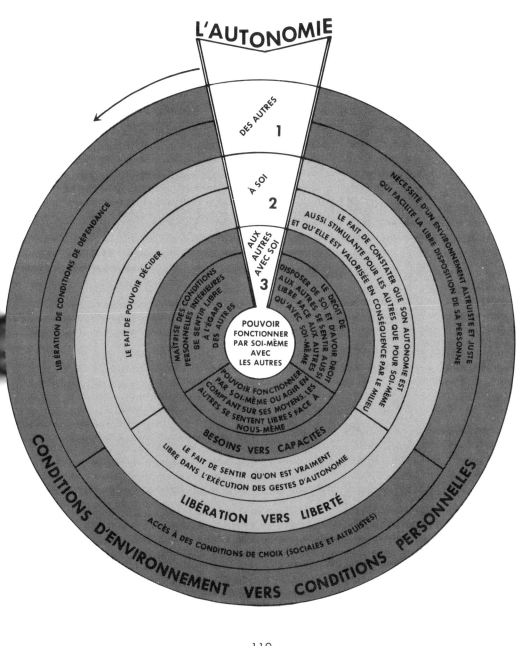

cité de l'individu à se prendre en charge et à compter sur lui-même comme personne;

c) le va-et-vient relationnel entre soi, autrui et le milieu, à travers lequel on passe de conditions sociales et altruistes qui appellent le support d'autrui, à des conditions de développement personnel, les unes et les autres permettant de développer une autonomie forte en même temps que le sentiment aigu de l'interdépendance entre soi et autrui.

On remarquera en particulier les éléments touchant l'évolution des rapports de liberté entre soi et autrui:

dans un premier temps, l'autonomie implique qu'on se sente libre à l'égard d'autrui dans l'exercice de cette autonomie, ensuite que les autres se sentent libres à l'égard de soi, et enfin que l'on se sente aussi libre à l'égard des autres qu'avec soi-même.

Ces mouvements de croissance appellent quelques commentaires, qui permettront également de nous re-situer en regard d'éléments majeurs de cette approche à l'ensemble des besoins fondamentaux ou besoins de croissance.

L'autonomie comme manifestation d'énergie

Que l'on reprenne une à une les questions des deux groupes et l'on mesurera jusqu'à quel point des réponses positives à ces questions ont pour effet de transformer nos ressources personnelles en énergie et de rendre nos comportements productifs et positifs pour nous-même et pour autrui[9]. Si je me suis attardé à sélectionner cet ensemble de questions et à y discerner un ordre et un mouvement rigoureux, c'est précisément pour rendre compte de cette croissance de l'être humain.

L'autonomie est peut-être de tous les besoins celui dont la satisfaction rend en quelque sorte palpable et visible le fait que *l'être humain est avant tout énergie et force de croissance*. En d'autres termes, les questions posées et les réponses à y apporter montrent ce que c'est: *ÊTRE*.

---

9. Certains suggéreront d'établir un système de pointage répondant aux deux groupes de questions, pour «quantifier» le degré d'autonomie et évaluer des performances. Je n'ai pas du tout recherché ce type d'objectif qui me gêne, dans un domaine aussi qualitatif que celui des comportements humains et aussi neuf, quant aux recherches sur le comportement humain.

La croissance humaine de l'environnement et celle de l'individu sont indissociables.

La distinction entre les deux groupes de questions est tellement évidente qu'elle devrait aller de soi. Pourtant, ce n'est pas le cas. Ainsi, quand on s'interroge sur l'autonomie d'un individu ou d'un groupe social, on ne distingue jamais assez les conditions d'autonomie extérieures à sa personne de celles qui dépendent de sa maturation personnelle. Ouvrons une parenthèse à ce sujet en revenant spécifiquement à la condition féminine.

Un grand nombre de femmes résistent à s'associer à une démarche féministe parce qu'elles se sentent non seulement dévalorisées, mais méprisées, quant aux sentiments qu'elles éprouvent à l'égard de leur vécu, lorsqu'on leur dit que pour être autonomes, elles devraient nécessairement sortir de leur foyer. C'est comme si on leur disait : « L'autonomie dépend exclusivement de telles conditions sociales et économiques, elle ne dépend pas de ce que vous êtes comme personne. » Or, une multitude de femmes ont maintenu la famille, ont contribué à rescaper le développement de la personne, ont sauvé une immense part humaine de la civilisation, grâce à l'autonomie qu'elles ont trouvé moyen de développer en dépit des conditions sociales de dépendance dans lesquelles elles ont été placées. Le féminisme même puise nombre de ses racines dans l'expérience individuelle de l'autonomie vécue à des degrés divers par les femmes dans la famille. Celles qu'on classe comme « les femmes au foyer » devraient se le faire dire davantage. La solidarité entre les femmes ne pourrait que s'en trouver agrandie. « Paroles de femmes » comme toutes paroles humaines ont besoin de se respecter les unes les autres. À moins que l'on veuille passer des ghettos mâles aux ghettos de femmes...

Dans ce contexte, l'injustice faite aux femmes doit être scrupuleusement identifiée du point de vue de l'inégalité des chances entre les femmes et les hommes, dans l'accès aux conditions de développement de la personne et de la société.

Cette inégalité se traduit d'abord dans le déséquilibre qui caractérise le partage, aux extrêmes, des rôles entre les hommes et les femmes.

D'un côté, les femmes sont défavorisées par rapport aux hommes quant au choix de leurs milieux de vie et, par voie de conséquence, quant au choix des formes de développement qui sont liées à la diversité des milieux de vie. Elles ont été contraintes à puiser presque toutes leurs ressources extérieures à leur personne dans le milieu familial et sur le plan du développement des personnes.

Or vivre sur ce plan est valorisant, plus valorisant que la plupart des situations vécues par les hommes en dehors du milieu familial. L'injustice et le déséquilibre de cette situation sont dans l'excès qu'elle représente, en tant que situation «concentrationnaire» qui exclue les autres formes de développement dans d'autres milieux de vie, tout en comportant par ailleurs d'autres excès inhérents au genre de relations humaines ayant prévalu dans le milieu familial. C'est proprement la compression de l'environnement social et humain de la femme au foyer qui est, avec les formes d'exploitation qu'elle a entraînées, l'atteinte la plus fondamentale à la liberté de la femme et à son droit de choisir elle-même les formes de son développement personnel et social. Tous les membres de la famille ont subi les effets de ce déséquilibre à des degrés divers; ayant comme commun dénominateur les comportements compensatoires que nous avons évoqués au premier chapitre: main mise sur les enfants à travers la possessivité et le pouvoir affectif, comportements de contrôle et de domination entre les conjoints, mutation de la «servante» du foyer en «reine du foyer», tensions de toutes sortes résultant du caractère concentrationnaire du milieu familial, etc.[10]

En somme, les choses se sont passées jusqu'ici comme si l'on demandait aux femmes de se concentrer exclusivement sur le développement de la personne (sans l'identifier comme tel) dans le milieu familial, tout en limitant au maximum leur environnement social et relationnel.

Du côté des hommes, on a vécu l'excès systématiquement contraire. Tout en comptant bien peu sur eux mêmes et sur leur gérance mâle pour assurer le développement de la personne, ils se sont donné le choix de tous les rôles et de tous les milieux de vie possibles[11].

Or, ce déséquilibre, il ne faut pas le voir seulement sur le plan sociologique. *Il faut le situer à la source de notre développement individuel et collectif à tous, sur le plan ORGANISMIQUE. Il fausse notre rapport de croissance entre les conditions de vie qui dépendent des ressources individuelles et celles qui dépendent de l'environnement social et humain.* Et en même temps il façonne culturellement les hommes et

---

10. Toutes ces questions sont approfondies dans la quatrième partie sur «La libération des rôles hommes-femmes».

11. Ceci dans le constat d'une réalité culturelle, où le pouvoir social mâle a sous-estimé ses responsabilités dans le développement de la personne ou les a vécues de telle sorte que les structures et les idéologies de pouvoir ont comprimé les sources du possible humain provenant des êtres.

les femmes dans un partage des rôles qui est contre nature, comme si la femme était un être personnel et l'homme un être social.

L'un des aspects majeurs de la révolution féminine est de vouloir rompre ce déséquilibre fondamental. En ce sens elle complète, tout en allant plus loin, les révolutions antérieures, que ce soit la révolution française, la révolution socialiste, la révolution freudienne.

Cette question du rapport de croissance entre l'individu et son milieu est vitale pour l'avenir de la famille, des relations hommes-femmes et adultes-enfants. Elle est à la source de la dynamique des besoins, telle que nous l'envisageons de chapitre en chapitre. Le rapport entre la sécurité et la personne — qu'on se rappelle entre autres le cas de l'ex-religieux —, le rapport entre le vouloir-vivre de l'enfant et le milieu adulte, le rapport de l'homme et de la femme aux rôles traditionnels sont autant d'expressions de ce rapport de croissance. C'est un rapport ÉNERGÉTIQUE qui nous situe sur le plan de l'intensité et de la qualité de la vie humaine.

Ainsi, l'ensemble des conditions individuelles et collectives que requiert la réponse à la gamme de questions posées sur l'autonomie, est-il un ensemble énergétique. Il nous met devant la vie qu'appelle la satisfaction de ce besoin. Pour nous résumer et franchir un pas de plus dans la formulation la plus simple possible de cette approche énergétique, disons que:

a) Un comportement d'autonomie est une manifestation d'énergie, de croissance, d'être;

b) Cette énergie est produite parce qu'il y a réponse à un besoin, rencontre d'un stimulus interne et d'un stimulus externe;

c) Cette réponse est d'autant plus productive et créatrice pour la personne et la société, qu'elle est le produit d'une croissance personnelle et d'une croissance de l'environnement convergeant vers une même qualité de vie.

On peut reprendre ce schéma et l'appliquer aux autres besoins en fonction des multiples rapports de croissance qu'ils mettent en cause.

La croissance individuelle est naturellement en expansion sociale

Si l'on était socialement plus convaincu que pour construire la société, il faut investir dans la croissance de la personne, on favoriserait sans doute davantage les démarches d'autonomie personnel-

123

le[12]. Car le trait le plus caractéristique des individus autonomes est leur tendance naturelle à composer avec autrui et à produire pour leur milieu, sans la méfiance, le calcul, l'intérêt qu'accompagnent au contraire les comportements de dépendance ou d'indépendance farouche. Il nous faut dans ce contexte considérer une dernière donnée de la revendication d'autonomie par les femmes.

Cette revendication est aussi une revendication d'identité. Les femmes veulent être libérées des rôles sociaux et des stéréotypes traditionnels de «femmes-mères», de «servantes de l'humanité», de «femmes-objets», de «gardienne des valeurs» et de combien d'autres encore. Elles ne veulent pas d'autre IDENTITÉ que celle de FEMME, avec tous les possibles que cela implique pour leur personne et leur être social, et surtout, sans que la fonction de la maternité ne soit exploitée par la société pour limiter cette identité. (La maternité est un «plus» pour la société et pour la femme, c'est être bien primitif que d'en faire un moins quant à l'accès des femmes à d'autres fonctions!)

Or, se dépouiller de rôles pour se considérer comme personne apparaît à nombre d'individus une démarche extrêmement exigeante, voire angoissante. Il est certain que les rôles ont une fonction sécurisante et ils garantissent telle ou telle identité à qui joue bien tel rôle. Mais la contre-partie de cela est qu'un rôle devient limitatif, voire même défigurant, parce qu'il ne représente qu'une partie de tous les possibles auxquels un être humain peut s'identifier. Dans un sens, un rôle est un support à qui veut être ceci ou cela, mais il peut devenir une limite à qui veut être davantage. Considérons par analogie le cas des grands comédiens. Ils nous diront tous les dangers d'être identifié à «un» rôle. L'ambition normale de tout comédien n'est-elle pas de pouvoir jouer plusieurs rôles et de n'avoir d'autre identité que celle de comédien. Un mot fameux de Jouvet éclaire cette analogie et distingue rôle et identité.

Jouvet définit ainsi le «personnage» dans la peau duquel tout comédien doit pouvoir se mettre, en deçà et au-delà de rôles particuliers. Il dit: «Tout homme a une âme plus grande que sa vie

---

12. Il s'agit là d'une perspective à laquelle le dirigisme capitaliste et la dictature totalitaire résistent chacune à leur façon dans des voies extrêmes, mais qui ont en commun la même impuissance à conjuguer la croissance personnelle et la croissance collective. L'un des ouvrages éclairants sur cette question est Société aliénée et société saine, du capitalisme au socialisme humaniste, d'Erich Fromm. Paris, Le Courrier du Livre, 1971.

et c'est ce «plus» qui alimente le personnage.[13]» Eh bien, on peut dire de la même façon: *toute personne a un être plus grand que tous les rôles particuliers qu'on peut lui faire jouer dans sa vie, et c'est ce «plus» qui alimente la personne.* C'est ce plus qui est à la source de tout dépassement personnel et de cette expansion sociale que prend naturellement l'individu, quand on lui fait confiance et qu'on facilite son autonomie.

C'est ce plus également que les femmes revendiquent dans une recherche d'autonomie et d'identité qui les libère de rôles exclusifs, aussi valorisant que puisse être, même le rôle de mère et d'éducatrice.

Cette image du «plus» est utile également pour faire mieux comprendre la résistance, non seulement des hommes, mais aussi d'un grand nombre de femmes, à se dépouiller de rôles pour devenir, simplement et immensément, des personnes. La résistance sera d'autant plus poussée que les sociétés dépouilleront les individus de toute identité et les livreront à l'anonymat des multiples formes de totalitarismes modernes. Comment empêcher alors que des femmes préfèrent au moins garder une identité de mère, plutôt que de risquer de n'en plus avoir aucune dans un grand tout où les personnes sont sans visage?

Là encore la révolution féminine suppose de nouvelles sociétés qui valorisent l'identité personnelle, de telle sorte qu'à l'image de «comédiens de métier», hommes et femmes puissent jouer tous les rôles possibles et devenir des «personnes de métier».

De l'autonomie à l'identité personnelle

Le premier âge pour veiller à la transformation du besoin d'identité personnelle en capacité, en énergie, c'est l'adolescence.

L'adolescence, cet âge auquel la plupart des sociétés ont refusé une identité, ne la considérant que comme «un âge entre deux âges», les adolescents ne trouvant plus grâce auprès des adultes parce qu'ils ne sont plus des enfants et pas encore des adultes. C'est pourtant un âge extraordinaire de croissance et la manière dont on le considère est très symptomatique du peu de cas que font les adultes en général des processus de croissance humaine.

L'adolescence? âge de la crise, dit-on. Là encore le déséquilibre dans le rapport de croissance entre l'attitude sociale et ce qui est inhérent au développement de la personne à l'adolescence, est criant.

---

13. Louis Jouvet, *Le Comédien désincarné*, p. 131. Paris, Flammarion, 1954.

125

L'adolescence, c'est l'âge du VOYAGE ÉNERGÉTIQUE.

C'est l'âge où le moi s'emporte en lui-même et à vouloir le retenir, pour le rendre prématurément altruiste et responsable sur le plan social, les adultes le brisent et aliènent leur propre futur.

Réussir le voyage énergétique de l'adolescence, c'est en arriver à avoir UNE IMAGE DYNAMIQUE DE SOI, les forces de la vie et celles du moi trouvant leur accord, serein, au cœur de ce que je suis.

CHAPITRE 4

L'IDENTITÉ PERSONNELLE ET L'ADOLESCENCE

Une situation familiale vécue — L'éducation à la valorisation du moi et de l'adolescence — Le besoin d'être considéré comme un être distinct de tous les autres et d'être valorisé dans ce qui nous est propre et qui nous motive à nous affirmer — Le droit sacré à la confidentialité, à la vie privée et à l'intimité — Le lieu dit de l'identité: la vie intérieure — De l'adolescent à l'adolescence: l'identification au voyage; l'adolescence, un «trip»; le plaisir de croître comme antidote de la tension — Le choix de tout essayer, même d'être jeune — Pouvoir être un support pour l'adulte

De l'identité personnelle à l'appartenance sociale

Une situation familiale vécue

Il y a quelques années, j'ai été amené à intervenir dans une situation familiale marquée par la détérioration des relations entre un père et son fils de seize ans. Elle avait atteint un point culminant dans une tentative de suicide de ce dernier. Cette tentative, qui a bien failli réussir, a heureusement été l'occasion in extremis pour le père, le fils et les autres membres de la famille, de se redécouvrir et de réapprendre à vivre comme personnes. Dans les semaines qui suivirent la tentative de suicide, le père et le fils s'échangèrent des mots et des lettres, le tout à l'initiative du fils, dont la plupart des activités scolaires et parascolaires étaient centrées sur l'expression littéraire. L'un des messages du fils citait la « Lettre au père » de Kafka[1], (souvent évoquée d'ailleurs pour poser le problème des relations entre parents et enfants).

En réponse à ce message, qui intervenait à un moment clé de l'analyse de la situation dans laquelle le père s'était profondément engagé, le père adressa à son fils une lettre qui, elle, pose parfaitement le problème de l'identité que veut se voir reconnaître toute personne et à laquelle aspirent particulièrement les adolescents. Voici le texte de cette lettre, que le père et le fils m'avaient permis de voir et d'utiliser au besoin, si elle pouvait révéler des choses utiles pour d'autres.

---

1. Extrait cité de cette « Lettre au père » de Kafka : « De mes premières années je ne me rappelle qu'un incident, peut-être t'en souvient-il aussi ? Une nuit, je ne cessai de pleurnicher, en réclamant de l'eau. Non pas, assurément, parce que j'avais soif, mais en partie, pour t'irriter ; en partie, pour me distraire. De violentes menaces, répétées plusieurs fois, étant restées sans effet, tu me sortis du lit, et me portas sur le balcon, et tu m'y laissas un moment, seul, en chemise, debout devant la porte fermée ! Je ne prétends pas que ce fut une erreur. Peut-être t'était-il impossible alors d'assurer le repos de tes nuits par un autre moyen. Je veux, simplement, en te le rappelant, caractériser tes méthodes d'éducation, et leur effet sur moi. Il est probable que cela a suffi à me rendre obéissant par la suite mais, intérieurement, cela m'a causé un préjudice. Conformément à ma nature, je n'ai jamais pu établir de relation exacte entre le fait tout naturel, pour moi, de demander de l'eau sans raison et celui particulièrement terrible d'être porté dehors. Bien des années après, je souffrais encore à la pensée douloureuse que cet homme gigantesque, mon père, l'ultime instance, pouvait presque sans motif, me sortir du lit, la nuit, pour me porter sur le balcon, prouvant par là à quel point j'étais nul à ses yeux. »

«*Je continue à beaucoup réfléchir. Sur toi. Sur moi. Sur ma relation avec tes deux sœurs et avec votre mère. Tu as seize ans, j'en ai cinquante, nous habitons ensemble depuis toutes ces années, et nous étions devenus des étrangers, pour ne pas dire plus. Je suis conscient que ton geste d'alarme est entré loin en moi, qu'il me remet en question en face de moi-même tout aussi bien qu'en face de toi. J'en porte la plus grande responsabilité, cela va de soi. Mais je ne me fais pas d'illusion sur tout ce qu'il va me falloir redécouvrir avec toi, pour te reconnaître toi.*

La citation de Kafka dans ton dernier mot m'a aidé à réfléchir. J'ai revu avec elle bien des scènes de ta jeunesse où j'ai t'ai traité moi aussi comme un petit être «nul». J'ai revu presque toute ma relation avec toi comme si je t'avais oublié sur un balcon pendant une longue nuit, qui n'a pas cessé jusqu'à ton geste.

Tout semble s'éclairer maintenant et je comprends tous ces gestes de toi depuis des années pour me dire que tu étais toi, et rien d'autre que toi, seulement toi. Votre mère, qui, elle, s'était résignée, m'a fait comprendre la même chose, en réfléchissant avec moi sur la portée de ton geste.

Je crois avoir vu une chose en clair: tu es toi, et quels que soient tes résultats scolaires, tes comportements qui diffèrent radicalement des miens à ton âge, tes valeurs, tu es quelqu'un d'unique, et tu aimerais que je te considère comme tel. Il est certain que tu es quelqu'un d'unique par ta passion pour les choses littéraires — dire que je n'ai à peu près pas porté attention à ce que tu écris —, par ton sens du silence qui n'est pas commun aux gens de ton âge à notre époque, par tant d'autres choses qu'il te faudra m'apprendre à voir. (Sans doute ai-je été déformé par l'habitude du microscope dans mes recherches médicales...)

Je t'ai trouvé extrêmement généreux, après tout ce qui s'est passé, de me souligner que tu me considérais, moi, comme quelqu'un d'unique, et j'ai apprécié certains détails dont je ne m'étais même pas rendu compte chez moi. Comment te dire sans être trop gauche. Cette générosité de ta part m'a fait l'effet d'une tendresse violente (dans le bon sens de se faire violence) qui m'a remué par en dedans comme une gifle. (Tu vois, à t'écrire, je retrouverais mes lettres!)

Je ne voudrais pas devenir paternaliste, après avoir été un drôle de père, en te disant que je serai maintenant disponible, que j'apprendrai à voir qui tu es, qui tu deviens. Mais sache que je suis disposé à recevoir de toi autant que je le suis à t'apporter ce que je peux. Ce ne sera pas facile, car ce que j'ai vécu avec toi, je l'ai vécu avec les autres, ta mère surtout. Aide-moi, mon fils. »

Ce que cette lettre dit, comme des conversations entre le père et le fils auxquelles j'ai été mêlé, c'est essentiellement ce que je voudrais faire ressortir sur le besoin d'identité personnelle: la nécessité pour chaque être humain d'être considéré par autrui dans son moi, pour tout ce que ce moi peut contenir et signifier d'unique. La découverte de ce père, c'est la reconnaissance que son fils a une personnalité propre, incomparable à d'autres, quelles que soient les évaluations qu'il puisse faire de ses résultats scolaires, de ses comportements, de ses valeurs. D'où son insistance à revenir sur les « toi » et à les souligner. Et il a effectivement saisi l'importance qu'il y avait d'abord à reconnaître la personne de son fils et sa personnalité propre, pour pouvoir ensuite se situer par rapport à lui d'égal à égal et discuter, par exemple, de ses valeurs, de ses besoins. Si les parents en général vivaient d'une telle reconnaissance, la relation avec les adolescents serait substantiellement modifiée, n'en doutons pas. Et ainsi de toutes les relations humaines. Ce qui a énormément touché le père d'ailleurs, en deçà de tout sentiment de flatterie qu'il eût pu éprouver en d'autres circonstances, est de voir son fils le reconnaître, lui aussi, comme quelqu'un d'unique. Il s'est ainsi dressé un merveilleux pont entre les deux. Le père l'a emprunté sans hésiter, en rompant avec un orgueil assez marqué chez lui, pour aller à son fils d'égal à égal et lui demander de l'aide en vue de se redécouvrir lui-même comme personne. C'est ce qui m'a semblé le plus déterminant dans les nouvelles relations qui se sont établies entre le père et le fils.

Ces relations, à l'image du message du père dans la lettre, si on l'analyse dans le détail, ont été tournées vers de nouvelles valeurs attachées au respect réciproque de leur identité.

a) *Le père et le fils ne sont plus à la merci de rôles* de parents et d'enfants exercés dans un contexte qui était marqué par une supériorité et une autorité adulte, ayant pour effet de diminuer l'enfant et l'adolescent.

Avoir une identité comme personne, c'est précisément, comme cela a déjà été souligné à propos du besoin féminin d'identité, avoir une image assez claire et assez stimulante de sa personne, de son individualité, pour ne pas être à la merci de rôles. Il ne s'agit pas de supprimer les rôles, puisqu'ils sont des supports nécessaires de l'identité et des pôles d'orientation indispensable dans une organisation sociale qui assure un minimum de cohérence et de responsabilité partagée[2]. Mais il faut faire en sorte que le sens de la personne, que l'image qu'on se fait de soi-même, soit assez

---

2. Roger Mucchielli, dans un excellent ouvrage sur la délinquance, a particulièrement bien montré ce lien entre identité et rôles. Roger Mucchielli, *Comment ils deviennent délinquants*, Paris, ESF, 1968.

sécurisante et dynamisante pour animer les rôles que l'on est appelé à jouer et ne pas se laisser dominer par eux et s'en servir pour compenser son manque d'identité personnelle.

b) *Le père et le fils sont devenus capables d'égalité.* Se reconnaître comme personnes, avant de se situer comme parents et enfants, comme femmes et hommes, comme jeunes et vieux, comme responsables de ceci ou de cela, est indispensable à la mise en place de rapports d'égalité.

Les rapports trop vécus en fonction des rôles, surtout dans une culture marquée par les multiples inégalités sociales attachées aux rôles (adultes-enfants, hommes-femmes, gens scolarisés et non scolarisés, etc.), vont presque fatalement être marqués par l'inégalité, dans des liens de dominants à dominés.

Un aspect majeur ressort de la lettre du père à cet égard: le père avoue qu'il a besoin de son fils pour se redécouvrir lui-même et se prendre en charge d'une nouvelle manière. Voilà un des principaux effets de l'égalité établie entre personnes. Appliqué à la relation parents-enfants, il signifie que les parents peuvent faire appel à leurs enfants pour croître, que ceux-ci peuvent leur apporter un support s'ils sont considérés vraiment comme des personnes. Il ne s'agit pas de faire appel «aux plus petits que soi», comme me le laissaient entendre un jour des parents, mais de se situer dans une réciprocité réelle de compétence rattachée à la qualité personnelle des individus aux différents stades de leur croissance.

c) *Le père et le fils ont défini leurs rapports dans la collaboration et non plus dans la rivalité.*

Tu es *toi*. Je suis *moi*. Tu as tes ressources et tes besoins propres. J'ai les miens. Tu as tes expériences. J'ai les miennes. Ce qu'il y a de neuf, de frais, de spontané, d'élan directement rattaché à ton dynamisme individuel, vient rencontrer ce qu'il y a d'acquis, d'appris, de conventionnel, de routinier, de figé chez moi mais aussi, d'assuré et de sain. «Nous avons bien des échanges à faire entre nous», se sont dit le père et le fils.

d) *Le père et le fils, en se reconnaissant chacun dans son identité, se sont vus comme des êtres différents.*

L'identité permet fondamentalement de dépasser un faux sens de l'égalité, que nous confondons souvent avec le nivellement des différences individuelles, pour accéder à l'égalité dans la différence.

La lettre du père est fort intéressante là-dessus également. En adhérant au message de son fils qui les pose l'un en face de l'autre comme des êtres uniques, le père reconnaît qu'ils sont différents et qu'il y a là complémentarité et richesse, plutôt que rivalité et nivellement. Par là, le père comprend qu'il peut lui aussi se placer en situation d'apprentissage vis-à-vis de son fils. « Aide-moi, mon fils », lui dit-il finalement.

e) *Le père et le fils se sont rencontrés, parce qu'ils ont accepté de se voir comme deux êtres uniques.*

Cette capacité de se voir comme des êtres uniques est devenue le support de leurs nouvelles relations.

Ce que le sentiment d'une identité personnelle forte nous procure finalement, n'est rien d'autre qu'un VISAGE. Il est l'antidote de cet anonymat qui résulte, sous tant de formes, de l'assimilation de l'individu aux masses et aux régimes de nivellement et de totalitarisme. Un visage pour mieux se voir soi-même, pour mieux être vu des autres, pour rendre la foule moins anonyme et plus riche. Nous revenons toujours aux premiers objectifs de croissance humaine.

Nous revenons également à cette idée qui m'est chère entre toutes, de *l'humanisation de notre énergie.* Car ce visage, il n'est que la reproduction aux dimensions de tout ce qu'un être humain peut devenir, de ce phénomène extraordinaire qui fait que parmi des millions de visages humains, il n'y en a pas deux qui soient exactement pareils.

Le besoin d'identité n'est au fond que le besoin de respecter notre biologie. *Notre caractère a besoin de devenir aussi unique que notre corps*[3].

Heureusement, il n'est pas nécessaire de passer par un suicide ou une tentative de suicide, par des rivalités souvent présentées

---

3. Nous n'avons pas fini d'apprivoiser les rapports entre le culturel et le biologique. Je souligne là-dessus l'un des plus récents ouvrages du scientifique français Albert Jacquard, où l'une de ses conclusions à l'approche des différences entre les races est la suivante ; citant d'abord St-Exupéry « Si je diffère de toi, loin de te léser, je t'augmente » *(Lettre à un otage),* il poursuit ainsi : « Cette évidence, tous nos réflexes la nient. Notre besoin superficiel de confort intellectuel nous pousse à tout ramener à des types et à juger selon la conformité aux types ; mais la richesse est dans la différence. Beaucoup plus profond, plus fondamental, est le besoin d'être UNIQUE, pour « être » vraiment Notre obsession est d'être reconnu comme une personne originale, irremplaçable ; nous le sommes réellement, mais nous ne sentons jamais assez que notre entourage en est conscient. Quel plus beau cadeau peut nous faire l'autre que de renforcer notre unicité, notre originalité, en étant différent de nous ? »
Albert Jacquard, *Éloge de la différence, La génétique des hommes,* Paris, Seuil, 1978. p. 206.

comme fatales entre parents et enfants ou entre conjoints pour développer ce sens de l'identité personnelle. Toute famille devrait y pourvoir. Cela est d'autant plus normal que l'aspiration à conquérir l'identité personnelle est l'un des phénomènes les plus continus dans la croissance de l'enfant et de l'adolescent. Il offre aux parents toutes sortes d'occasions de s'y adapter[4]. Mais là encore, force est de reconnaître que nombre de réalités culturelles qui ont influencé la famille vont dans le sens contraire. Elles touchent aussi bien des habitudes qui sont destructrices de l'identité, que cette attitude plus ou moins généralisée qui fait que l'on voit l'adolescence comme un âge de crise[5]. Je vais y référer en abordant maintenant différents moyens d'éduquer à l'identité personnelle. Ces moyens ont en commun la valorisation du moi et la valorisation de l'adolescence comme âge de créativité extraordinaire pour la personne et pour la société.

Les premiers portent davantage sur la valorisation de «l'individu» comme tel, tandis que les seconds visent surtout la valorisation de «l'adolescence». Comme dans le cas du vouloir-vivre il s'agit de moyens qui sont de l'ordre des attitudes et du climat que les parents peuvent créer dans la famille. Ce sont des moyens pour arriver aux valeurs d'identité qui ressortent de l'analyse de la lettre.

L'éducation à la valorisation du moi et de l'adolescence

1. Le besoin d'être considéré comme un être distinct de tous les autres et d'être valorisé dans ce qui nous est propre et qui nous motive à nous affirmer.

---

4. Bien que nous nous limitions ici à l'adolescent, le développement de l'identité n'est pas moins vital chez l'enfant. À presque tous les stades de développement de l'enfant et de l'adolescent correspond un aspect précis du façonnement de l'identité personnelle, qu'il s'agisse de l'état d'indistinction entre le moi et le milieu, de la première année, de l'affirmation par l'opposition à autrui qui revient de façon cyclique pendant plusieurs années, des phases d'imitation, de la prise de conscience du schéma corporel qui n'intervient que vers la cinquième année, de l'action du moi rationnel, etc. La plupart des études sur le développement de l'enfant et de l'adolescent situent ces multiples aspects et moments.

5. Rien de plus relatif et de plus culturel que la fameuse vision de l'adolescence comme «période de crise», comme «l'âge difficile». Nous y reviendrons plus loin. Mais je note ici l'existence de travaux, dont ceux de la regrettée Margaret Mead, qui ont montré que, dans telle culture, telle difficulté n'existait pas parce que tel tabou ou tel pouvoir adulte n'existait pas.

2. Le droit sacré à la confidentialité, à la vie privée et à l'intimité.

3. Le lieu dit de l'identité : la vie intérieure.

Ces thèmes touchent davantage le moi, ceux qui suivent visent plus l'adolescence comme âge qui a ses propres lois.

4. L'identification au voyage; l'adolescence, un «trip»; le plaisir de croître comme antidote de la tension.

5. Le choix de tout essayer, même d'être jeune.

6. Pouvoir être un support pour l'adulte.

Le besoin d'être considéré comme un être distinct de tous les autres et d'être valorisé dans ce qui nous est propre et qui nous motive à nous affirmer

Ne devrions-nous pas tous avoir horreur que notre identité personnelle soit réduite à des étiquettes collectives, à des généralisations, à des clichés, du genre de «On sait bien, tu es un homme», «Les femmes sont comme ça», «Les jeunes sont comme ceci», «À ton âge, j'étais pareil», «Tu es comme tous les jeunes de ton âge». Les adolescents heureusement éprouvent cette horreur, même s'ils ne l'extériorisent pas toujours. Ils ne veulent pas être comparés à tout le monde et ont le besoin aigu d'être considérés comme des êtres distincts, particuliers, différents, uniques. Ce qui les rend d'ailleurs hypersensibles aux jugements que les autres peuvent porter sur eux. L'adolescent le plus sain du monde se sent naturellement surveillé et évalué par son entourage. À cet égard, il est plus fragile que l'enfant, surtout au moment de la puberté. Que de troubles on identifie chez les adultes qui sont directement liés à des traumatismes hérités de l'adolescence et provoqués par une simple parole sur le physique ou le caractère d'un adolescent pubère du genre de : «T'as bien grossi», «Ne me dis pas que tu as fini de grandir», «T'as du chemin à faire avant de rejoindre ton père, hein». Le langage stéréotypé que tiennent encore la plupart des parents, des enseignants et des orienteurs aux garçons et aux filles, en leur disant qu'elles sont comme ceci parce qu'elles sont filles et comme cela parce qu'ils sont garçons, a non seulement pour effet de porter atteinte à leur identité comme individu, mais les amène souvent à choisir des matières, des occupations, des métiers, des comportements sociaux qui les détournent de leur moi profond, au profit d'une socialisation superficielle et sexiste.

À cette réduction du personnel au général, nous ajoutons fréquemment des méthodes d'éducation inspirées de ce que j'appelle «la justice par le nivellement». On veut traiter tous ses enfants de la même façon, de telle sorte, par exemple, que l'un porte le même genre de vêtements que l'autre, qu'il ait les mêmes jeux, que telle chose étiquetée «pour les filles» soit refusée à un garçon, que tel équipement plus dispendieux requis par telle activité soit refusé à celui qui le réclame, sous prétexte qu'on ne pourrait pas donner l'équivalent à tout le monde. Autant il faut être juste, autant il faut tenir compte des besoins et des goûts particuliers de chacun, surtout à l'adolescence, où le choix des vêtements, de l'alimentation, des loisirs, d'un hobby, des relations humaines, des milieux de vie est, plus qu'à aucun autre moment de la vie, l'expression de l'être intime de chacun. Contrairement à l'adulte qui peut sentir un certain détachement vis-à-vis de choix semblables, l'adolescent dans nombre de ces choix éprouve *le sentiment aigu de se choisir lui-même.* Telle est d'ailleurs la ligne de force la plus caractéristique de l'adolescence: constamment choisir son moi à travers son vécu et ses relations à autrui. Même son appartenance à des groupes, l'adolescent la vit largement en fonction de la manière dont le groupe le perçoit. C'est comme si l'environnement lui servait à construire à l'extérieur de lui-même l'image de son moi. Il n'y a ni égoïsme, ni maladie, ni crise, mais la saine évolution de la croissance du «je» qui, à mesure que s'approche la période adulte et tous les choix qu'elle commande, met de plus en plus d'énergie à *s'assurer de lui-même.* De ce point de vue il a autant besoin de sécurité que l'enfant. L'un des meilleurs moyens de lui donner cette assurance et cette sécurité est de le valoriser comme individu. C'est encore tout un programme.

● Que soit valorisé ce qu'il fait, ce qu'il dit et ce qu'il pense de plus personnel et de plus positif.

Répétons-le, rares sont les personnes et les milieux qui nous soulignent, adulte ou jeune, ce que nous faisons de bien et d'original. Pourtant, on est toujours là pour nous dire ce que nous ne faisons pas bien. Cette attitude assez généralisée n'épargne pas les adolescents, au contraire. On abuse souvent de ce que Gordon appelle les «messages dévalorisants», du genre «Tu veux attirer l'attention», «Tu ne sais pas ce que tu veux», «T'as pas réfléchi», «Tu ne penses pas aux autres», «Tu n'as pas de reconnaissance», «Tu ne sais pas t'y prendre»[6].

------

6. L'une des techniques intéressantes recommandées par Gordon, dans *Parents efficaces,* consiste à remplacer les messages «tu» (tu es comme ceci, tu es comme cela) par des messages «je». Au lieu de dire au jeune «tu es insupportable», le parent dit «je suis embêté»,

● Que soit recherché et valorisé ce qui le motive le plus lui-même, ce qui le stimule à ses propres yeux.

Quelqu'un dont j'ai oublié le nom a dit : « Nous sommes ce que nous aimons. » Les adolescents pourraient faire leur ce mot et le tenir bien haut devant leurs parents et leurs éducateurs. Chaque être accroche à quelque chose qui le motive, qui lui donne le goût d'être et de faire. Pour les uns, c'est la mécanique, la technique, le sport ; pour d'autres, ce sont les arts, la vie dans la nature, la camaraderie, le groupe. Il ne s'agit pas de limiter l'univers de quelqu'un seulement à ce qu'il aime et qui le motive, mais de *compter avec cela d'abord* pour pouvoir élargir les horizons et, bien souvent, faire accepter des responsabilités à l'égard de réalités moins motivantes voire frustrantes. Partir du positif demeure une vieille règle qui fait ses preuves en thérapie comme en éducation.

Faire appel à ce qu'il y a de meilleur chez un être, selon ce qu'il ressent lui-même et non selon ce que les autres décident à la place, c'est le motiver à être meilleur à ses propres yeux et à en faire profiter les autres.

Mettre en valeur ce qui motive quelqu'un à être bien dans sa peau, c'est aussi lui faire exprimer ses besoins, pas seulement les besoins fondamentaux communs à tous mais les besoins particuliers à chaque individu[7].

● *Être écouté. Être consulté. Partager le pouvoir de décision.*

Le milieu familial est une communauté humaine, une micro-société, dont les enfants doivent se sentir responsables comme les parents, et non pas y être des personnes à charge, des pensionnés. La plupart des parents en sont encore à situer les enfants dans des régimes de dépendance, au plan de l'organisation de la vie familiale et de l'entretien de la maison, de telle sorte qu'ils

---

« gêné » par ta façon de te comporter. Ainsi, l'identité de chacun est mieux située et l'enfant est amené à se voir dans une relation de réciprocité, pour négocier la qualité de la vie dans le milieu familial, plutôt que de se voir qualifié négativement comme personne. Dr Thomas Gordon, *Parents efficaces*, Montréal, Éditions du jour, 1977.

7. Il est certain que nombre de régimes scolaires doivent être transformés dans le même sens. Faire faire la même chose à tout le monde en même temps à l'école et évaluer tout le monde de la même façon aboutit au nivellement de l'individualité. Il faut choisir entre la formation d'objets et celle de personnes.

se retrouvent avec des adolescents de seize ans qui ne peuvent pas entretenir leur chambre, critiquent si leur mère ne fait pas les repas à l'heure et laissent tout en désordre dans la maison. Il n'y a aucune raison pour qu'à douze ans et même avant, un enfant ne soit pas assez autonome pour entretenir sa chambre, se faire à manger et contribuer au reste de l'organisation matérielle de la maison. *Jeter cette base organique et matérielle de partage des tâches est l'une des opérations clés du système familial.* Elle est à la portée de tous et compte plus que bien des théories savantes et des recettes aux allures magiques en éducation.

D'une part, elle permet d'éviter une foule de conflits et de détails empoisonnants dans les relations parents-enfants, lorsque les enfants n'exercent pas cette autonomie et cette responsabilité matérielle et physique. D'autre part, elle appelle bien davantage, soit un véritable régime de co-gestion de l'unité de vie familiale. On ne saurait en effet compter sur les enfants pour des tâches de service commun dans la famille, sans du même coup les impliquer dans la discussion et la prise de décision sur l'ensemble des questions touchant la vie de famille : choix de l'alimentation, priorités de développement économique de la famille, budget familial, loisirs, vacances, sélection des émissions de télévision, vie sociale de la famille, implication communautaire dans le quartier, engagement politique, idéologies. Les jeunes ont leur mot à dire sur ces questions et peuvent partager les décisions dans un régime de discussion démocratique.

Il est certain que les parents en maintes circonstances devront prendre des décisions, même à l'encontre du désir des enfants, mais l'important est que ces décisions soient motivées et qu'elles aient été soumises à la discussion.

Si j'aborde ce sujet dans ce cadre, c'est pour montrer combien l'identité doit s'enraciner dans l'environnement pour être bien réelle. *Elle se conquiert autant par rapport au milieu qu'en regard de soi-même.* Être considéré pour soi, comme un être distinct, être valorisé dans ce qui nous motive touchent davantage la conquête de l'identité en regard de soi ; être écouté, être consulté, prendre part aux décisions enracinent dans le milieu. (L'un n'est évidemment pas exclusif de l'autre, ce qui est majeur vis-à-vis de soi dans un cas est mineur vis-à-vis du milieu, et inversement.)

Soulignons enfin que cette problématique ressemble fort à celle qu'on tente de développer en cherchant à renouveler des milieux de travail, où les ouvriers ne sont que de simples *producteurs* exécutants, exclus de la gestion de l'entreprise. Être un simple exécutant, dans ce qui occupe la majeure partie d'une vie, ne confère pas d'identité personnelle. Cela ne confère pas davantage d'identité sociale. Il ne faut donc pas s'étonner que les populations d'exécutants que nous formons aussi bien dans la famille qu'à l'école et dans les milieux de travail soient grégaires et dépendantes.

Le rapport énergétique qui détermine la croissance de l'être humain demeure. La qualité et l'intensité de l'identité personnelle sont proportionnelles à la qualité et à l'intensité de conditions qui dépendent de l'individu et du milieu. Mais la responsabilité du milieu familial dans ce contexte est plus engageante que celle des autres milieux, du fait que *la famille est à la fois milieu et agent de structuration du développement interne de l'individu* dans la formation de la personne. Si l'on ajoute à cela qu'elle est un agent de formation qui doit elle-même se transformer culturellement, tout en agissant sur la société qui l'a jusqu'ici déterminée, sa tâche apparaît d'une étonnante exigence.

Le droit sacré à la confidentialité, à la vie privée et à l'intimité

L'un des moyens privilégiés pour la famille d'alimenter le besoin d'identité dans des conditions qui rejoignent en même temps la personne et son environnement est de respecter farouchement tout ce qui a trait à la confidentialité, à la vie privée et à l'intimité de l'adolescent. Les occasions sont multiples: communications et relations du jeune par courrier, par téléphone, communications entre l'école et les parents à son sujet, contacts avec des médecins, journaux intimes, confidences, secrets, intimité au domicile, allées et venues, sorties, fréquentations. Nous sommes devant quelque chose de sacré, en soi, pour l'adolescent qui se trouve à travers ces occasions à se constituer une vie personnelle, et en raison des réalités qui sont en cause: choix de ses relations humaines, ses pensées et ses sentiments intimes sur lui-même et sur la vie, son intégrité physique, son corps, sa sexualité, ses amitiés et ses amours. Malheureusement, sous l'influence de nombreux facteurs sociaux et culturels, une foule de parents *violent* en cela la personnalité de leurs enfants. On joue au policier ou l'on se comporte comme si l'on était propriétaire de ses enfants et de leurs effets personnels. La hantise de la protection sexuelle amène les parents à nier d'autres valeurs qui seraient précisément indispensables à une éducation sexuelle saine. L'autoritarisme et le paternalisme incitent à protéger le jeune «contre lui-même» et contre «la crise de l'adolescence»[8].

8. Ne sont pas préférables les comportements extrêmes de parents et d'éducateurs, toutefois minoritaires, qui laissent tellement les jeunes à eux-mêmes qu'ils ne trouvent plus aucun point de référence sociale

Un autre facteur joue un grand rôle dans notre culture : notre morale de la vie privée touche plus les biens et les immeubles que les personnes. Elle est aussi à l'image de la morale négativiste qui consiste à faire le bien en évitant le mal. Le leitmotiv du « je n'ai rien à cacher » l'exprime à lui seul.

L'envers de cette morale négative est une forme de sensibilité aiguë au fait que toute personne a un monde à elle, qui est constitué d'une densité d'expériences, d'opinions, de convictions, qu'il est aussi nécessaire de protéger que de promouvoir selon les circonstances. Des parents, plutôt influencés par la morale du « je n'ai rien à cacher », ont souvent de la difficulté à admettre l'existence même d'un univers intime qui soit partie intégrante de la personne du jeune. « Petit cachotier ! », « Pourquoi t'enfermes-tu dans ta chambre ? », « As-tu peur qu'on te voie ? » sont des formules types fort en usage dans les familles, pour incriminer des adolescents qui veulent tout simplement avoir un univers à eux. Que de jeunes se trouvent prisonniers dans leurs familles, parce qu'ils ne sentent pas qu'à l'intérieur de la famille ils peuvent avoir un chez-soi personnel et intime (ce qui n'implique pas nécessairement qu'ils aient une chambre en exclusivité dans une maison bourgeoise). Mais il leur faut à tout prix un « coin » bien à eux. Ils n'ont pas moins besoin de sentir qu'ils possèdent des choses qui sont bien à eux. Ils n'aiment pas, par exemple, voir leurs parents décider que la robe de l'une peut être portée par l'autre sœur, que la raquette de tennis de Claude est aussi à Jean, et ainsi de suite.

Ce n'est donc pas par des facteurs purement individuels que l'on peut expliquer que des parents se laissent aller à ouvrir le courrier de leurs enfants, qu'ils épient des communications téléphoniques, qu'ils s'arrêtent à scruter ce qu'ils trouvent « par hasard » dans des poches de chemises ou de pantalons à l'occasion de la lessive ou du nettoyage, qu'ils s'abaissent jusqu'à lire le journal intime d'un adolescent. Les lois protègent la violation de domicile, mais elles ne protègent pas les jeunes de la violation de leur personne dans de tels cas.

Que de communications entre parents, d'une part, enseignants et administrateurs scolaires, d'autre part, se font par-dessus la tête du jeune ou à son insu, alors qu'il est le premier en cause. Fort heureusement, on voit de plus en plus d'enseignants faire en sorte

à leur identité. Les jeunes ont besoin de parler de ce qu'ils vivent, même de plus intime, à des adultes en qui ils ont confiance. Mais ils veulent choisir eux-mêmes ces personnes dans un climat qui leur inspire confiance.

que les communications avec les parents s'établissent par l'enfant et avec l'enfant. La même évolution semble se manifester dans le personnel médical, lorsqu'il s'agit de traiter des jeunes pour des infections vénériennes, par exemple, ou de prescrire des produits contraceptifs sans le consentement des parents, mais les résistances demeurent nombreuses pour favoriser le respect de la vie privée du jeune et les lois provoquent souvent ces résistances. Que de fois j'ai été témoin de la violation par des adultes de confidences d'adolescents, et non seulement de la violation, mais de l'utilisation de ces confidences à des fins de contrôle et de punition. On fait parler un enfant en lui disant qu'il doit pouvoir tout dire à ses parents et ensuite on le punit pour ce qu'il nous apprend. Ce sont des choses qui marquent un jeune pour la vie et qui ont des effets néfastes multiples : perte de confiance en l'adulte, perte de confiance en autrui, reproduction des mêmes comportements de sa part à l'endroit d'autrui, inspirés du constat que le respect de la confidentialité et de la vie privée n'est pas une valeur collective.

Les adolescents ne sont pas moins jaloux de leur intimité dans leur chambre, lorsqu'ils en ont une. Entrer dans leur chambre sans frapper les indispose avec raison. S'ils n'ont pas de chambre en exclusivité, ils s'organisent donc leur coin bien à eux. Ceci s'observe non seulement au domicile mais dans des camps de jeunes, par exemple. *Leur identité doit prendre une forme physique quelque part avec leurs effets personnels privilégiés : elle devient environnement.* Ce qui nous fait dire spontanément quand on voit comment notre fille ou notre fils s'est fabriqué un lieu : «C'est bien lui, c'est bien elle». Ça ne change pas dans l'univers adulte : les lieux où l'on vit, la manière dont nous les aménageons, sont souvent (quand on les choisit) l'expression de notre personnalité. Le fait même d'accorder telle importance à un domicile ou de ne pas en accorder est révélateur d'états dans lesquels on peut se trouver à différents moments d'une vie quant au sentiment que l'on a de son identité.

N'est-ce pas enfin dans le choix des sorties et des relations humaines, que la plupart des jeunes éprouvent avec leurs parents le plus de difficultés quant au respect de leur intimité, et aussi de leur autonomie, puisque l'une et l'autre sont indissociables sur ce plan. Les filles le ressentent davantage que les garçons, étant donné la discrimination qui les atteint comme elle a atteint leurs mères et les risques qu'elles courent sur le plan des relations sexuelles, d'autre part, les oblige à des précautions contraceptives qu'elles sont généralement obligées d'improviser et de prendre en cachette. Mais la majorité d'entre elles ne les prennent même pas, faute d'information et d'éducation. Il n'y a pas de recette pour déterminer comment respecter l'intimité et l'autonomie des adolescents, en exerçant un minimum de contrôle en dehors duquel les parents deviendraient irresponsables. Mais la question est largement liée au problème de l'éducation sexuelle, sur lequel je me limiterai à faire trois remarques.

C'est avant tout une question de climat et d'habitudes prises dans l'enfance. Un adolescent habitué à l'autonomie, à la responsabilité et à la communication avec ses parents, pendant l'enfance, en profitera à l'adolescence et en fera profiter ses parents. On saura se parler.

Deuxièmement, les jeunes ont besoin de sentir que leurs parents leur font confiance. Cela implique qu'on ne doit pas constamment leur demander de rendre compte de toutes leurs allées et venues. Que de parents s'épuisent et provoquent des conflits à contrôler et à surveiller, inutilement, puisque, de toute façon, il y aura toujours nombre d'occasions où les jeunes pourront faire ce qu'ils veulent en l'absence de leurs parents. Les relations vécues au grand jour sont souvent beaucoup moins emprisonnantes, pour les jeunes eux-mêmes, que les relations qu'ils doivent vivre en cachette ou contre la volonté de leurs parents. On ne saurait croire jusqu'à quel point on rend mauvais service aux jeunes, en les amenant à vivre des relations amoureuses par opposition à leur milieu ou par compensation affective. Le risque est d'autant plus grand, qu'ils les survalorisent et qu'ils ne les vivent pas lucidement. Or, dans une foule de cas, leurs relations sexuelles sont l'occasion de combler un besoin de tendresse, d'affection, de confiance qui est frustré par le milieu familial et le milieu scolaire. Que d'unions et de mariages prématurés sont ainsi provoqués et voués à l'échec. Des associations à des «gangs» aux activités louches sont aussi provoquées de la même façon.

Troisièmement, *la «hantise des relations sexuelles» occupe une place démesurée dans le contrôle que les parents exercent sur la vie de leurs enfants.* On a l'impression que si des parents avaient l'assurance que leurs enfants n'aient pas de relations sexuelles, ils auraient ainsi réussi leur éducation! Or, s'ils avaient cette assurance, ce serait précisément l'occasion de s'occuper d'une foule de valeurs qu'ils négligent... à moins qu'on estime qu'un adolescent chaste a ce qu'il faut pour réussir sa vie et maîtriser ses relations avec autrui... Comme nous n'avons pas cette assurance — et que les systèmes d'éducation qui l'ont visée n'ont pas produit les meilleures personnes, ni les meilleurs parents, ni les meilleurs conjoints — ne fait-on pas mieux d'accorder autant d'importance à d'autres valeurs telles: la connaissance de son corps, une qualité de vie spirituelle, la générosité, la passion d'être, la tendresse, la délicatesse, l'autonomie, la sécurité, le contrôle de soi, le goût du beau, le sens de la fête, le respect des différences. L'une des meilleures façons d'équiper les jeunes face à la sexualité est peut-être de les stimuler à ces valeurs, indispensables au développement d'une sexualité saine et intégrée à tout ce qui fait qu'un individu peut devenir une personne.

Cette problématique nous met au cœur même de l'identité. *En survalorisant la sexualité au détriment d'autres valeurs, et d'une façon négative, en visant l'abstention plutôt que l'éducation, ne limite-t-on pas les sources et les motivations d'identification du jeune à bien peu de choses?*

En cela, les parents, dans l'éducation qu'ils donnent aux jeunes, reproduisent rigoureusement le système de valeurs qui domine dans le mariage traditionnel. L'époux ou l'épouse fidèle est avant tout celui ou celle qui n'a pas de relations sexuelles avec d'autres que son conjoint. Qu'advient-il des autres valeurs qui sont nécessaires pour constituer une fidélité vraiment humaine : la foi en quelqu'un qu'on admire pour ce qu'il est à travers les qualités qu'on a appris à voir en lui, la familiarité développée par le contact quotidien au long des années, la complémentarité des ressources et des tempéraments, la connaissance réciproque, les cheminements de la tendresse, la croissance partagée, la fidélité à soi[9].

Le lieu dit de l'identité : la vie intérieure

Cette hantise d'une sexualité, par ailleurs sous-développée, ne saurait être isolée d'une certaine pauvreté de la vie spirituelle. L'une des choses qui m'a toujours le plus frappé dans mes contacts avec les adolescents et leurs parents est un problème de vie spirituelle. Disons plutôt, pour mieux le circonscrire, « un problème de capacité de vie intérieure ». C'est du même ordre que ce qu'un Saint-Exupéry met en question, lorsqu'il lance un appel pour que « l'Esprit souffle sur la glaise », ou que revivent sur la terre des hommes « les Mozarts assassinés ». Il s'agit de la capacité de réfléchir son vécu dans un milieu donné, à se prendre en charge par la conscience. « La conscience de croître », pour revenir à notre citation de départ sur le bonheur.

Je crois que l'une des principales questions sur lesquelles on devrait se pencher en éducation actuellement, tant à l'école que dans la famille, est de voir *comment on peut initier les jeunes à l'ha-*

---

9. C'est le sujet des chapitres sept et huit.

bitude de la vie intérieure. L'adolescence, notamment par la recherche d'identité qui la caractérise, est faite pour cela. On l'a aussi définie avec raison par cette formule devenue classique : « l'âge du qui suis-je ». La fin ultime de l'éducation de l'adolescent ne consiste-t-elle pas à le rendre capable de s'interroger sur lui-même et sur son vécu, pour qu'il se voit comme quelqu'un qui a telles ressources et telles limites, qui peut en conséquence commencer à faire certains des choix que nécessite la plongée dans l'univers adulte, et planifier sa vie de telle façon. Autant l'adolescent doit s'abandonner à la vie le plus intensément et le plus largement possible, autant on doit l'aider progressivement à pouvoir prendre ses distances vis-à-vis de ses expériences, pour les évaluer de l'intérieur. Là encore c'est un style d'éducation, une attitude des parents, qui est le meilleur moyen d'y parvenir. J'appelle cela *« le style des parents-ressource »*, *par opposition à un style de « parents-pouvoir »*.

Quand les parents agissent avec leurs enfants comme des parents-ressource, ils se comportent comme des gens qui peuvent EXPLIQUER LE POURQUOI DE LEURS ATTENTES ET DE LEURS EXIGENCES à l'égard de leurs enfants. Si l'on veut que les enfants aient des comportements raisonnables, commençons par les traiter en êtres raisonnables. On ne mettra jamais trop de soin ni trop de temps à expliquer pourquoi on se comporte de telle manière, parents et enfants qu'il s'agisse des situations les plus quotidiennes : contrôle des émissions de télévision, partage des tâches dans l'entretien de la maison, questions d'horaires, alimentation, sorties, apprentissages scolaires, questions d'ordre, de ponctualité, de politesse, questions d'actualité sociale et politique, usage de la cigarette, de l'automobile familiale, et ainsi de suite. Dans toutes ces situations agir en parents-ressource, ce n'est pas seulement expliquer, c'est motiver plutôt qu'imposer d'autorité, c'est suggérer, persuader, conseiller, être consultant, écouter. Bien sûr il se présente toujours des cas où la persuasion ne suffit pas et où les parents doivent trancher en allant à l'encontre de ce que les enfants auraient souhaité. Mais le climat de motivation et de persuasion a d'autres effets que le climat de pouvoir et de rôles, où des parents décident, imposent, blâment, sanctionnent, parce qu'ils ont le « pouvoir » de le faire.

Les effets recherchés, et généralement atteints, par les comportements de parents-ressource, permettent de :

● créer une atmosphère raisonnable et intelligente qui incite à d'autres comportements raisonnables, de libre discussion, d'échange, de négociation ; le raisonnable engendre le raisonnable ;

● exprimer son identité comme personne à travers le besoin de motiver ses comportements; se faire connaître le plus possible;

● faciliter une expérience de croissance pour chacun des membres de la famille à partir de cette connaissance;

● habituer les jeunes à ne pas se restreindre à des rôles d'exécutants ou de révoltés occasionnels.

Cette qualité de vie raisonnable et démocratique est nécessaire pour permettre à l'adolescent de s'y appuyer et de la dépasser, en allant à la recherche de lui-même, avec lui-même. «Qui suis-je?» «Qui est-ce que je deviens comme personne?» «Est-ce que je commence à avoir une image de moi-même qui me satisfait et qui satisfait les autres?» Que ce soit sous cette forme ou sous une autre, ou surtout qu'il ne les formule jamais en mots, l'adolescent se pose ces questions du plus profond de lui-même.

Être des parents-ressource, c'est être des parents compagnons. Compagnons d'adolescents qui ont le droit à la fin de leur adolescence d'être assez motivés vis-à-vis de leur propre personne et de leur adolescence pour éprouver le besoin d'aller jusqu'au bout d'eux-mêmes, sans craindre les autres et sans avoir envie de les dominer.

De l'adolescent à l'adolescence: l'identification au voyage; l'adolescence, un «trip»; le plaisir de croître comme antidote de la tension.

Observons, en évitant dans un premier temps de les qualifier, un ensemble de caractéristiques de l'adolescence, en distinguant trois groupes: des caractéristiques de croissance, des caractéristiques liées à l'ambivalence du développement de l'adolescent, des caractéristiques psychosociales et culturelles.

a) *La croissance*

À la base, c'est un âge de transformation physiologique et énergétique de l'organisme, marqué par une multitude de phénomènes, dont la transformation de la stature par des changements considérables et souvent brusques de la taille et du poids; cette transformation physique a fréquemment pour effet d'entraîner une insatisfaction quant à l'apparence physique que prend son moi, et elle s'accompagne forcément de grands moments de fatigue; elle tire énormément d'énergie de toutes les ressources de l'organisme;

Parmi les nombreuses poussées de croissance pensons, par exemple, que la capacité pulmonaire augmente de plus de 40%, qu'il en va de même de la croissance musculaire qui est aussi importante que la formation des os chez l'enfant; à la fin de l'adolescence le poids musculaire représente 40% du poids total du corps et la force musculaire est de 6 à 7 fois plus grande qu'à la fin de l'enfance ; le visage, qui représente environ 1/8 du crâne à la naissance, en devient le 1/3 à la fin de l'enfance et la 1/2 à la fin de l'adolescence.

Le développement des organes génitaux et la maturation des caractères sexuels entraînent à eux seuls toutes sortes de transformations de l'organisme et de la personnalité, qui ne peuvent pas être dissociées de la manière dont le milieu familial et social y réagit ;

b) *Autres caractéristiques de croissance marquées au sceau de l'ambivalence*

● Le besoin d'indépendance voisine une hypersensibilité au jugement d'autrui ;

● Le besoin du groupe voisine de façon aiguë le besoin d'être personnel ;

● Le besoin d'identification à des personnes (idoles, maîtres, vedettes, héros) voisine les besoins d'indépendance et d'originalité ;

● Le besoin d'essayer, d'expérimenter, de passer d'une chose à une autre, voisine l'échéance de choix d'orientations scolaires et professionnelles ;

● Le dynamisme et l'effort de croissance, souvent accompagnés de fatigue et de stress, vont de pair.

c) *Caractéristiques psychosociales et culturelles*

● C'est l'âge « entre deux » âges, qui n'a pas véritablement de statut social et qui ne se trouve pas valorisé comme l'enfance peut l'être. Dans plusieurs sociétés, en Amérique du Nord, par exemple, la période de l'adolescence s'allonge de plus en plus depuis les deux dernières décades ; d'une part, la puberté a été avancée sous l'influence de facteurs culturels, d'autre part, la société industrielle et post-industrielle allonge le temps de formation aux métiers et aux professions pour adultes et jeunes adultes ;

● L'adolescence est vue comme une période de crise et de conflits. Dans les faits, il est certain qu'une vaste porportion des adolescents, sinon la majorité, se situent dans des oppositions et des conflits avec les adultes et face à l'organisation sociale ; *se poser en s'opposant fait partie de la dynamique même de l'adolescence, à certaines phases surtout ;*

d'autres facteurs d'opposition tiennent aux individus et aux milieux et sont tout à fait normaux, mais plusieurs proviennent des caractéristiques culturelles citées précédemment.

● Dans maintes sociétés, au cours des deux dernières décades, on a assisté à un processus de remise en question (fort justifié à mon sens) de valeurs et de méthodes traditionnelles dans l'éducation des adolescents et au plan des conceptions de la vie en société; ce processus s'est accompagné dans bien des cas de comportements adultes démotivants et démobilisants pour la jeunesse; il s'ensuit de nouveaux facteurs culturels qui affectent les jeunes et qui font qu'il leur est bien difficile d'être motivés à vivre dans un monde que leurs aînés décrivent et perçoivent comme absurde.

J'ai groupé ces caractéristiques pour faire ressortir l'une des données majeures du développement de l'adolescent, soit *la fatigue et la tension* auxquelles son moi est soumis. Fatigue et tension dues à sa croissance physique, à cette ambivalence qui l'oblige à concilier un grand nombre de forces contradictoires, et à sa situation sociale dans un environnement adulte qui ne lui reconnaît d'autre statut que: ne plus être un enfant et pas encore un adulte. Or, au lieu de chercher à diminuer cette tension et cette fatigue, beaucoup de parents et d'éducateurs les accentuent et les portent à des états de paroxysme, en y répondant par un style d'éducation lui-même tendu. *Ne vaudrait-il pas mieux répondre à la tension par la détente, par la communication du sentiment que l'adolescence est un âge fantastique de croissance?*

On oublie trop le monde du plaisir et de la joie avec les adolescents. Pourtant, plus encore qu'avec les enfants, il est possible de valoriser au maximum le plaisir de croître, en l'intégrant au développement de la conscience dont l'adolescent est capable. On ne saurait lui rendre plus précieux service qu'en lui faisant vivre l'adolescence comme un âge d'emportement d'exploration, d'essai, d'expérimentation, d'aventure, de VOYAGE, au sens même où les jeunes parlent de vivre un «trip». Éduquer un adolescent ce devrait être de pouvoir lui faire vivre un «trip».

Que de phénomènes de croissance peuvent être vus positivement et faire l'objet de fêtes! La maturation sexuelle et la croissance des organes génitaux en sont. Les premières menstruations, les premières éjaculations doivent être vues comme des choses bonnes et belles. Les premières amours, les premières caresses auxquelles on accorde du prix, les premières expériences sexuelles sont à la fois quelque chose d'intime et que l'on peut vouloir aussi partager quand on se sent bien avec les autres membres de la famille. Les sorties entre parents et adolescents ont quelque chose d'incomparable avec toute autre relation. Aller au cinéma, au théâtre, aller prendre un verre avec son fils ou sa fille, pratiquer des sports ensemble, faire des voyages sont autant de choses bonnes et belles à VIVRE, surtout si l'on est aussi disponible pour suivre ses enfants que l'on voudrait qu'ils le soient à notre endroit. Les échanges et les discussions sur des valeurs de vie, sur des besoins individuels, sur des travaux scolaires, sur l'actualité sociale et politique, quand ils sont vécus d'égal à égal, ont une qualité et une saveur qu'on ne saurait comparer à des échanges avec des personnes extérieures à la famille.

C'est une erreur de penser que les adolescents veulent vivre exclusivement entre jeunes et que la présence des adultes les gêne. Ce sont les adultes surtout qui ont créé des mondes séparés entre jeunes et adultes et qui ont alimenté la crise de l'adolescence et les irréductibles conflits entre générations. On a fini par se donner toutes sortes d'images des rapports entre les générations, obéissant plutôt à des stéréotypes culturels qu'à la découverte de la réalité immédiate et environnante, qui, elle, est faite d'êtres uniques et neufs, entre qui tout peut être vécu. Il n'y a rien de tel que les rapports parents-adolescents pour expérimenter en même temps la satisfaction du vouloir-vivre et de l'identité personnelle. Encore faut-il y mettre le temps, se rendre disponible et y croire. Si un père, par exemple, est animé au-dedans de lui-même du sentiment profond que ce qu'il peut vivre avec ses enfants a un prix infini, et s'il est disponible, il y a de grosses chances que dans les faits ses relations avec ses enfants, adolescents, soient intenses et belles... ce qui ne veut pas dire «faciles».

Ceci dit, il est évident que les adolescents franchissent de nombreuses périodes marquées par le besoin de vivre des choses entre eux, sans leurs parents, sans les adultes. Une situation type, souvent sujet de conflits, est celle des vacances en famille. Il vient un moment où les jeunes veulent les vivre en dehors de la famille. Rien de plus normal et plus les jeunes *sentent que leurs parents le ressentent eux-mêmes comme normal,* mieux cela peut être vécu par tous. Davantage encore qu'avec les enfants, les attitudes de l'adulte sont déterminantes. Comme dit souvent mon fils, les adultes ne sont pas assez «cool». Et il a bien raison. Pour être du «voyage» de l'adolescence, il faut pouvoir être capable soi-même de «partir», dans le quotidien, s'emporter dans la fantaisie, la détente, l'HUMOUR. Cela importe plus que toutes les recettes issues des plus belles théories sur l'éducation.

Le choix de tout essayer, même d'être jeune

Il y a un autre comportement type de la société adulte qui est source de contradictions et de tension pour l'adolescent. D'un côté, nous ne leur reconnaissons à peu près pas de statut social, d'un autre, nous voulons qu'ils fassent des choix, qu'ils « se fixent », qu'ils « se branchent », qu'ils entreprennent « une chose » et qu'ils la mènent à terme sans explorer ailleurs en même temps. Or ce n'est pas le propre de l'adolescence de se fixer. Et l'école, qui ne s'évertue pas à respecter la psychologie de l'adolescent, l'a ignorée « magistralement », en imposant dans la dernière décade la folie des spécialisations hâtives. On commence dans certains régimes à remettre cela en question, mais ira-t-on assez loin ?

Pour aller assez loin et rejoindre les besoins de l'adolescent, il faudrait d'abord reconnaître ses besoins et lui accorder un statut social en conséquence. Il faudrait mettre en veilleuse nos procédés ininterrompus de formation scolaire, du primaire au secondaire, du secondaire au collégial, du collégial à l'universitaire ou de tel niveau scolaire au marché du travail. L'école nouvelle est à bâtir autour d'expériences d'apprentissage de travail, de service social, de voyages, d'engagements volontaires, d'échanges entre des régions, des cultures, des peuples. Pourquoi les adolescents sont-ils absents des services sociaux à l'enfance, des services de garde ? Il nous faut vraiment manquer beaucoup d'imagination, pour ne pas réussir, en dehors du milieu familial, à mettre davantage en contact les enfants et les adolescents. Nous manquons d'imagination ? ou de confiance dans les jeunes ? ou de visions plus humaines ? ou de technocrates qui cessent de voir le monde à partir de leur table de travail ? Pourquoi les jeunes sont-ils presque totalement coupés des contacts avec les vieux ? Pourquoi ne trouve-t-on pas les moyens de les rassembler au niveau des quartiers, par exemple ? Pourquoi l'expérience des vieux est-elle totalement absente de la formation des jeunes et du milieu scolaire ? Pourquoi les jeunes ne viennent-ils jamais en contact avec des groupes de citoyens isolés, marginalisés, comme les personnes handicapées, les malades, les détenus ? Pourquoi cache-t-on systématiquement aux jeunes toute cette partie de la réalité sociale ? Pourquoi ne trouve-t-on pas les moyens de mêler les cultures, les groupes ethniques, à partir d'expériences de jeunes ?

Où sont pour les jeunes les possibilités de choix qui correspondent à leurs besoins d'explorer la vie, de « s'essayer », de rencontrer dans la société des stimuli de développement adaptés à leurs stimuli intérieurs, d'aventure, de liberté, d'expérimentation, de changement ?

Où sont «pour la société» leurs possibilités de choix? Car nous n'arriverons jamais à des sociétés pluralistes, tolérantes, ouvertes aux différences et à la liberté responsable, si ces qualités ne prennent pas forme dans l'énergie de l'enfance et de l'adolescence. Nos rêves adultes de générosité et de responsabilité sociale ne prendront jamais chair, si nous ne savons pas en nourrir l'appétit de la jeunesse. L'identification sociale de l'adulte prend ses racines dans l'identité personnelle du jeune, pour le meilleur ou pour le pire. La loi de la croissance est là. Plus nous permettons à l'adolescent d'aller loin dans son moi, plus il aura de chances, adulte, que cet emportement en lui-même le conduise en même temps au «sens de l'autre». Je dis bien «sens» de l'autre, pour préciser qu'à la signification spirituelle ou intellectuelle qu'on donne au mot sens, correspond en fait une «démarche» de croissance, une «direction», une «ligne de force» de son énergie. En étant des «agents de croissance», les parents, nous faisons vraiment «souffler l'Esprit sur la glaise».

Dans cette optique, il faut se demander si le milieu adulte n'est pas amplement responsable de la «crise» de l'adolescence? Est-ce que nous ne la fabriquons pas, en répondant aux tensions de sa croissance par la tension de nos attitudes, et à son besoin de ne pas se fixer, par les contraintes sociales et éducatives qui le forcent à se fixer? Et est-ce que nous ne faussons pas ainsi le rapport de croissance entre l'individu et le milieu, selon lequel l'adolescent devrait trouver une grande partie de son équilibre, dans l'adaptation des conditions du milieu aux conditions de développement qui sont spécifiques à son âge?

Avec le sens de la détente et du plaisir de croître, il nous manque, pour partager la vie avec les adolescents et stimuler réciproquement notre énergie, de prendre *le temps de vivre*. Le temps de vivre... Le temps de vivre...

À presser les jeunes de vieillir avant le temps, à les conditionner à vivre en fonction du temps et de l'espace adulte, nous bouleversons leur croissance et nous hypothéquons leur devenir adulte.

Et non seulement faut-il leur permettre de mieux remplir la période que nous identifions comme étant celle de l'adolescence, mais nous devrions ajouter à cette période l'âge du «jeune adulte», que d'autres sociétés ont reconnu et valorisé dans l'histoire. Cet âge manque dans nos sociétés, pour prendre le temps de passer de l'adolescence à la vie adulte.

Autrement nous risquons de plus en plus de voir se développer toutes sortes de phénomènes de «mal-croissance», qui vont

149

s'ajouter à ceux que nous connaissons déjà trop bien, dans le champ de la déviation, de l'inadaptation et de la délinquance. Il en est ainsi, par exemple, du «vieillissement prématuré». De plus en plus de jeunes deviennent vieux, non pas au sens de «mûrs» mais d'«usés». Ils sont fatigués psychologiquement et physiquement. Je ne parle pas ici de ceux que certains «gourous» désabusés tentent d'initier au sens de la mort et des paradis artificiels... Je parle des jeunes que l'on rencontre partout et quotidiennement et qui selon leur expression «ont» leur voyage. Ils ne disent pas qu'ils «sont» en voyage, mais qu'ils «ont» leur voyage. Ils sont comme en fuite, ou arrêtés, coincés entre une école qui fonctionnerait mieux sans eux, le chômage et une famille qui une fois sur trois est en rupture légale (sans parler des autres qui vivent d'autres formes de rupture). Et, signe des temps, plusieurs d'entre eux, à quatorze ans même chez les filles, sont fixés dans leur appartement, liés à un partenaire, ou réfugiés dans une commune, assaillis en même temps comme de vrais adultes par des problèmes de travail, d'études et de vie de couple... On a tellement réussi à les fixer sur l'univers adulte, qu'ils vivent de ce qu'ils décrient chez les adultes, en particulier les couples aliénés... Combien d'avortements et d'enfants non voulus leur devrons-nous ?

Quels comportements auront-ils devenus adultes, ceux-là et tous les autres qui n'auront pas vécu leur jeunesse en son temps ? Comment vont-ils agir avec leurs enfants ? Vont-ils précisément leur refuser ce qu'ils n'auront pas eux-mêmes obtenu dans leur jeunesse ? Ou vont-ils à tout prix vouloir que leurs enfants fassent ce qu'eux n'ont pas réussi à faire dans leur jeunesse ? On sait le nombre de comportements adultes, et de conflits entre parents et enfants, qui ont leurs racines dans ce genre de questions, non résolues dans la conscience adulte...

Pouvoir être un support pour l'adulte

Revenons, pour conclure cette incursion dans la psychologie de l'adolescent, à la lettre dont je me suis servi pour ouvrir ce chapitre.

«Aide-moi, mon fils... Sache que je suis disposé à recevoir de toi, autant que le suis à t'apporter ce que je peux.» Ainsi s'exprime le père, vers la fin de sa lettre. Après avoir reconnu son fils comme quelqu'un «d'unique», après s'être placé aussi sur un pied d'égalité avec son fils du point de vue de leurs besoins réciproques de croissance personnelle, non seulement il dit respecter sa personnalité mais il avoue «avoir besoin» de lui. Il y a dans cette démarche un modèle de dynamique du comportement adulte et parental, en particulier dans cet aboutissement où il reconnaît que le jeune peut lui aussi être un support pour l'adulte. C'est fondamental. Quand les adultes reconnaîtront qu'ils ont autant besoin des jeunes pour croître en adultes que les jeunes ont besoin d'eux, les relations adultes-jeunes et parents-enfants auront changé de visage.

Le problème est proprement adulte. Nous n'avons pas l'habitude de nous situer ni de nous percevoir comme des êtres en croissance. Nous nous épuisons nous-mêmes à vouloir à tout prix paraître des êtres forts et quasi invincibles aux yeux des enfants. Il y a un mythe de l'adulte fort, mature, surhomme ou surfemme, qui ne laisse pas voir à ses enfants ses crises personnelles et qui surtout ne les partage pas. Cette attitude s'accompagne d'ailleurs d'un mécanisme de rejet de la responsabilité personnelle qui est fort néfaste d'un point de vue éducatif: nous nous en remettons constamment à des causes extérieures telles que l'inconduite des autres, les circonstances, la société en général ou la nature même de l'être humain que nous vouons à tous les maux. Les jeunes sont ainsi conditionnés à rechercher en dehors d'eux-mêmes les causes de leurs difficultés de croissance. C'est une attitude généralisée entre les membres de la famille, à l'intérieur des couples: on accuse mais on ne se met pas en question individuellement ou comme groupe de croissance. Pourtant la famille et le couple sont avant tout des unités de croissance.

En échangeant avec nos enfants sur nos difficultés personnelles de croissance, nous pouvons nous aider réciproquement de multiples façons. C'est d'abord une question d'authenticité et de dialogue franc; on doit accepter de se faire interpeller par ses enfants et d'examiner ensemble comment nos comportements individuels affectent le vécu du groupe, quels choix on fait pour que le vécu du groupe soit tel ou tel, et quelle influence le vécu des parents comme couple a sur les enfants et sur l'ensemble de la vie de famille. Face aux conflits conjugaux, on oublie que les enfants sont souvent les mieux placés pour les observer et donner leur point de vue. De toute manière, en les tenant à l'écart de la discussion de ces conflits, non seulement on se prive de leur support mais on est profondément injuste, puisqu'on leur fait vivre ensuite les conséquences de ces conflits. Voyez la contradiction, une fois de plus: d'un côté, on ne fait pas appel à eux au moment de difficultés parce qu'on les considère faibles ou impuissants et qu'on veut les surprotéger, de l'autre, on attend d'eux qu'ils aient assez de force pour vivre toutes les conséquences d'une séparation ou d'un divorce et qu'ils puissent devant un tribunal choisir entre leur père ou leur mère... Ce n'est pas seulement de la contradiction, c'est de la cruauté mentale. Et dans combien de cas de difficultés familiales n'abuse-t-on pas du placement d'enfants? Que de fois, au lieu de retirer les enfants de leur famille, on devrait les consulter sur les orientations à prendre pour corriger la situation de l'intérieur. Mais les professionnels souvent ne sont pas différents des parents sur ce plan et se croient eux aussi investis du pouvoir adulte.

Il y a un monde à ouvrir ici, pour les professionnels des services aux familles et à la jeunesse comme pour les parents, comme pour le milieu scolaire. Il ouvre sur les questions curatives et sur celles de prévention. Il fait appel à nos attitudes devant la jeunesse autant qu'à nos techniques et celles-ci ne seront plus jamais les mêmes si nous acceptons de croire que les jeunes sont des supports — pas des béquilles — et que nous avons besoin d'eux nous aussi, pour conquérir notre identité personnelle. Au moment où plus d'une famille sur trois éclatent, cet élargissement de notre champ de conscience peut être extrêmement libérateur.

De l'identité personnelle à l'appartenance sociale

En passant au prochain chapitre sur l'appartenance sociale, nous achevons l'observation de ce grand mouvement de croissance centré sur la formation du moi. C'est une formation sociale. Cet enracinement du moi dans la vie, et de la vie dans le moi, exploré dans les quatre premiers besoins, c'est la force même du social. Du social réel, incarné dans la croissance de la personne, dans cette expansion naturelle du moi tourné vers les autres parce que bien dans sa peau, parce que vivant, parce qu'autonome, parce que possédant une image de lui-même. J'insisterai sur ce «social réel» au cours du chapitre, par opposition à une certaine illusion du social qu'on croit venir automatiquement avec l'âge, comme la maturité, ou avec le simple fait d'appartenir passivement à une société ou encore de se réclamer d'une idéologie sociale.

Ce chapitre en est d'ailleurs un de transition. Il achève le cycle de la formation du moi pour aller vers celui de «la passion de l'autre», qui correspond à un autre processus de maturation. Il y a une illusion de l'altruisme qui rejoint par plusieurs aspects l'illusion du social.

L'appartenance sociale vers laquelle on peut tendre à la fin de l'adolescence, même bien alimentée depuis l'enfance, ce n'est qu'un ensemble de germes, qui ont besoin de beaucoup d'années et d'expériences de croissance adulte pour s'enraciner comme il faut et faire des fruits qui ne goûtent pas trop l'illusion et qui soient un peu nourrissants... Le lecteur peut bien, en reprenant notre image de l'arbre, multiplier les symboles. À tout le moins peut-on reprendre celui que nous avons évoqué à la fin du chapitre sur la sécurité et qui fait voir le véritable adulte comme celui qui est capable de se « replanter » dans la vie, selon les cycles qu'il franchit.

La chose que je veux le plus partager avec le lecteur dans cette approche, au-delà des images, des thèmes et des mots, c'est le souci de la complexité des processus de vie qui s'offrent à nous dans la famille.

La complexité de l'INFINITUDE des êtres.

Un être qui peut vraiment vivre aura toujours plus à offrir qu'on n'en pourra saisir. Le quotidien et la durée ne fournissent pas ceux qui peuvent les remplir en débordant d'eux-mêmes.

Je comprends qu'on puisse parler de mort de la famille et d'aliénations pour des raisons culturelles et institutionnelles, mais je ne comprends plus s'il s'agit des êtres. On n'a jamais fini de découvrir des êtres qu'on laisse ÊTRE.

Je comprends et je ne comprends plus, parce que je voudrais sans doute que la famille recommence là où le monde arrive à peine : aux êtres.

CHAPITRE 5

L'APPARTENANCE SOCIALE

L'estime de soi et l'extension de soi — Habituer les jeunes à voir que tout dans la vie se développe par relations et complémentarité — L'indispensable épreuve du respect de ses proches, pour éviter de vivre de l'illusion du social — La fonction sociale du couple et de la relation hommes-femmes — L'appui des familles sur des communautés d'identité territoriale restreinte — Le scandale des personnes âgées

De l'amour de soi à la passion de l'autre

La famille ne nous forme pas seulement en tant que personnes, elle nous éduque comme citoyens. Notre capacité d'entrer en relation positive avec les autres citoyens et notre goût même de vivre en contact avec les autres et d'être présent à un milieu social se trouvent largement orientés, stimulés ou non par le milieu familial.

Plus encore, la famille nous enracine dans une culture. Et plus la famille est un milieu de vie intense, stimulant, créateur, plus on peut y apprendre à être des citoyens autonomes et engagés. Ou la famille est elle-même «agent de culture» ou elle subit la culture qui l'environne, à partir de l'école, des religions, de l'information notamment par la télévision, de l'idéologie politique et économique. Jusqu'ici la famille, dans la plupart des sociétés et presque à tous âges, a subi la culture plutôt que d'en être l'agent.

Elle peut pourtant en être l'agent privilégié, parce qu'elle est à la source de la formation des citoyens et de l'apprentissage de leurs rapports sociaux. On comprend d'ailleurs pourquoi les détenteurs de pouvoirs idéologiques et politiques ne veulent pas qu'elle prenne trop d'importance comme «agent libre» de la formation des citoyens ou qu'ils s'en servent comme du premier instrument de conditionnement des régimes politiques et économiques en place.

Elle peut être à la source de la culture dans toutes ses dimensions. Bien que cela ne soit plus très à la mode de se référer à l'origine latine des mots, dans le cas de la culture cela est fort utile. On se rend compte alors que le verbe «colere» d'où vient le mot culture comprend un ensemble de significations auxquelles correspondent de fait les principales dimensions de la culture: «cultiver» (au sens de cultiver la terre ou le bon sens ou l'amour), «prendre soin de», «veiller sur», «pratiquer», «honorer». C'est tout un programme pour la famille de transmettre une «culture de la vie» sous ces dimensions.

Je veux aborder ce chapitre dans cette optique et y faire ressortir d'ailleurs le rôle «charnière» de la famille entre l'individuel et le collectif, entre le moi et le milieu environnant. L'une des meilleures façons d'exercer ce rôle, est de cultiver l'estime de soi chez l'enfant et l'adolescent, et bien sûr, chez les parents. Les chapitres précédents étaient tournés vers cela. *Habituer les jeunes à voir que tout dans la vie se développe par relations et par complémentarité* en est une autre. J'y consacrerai la plus grande partie de ce chapitre en montrant surtout que l'apprentissage des relations humaines quotidiennes avec les êtres qui sont les plus proches de nous est l'un des fondements les plus sûrs de la conquête du social. Et c'est aux fins de cet apprentissage que j'examinerai la fonction sociale du couple, le sort fait aux personnes âgées dans nos sociétés urbaines et industrialisées et l'insertion de la famille dans un environnement communautaire réel.

L'estime de soi et l'extension de soi

De l'étude des quatre besoins considérés jusqu'ici, il se dégage une norme de comportement, que je n'hésite pas à rappeler puisqu'elle est à mes yeux la base du développement de la personne et des relations avec autrui : UN MOI FORT EST SUSCEPTIBLE DE FACILITER LE RESPECT D'AUTRUI ET LA RECONNAISSANCE QU'AUTRUI EST NÉCESSAIRE À LA RÉALISATION DE SOI.

En chaque besoin, nous avons identifié cette norme générale sous une forme particulière. Résumons-les.

• La sécurité, parce qu'elle est la capacité d'être bien dans sa peau et que, surtout, elle dépend en grande partie de la qualité de la relation dont les parents ont l'initiative dans la première année de vie, nous procure le sentiment d'être relié positivement à autrui et au monde.

Elle est la force ou la poussée initiale qui permet d'être aussi rassuré devant autrui que devant soi.

• Le vouloir-vivre, parce qu'il est l'affirmation de soi et de la vie, affirmation naturelle et spontanée chez l'enfant surtout, nous amène à être, assez intensément, pour rejoindre les autres. Il fait de nous des vases communicants et des êtres en rayonnement, qui rejoignent autrui en éclatant et en débordant d'eux-mêmes.

• L'autonomie, parce qu'elle est la prise en charge du moi, favorise la même liberté d'être, avec autrui qu'avec soi. Elle nous fait dépasser le besoin des autres jusqu'à nous faire revendiquer le partage avec autrui comme un droit. L'être autonome peut dire qu'il n'a pas seulement besoin des autres, mais qu'il a droit à autrui.

• L'identité personnelle, en nous renvoyant une image de nous-mêmes, nous rend connaissable pour autrui et nous permet de nous manifester à autrui.

Elle conditionne dans une large mesure notre responsabilité sociale, dans le sens où les autres et la société en général peuvent compter sur quelqu'un qu'ils peuvent identifier, qui se manifeste à eux.

L'ensemble de ces données nous conduit tout naturellement à mettre en valeur une qualité globale du développement de la personne et qui est de soi créatrice d'appartenance sociale : *l'estime de soi*. Elle signifie qu'on a pour soi-même cette considération et cette confiance auxquelles on réfère lorsqu'on dit « avoir de l'estime pour quelqu'un ».

L'estime de soi est non seulement créatrice d'appartenance sociale, mais on la considère souvent comme un indice ou un symptôme privilégié de maturité et de santé mentale. Nombre d'auteurs, de thérapeutes et de personnes œuvrant dans le domaine des relations humaines y voient une ressource et un besoin fondamental uniques. Il en est ainsi parce qu'on observe, en particulier, que l'estime de soi est essentiellement caractérisée par un effet d'élargissement ou d'extension du sens de sa personne vers autrui. L'une des personnes qui fait le mieux état de cette dimension dans la famille, et dont l'expérience en thérapie familiale est l'une des plus significatives dans le monde actuellement, est Virginia Satir. Dans son ouvrage *Thérapie du couple et de la famille*[1], où l'estime de soi est décrite comme la base d'un système de communication positive entre les membres de la famille, elle formule les critères de maturité suivants. Ils sont axés sur les effets sociaux de l'estime de soi.

« Les façons de se comporter caractérisant un individu qui a atteint sa maturité sont appelées fonctionnelles parce qu'elles le rendent capable de se comporter de manière relativement compétente et précise dans le monde où il vit. Cet individu pourra :

— Se manifester clairement aux autres.

— Être en contact avec les signaux de son être intérieur, donc se faire connaître à lui-même, ouvertement, ce qu'il pense et sent.

— Être capable de voir et d'entendre ce qui est en dehors de lui-même en tant que différent de lui-même et en tant que différent d'autre chose.

— Se comporter envers une autre personne comme envers quelqu'un de séparé de lui-même, avec son individualité.

— Voir la présence de différences comme une occasion d'apprendre et d'explorer, plutôt que comme danger et source de conflit.

— Se manifester vis-à-vis des individus, des situations et de leurs contextes en termes de « comment est-ce » plutôt qu'en disant ce qu'il désirerait ou ce qu'il attend que cela soit.

— Accepter la responsabilité de ce qu'il sent, pense, entend et voit, plutôt que de la nier ou de l'attribuer aux autres.

---

1. Virginia Satir, *Thérapie du couple et de la famille*, Paris, EPI, 1971.

— Avoir des techniques pour négocier ouvertement le donné, le reçu et en vérifier la signification entre lui-même et les autres.[2] »

La constante la plus marquante de ce type de recherche sur les critères de maturité et de bonne communication est de montrer que « maturité personnelle et estime de soi » vont de pair avec « qualité des relations interpersonnelles et sens du bien commun ». Cela se comprend d'ailleurs autant en vertu du sens commun que des recherches et des approches thérapeutiques. Et s'il y a un problème de sensibilisation à ces notions dans le monde adulte, ce n'est pas dû au fait que de telles notions sont trop théoriques ou intellectuelles ; c'est que l'environnement social et éducatif qui nous entoure tous n'en tient pas compte. Nous en sommes encore à l'âge de « l'instinctif pur » quand il s'agit d'envisager la croissance personnelle de l'adulte et la qualité des communications interpersonnelles. L'école elle-même ne s'intéresse pas à ces questions. L'école ne renseigne pas et ne sensibilise pas sur ces questions vitales, pas plus qu'elle n'informe et n'éduque pour préparer les jeunes à la vie familiale[3]. Le développement de la personne et des relations

---

2. Il est intéressant de constater qu'au-delà des différences de formulation, ce sont des critères fort semblables que l'on retrouve chez d'autres qui se sont penchés systématiquement sur cette question. Comparons, par exemple, ceux qui sont retenus par Virginia Satir à ceux que Maslow a retenus, en étudiant des personnalités vivantes et des personnalités historiques :

   « — Très bonne perception de la réalité.
   — Progression dans l'acceptation de soi, des autres, de la nature.
   — Progression dans la spontanéité.
   — Détachement et désir de vie personnelle.
   — Autonomie croissante et résistance à l'embrigadement.
   — Originalité du jugement et richesse de l'émotivité.
   — Bonne identification à l'humanité.
   — Amélioration des relations interpersonnelles.
   — Facilité de l'acceptation des autres.
   — Accroissement de la créativité.
   — Mobilité du système de valeurs. »

   Vers une psychologie de l'être, p. 28. Voir aussi *Motivation in personality*. (New York, Harper, 1954), où Maslow étudie davantage cette question.

3. Il est tout à fait inconcevable à notre époque que nous ne prenions pas les moyens de diffuser aux parents et aux jeunes la masse d'information et de connaissances dont nous disposons sur le développe-

humaines demeure une affaire privée et individuelle et n'est pas considéré comme une donnée que l'on peut partager au plan collectif et social. Voilà un problème majeur. Il explique pourquoi il y a une rupture systématique entre la famille et les autres milieux de vie et institutions dans la société. Pour que les choses changent, faudra-t-il attendre que les familles et les mariages éclatent en majorité, qu'il y ait une proportion de plus en plus grande de gens dans des institutions thérapeutiques, dans les hopitaux, que la violence se multiplie et qu'on cède à la tentation de corriger tout cela en sélectionnant les gènes des futurs bébés-éprouvettes ?

La question est loin d'être futuriste... L'instinctivisme et l'individualisme qui régissent nos sociétés en Amérique et en Europe en matière de formation de la personne et de communications interpersonnelles ne sont pas moins mortels pour le développement de la personne et la qualité des rapports sociaux que le collectivisme totalitaire.

Aussi longtemps que les problèmes humains auxquels répond une action comme celle de Virginia Satir dans le milieu familial ne seront partagés que par une faible minorité d'individus et de groupes, la Famille risque de se porter de plus en plus mal.

Or c'est le même environnement social et éducatif qui ne s'intéresse pas aux répercussions sociales qu'aurait la culture de l'estime de soi, qui nous masque ce qu'il y a de plus fondamental dans la vie de notre corps et de l'univers physique d'où nous tirons la vie : le fait que tout dans cette vie se développe par relations et par complémentarité de ce qui est différent voire même contraire. Ce fait est source d'une richesse extraordinaire pour l'apprentissage du social, tant sur le plan symbolique que dans la connaissance des formes de la vie à travers lesquelles l'humain se développe. Et là encore, ce qui peut paraître théorique et intellectuel, parce que cela nous est presque étranger dans ce que valorise l'environnement social et éducatif, pourrait être partagé par tous sous toutes sortes de formes.

Habituer les jeunes à voir que tout dans la vie se développe par relations et complémentarité

N'est-il pas étrange que le monde scolaire, par exemple, ne trouve pas les moyens de faire voir aux enfants que leur corps,

---

ment de la personne et des communications interpersonnelles. Cela n'est tout simplement pas une priorité. Les priorités du pouvoir social mâle sont ailleurs.

d'abord, tire sa vie, son énergie, son mouvement, sa croissance, d'un immense réseau de relations de complémentarité : relations entre sa gauche et sa droite, entre son sang rouge et son sang noir, entre les battements de contraction (systoles) et les battements de dilatation de son cœur (diastoles).

N'est-il pas étrange qu'ils n'aient pas la même représentation de leur environnement physique et biochimique, constitué de liquides et de solides, de pôles négatifs et positifs qui animent toute cellule de vie, tout œuf qui se reproduit ?

N'est-il pas étrange qu'on ne leur fasse pas vivre consciemment cette relation extraordinaire, à laquelle ils doivent chaque instant de leur vie, et qui provient de l'équilibre entre la pression sanguine de leur organisme et la pression de l'atmosphère qui les environne ? Qu'ils ne s'émerveillent pas de cet équilibre, qui, lorsqu'il est rompu, fait cesser la vie, humaine...

N'est-il pas étrange qu'on ne leur fasse pas voir, à ces sources de vie, le courant qui pourrait les animer dans leurs relations à autrui ? Qu'on ne leur fasse pas voir aux sources mêmes de leur enfance, que l'enfant commence sa vie en étant plus intensément en contact avec autrui qu'avec son propre corps. Qu'un enfant qui manque de sécurité affective dans sa relation à ses parents peut mourir[4].

Il faut que les jeunes puissent inscrire leur croissance dans ce mouvement naturel de la vie qui se développe par relations et qu'ils comprennent un jour que la capacité d'entrer en relation avec autrui vient en quelque sorte donner un visage humain à ce mouvement naturel, à cet ordre biologique de croissance.

Qu'on leur donne le sens de l'univers, où coexistent les liquides et les solides, la clarté et les ténèbres, le chaud et le froid, le positif et le négatif, l'ordre et le désordre, le visible et l'invisible, le connu et l'inconnu. Qu'on leur apprenne à se situer dans cette écologie naturelle. Ils découvriront qu'eux aussi doivent s'habituer à croire à l'invisible autant qu'à ce qui est visible, à accepter l'inconnu autant que le connu, à concilier ordre et désordre, sécurité et inquiétude, action et réflexion, compagnonnage et solitude, gauche et droite, stabilité et changement...

Apprendre cela aux jeunes, c'est les former à une nouvelle culture centrée sur la capacité de respecter toutes les formes de relations, où la vie s'accomplit dans la coexistence des différences et des contraires. Avoir ce « sens du relationnel », c'est avoir le sens

---

4. On connaît notamment sur ce sujet les fameux travaux de Spitz auxquels la plupart des ouvrages de psychologie génétique renvoient.

de la complémentarité des forces de la vie. C'est être capable de concilier et de nuancer, pour ne pas se limiter à opposer et à séparer.

Il y a là un enjeu extraordinaire de civilisation pour mettre un frein à nos cultures guerrières, où l'on nous apprend au contraire à opposer, à séparer, à isoler, à dresser ceux qui auraient raison à partir d'une idéologie extrême contre ceux qui ont tort à partir d'une autre idéologie extrême[5]. Nous continuons d'entretenir des morales et des mentalités intellectuelles PRIMITIVES, qui partagent le monde entre bons et méchants, entre ceux qui ont raison et ceux qui ont tort. *Nous dissocions les contradictions qui font la vie plutôt que de composer avec elles.* Un jour nous faisons comme si nous n'avions que le côté droit de notre corps pour avancer, le lendemain nous le détruisons avec notre côté gauche. Nous faisons un pas en avant pour progresser, un pas en arrière pour nous stabiliser... La mécanique du pendule finit par nous laisser sur place: un pas à gauche, un pas à droite et on se retrouve entre les deux, en général après avoir détruit du côté des perdants...

Nous sommes ainsi dans ce que j'appellerais LE TERROIR DE LA FORMATION DE L'ESPRIT AU SOCIAL ET À L'HUMAIN. Il est certain, par exemple, que, montrant aux jeunes l'équilibre qui se fait dans les forces physiques de la nature par la conciliation des contraires, nous ne saurions échapper à l'observation des lois d'élimination et de destruction. Il en va de même de l'observation des animaux, qui se détruisent entre eux pour survivre et maintenir la diversité des espèces. Mais c'est précisément en situant bien les enfants devant les autres règnes de la nature, qu'on peut leur apprendre à la fois à respecter des lois fondamentales et communes du développement de la vie et à assumer ce qui peut être le propre des êtres humains. Où les animaux s'abandonnent à la cruauté et à la destruction des autres animaux, comment l'être humain s'y prendra-t-il pour tolérer, respecter, NÉGOCIER, avec celui ou celle qui est différent ou différente?

Pour faciliter cette démarche aux jeunes, c'est encore l'exemple des parents qui compte le plus. S'ils ont eux-mêmes été sensibilisés à cette dynamique relationnelle, ils y sensibiliseront leurs enfants. L'école a toute une pédagogie à créer en conséquence. Et quantité de moyens peuvent être mis en œuvre dans divers domaines, dont celui des jeux et des contes. C'est un bon exemple à considérer.

---

5. Le prochain chapitre est consacré à l'analyse de la culture guerrière.

Que de jeux centrés sur la guerre et la compétition abusive pourraient être remplacés, ou à tout le moins complétés, par des jeux favorisant chez les jeunes la formation de l'esprit au sens du relationnel, de la complémentarité et de la négociation. Que de jeux peuvent être mis au point avec la collaboration d'écologistes, de physiciens, de biologistes, et d'autres encore, pour amener les enfants à être conscients que le positif et le négatif produisent de l'énergie. Les merveilles de la reproduction et de l'éclatement cellulaire peuvent être reproduites aux mêmes fins, tout comme on l'a fait dans le cas des expéditions lunaires.

On pourrait également tirer de nouveaux avantages des jeux et des sports traditionnels de compétition, en excluant à l'occasion la dimension «gagnants/perdants», pour se concentrer sur les habiletés formatrices d'attitudes dont, au premier chef, par exemple, la capacité de construire un jeu en équipe. D'aucuns veulent faire disparaître de l'éducation les activités de compétition, sous prétexte que la compétition favorise l'individualisme et encourage la création de classes. Je crois que c'est mal poser le problème. La compétition est indispensable aux individus et à la société, pour apprendre à développer des habiletés et à en faire état dans une saine confrontation avec d'autres. Ce qui est malsain dans la compétition, telle qu'on la pratique en général, c'est de l'axer sur la victoire et la défaite, sur la rivalité de ceux qui deviennent des gagnants et des perdants[6].

La littérature et la production audiovisuelle pour enfants sont dominées par la culture guerrière, notamment les contes de fées et les films type «western». La juxtaposition de personnages tout bons et tout méchants, au-delà même des aspects fantastiques et des processus mécaniques qui règlent le développement de l'histoire, ne peut que contribuer à renforcer l'influence qu'ont déjà sur la personne la culture et les idéologies manichéennes qui partagent le monde entre bons et méchants, entre gagnants et perdants, entre ceux qui ont raison et ceux qui ont tort[7]. Les opinions sur ce

---

6. Si l'on ajoute à cela la commercialisation éhontée qui s'est emparée des sports professionnels et l'entraînement de vedettes que l'on transforme en chevaux de luxe, que des équipes riches peuvent acheter et revendre à loisir, il est évident que la compétition devient destructive et a-sociale.

7. Imaginons les effets sur les jeunes d'un personnage comme « la femme bionique » qui représente « le bon » qui gagne tout le temps. Elle gagne grâce à son pouvoir mécanique de robot, et non à des qualités humaines authentiques qui mettraient en jeu sa liberté et sa responsabilité !

sujet, comme sur l'image de violence en général, varient. Les uns y voient des occasions positives pour l'enfant de libérer son agressivité, de s'identifier au bon, de renforcer son imagination, de se rendre compte que des faibles et des petits peuvent à force de détermination vaincre les géants qui les oppriment, que l'amour... à la longue... est toujours récompensé[8]. Mais on peut également y voir l'injection, dans l'inconscient de l'enfant, d'une morale primitive et de la culture guerrière; l'obstacle et le malheur sont survalorisés comme occasions de s'affirmer, tandis que la vie simple et la maîtrise du quotidien auquel peuvent s'identifier la majorité des gens sont presque mis en veilleuse. Il en va de même de la dépendance du bon héros à l'endroit de forces magiques extérieures à lui-même, qui peut avoir pour effet de décourager la responsabilité et l'engagement personnel, au moment où l'on se rend compte que, dans la réalité, on ne peut pas compter sur de telles interventions extérieures et magiques.

Il faut amener les jeunes à découvrir que les vraies baguettes magiques peuvent être constituées de valeurs personnelles et sociales qui sont à leur portée. Là-dessus, il y a sans doute toute une littérature et une imagerie à réinventer, dans lesquelles la reproduction de la culture guerrière et de la société violente pourrait être confrontée à d'autres modèles de comportement humain, qui mettraient en valeur, par exemple, des réalités humaines qui font appel à la beauté, au partage, à la responsabilité, à l'utilisation créatrice des différences, à des démarches d'apprentissage facilitant la croissance personnelle et la vie en société.

Mais, par-dessus tout peut-être, c'est la vie en milieu familial qui est la plus propre à nous enraciner dans l'expérience réelle du

---

8. L'étude de Bruno Bettelheim, *Psychanalyse des contes de fées,* est un ouvrage de base à cet égard, mais les thèses freudiennes qui l'alimentent laissent de nombreuses questions en suspens, qu'il s'agisse, par exemple, de la transmission de la culture guerrière, ou encore, des stéréotypes sexistes sur lesquels sont basés les contes.

   Bettelheim, en analysant «La Belle au bois dormant», écrit: «Le baiser du prince rompt le charme du narcissisme et réveille une féminité qui, jusqu'alors, était restée embryonnaire. La vie ne peut continuer que si la jeune fille évolue vers son état de femme.» (p. 294) Il ne dit rien du fait que ce conte, comme tant d'autres, subordonne à son mariage avec le prince, l'accès de la jeune fille à sa maturité et à son état de femme. Elle devient femme par son alliance avec l'HOMME. Voilà le genre de stéréotypes transmis par les contes traditionnels. Il en va de même de la culture guerrière.

relationnel, parce qu'elle nous confronte au *défi de la relation quotidienne avec les êtres qui sont les plus proches de nous.*

Je veux insister sur ce défi, qu'on a tendance de plus en plus
à fuir et à sous-estimer, sous l'influence d'une civilisation de la facilité et du confort matériel. Cela atteint brutalement la famille et
le mariage. On ne mesure pas jusqu'à quel point notre capacité
d'atteindre une certaine authenticité dans l'expérience du social
et de l'altruisme dépend de ce défi d'apprentissage auquel nous
soumet la relation quotidienne avec nos proches.

*L'indispensable épreuve du respect de ses proches, pour éviter de vivre
de l'illusion du social*

Dans des discussions sur la solidarité humaine, l'amour, le
social, on cite fréquemment la définition de Saint-Exupéry : « S'aimer, ce n'est pas se regarder l'un l'autre, mais c'est regarder ensemble dans la même direction. » Considérons cette citation, qui est
extrêmement utile pour poser le problème de l'apprentissage du
social.

Le défi de l'amour, et de la maturation sociale, n'est-il pas en
bonne partie contraire à la définition de Saint-Exupéry ? Est-ce que
s'aimer ne suppose pas précisément qu'on puisse « se regarder l'un
l'autre ». Le défi le plus spécifique de l'amour, surtout entre deux
amoureux ou entre les membres d'une même famille, ne tient-il
pas à la capacité de se regarder l'un l'autre d'abord, *comme deux
individus aussi différents que ressemblants.* S'appuyant sur cette
capacité, on pourra ensuite regarder non seulement « dans la
même direction », mais dans « des » directions propres à la personnalité et aux intérêts de chacun et l'accepter, le partager. Au fond,
comment regarder ensemble dans la même direction, de façon la
plus authentique possible, si l'on ne s'est assuré d'abord du respect
mutuel de son autonomie et de son identité personnelle ?

L'amitié et la camaraderie humaine sur un plan universel —
c'est ce que vise la définition de Saint-Exupéry — peuvent jusqu'à
un certain point se soustraire aux exigences de la rencontre immédiate avec autrui, auxquelles nous forcent au contraire les relations
quotidiennes entre les membres d'une famille ou au sein d'un couple. Avec un ami, un camarade, s'il est vrai qu'on peut partager
immensément de soi et de la vie, il est tout de même facile de
choisir et de privilégier ce qui nous unit, ce qui fait qu'on peut regarder ensemble dans la même direction. Dans une famille, au sein
d'un couple, le quotidien et la durée de la relation imposent de
« tout prendre » en se regardant l'un l'autre, sans avoir ce privilège

de choisir surtout ce qui fait qu'on peut regarder ensemble dans la même direction.

Il est plus facile d'aimer l'humanité anonyme et lointaine que de maîtriser les relations que l'on entretient avec ses proches. Combattre pour le Viêt-nam ou les Noirs d'Afrique du Sud quand on est dans son salon bien protégé, au Québec, en France ou dans le Massachussetts, est plus aisé que de s'attaquer aux injustices qui sont toutes proches de nous et, en particulier, à celles dont nous pouvons être la cause nous-mêmes dans nos relations humaines quotidiennes.

Il est plus facile, plus sécurisant surtout, de « vivre d'une idée » qu'on se fait de l'être humain, que de « vivre avec » l'être humain. Il est plus facile d'être en contact avec l'homme de son laboratoire, de ses livres, de ses idéologies, qu'avec les êtres qui nous entourent. Les artistes, les créateurs, les intellectuels, les chercheurs, les personnes politiques, les leaders sociaux, nous sommes souvent placés dans des situations où il nous est difficile de résister à la tentation de vivre plus intensément des êtres et des systèmes que nous créons, que du contact avec nos proches[9]. Les religions deviennent l'ennemi du sacré, quand l'idéologie religieuse, le légalisme doctrinal et la bureaucratie prennent le pas sur le respect réel du « prochain ». « Hors de l'église point de salut », la maxime atteint tous ceux qui ont des croyances différentes de celles définies par toutes églises, ou par tel système de pensée, par tel parti. Au fond, on peut de multiples façons substituer au contact concret avec autrui des formes abstraites, idéales, idéologiques, systématiques, bureaucratiques de l'être humain. On peut être marxiste, catholique, libéral-capitaliste, jusqu'au bout des ongles, et passer tout à fait à côté des relations directes et engageantes avec autrui, qui sont la mesure de notre capacité concrète d'assumer le social. Il est à propos alors de dire : « il s'est *donné* à une idée, à un idéal » ! On peut en effet s'y donner au point de se perdre soi-même, et surtout, de perdre le contact et le partage avec autrui. L'engagement social apparemment le plus généreux peut demeurer une abstraction d'altruisme et s'accompagner dans les faits de situations où *finalement on ne vit qu'avec soi-même à travers une idée.*

« Prendre chair » de notre nature sociale suppose que la rencontre existentielle et égalitaire entre soi et autrui ne soit subordonnée

---

9. Incidemment, c'est en partie ce constat qui s'est imposé à moi dans mes recherches en matière d'étude comparée de la vie et de l'œuvre de nombreux créateurs et personnages de l'histoire, qui m'a amené à la psychologie, pour mieux comprendre de tels comportements.

ni sacrifiée à rien d'autre. À cet égard, les relations interpersonnel-les les plus directes nous obligent constamment à NÉGOCIER ce qui doit être partagé et à RECONNAÎTRE ce qui constitue l'autonomie et l'identité de chacun. Elles deviennent ainsi la charnière de notre individualité et de notre appartenance sociale. Elles sont la char-nière de cette charnière qu'est la famille où l'on apprend à se re-garder les uns les autres. C'est en nous soumettant quotidienne-ment à cet apprentissage, que la famille devient vraiment la cellu-le fondamentale du développement de l'humanité. Elle nous con-traint de n'échapper ni à nous-mêmes ni à autrui.

La fonction sociale du couple et de la relation hommes-femmes

Dans cette perspective, l'évolution des relations hommes-femmes peut être déterminante pour l'échec ou la réussite de l'ap-prentissage de la nature sociale de l'être humain. Car l'un des élé-ments les plus fondamentaux de la relation hommes-femmes est qu'*elle constitue en fait le premier «atome de vie sociale»*. ON L'A OUBLIÉ et on l'a en quelque sorte désintégré, en établissant progressivement une culture axée sur la séparation et le cloisonnement des rôles hommes-femmes. L'homme, s'attribuant le pouvoir social en dehors de la famille, se l'est également approprié dans la famille en créant dans la culture cette duperie monumentale, qui fait qu'on identifie le social au père, au mâle. On trouve cette duperie érigée en sys-tème dans la très grande majorité des livres sur l'éducation et la psychologie du développement de l'enfant.

On est allé plus loin encore dans le cloisonnement et la désin-tégration des rôles masculins et féminins, en liant culturellement l'enfance à la protection maternelle et l'adolescence à l'autorité sociale de l'homme. La mère est investie du matriarcat pour proté-ger l'enfance et le père se consacre chef de famille, exerçant l'au-torité sociale sur les plus vieux et sur la femme elle-même. Et le pouvoir social mâle voit à ce que cette division des rôles façonne l'avenir des enfants et oriente l'ensemble du fonctionnement de la société : les filles feront ceci, les garçons cela.

Évidemment, il s'est greffé sur cette rupture d'identification au père et à la mère tout un cortège de valeurs qui ont progressive-ment formé les stéréotypes qui définissent maintenant les rôles fé-minins et masculins. Ainsi, on en est venu, par exemple, à asso-cier à la femme-mère-éducatrice le refuge affectif, le dévouement à autrui, une chaleur humaine prolongeant la chaleur du sein maternel[10]. À l'homme-père-chef de famille, on a associé l'autorité,

_____
10. La maison familiale est la « maison-sein ».

167

la loi, la productivité matérielle et l'argent. Je n'insiste pas sur cet aspect qui sera repris dans l'étude des rôles hommes-femmes au cours de la quatrième partie du livre. Le point à retenir à ce stade, c'est la désintégration de la relation homme-femme et père-mère, comme premier atome de vie sociale.

L'effet le plus marquant et le plus négatif peut-être de cette désintégration est d'entraîner, aussi bien dans le façonnement des personnes que dans l'organisation des sociétés, une rupture entre famille et société, entre hommes et femmes, entre les valeurs associées d'un côté à la femme-mère-éducatrice et de l'autre à l'homme-père-chef de famille et représentant du social. Le schéma fort simple qui suit l'illustre, en montrant devant quel phénomène l'enfant se trouve placé par le cloisonnement traditionnel des rôles. Il photographie la rupture des valeurs et du social incarnée dans le vécu de ses parents à travers leur relation homme-femme, il l'assimile au point que sa personnalité s'en trouve structurée, et il reproduit ainsi les comportements de ses parents.

TABLEAU VII

LA STRUCTURATION DE LA PERSONNALITÉ PAR LES RÔLES

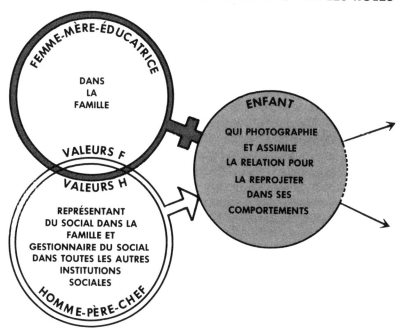

FEMME-MÈRE-ÉDUCATRICE

DANS
LA
FAMILLE

VALEURS F

VALEURS H

REPRÉSENTANT
DU SOCIAL DANS LA
FAMILLE ET
GESTIONNAIRE DU SOCIAL
DANS TOUTES LES AUTRES
INSTITUTIONS
SOCIALES

HOMME-PÈRE-CHEF

ENFANT

QUI PHOTOGRAPHIE
ET ASSIMILE
LA RELATION POUR
LA REPROJETER
DANS SES
COMPORTEMENTS

C'est ce schéma que la relation traditionnelle vécue par le couple dans la famille a imprimé dans la personnalité des enfants depuis des générations et des générations, sous des modèles plus ou moins diversifiés selon les sociétés et les époques. Ils ont appris, selon ce modèle psychosocial, à séparer l'homme et la femme en conséquence, à séparer les valeurs-stéréotypes associées à l'un et à l'autre, aé séparer la famille et la société[11]. C'est devenu une seconde nature pour la plupart des êtres: nous voyons les hommes et les femmes à travers ce modèle, qui est comme une ossature en nous.

Si l'on redécouvrait le couple comme premier atome ou premier embryon de vie sociale, c'est non seulement les relations hommes-femmes qui s'en trouveraient transformées, mais l'apprentissage de notre nature sociale. *Car on ne saurait isoler dans le couple la relation homme-femme de la relation sociale qu'il incarne entre deux « je ». Tout couple de parents incarne individuellement ce que le couple homme-femme incarne à l'origine et dans l'histoire de l'humanité. Il est le « il », l'être humain à la troisième personne.* Sa vigueur et son authenticité sociale dépendent de la qualité de la relation vécue par l'homme et la femme en tant que « je ». Est-ce qu'il y a égalité entre son père et sa mère ou rapport de dominant à dominé? Est-ce qu'il y a respect et culte de l'autonomie personnelle ou dépendance réciproque? La relation vécue par les parents apporte chaque jour des réponses existentielles à semblables questions. Ces réponses déterminent en conséquence la capacité du jeune à respecter ses proches, à avoir ou à ne pas avoir le sens des autres, selon ce qu'il photographie et assimile de la relation vécue par son père et sa mère. Là-dessus, d'autres facteurs qui témoignent de l'importance de cette fonction sociale du couple doivent être pris en considération.

Dans l'initiation au respect d'autrui, le fait que l'enfant et l'adolescent soient plus influencés par le vécu de leurs parents que par les messages qu'ils leur transmettent est un fait qui trouve une autre application ici. L'enfant et l'adolescent étant, de par les exigences normales de leur croissance, bien plus tournés vers leur

---

11. Il est certain que le rôle de la femme-mère-éducatrice s'est trouvé partiellement déterminé par le phénomène de la maternité. Mais on a amplifié le phénomène en le considérant comme un « état » de la femme plutôt que comme une « fonction ». Les hommes l'ont exploité en conséquence pour renforcer leur pouvoir social et exclure les femmes, de façon paternaliste, de la gestion collective, en les surprotégeant par « l'isolement » dans le « nid » familial.

moi que vers l'altruisme, l'altruisme vécu ou non par le couple est en quelque sorte injecté dans leur inconscient et devient une semence qui donnera tels ou tels fruits dans leur vie adulte. Mais l'altruisme des parents est aussi nécessaire pour faire contrepoids à l'égocentrisme farouche qui se manifeste chez tous les enfants, entre frères et sœurs et entre camarades. On sait que cet égocentrisme peut même prendre à certains moments les proportions de la cruauté. Nombre de parents, même s'ils voient le phénomène se répéter partout, ont de la difficulté à l'accepter et à le contrôler. Rien de plus normal pourtant et ce n'est pas le symptôme d'une « méchanceté » ou d'un « égoïsme » permanents chez l'être humain, mais la caractéristique d'une phase de croissance centrée sur le moi et qui a précisément besoin de parents qui soient eux-mêmes altruistes pour favoriser l'équilibre nécessaire à cette phase de croissance.

Un autre facteur qui explique l'importance de la fonction du couple tient au caractère « objectif » de la relation des parents qui est vécue « devant » le jeune, par opposition au caractère « subjectif » de la relation qu'il vit « avec » chacun de ses parents. Le jeune peut difficilement démêler, objectiver, ce qu'il vit avec ses parents individuellement, étant donné qu'il est lui-même partie de cette relation. Il peut au contraire objectiver la relation que vivent ses parents entre eux et qui se déroule devant lui, comme un film. À cet égard d'ailleurs, et contrairement aux objections que d'aucuns formulent contre les pressions que la famille nucléaire exercerait sur les enfants, le rôle du couple, dans la mesure où il représente une entité relationnelle et sociale authentique, est source de liberté pour les enfants. Les jeunes en effet peuvent en maintes circonstances se trouver plus à l'aise d'exiger une cohérence dans les rapports que vivent leurs parents comme couple, que dans ceux qui les impliquent eux-mêmes avec l'un ou l'autre des parents.

L'influence positive que la relation vécue par le couple peut donc exercer sur le jeune, tant sur le plan des relations hommes-femmes que comme atome de vie sociale, peut être illustrée dans le schéma qui suit. Il complète le schéma précédent, en situant la relation entre le père et la mère comme une relation entre un homme et une femme qui sont d'abord deux « je ». La qualité de cette relation, que le jeune photographie quotidiennement, est susceptible de l'aider à structurer à l'intérieur de lui-même sa relation entre son « je-moi » et son « je-toi », c'est-à-dire le je tourné vers lui-même et le je tourné vers autrui. Elle facilitera également sa croissance comme personnalité masculo-féminine ou fémino-masculine, conformément d'ailleurs au partage de ses hormones. Garçon ou fille, l'enfant ne se laissera pas déséquilibrer culturellement, en étant moulé par des valeurs «féminines» et «masculines» identifiées à la séparation traditionnelle des rôles hommes-femmes. De ce point de vue, il ne fait pas de doute que l'action éducative de couples libérés des stéréotypes et des rapports de dominants à dominés peut contribuer au développement de nouveaux types de personnes et de sociétés.

TABLEAU VIII

LA STRUCTURATION DE LA PERSONNALITÉ LIBÉRÉE DES RÔLES

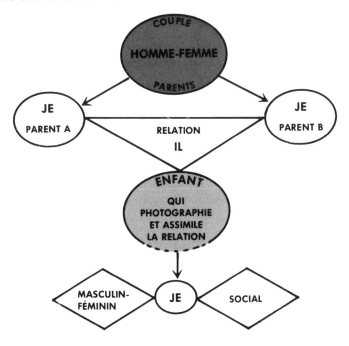

Une dernière remarque s'impose à propos de la fonction sociale du couple, surtout en raison des critiques négatives et souvent sans nuances que l'on multiplie sur le couple et sur la famille dite nucléaire. Quel que soit le type de famille et d'union que l'on envisage à travers la pluralité de modèles qui s'offrent à nous, le couple homme femme n'en demeure pas moins l'incarnation de la cellule de vie qui est à l'origine de cette humanité d'hommes et de femmes. Ce n'est pas parce que nous nous trouvons en face d'échecs culturels, qu'il nous faut renoncer à un meilleur équilibre dans la transmission de la vie par l'homme et la femme. Or, si l'on considère cet équilibre sur le plan des rapports entre l'individuel et le collectif, la fonction du couple présente des avantages qui n'ont peut-être pas été suffisamment pesés par ses détracteurs.

Considérant l'importance des modèles d'identification dont l'enfant a besoin pour conquérir son identité, sociale et personnelle, le couple me paraît une source d'identification privilégiée. Entre les modèles extrêmes que sont le parent unique ou les parents collectifs, le couple représente une bonne mesure d'identification sociale et personnelle[12]. D'un côté, l'identification à un parent unique risque de devenir exclusive, captatrice, à l'insu de l'adulte comme de l'enfant. On ne se rend pas compte en bien des cas que les risques d'aliénation, pour l'enfant surtout, sont au moins aussi grands dans le couple «psychologique» formé par un adulte et un enfant, que par le couple formé de deux adultes; ces risques sont d'autant plus grands que l'on cherche consciemment ou inconsciemment à faire habiter sa vie par un enfant, pour combler des carences sur le plan de relations vécues avec des adultes. D'un autre côté, la formule des parents collectifs où l'on se passe le relais pour s'occuper d'un enfant comporte le risque sérieux de ne pas offrir de modèle d'identification suffisamment individualisé. Car l'identification au social n'est pas l'identification à l'anonymat ni au grand tout; elle a besoin d'un visage pour ne pas être une illusion ou une abstraction. Ce visage, un couple peut l'incarner en présentant à l'enfant un modèle relationnel dynamisant. Ce n'est rien de facile. C'est un grand risque et un énorme défi. Il présente un avantage ambivalent, de nature à rendre aussi visible ses carences que ses ressources: la transparence d'une relation humaine. La transparence de l'épreuve qui consiste à accorder sa croissance à celle d'un autre. Vouloir échapper à cette épreuve, n'est-ce pas risquer de vivre dans l'illusion du social?

L'appui des familles sur des communautés d'identité territoriale restreinte

Une bonne partie des difficultés qu'éprouvent les couples et les familles à résoudre ou même à identifier certains de leurs problèmes provient de l'isolement social dans lequel ils vivent. C'est un isolement qui a souvent existé dans les milieux bourgeois, mais qui

---

12. Je ne porte pas de jugement en cela sur les situations vécues par les familles de type monoparental, par exemple, je réponds à la critique faite aux parents-couple.

s'est multiplié dans l'ère d'urbanisation et d'industrialisation. Il est aussi néfaste que la promiscuité qu'on a trouvé dans une foule de régimes familiaux et dans des clans. L'ingérence de la parenté est un phénomène fort bien connu! C'est pourquoi ici encore, il paraît sage de rechercher des formules de vie qui concilient une part de vie privée pour des parents et leurs enfants et une part de vie communautaire. Mais quel que soit le modèle de structure familiale que l'on privilégie, il y a un environnement territorial et social, qui doit être un support communautaire pour la famille en même temps qu'un foyer d'ouverture et respiration pour l'intimité qu'il lui faut protéger. Un support, c'est un support, ce n'est pas un conditionnement, ni un contrôle, ni un envahissement du public sur le privé. Nous retrouvons toujours la même problématique d'équilibre à rechercher entre l'individuel et le collectif, entre le privé et le public.

Pour donner ce support communautaire aux familles et briser l'isolement entre les familles et la société, il y a un moyen qui paraît privilégié entre tous, soit *la répartition des populations en unités communautaires et territoriales restreintes.* Il s'agit en somme de recréer dans les villes des regroupements humains qui aient la dimension de villages ou de paroisses. C'est une suggestion qui est reprise par plusieurs personnes sous différentes formes, aussi bien d'ailleurs pour l'amélioration des structures de participation des citoyens à la chose publique que pour l'humanisation des villes modernes. Un sociologue québécois, Garry Caldwell, qui l'applique comme moi au développement de la famille, définit ainsi ces regroupements, en les qualifiant de « milieux d'appui » pour la famille :

> «Ce milieu d'appui dont j'affirme la nécessité, qu'est-il? C'est la communauté immédiate dont la famille a besoin pour l'appuyer. Cette communauté existe lorsque les individus qui en font partie peuvent avoir des contacts interpersonnels qui ne sont pas purement instrumentaux mais dénotent un réel intérêt non rationnel des uns envers les autres. Dans cette communauté l'entraide physique et morale s'exerce spontanément sans se traduire nécessairement en échanges de valeur équivalente; les personnes peuvent se façonner une identité et une fierté en s'intégrant aux activités de la communauté; les enfants y sont valorisés et se sentent en sécurité à tout moment parce que tous se considèrent leurs protecteurs. Dans un tel milieu le fardeau qu'accompagne la mise au monde d'enfants est allégé du fait que les ressources du milieu sont largement à la disposition des parents et qu'un tel milieu valorise la paternité et la maternité.
>
> Pour que la communauté qui entoure immédiatement la famille constitue un milieu d'appui, trois conditions sont absolument essen-

tielles: base territoriale commune, une population de taille limitée et des institutions communes. [13]

Caldwell fixe à mille personnes la population de ces milieux d'appui. Ce pourrait être davantage, si l'on se fie justement à l'expérience des villages et des regroupements paroissiaux et si l'on tient compte des masses de population déjà existantes dans le grandes villes. J'ajoute une quatrième condition, soit l'implantation des lieux de rassemblement et d'information, où les citoyens puissent se retrouver pour discuter de ce qu'ils vivent, formuler des recommandations aux organismes de services et aux gouvernements, rencontrer leurs représentants, communiquer avec les professionnels qui doivent être « à leur service ». *Il s'agit donc autant de lieux de communication que de centres de démocratie.* Quant c'est possible, ils seraient intégrés à des centres de services professionnels et gouvernementaux, à des écoles, à des organismes à caractère social. Autrement, ils devraient être prévus dans un ensemble d'habitations, en étant partie, par exemple, d'un immeuble appartements et moyennant un coût de location minime défrayé par les gouvernements.

L'énergie que les groupes d'intérêt économique ont déployée ces dernières années pour multiplier les centres commerciaux en Amérique du Nord, pourquoi les gouvernements, en collaboration avec les citoyens, ne l'emploieraient-ils pas à multiplier des lieux de regroupement humain. En quelques années au Québec, nous sommes passés d'une « société de clochers » (Montréal, « la ville aux cent clochers ») à une « société de centres d'achats ». Il faudrait pouvoir souhaiter une mutation aussi rapide vers une « société de rencontre humaine », simplement.

Ces communautés d'appui peuvent être aux familles ce que celles-ci peuvent être aux individus et augmenter ainsi les chances d'affirmation personnelle et d'engagement social. Mais faut-il les voir surtout comme des unités d'enracinement communautaire, indispensables à l'identité personnelle et familiale. Nous ne pourrons certes pas espérer développer des populations humaines et des individus responsables dans les villes monstrueuses que nous multiplions. Il est temps de nous arrêter pour repenser nos projets de société. Car ce n'est pas seulement la famille qu'il faut resituer dans un environnement communautaire, c'est l'ensemble de la vie des citoyens qu'il faut repenser à des fins humaines. Le questionnaire

---

13. Extrait d'une communication de Garry Caldwell que l'on peut se procurer au Conseil des Affaires sociales et de la Famille du Québec.

sociologique qui constitue la dernière partie de ce livre vise ce double objectif, sur le strict plan de la réflexion que devraient partager le citoyen et la personne politique.

Le scandale des personnes âgées

Si de tels regroupements communautaires existaient, nous serions forcés de repenser nos politiques sociales et nos comportements à l'endroit des personnes âgées. L'un des symptômes les plus manifestes de la décrépitude de notre civilisation du point de vue du développement de la personne réside dans l'exclusion des personnes âgées du milieu familial et dans *la privation de leur droit d'être utile à la société*. Et le discours que l'on tient, autant chez les citoyens que de la part des technocrates et des personnes politiques qui favorisent le placement des personnes âgées en institutions, est révélateur d'une démission individuelle et collective devant la capacité de respecter ses proches. Là aussi nous vivons de l'illusion du social et nous renonçons à l'EFFORT que requiert la maîtrise des relations interpersonnelles entre les personnes du troisième âge et les autres. Pour la famille, l'échec est de taille, car autant les personnes âgées ont besoin d'un milieu familial normal, autant la famille a besoin de leur présence.

Les vieux sont à leur famille ce qu'un grand arbre est à une maison qu'il recouvre. Ils nous donnent des racines et une mémoire pour nous rappeler ce que c'est l'histoire d'une vie. Mais on dirait que la peur d'avoir des racines et la course à l'immédiateté et au court terme qui caractérisent notre époque nous amènent inconsciemment à repousser ce que représentent les personnes âgées Avoir un grand-père, une grand-mère, c'est pouvoir en quelque sorte se relier à des origines qui dépassent l'histoire d'un seul couple, d'une seule génération. *Les vieux nous permettent de nous approfondir dans le temps.* Quoi de plus nécessaire au moment où l'on donne l'impression de ne pas avoir de passé, de ne pas avoir de croissance verticale, tout en vivant dans un monde où la communication et le partage horizontal avec des gens du même âge n'est guère plus riche. C'est à se demander si, avec l'évacuation des personnes âgées de la famille, l'anathème jeté sur le mariage et la famille, et la prise en charge des personnes par des bureaucraties, les enfants suivant de plus en plus en cela les personnes âgées, nous ne sommes pas en train de *détruire toute parenté* entre les êtres humains... N'est-ce pas la famille humaine que nous menaçons ainsi ?

Où peut donc aller une civilisation où les jeunes et les vieux ne se rencontrent plus ?

Il est certain que le contact entre les jeunes et les vieux se heurte à des contradictions de toutes sortes, de mentalités, de styles de vie, de valeurs, de stéréotypes culturels qui affectent autant la «crise» du troisième âge que la «crise» de l'adolescence. Il est certain aussi que la présence de nos parents, quand on est soi-même devenu parent et qu'on a son autonomie de couple et de parents à protéger, entraîne de nombreuses difficultés. Être les enfants de nos parents, quand on est soi-même parent, est un rôle extrêmement complexe. Mais sommes-nous à ce point sous-développés sur le plan des relations humaines, que nous devions renoncer à assumer ces difficultés et à les dépasser? La solution doit-elle être unique et implacable: renoncer et placer, placer les personnes âgées, placer les enfants, fuir soi-même et laisser la famille à l'État? Et si encore nous nous donnions la peine d'examiner les difficultés et de remonter à leurs sources... Que de fois des enfants adultes se plaignent de comportements de dépendance ou d'harassement de la part de leurs vieux parents, alors qu'ils sont en bonne part une réaction de santé à l'isolement dont ces vieux sont victimes, aux échecs qu'ils doivent essuyer dans la solitude et l'abandon. Nous fabriquons socialement la crise du troisième âge comme nous fabriquons une grande part de la crise de l'adolescence.

Toutes les personnes que nous mettons au rancart, que nous envoyons au chômage psychologiquement ou socialement aussi bien que sur le plan économique, toutes les personnes dont nous refusons l'énergie, sont susceptibles d'avoir une réaction de santé en protestant d'une multitude de façons qui vont de la dépendance passive ou active au harcèlement d'autrui en passant par la maladie, l'agressivité, la dépression, la recherche des situations de conflit, l'exploitation des situations empoisonnantes et destructrices. Le besoin de vivre, de s'affirmer et d'être utile à la société ne se laisse ni bafouer ni mettre en chômage. Que ce besoin s'exprime dans la difficulté, dans la crise, dans la négation, rien de plus normal et de plus sain. À nous de corriger le malsain à sa source. Ce n'est évidemment pas le plus facile. Cela demande une interrogation collective.

Mais il y a plus facile et c'est à cette facilité que l'on a recours quand on drogue systématiquement les personnes âgées, comme on le fait dans ce qu'on appelle les centres «d'accueil» (anciennement des «hospices»), pour empêcher que les personnes âgées n'expriment trop de besoins et réagissent «mal» au placement... Quatorze pilules par jours ne sont pas de trop pour endormir leurs besoins...

La gérontologie nous est aussi nécessaire en ce moment que la psychologie de l'enfant et de l'adolescent pour nous renseigner sur les besoins de croissance des êtres humains et pour nous convaincre d'adapter nos sociétés à ces besoins. Mais entre les deux, il y a un immense vide, du point de vue de nos études sur la croissance et que tente de remplir tant bien que mal l'adulte arrivé, l'adulte au pouvoir — une minorité rare et de plus en plus sélectionnée. Elle va d'autant plus s'accrocher à son pouvoir «d'adulte instruit dans la force de l'âge» — c'est le syndrome de la puissance actuelle —, qu'elle est très consciente, qu'au rythme où vont les choses qu'elle contrôle, elle ira prendre place chez les citoyens inutiles qui atteignent prématurément l'âge de la retraite...

Drôle de famille!

Si je termine ce premier cycle sur la famille et sur les besoins de la personne en posant le problème du troisième âge, c'est qu'en définitive il nous renvoie à l'essentiel des questions que nous devons nous poser sur l'avenir conjoint de la famille et de notre civilisation. Il n'est pas moins dramatique que le problème du couple. Beaucoup l'ont dit, l'ont écrit. Mais l'un des messages les plus significatifs que je connaisse est celui d'Annie Leclerc dans *Parole de femme*. On y trouvera également l'espace qu'il faut pour aller dans ce livre vers le VOULOIR-AIMER.

> Et ces vieillards qui nous font horreur, et qui par ailleurs ne sont plus bons à rien (entendre, bons à produire, à participer aux dynamiques projets de l'homme), on ne peut plus que les chasser, loin, très loin, le plus loin possible; les cacher, les oublier. Les parquer tous ensemble, les exiler dans d'inaccessibles séjours. Ils ont tant besoin de compagnie, une fois qu'on les a abandonnés, et nous, de leur absence...
>
> Vous condamnez impérieusement le vieillard au malheur. Ne savez-vous pas que rien n'est plus facile à donner que la joie à un vieillard, que nul n'est plus apte, si ce n'est peut-être l'enfant, à accueillir la puissance que le vieillard? Donnez-leur des baisers, donnez-leur des enfants, donnez-leur des histoires, confiez-leur de petites tâches, demandez leur parole, mettez une main dans la leur, proposez-leur le rire, et vous verrez comme ils sont généreux à vivre, empressés à donner en retour, à aimer, à faire rire, à susciter la fête...
>
> J'aime délicieusement les vieillards, revenus de la vanité du désir, les vieillards offerts à la vie.
>
> Ils ne demandent plus grand-chose, les vieillards; ils demandent le meilleur.
>
> Ils demandent le pain, le lit, le soleil et les arbres, et ils demandent d'être parmi les autres, les adultes et les adolescents, les femmes et les hommes, les enfants et les bébés; tous les autres. Ils ne deman-

dent qu'à vivre, à vivre ensemble, à vivre avec. Ils ne demandent que la jouissance nue du vivre...

Le vieillard est bon à la communauté vivante. Il est bon à faire lentement ce qui ne peut se faire vite. Il est bon à aimer mieux que tout autre les enfants, à les faire rire, à les faire jouer, à les enchanter des rumeurs de vie passée et de temps lointains. Il est bon à transmettre la sève profonde de ce qui demeure, le poids des choses qui durent, le cycle des saisons, la chair intime des vies nouées à d'autres vies, le goût de la terre et des choses quotidiennes, l'odeur proche du bonheur.

Qui pense à dire qu'une société d'où les vieillards sont bannis n'est plus une société, une communauté vivante, mais une caserne, une usine, une prison, un enfer?

Je crois savoir à quel point nous manquons aux vieillards, mais je suis certaine que c'est à vous, à moi, et surtout aux enfants qu'ils manquent le plus.

Neuf fois sur dix, quand j'ouvre un livre sur une lointaine peuplade, j'y apprends que les vieillards sont là, au cœur de la communauté, taquinés et taquins, entourés d'enfants, chargés de précises tâches, j'apprends qu'ils sont là... Et je suis prise d'une nostalgie dont vous n'avez pas idée...

J'ouvre un livre sur la Chine, et j'y vois des photos de petits vieux tout plissés qui rigolent avec des enfants, et leur apprennent ces choses que seuls les vieux qui ont du réel loisir peuvent leur apprendre, s'habiller, tenir un crayon, parler, faire la vaisselle, ramasser des fruits... Je reste confondue, émerveillée... Et je n'ai pas besoin de lire le président Mao pour soudain me prendre à follement espérer que tout est peut-être encore possible.

Alors je me tourne du côté de ces petites communautés, rompant avec le mode de vie hideux du plus grand nombre, qui se sont créées et se créent toujours à travers le monde, et je demande: laquelle d'entre elles a accueilli, voulu, cherché les adultes déclinant autant que les verts jouvenceaux? Les vieillards autant que la pâte fraîche et modelable au gré de chacun des enfants?

Ça, des communautés? Mais où sont les vieux? Rejetés, exclus, vomis, comme ailleurs. Et pour l'enfant, une société mensongère sans vieillesse et sans mort. [14]

De l'amour de soi à la passion de l'autre

La fin de ce chapitre est aussi celle de la première partie. Le tableau qui suit, et qui est la deuxième version du tableau sur « les besoins de croissance de la personne », restitue le premier groupe de besoins que nous avons explorés dans les cinq premiers cha-

---

14. Annie Leclerc, *Parole de femme*, Paris, Grasset, 1974, p. 185 et sq.

TABLEAU IX

LES BESOINS DE CROISSANCE DE LA PERSONNE : 2

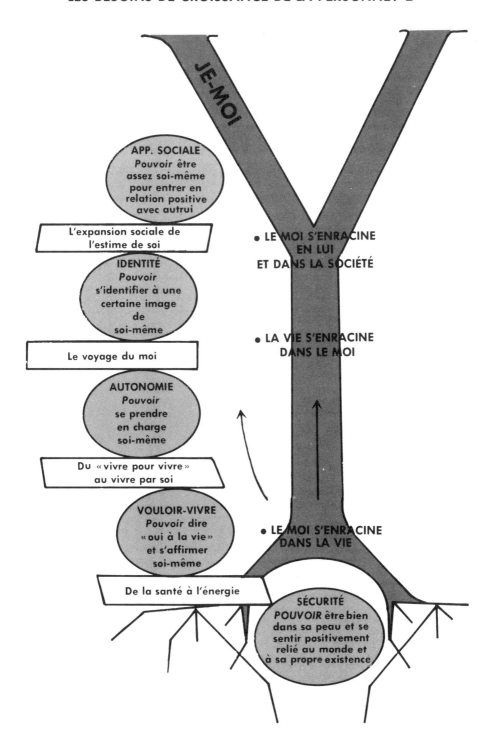

JE-MOI

APP. SOCIALE
Pouvoir être
assez soi-même
pour entrer en
relation positive
avec autrui

L'expansion sociale de
l'estime de soi

IDENTITÉ
Pouvoir
s'identifier à une
certaine image
de
soi-même

Le voyage du moi

AUTONOMIE
Pouvoir
se prendre
en charge
soi-même

Du « vivre pour vivre »
au vivre par soi

VOULOIR-VIVRE
Pouvoir dire
« oui à la vie »
et s'affirmer
soi-même

De la santé à l'énergie

SÉCURITÉ
POUVOIR être bien
dans sa peau et se
sentir positivement
relié au monde et
à sa propre existence

● LE MOI S'ENRACINE
EN LUI
ET DANS LA SOCIÉTÉ

● LA VIE S'ENRACINE
DANS LE MOI

● LE MOI S'ENRACINE
DANS LA VIE

pitres. Ainsi rattachés à un côté seulement de la structure de l'arbre-personne, ils font ressortir sur le plan symbolique ce qui sur le plan de notre croissance réelle ne représente bien qu'une partie de nous-mêmes et de nos motivations profondes. C'est cette partie que j'appelle le « je-moi », soit notre je en tant que tourné vers la possession de soi, vers la prise en charge de soi par soi. Lui correspond le « je-toi », soit notre je en tant que tourné vers la relation à autrui, à travers tous les besoins qui nous poussent à exister dans la complémentarité avec autrui. Ce sont ces besoins que nous tenterons d'apprivoiser dans la troisième partie, à travers « la passion de l'autre », et dans la deuxième, en nous arrêtant sur quelques aspects de la culture de l'amour[15].

« Si l'on pouvait se voir de l'intérieur » — pour reprendre une expression que certains de mes étudiants ont souvent utilisée pour formuler leur besoin de comprendre leur croissance —, on verrait sans doute des phénomènes qui montrent l'interaction de ces « je » en nous, leurs luttes, leurs repliements, leur amour au-dedans de nous. Ils mettent en jeu *notre nature sociale*. L'un et l'autre convergent, à travers une multitude de processus de maturation de notre organisme, vers le « je-il », qui est notre moi d'identification à tous les être humains, simplement parce qu'ils sont des êtres humains, parce que nous sommes de la même FAMILLE humaine.

« Processus de maturation », de la merveilleuse mais difficile croissance de l'être humain. Ne faut-il pas essayer de les lire et de les déchiffrer, ces processus, pour ne pas nous abîmer réciproquement, pour ne pas nous faire « pousser tout croche » comme on dit souvent pour évoquer les difficultés du milieu familial. Pour aller de soi aux autres et des autres à soi, les âges de la vie sont autant de phases de croissance. À chacune correspond de nouveaux apprentissages. La vieillesse n'est pas une fin, c'est un sommet, un carrefour, une somme. La somme de tous ces apprentissages qui vont du je au tu, du tu au il, aux nous, aux vous, aux ils. L'amour des autres n'est pas plus donné que l'amour de soi. Il est long le chemin qui nous mène des familles individuelles à l'enracinement dans la FAMILLE humaine. La perception que l'on a du social à trente ans est sans comparaison de l'expérience qu'on en a à cinquante ans. C'est comme le désir d'un être : aussi immense soit-il lorsqu'il naît, il peut devenir démesurément petit en regard de ce que l'on apprend de cet être à le fréquenter... comme un pays.

---

15. On trouve la version trois et quatre du même tableau à la fin de la troisième partie, p. 288 et 291.

Si l'on pouvait « chercher » à se voir de l'intérieur et prendre le temps qui rend l'autre important, parce qu'on le regarde, vraiment. La contemplation de l'être humain n'est pas réservée aux poètes et aux philosophes. À vivre ensemble dans une famille, dans un couple, n'apprend-t-on pas à lire tous les parcours de la vie à l'intérieur des êtres et autour d'eux ? Qu'est-ce que la connaissance même ? Je crois que ce que j'en sais de mieux, je l'apprends le matin en éveillant les enfants. En les massant doucement, mes yeux suivant mes mains sur leur corps, je reçois des choses qui tiennent d'une certaine lumière en même temps que du palpable. Il y a un langage qui passe et qui me parle d'eux, de moi, de nous. J'entre avec eux dans leur adolescence et ils me donnent envie de voyager.

L'amour dans la culture et la famille

2

CHAPITRE 6

LA CULTURE GUERRIÈRE
OU
L'AMOUR CONTRE LA VIE

L'amour-passion opposé au mariage — L'amour opposé à la vie et sans statut social — Il faut choisir entre l'amour du pouvoir et le pouvoir de l'amour — Le personnage type de la culture du pouvoir : l'homme-guerrier — Le conflit de l'homme-guerrier entre l'amour de désir et l'amour de satisfaction ; l'érotisme

Pour dire le passage de la culture guerrière à une culture de tendresse

Êtes-vous en amour[1] ?
— Non, je suis marié.

L'amour-passion opposé au mariage

La question posée dans cette citation et la réponse spontanée qui a suivi sont tirées d'entrevues faites dans la rue par des journalistes de la télévision un jour de Saint-Valentin. Trois personnes, mariées, sur quinze qui étaient interrogées, ont donné le même type de réponse à cette question « êtes-vous en amour ? ». En réalité, ces personnes étaient peut-être amoureuses de leurs conjoints, mais ce qui est significatif dans leur réponse est qu'ils aient exprimé cette donnée culturelle majeure, qui veut que des gens mariés ne soient pas perçus comme des amoureux au même titre que des célibataires, des fiancés ou des amants.

À cet exemple, combien d'autres peuvent s'ajouter, pour illustrer une différence marquante dans les démonstrations affectives et charnelles des gens mariés, par opposition à des fiancés ou à des amants. Pourquoi les fiancés et les conjoints en lune de miel qui se tiennent aujourd'hui l'un contre l'autre sur la banquette de la voiture, en viendront-ils si vite à se distancer et à s'asseoir chacun contre la portière, puis, avec les années, quand ils sortiront par couples, à se regrouper « les femmes en arrière, les hommes en avant » ? L'homme marié qui ne craint pas de démontrer son affection à sa femme en public et qui est surpris par des collègues de travail qui n'ont jamais rencontré sa femme est réputé avoir été vu en compagnie de sa maîtresse. Démontrez en présence de collègues et de camarades que vous vous aimez passionnément, alors que vous êtes des gens mariés, et vous aurez l'air étranges, insolites, originaux. S'il vous arrive en présence d'amis de vos enfants, par exemple, d'être sensuel avec votre conjoint, de vous tenir un langage amoureux, vous courrez le risque de passer auprès de vos voisins et dans votre quartier pour « des gens nouvelle vague ou des marginaux aux mœurs douteuses ». Un couple marié, classique, normalement, n'expose pas devant ses enfants une passion amoureuse. Je n'entends pas par là « faire l'amour » devant ses enfants, mais le fait d'exprimer cette passion charnellement, à travers des caresses aussi bien que par des mots et des attitudes affectives.

Or il n'y a pas là qu'un problème de démonstration de l'amour, de retenue ou de pudeur (morale pour plusieurs). C'est l'expression

---

1. « Être en amour » est une expression consacrée au Québec, pour dire que l'on est amoureux.

d'un système culturel où l'on a soigneusement opposé amour-passion et mariage. Ce n'est pas seulement le témoignage de l'amour-passion qui est redouté, c'est l'amour-passion lui-même, qui a été en quelque sorte évacué culturellement du mariage institutionnel[2].

En revanche, on a presque institutionnalisé la poursuite de l'amour-passion en dehors du mariage. Et je me dois d'ajouter: «pour les hommes surtout», puisque dans la majorité des cas — et c'est encore ainsi en dépit d'un certain changement — les hommes se sont permis des libertés et des évasions qu'ils ont refusées à leurs femmes et aux femmes en général[3]. D'où l'industrie développée par la civilisation mâle pour encourager la prostitution, les bordels, les danseuses nues qu'il faut avoir à portée de sa table, à côté de son bifteck, sans parler des autres formes d'exploitation de la femme dans ses fonctions d'«objet satisfacteur».

Cette opposition entre amour-passion et mariage est l'une des données majeures de notre culture. Elle a énormément influencé le vécu de l'amour dans les mariages et dans les familles. Elle dépend de nombreux facteurs, dont ceux que nous allons aborder dans ce chapitre en particulier. Mais il est évident que le principal de ces facteurs, c'est la division traditionnelle des rôles hommes-fem-

---

2. À l'expression consacrée «amour-passion», je préfère «la passion de l'amour», qui est susceptible d'évoquer tous les langages de l'amour sans toutefois restreindre la dimension passion. C'est d'ailleurs le sens que l'on donne à «passion» qui fait problème. Le cas ressemble à celui de «l'émotivité». On lui donne souvent le sens d'un emportement incontrôlé, aveugle, d'ailleurs relié dans notre culture à l'étymologie latine où «passio» vient de «patior» qui signifie à la fois «subir», «supporter», «souffrir». Ou encore l'emploie-t-on pour désigner des états privilégiés ou des tempéraments exceptionnels que l'on retrouve dans le monde de la création et de l'amour. En employant l'expression «la passion de l'amour», c'est le sens le plus positif et le plus «énergétique» que je veux faire ressortir, soit le «besoin d'être», le besoin d'éprouver la vie au maximum. Se «passionner» pour quelque chose ou pour quelqu'un, c'est «être mobilisé dans toute son énergie pour ce quelque chose ou ce quelqu'un». La passion de l'amour suppose ainsi qu'on laisse mobiliser son énergie par l'amour à travers tous les langages de l'amour et de l'être.

3. Il faut noter que ce comportement est loin de se retrouver seulement dans les mariages légaux et religieux. Il n'est pas moins répandu dans ce que l'on appelle les «unions de fait» ou dans les relations de couples amants-maîtresses.

mes entretenue par le pouvoir social mâle et la dissection des valeurs qui la caractérise.

On s'est donné un double système: un système «d'amour fonction» dans le mariage et un système «d'amour dynamique» (amour-passion) dans les à-côtés du mariage. Pour que ce système fonctionne, on s'est approprié en conséquence l'identité de la femme-personne, en fabriquant les femmes-rôles dont on avait besoin: les femmes-mères-éducatrices pour répondre aux conventions du mariage et de la famille, les femmes-passions-objets pour satisfaire les à-côtés du mariage. Le premier système est gardien des valeurs culturelles de stabilité, de conservation, de durée, de devoir, de principes moraux; le second est promoteur d'aventure, de désir, de défi et en particulier le défi qui consiste à rechercher l'obstacle et à vaincre l'interdit, en nous faisant vivre «énergétiquement sur la corde raide». Au fond, c'est le même système social qui d'un côté fabrique l'interdit et de l'autre la transgression de l'interdit. (Ce n'est pas sans liens avec la dualité bien connue en psychanalyse du «principe de réalité» et du «principe de plaisir».)

Nous sommes pétris de cette culture. Ces systèmes nous ont donné une seconde nature. Et il est fort révélateur de constater qu'au moment où, par exemple, l'on pense que les choses changent rapidement en ce domaine, les jeunes ont des comportements stéréotypés qui expriment cette seconde nature. Voici pour en témoigner l'extrait d'un rapport d'enquête menée auprès de jeunes québécois de 16 à 18 ans étudiant dans des collèges de la région de Montréal. Il montre que les garçons continuent de rechercher deux types de filles correspondant aux femmes-rôles et à l'opposition culturelle entre l'amour-passion et le mariage: «celles pour s'amuser et celles qu'on peut respecter».

«Les garçons sont spéciaux. Leur conduite contredit leur philosophie. L'intégration de l'amour affectif et de l'amour physique se fait plutôt mal que bien. Je me rappelle une conversation entre trois garçons pour qui «L'amour physique détériore l'amour sentimental»!

«On a de la difficulté à faire les deux avec la même fille, précise Serge. Quand on essaie de l'aimer physiquement, ça gâche tout.»

Et Bernard, un grand garçon que les filles trouvent de leur goût: «Quand tu aimes une fille, tu la touches pas, car c'est un geste de plaisir, pas d'amour...»

On se croirait il y a cinquante ans! Claude, qui m'a semblé le plus expérimenté des trois, m'a même raconté qu'il ne touchait pas son amie et qu'il allait «se satisfaire avec une autre».

La responsable de l'enquête, Nicole Saint-Jean, explique cette attitude: «La plupart n'ont jamais eu de modèle de tendresse. Ils ont toujours vu la sexualité séparée du reste de la vie. Et le corps séparé des sentiments.

Ils rêvent d'un illusoire amour désincarné que le corps «ne salirait pas». Le droit au plaisir qu'ils s'accordent, les garçons le refusent généralement aux filles. Les garçons, constate encore Nicole Saint-Jean, refusent aux filles le droit à une vie sexuelle. Pour se valoriser, une fille doit dire non longtemps. Si elle dit oui tout de suite, pensent-ils, elle doit dire oui à d'autres. Et ces filles qui disent oui à tout le monde, ils les méprisent. »

Norbert, lui, est un don juan de banlieue, un peu ingénu: «Il y a deux sortes de filles. Celles pour s'amuser et celles qu'on peut respecter. Ça m'arrive alors de chanter une romance à une fille juste pour coucher avec. »

Les filles savent que les garçons méprisent celles d'entre elles qui ont la réputation d'être faciles, et qu'ils les rejettent. Après usage, bien sûr. La nouvelle liberté sexuelle est un progrès, mais pas pour elles. «Faire ou ne pas faire» se réduit souvent à «se faire avoir». Cela les révolte dans leur élan physique et les bloque.

Francine, grande blonde rêveuse: «J'ai peur des gars. Ils me dégoûtent. Ils essaient par tous les moyens de t'avoir juste pour dire: je l'ai eue. Il y a des soirs, avec Norbert, ça me tentait, mais je savais qu'une fois qu'il m'aurait eue, ce serait fini. Des affaires d'un soir, j'en veux pas... »

Monique, douce étudiante modèle, s'est «fait avoir», au grand étonnement de ses copines: «Je m'étais dit que je ne me laisserais pas avoir. Mais le gars m'a quitté après une fois. La prochaine fois, il faudra que je sois sûre que ça va durer... »

À cette crainte de se «faire avoir» se joignent les interdits sociaux traditionnels: Plus un gars a de filles, mieux c'est, mais: une réputation de fille, ça se perd vite. La contrainte est d'autant plus étouffante qu'on habite une petite ville ou un village[4]. »

«On se croirait il y a cinquante ans», dira-t-on, ou au siècle dernier et plus loin encore. L'analyse de bien d'autres enquêtes, y compris les plus grandes enquêtes menées aux États-Unis ces der-

---

4. Enquête menée en 1977 par Nicole Saint-Jean, psychologue, pour le Bureau de consultation-jeunesse, auprès de jeunes de 16 à 18 ans de collèges de la région de Montréal.

189

nières années sur les comportements sexuels, le montre également. Je me souviens qu'il y a vingt ans, alors que je commençais à réfléchir sur ces questions, j'étais frappé de stupéfaction en constatant que de bons prêtres, « directeurs de conscience » et confesseurs, s'entendaient à l'amiable avec de bons pères de familles et de bons époux, pour qu'ils aillent satisfaire leurs besoins les plus aigus en matière d'amour passion et de libération sexuelle dans des bordels ou dans quelques petites aventures secrètes, mais en évitant de se laisser aller à tout avec leurs épouses et de « salir ainsi la mère de leurs enfants ». Car tel est le double système dans la mécanique culturelle: le plaisir d'un côté, le devoir de l'autre ; la fécondité et la procréation opposées à l'amour du couple et à la passion ; le corps séparé de la vie de l'esprit, la sexualité réduite à la génitalité et coupée de la sensualité aussi bien que de la spiritualité ; la sublimation vers la mère et le défoulement avec la femme-objet ; le désir et l'emportement avec une femme-passion dans une aventure passagère ou socialement interdite, d'une part, la passivité et la stabilité routinière dans le mariage où la raison et l'exemple des bonnes mœurs doivent contrôler et contenir l'amour passion, d'autre part.

Séparation, cloisonnement, dissection, rupture. Par les rôles, par les valeurs qu'on y associe, par le sentiment et la raison, par une sexualité complètement désintégrée de l'ensemble des modes d'expression et de communication de la personne. Voilà les traits dominants et dominateurs de cette culture. De génération en génération on se transmet la vie par morceaux. Notre biologie est soumise à cette culture de dissection de la vie. Nous en sommes atteints dans notre personne. On devient des êtres en morceaux, qui s'opposent, qui se confrontent, qui se dissèquent.

Nous naissons au souffle de cette culture de sectionnement qui nous brise de l'intérieur et c'est par morceaux que nous vivons nos premières relations humaines engageantes. Par morceaux de tabous, par morceaux d'interdits, par morceaux de culpabilité, par morceaux de peur — PEUR DE LA FEMME chez l'homme et PEUR DE L'HOMME chez la femme —, par morceaux de libération, par morceaux d'évasion, par morceaux d'abandon... presque toujours sectionnés eux-mêmes en morceaux de tension... Il faut entendre pour voir. Il faut entendre les jeunes parler de leurs premières relations amoureuses et de leurs premières expériences sexuelles. L'extrait que je viens de citer n'en est qu'un pâle reflet. Les entretiens thérapeutiques et les communications non verbales aussi bien que verbales dans des groupes de croissance illustrent constamment ce phénomène.

190

C'est ce phénomène que je veux mettre en relief dans ce chapitre, pour évoquer à partir de faits culturels la difficulté d'aimer, sur un plan tout à fait existentiel. Je ne me situe pas sur un plan théorique ou moral où il serait question de définir l'amour en vertu de tels ou tels principes.

C'est d'ailleurs sur ce plan existentiel que le commun des gens se rejoignent, sans savoir théorique ou moral, pour manifester qu'ils éprouvent de l'amour *quand ils ressentent qu'ils vivent ou qu'ils font vivre à partir d'une relation à quelqu'un ou à quelque chose qui les satisfait profondément*, comme un métier, par exemple. L'amour ainsi exprimé se présente comme une jonction qui se ferait entre notre vouloir-vivre et le vouloir-aimer. Pour reprendre l'image utilisée dans la description de la sécurité au premier chapitre de ce livre, on pourrait dire aussi qu'il y a expérience de l'amour quand il y a «arrimage» entre son vouloir-vivre à soi et celui d'autrui. C'est pourquoi j'aime bien penser que le premier amour, c'est l'amour de la vie. Il est difficile d'aimer ce qui ne nous fait pas vivre par en dedans, ce qui ne nous fait pas ressentir une certaine énergie, pour reprendre les termes et les images de croissance utilisés dans les chapitres sur les besoins du moi. Dans un groupe un jour, une femme a exprimé tout cela par le commentaire suivant: «Si je pouvais ressentir avec beaucoup d'adultes ce que j'ai ressenti avec mes enfants quand ils étaient jeunes, ou ce que mon père ressentait quand il avait fait un beau meuble, je serais toujours en amour.»

Or, où il nous faudrait trouver des points de jonction entre notre vouloir-vivre et notre vouloir-aimer, nous trouvons le plus souvent des occasions de rupture que cette culture de dissection multiplie. Au lieu de trouver des ponts pour nous réaliser intérieurement et socialement, nous trouvons des fossés. À l'opposition amour-passion et mariage, s'ajoute un autre fossé vers lequel souvent la majeure partie de nos vies est dirigée: c'est que l'amour est constamment opposé à la vie et qu'il est dans statut social. Cela s'enracine dans de nombreux faits sociaux et culturels.

L'amour opposé à la vie et sans statut social

Pour beaucoup de gens l'amour est associé au rêve, à l'idéal, à l'évasion, à l'inaccessible et, par conséquent, à ce qui n'arrive que dans des moments privilégiés. Ils en viennent même à s'imaginer que l'amour n'existe pas pour eux, c'est-à-dire précisément, l'amour en ce qu'il a de plus dynamisant et que l'on n'hésiterait pas à qualifier d'amour-passion, si l'amour-passion n'était pas culturellement catalogué et associé au sexuel et à l'interdit. La seule association entre passion et amour a été traditionnellement identifiée par des religions et des morales comme quelque chose de coupable ou de réservé à des «âmes d'élite»[5]. Le bon peuple, lui, est conditionné par les religions à demander peu de la vie et de l'amour et à en attendre peu dans ce «bas monde». Le droit des masses, c'est leur devoir et ce devoir signifie le plus souvent «résignation», «sacrifice» et «obéissance». Et c'est ainsi qu'on a fabriqué culturellement une opposition entre le rêve d'amours dynamisants et passionnés et le subi des devoirs de l'amour présenté dans le quotidien comme une obligation morale. Il est intéressant à cet égard d'ouvrir un bon dictionnaire au mot «amour». Prenez, par exemple, le *Robert* dans la culture française et vous verrez par la présentation des différents sens que l'on donne à l'amour une dégradation qui va de l'amour défini d'abord comme une «disposition à vouloir le bien d'un autre que soi (Dieu, le prochain, l'humanité, la patrie) et à se dévouer pour lui», à des définitions qui à l'autre extrême touchent dans un langage péjoratif «l'instinct sexuel», la «passion», les «caprices», «l'aventure», les «passades»; entre ces extrêmes vous trouverez l'«affection entre les membres d'une famille». Cet inventaire du dictionnaire en dit long sur des distinctions qui sont évidemment appropriées à certains égards, mais qui, aussi, expriment des catégories culturelles arbitraires en vertu desquelles on a cloisonné les comportements et vécu l'amour par morceaux. Aussi m'est-il arrivé souvent de me faire dire, à peu près toujours dans les mêmes termes, que j'exagérais quand je dis que je suis «passionnément amoureux» de mes enfants. Même si l'on comprend ce que je veux dire, on est choqué de me voir utiliser une expression que l'on n'a pas l'habitude d'utiliser à propos des relations familiales. Quelqu'un m'a même dit un jour dans un groupe qu'en utilisant cette expression je tenais un langage «incestueux»...[6]

---

5. L'étude de la littérature mystique catholique est extrêmement révélatrice là-dessus, en particulier sur ce plan de l'élitisme des âmes fortes et privilégiées. N'est pas choisi qui veut!

6. Le lecteur qui s'intéresse à la psychologie ne peut ignorer, pour éclairer le problème des rapports entre sexualité, passion et amour, le fameux débat sur la vision de Freud et celle de Jung à propos de la libido. Il y trouvera également de nombreux éléments qui l'aideront à situer, même si l'opération est plus technique, l'insistance que je mets à décrire le développement des besoins dans une perspective «énergétique».
   Freud décrit en effet la libido comme la force énergétique qui comprend l'ensemble des tendances profondes de l'être humain et qui se résument dans le mot «amour». Bien que Freud exprime claire-

Au fond, notre vouloir-aimer, comme notre vouloir-vivre, on nous a appris à le retenir dans ce qu'il a de plus dynamique ou de plus passionnel et à le réserver pour les grandes circonstances et quelques grands moments de la vie souvent déterminés par les conventions sociales et le calendrier: naissances, coups de foudre amoureux, fiançailles, mariages, lunes de miel, fêtes collectives et quelquefois les anniversaires d'individus, décès, événements malheureux exigeant manifestement de la compassion, et grandes catastrophes. Mais trop parler d'amour et de passion dans le quotidien et dans n'importe quel milieu de vie serait exagéré! «Ce serait trop demander à la vie», comme on dit souvent. On le recherchera plutôt dans la vie des grands personnages historiques, chez les héros de romans et de films. Dans sa propre vie et dans le milieu familial même, on n'osera pas trop parler d'amour, même si nombre de gestes que l'on pose sont des gestes d'amour, à commencer par l'énergie que l'on déploie quotidiennement pour vivre ensemble dans une famille, pour rechercher les occasions de faire plaisir à ceux qui nous entourent et tenir compte de leurs besoins. Le temps n'est pas si loin d'ailleurs où l'on a habitué les hommes et les femmes à faire des mariages d'affaires, de conventions, de convenances, de raison et de devoir. Il n'était pas nécessaire d'aimer son par-

---

ment dans son œuvre que cela comprend toutes les variétés de l'amour (amour sexuel, amour de soi, amour familial, amour des êtres humains en général, amitié), il n'en insiste pas moins sur la dimension sexuelle qu'il définit d'ailleurs comme le «noyau» de la libido ou de cette force énergétique qu'on appelle communément l'amour. Cela a contribué à qualifier l'approche freudienne de «pansexualisme», de son vivant comme après sa mort.

Chez Jung au contraire il est clair que la libido est vue comme une force énergétique «plus neutre» si je puis dire et qui s'exprime par l'ensemble de nos tendances (besoin de manger, besoin de sexualité, besoin de s'affirmer, besoin d'aimer sous toutes ses formes, etc.), sans considérer que la sexualité est le noyau de cet ensemble.

Quand on sait l'importance qu'a prise l'influence de Freud par rapport à Jung depuis, inutile de préciser les conséquences que cela représente dans la manière dont on envisage les rapports entre la sexualité et les autres modes d'expression et de communication de la personne, en psychologie et en psychanalyse.

Ai-je besoin de préciser enfin que je me rattache davantage à la pensée de Jung... Et c'est pourquoi je m'attache à situer l'ensemble de nos besoins de croissance comme ensemble exprimant notre énergie.

tenaire et souvent même il n'était pas permis aux individus de choisir eux-mêmes leur futur conjoint. Même la procréation et l'éducation des enfants ont été considérés comme des fonctions de reproduction de l'espèce et de dressage des futurs citoyens, dans lesquels l'amour entre les personnes pouvait n'occuper que trop peu de place. Entre l'amour et le devoir, entre l'amour et l'autorité, entre l'amour et la raison, entre l'amour et la loi, on a mis plus de fossés que de ponts et la culture mâle a enseigné à choisir le devoir, l'autorité, la raison et la loi[7].

Je crois qu'il y a ici un problème spécifique de gestion sociale mâle et qu'il faut le considérer comme tel.

La gestion mâle des sociétés, les stéréotypes sexistes qui ont eu pour effet d'entraîner un sous-développement des valeurs affectives et personnalistes dans l'éducation des hommes, la survalorisation du travail et d'autres activités au détriment des responsabilités de l'homme dans la famille sont autant de facteurs qui, agissant ensemble, font que la culture mâle mésestime le rôle de l'amour dans la vie courante. On le réduit à l'état de «sentiment» en le reléguant en conséquence aux affaires très intimes ou à l'extrême aux grandes causes universelles. On ne lui donne pas droit de cité dans la gestion courante des sociétés. L'amour est considéré seulement comme un sentiment (à sortir de soi — comme on sort un mouchoir de sa poche — en certaines circonstances), et non comme un moyen de développement et de stimulation de l'ensemble de l'activité humaine. On est gêné de présenter l'amour comme motivation des comportements humains et comme source d'inspiration dans nos recherches d'harmonie collective. Les choses se passent le plus souvent en milieux de gérance mâle, comme si on devait laisser le besoin d'aimer et d'être aimé à la porte des écoles, des milieux de services sociaux, des hôpitaux, bref des grands services collectifs et institutionnels. On pourra se laisser aller, en de rares occasions, à parler de «concertation», de «consensus», de «respect de la personne», de «bien commun», mais il ne faudrait pas oser parler d'amour, d'amour des êtres humains qui forment des clientèles de services, de l'amour des jeunes, de l'amour des travailleurs, de l'amour du service aux malades, de l'amour entre les générations. Il y a à cet égard une différence marquée dans l'approche des femmes et des hommes aux problèmes humains. J'ai été à même de le cons-

---

7. Définition succincte de la culture mâle : la culture dominée par le pouvoir social masculin et s'exprimant à travers des œuvres masculines reflétant ce pouvoir.

tater des dizaines de fois dans des groupes et des commissions s'occupant des besoins et des droits des personnes. Il y a des exceptions et cela change un peu, mais on dirait que chez les hommes on est plus à l'aise en manipulant des dossiers qu'en s'occupant des personnes. Un beau cas de jeune en difficulté qu'on a classé dans la catégorie très précise (!) de « socio-affectif », c'est magnifique sur le papier, ça se compare, ça s'échantillonne, ça permet de constituer des « grilles » de cas. Et c'est rapide! S'intéresser plus directement aux personnes, s'évaluer entre professionnels pour considérer les dimensions humaines des services, c'est plus long, c'est plus complexe, et que de fois j'ai vu des femmes se le faire reprocher « parce que leurs discussions de femmes retardaient la machine »...

Dans la famille, je crois que l'un des facteurs importants d'isolement entre les hommes et les femmes sur le plan des attitudes et par conséquent des conduites vient de ce qu'un grand nombre d'hommes n'accordent pas le même prix à l'amour et aux relations entre les personnes. Cela se traduit de toutes sortes de façons, mais un cas type est celui de « la maladie du travail ». C'est une véritable maladie puisque de plus en plus d'hommes en meurent prématurément, dans la cinquantaine souvent, sur le champ de bataille de leurs affaires professionnelles et sociales, sans avoir pris « le temps de vivre » « avec » leurs proches: femme, enfants, amis. Ils sont morts au champ d'honneur de la gestion sociale mâle. Ce qu'il faut bien voir dans ce phénomène, c'est qu'il est un choix. On pourrait tout à fait fonctionner autrement et la société ne s'en porterait que mieux.

Ce phénomène n'est pas propre à une classe sociale en particulier, même si je l'ai observé de plus près chez des technocrates, des professionnels, des gens d'affaires. On le retrouve chez des policiers — pourtant souvent sujets à de l'hypertension —, chez des enseignants, chez des techniciens, qui arrivent à occuper deux emplois presque à plein temps (sans que cela soit une nécessité économique). Il domine également dans les milieux dits ouvriers, où les occasions de se passionner pour un travail sont par ailleurs extrêmement réduites. Le temps passé dans la famille n'y a pas augmenté, en dépit de la réduction des horaires de travail d'environ vingt heures-semaine au cours des vingt dernières années, pour plusieurs sociétés industrialisées[8].

_____

8. Les données dont nous disposons pour évaluer des moyennes du temps consacré par des pères à leurs enfants ne sont pas réjouissantes. Aux États-Unis, l'un de ceux qui a étudié cette question le plus sérieusement à l'intérieur du partage des tâches entre les hom-

Derrière cet ordre de choses il y a un *leadership* social et politique assumé par des hommes qui sont eux-mêmes coupés des réalités concrètes du vécu familial et qui dans la gestion des milieux de travail font tout pour escamoter les problèmes de relations humaines. En d'autres termes, comment des hommes qui pour exercer le pouvoir politique et social se coupent des lieux et des occasions les plus concrets de développement de la personne, notamment en confiant l'éducation des enfants aux femmes, comment ces hommes peuvent-ils mettre en œuvre des politiques sociales qui vont tenir compte des besoins des personnes? Heureusement, il se trouve de plus en plus d'hommes qui découvrent eux-mêmes l'aberration du système en exerçant leurs responsabilités de pères. Ils se rendent compte, par exemple, jusqu'à quel point les milieux de travail et les grands agents de l'économie ignorent systématiquement le monde de la famille. Ils sont amenés à subir la même discrimination que les femmes qui veulent à la fois travailler à l'extérieur du foyer et s'occuper de leurs enfants. Ils vivent la rupture entre deux mondes, sans commune mesure, l'un où il faut produire, systématiser, gérer, rentabiliser, dans l'anonymat, l'autre où des personnes pourraient prendre le temps de vivre ensemble. Le temps d'ÊTRE AVEC. Le temps du partage, qui ne peut pas être vécu en même temps, que le temps du pouvoir.

Il faut choisir entre l'amour du pouvoir et le pouvoir de l'amour...

La formule est aussi facile que la chose est difficile. Je crois profondément que le problème numéro un de la culture mâle est d'être une culture de pouvoir.

Je crois que je n'ai qu'une certitude sur la vie, une seule : c'est que le monde ne pourrait plus être le même si les hommes renonçaient au pouvoir et ils y renonceraient s'ils prenaient enfin le temps de partager leur vie avec des enfants.

---

mes et les femmes, le sociologue Joseph Pleck, en arrive à la moyenne fort élevée, si on la compare à d'autres, de 12 minutes par jour. Voir l'ouvrage de Pleck cité dans la bibliographie.

9. La difficulté de se faire accepter dans un milieu de travail lorsqu'on est un père qui s'occupe «normalement» de son enfant est l'un des éléments majeurs d'un film qui a fait courir les foules récemment, *Kramer vs Kramer*. On en a beaucoup parlé parce que le héros du film est un homme, pourtant les femmes qui sont sur le marché du travail vivent constamment ce problème de rejet de la famille par le monde fermé du travail.

Je crois qu'on ne peut pas être au pouvoir (de domination) quand on a choisi de prendre le temps d'ÊTRE AVEC des personnes, surtout avec des enfants. C'est à la vie, c'est à l'amour, c'est au POSSIBLE humain qui est l'antithèse du pouvoir, que les enfants nous rendent. Les enfants nous gardent dans le monde de la personne et quand on fait le choix d'entrer dans ce monde et d'en vivre, c'est la tendresse qui nous gagne, c'est l'infinitude qui nous enveloppe, c'est l'être qui nous séduit et non plus l'avoir. Oh, bien sûr, on rétorquera à ceci que la famille, et surtout la famille nucléaire, n'a fait que cela, nous isoler et nous pressurer entre personnes. Mais dans quel contexte, si ce n'est le contexte du pouvoir et dans ce qu'il a de plus pernicieux et de plus destructeur, qui peut se manifester sous les formes les plus subtiles de domination affective et mentale comme sous les plus grossières de violence physique: le pouvoir de se servir des autres pour s'affirmer soi-même. Pour être seul avec soi-même, même si l'on est physiquement au milieu des autres. Il y a là une ivresse qui a toujours fait le raffinement et la grossièreté des dictateurs. Elle est *une sorte de détournement de fonds* du partage au profit du pouvoir, de l'être-avec-l'autre au profit de l'être avec soi. *Elle est le triomphe de l'énergie concentrée et retournée sur soi.* Elle ne passe plus par l'autre. *Elle est symboliquement la fission de l'atome social, du noyau social, et sa désintégration dans le moi fou qui ne peut qu'éclater en lui-même.*

Je crois qu'il n'y a que la puissance des enfants pour arrêter cette folie.

On ne dira jamais assez la folie du pouvoir.

On ne dira jamais assez jusqu'à quel point l'exercice du pouvoir peut comporter une telle séduction, une telle ivresse, une telle drogue, que celui ou celle qui en est atteint y trouve un emportement qui lui fait balayer sur son chemin ce qui ne sert pas son pouvoir. Pour se maintenir au pouvoir, on sera prêt à tout, à tout compromis utile au pouvoir, même si ces compromis devaient détruire les personnes et les convictions auxquelles on a cru le plus. Être au pouvoir, c'est ne plus avoir ni parents ni amis. C'est être seul dans sa griserie, emporté par une énergie sans visage et sans couleur et sans forme, indistincte du point de vue des valeurs, là où la gauche et la droite se confondent, où le beau et le laid se confondent, où l'humain et l'inhumain se confondent, où la souffrance que l'on cause et le plaisir qu'on en retire se confondent, où la vie et la mort se confondent[10]. C'est le déchaînement du

10. Il est notoire que les dictateurs les plus horribles s'entourent de beau et cultivent l'art et la philosophie au milieu du mépris le plus total de la vie humaine.

vivre pour vivre — qui peut se produire davantage encore dans la lutte avec la mort qu'avec la vie —, où l'on ne reconnaît plus le visage de L'AUTRE.

La séduction du pouvoir pour le pouvoir devient une créature en soi, qui fait tout disparaître autour de soi, qui nivelle tout, qui ne distingue plus les contenus humains: idées, sentiments, valeurs, personnes.

Est-ce cette créature sans visage qui a pris la place de la femme, de l'enfant, dans le monde du pouvoir mâle?

L'exercice du pouvoir pour le pouvoir est une gigantesque force d'abstraction qui abstrait littéralement la vie et la réalité des êtres.

On dénonce souvent le goût effréné de l'argent comme le mal par excellence. Or il n'est qu'un moyen, équivalent à bien d'autres, pour avoir plus de pouvoir. On peut être capitaliste de bien des façons quand « on se sert des êtres humains comme d'un capital » pour exercer toutes sortes de pouvoirs: pouvoirs idéologiques, pouvoirs bureaucratiques, pouvoirs liés à des situations d'autorité, pouvoirs dans les relations humaines, pouvoirs dans les comportements sexuels, etc. Et, bien sûr, il y a des degrés dans l'exercice du pouvoir pour le pouvoir. Entre le dictateur chronique et le patron ou le parent ou le conjoint tyrannique, il y a d'énormes variantes, mais elles ont en commun l'exercice du pouvoir.

Le personnage type de la culture du pouvoir: l'homme-guerrier

Il y a un personnage type qui incarne et anime cette culture de pouvoir: c'est l'homme-guerrier. Il n'a ni femme ni enfant. Il a épousé le pouvoir. C'est à lui que l'on doit toutes ces ruptures, entre l'amour-passion et le mariage, entre l'amour et la vie, et que d'autres encore. Il vient du plus profond de l'histoire et il a gardé son emprise sur la civilisation à toutes les époques, de l'Orient à l'Occident.

La vie, les personnes, les relations humaines, l'amour même, ne l'intéressent pas tellement en soi mais dans la mesure où elles lui sont prétextes à s'affirmer lui-même. Ce qui le séduit et l'attire par-dessus tout, c'est le défi, l'obstacle, le conflit et, à la limite la violence et la mort, obstacle suprême. Il va de ville en ville, de femme en femme, de système en système, de stratégie en stratégie, de défi en défi, de conquête en conquête. Quand il a obtenu ce qu'il convoitait, il se trouve vite dépaysé par l'objet de sa convoitise. La vie conquise le laisse aussi démuni que la vie recherchée le rendait créateur. Il perd littéralement ses armes devant ce qu'il a conquis et avec qui, ou quoi, il lui faut apprendre à « être-avec » et non plus être contre ou en lutte. Être «pour» la vie, pour la personne, pour le bonheur même, le laisse gauche.

C'est un être purement énergétique, qui vit de la drogue de l'affirmation de soi, du besoin de défier quelque chose et de se prouver en même temps à lui-même.

On s'accroche à lui en temps de guerre, pour maîtriser la mécanique et ne pas se laisser apitoyer devant l'humain. On a besoin de lui pour tuer sans peur et sans reproche, même les enfants. À certains moments il le fait pour le plaisir. Il est entraîné à voir indifféremment la souffrance et le bien-être.

Sa grande œuvre, son œuvre quasi permanente dans l'histoire, c'est la guerre. La guerre sous tous les prétextes, pour Dieu, pour l'honneur, pour la vengeance, pour imposer sa vérité du moment, pour l'or, et pour le simple plaisir de partir en campagne et de tromper l'ennui d'une vie trop sédentaire et trop calme. Je n'ai pas voulu encombrer de livre d'un amas de statistiques et de chiffres bouleversants pour appuyer certaines évocations. Mais je ne puis m'empêcher de rappeler ici que, seulement depuis la dernière guerre mondiale, plus de trente millions de personnes ont été tuées dans des guerres «locales»... Pour ce qui a trait à la torture, je renvoie le lecteur aux travaux d'Amnistie internationale.

Je ne puis m'empêcher non plus de rappeler que les plus récentes statistiques indiquent qu'il se commet sur le continent nord-américain un viol toutes les dix-sept minutes.

C'est l'un des crimes les plus abjects et les plus spécifiques de la culture guerrière en tant que négation et destruction de la personne. Les fondements de la psychologie du violeur le plus agressif tiennent en ceci: il ne viole pas pour jouir sexuellement; il viole parce qu'il n'est pas capable d'accepter les femmes, d'accepter l'échange sexuel, et par-dessus tout parce qu'il n'est pas capable de s'accepter lui-même. Son geste est un geste de POUVOIR TOTAL proportionnel à l'anéantissement de la personne[11]. Et il faut sans doute qu'il y ait beaucoup d'hommes-guerriers dans l'administration de la justice et dans le pouvoir médical, pour qu'on ait réussi, socialement, à faire comme si les victimes du viol étaient plus coupables que les violeurs eux-mêmes. Il faut aussi qu'il y ait beaucoup d'hommes-guerriers dans les Églises qui n'ont à peu près pas

---

11. L'un des meilleurs ouvrages sur le viol, qui montre bien cette psychologie, est celui de Suzan Brownmiller, *Against our will; Men, Women and rape*, New York, Simon and Schuster, 1975. Traduction française, *Le Viol*, Paris, Stock, 1976 et Montréal, Stock/L'Étincelle pour le Canada, 1976.

senti le besoin de faire campagne contre le viol; si seulement elles y avaient engagé une toute petite partie des forces qu'elles déploient contre l'avortement... Les attitudes sociales et politiques en face du viol sont-elles donc le signe que la folie qui s'empare du violeur prend sa source dans le pouvoir social mâle?

Du vécu collectif, je ne veux pas ajouter ici d'autres exemples pour situer l'homme-guerrier. La guerre et le viol prennent assez de place. Et dans d'autres chapitres on aura retrouvé cette psychologie de la violence.

Il se trouve aussi des masses de romans, de drames et de films qui répètent inlassablement l'histoire du guerrier et nous le font voir jusque dans le moindre détail.

Il y a un roman en particulier qui peut être considéré comme un exemple type de toute la littérature occidentale, pour l'abondance et la précision exceptionnelle des éléments de la psychologie de l'homme-guerrier qu'il comporte. Il a d'ailleurs pour titre *Le repos du guerrier*. Renaud Sarti, le personnage qui incarne l'homme guerrier, consacre tout ce qu'il a d'énergie à résister à la vie, et surtout, à l'amour que lui porte Geneviève Le Theil; leur relation débute d'ailleurs au moment où elle le sauve d'une tentative de suicide. Voici deux extraits dans lesquels Renaud s'explique sur l'amour. Ces textes sont si clairs du point de vue des questions soulevées dans ce chapitre, qu'ils se passent presque de tout commentaire, surtout si l'on sait qu'à la fin du roman Renaud se résumera lui-même comme « un avortement de la nature et une fausse couche de l'homme qui est lui-même une fausse couche de singe ».

Dans le premier extrait, il décrit comment il n'aimait pas Geneviève tout en l'aimant et pourquoi il résistait à l'amour:

« *Je ne t'aimais pas, je ne te désirais même pas — sauf dans la mesure, qui est grande, où je désire tout ce qui se baise...*
Car vois-tu pour moi le sexe, ce n'est pas important. Ne fais pas l'étonnée, c'est une évidence. Si une chose était absente de moi c'est bien le sexualisme, je m'en fous. Ce qui importe dans l'orgie, c'est le Dieu, ce n'est pas le plaisir... »

Et il ajoute un peu plus loin, pour lui expliquer comment, après l'avoir quasi détruite psychologiquement par une sorte de sadisme, il a cédé à l'amour.

« *Jusque-là j'avais craché sur les biens de ce monde, j'étais pur — j'étais au ciel, un ciel qui n'existe nulle part, mais j'y étais, en contradiction avec tout, mais je n'en démordais pas. Et voilà que j'en démordais. Mes dents lâchaient le coin de paradis... Je tombai. J'avais trouvé ma faute, mon péché, mon ennemi, mon tentateur : l'amour personnel. La terre m'avait eu, le temporel m'avait eu... »*

Dans le deuxième extrait, vers la fin du roman, il s'offre à l'amour, mais voici en quels termes.

« Non, l'amour toi tu ne sais pas ce que c'est. C'est l'impossible. Je suis très fatigué. Repose-toi. Toi », dit-il à Geneviève, *« tu es le repos du guerrier, du guerrier lâche, de l'embusqué ; Notre-Dame des déserteurs, aie pitié de moi. Je veux dormir-mourir, et pour ça une femme c'est le meilleur système. L'amour c'est une euthanasie. Berce-moi, rentre-moi dans le sein de ma mère, autrement dit aime-moi. Tant pis* [12]. »

Il ne faut pas que la « terre » ait l'homme guerrier. Il ne faut pas qu'il se laisse prendre par la personne, par l'amour, par la vie, par le bonheur. S'il se laisse prendre, voyez comment il le fait : il se résigne à « l'amour qui est une euthanasie », il cède à « son ennemi, le temporel ». Et surtout il va à la femme pour retourner à sa mère, pour être protégé contre lui-même dans le sein maternel. *Il ne saurait aller à la femme comme à son égal.* Il ne peut l'accepter que mère et « pour baiser ». On retrouve les deux types de femmes-rôles : la mère, et la femme pour baiser, telles que les garçons les recherchent encore en 1980 selon ce que nous avons rapporté au début de ce chapitre. Ce qu'il y a d'extraordinaire dans le personnage de Geneviève Le Theil et qui explique la destruction psychique que lui fait subir Renaud, c'est qu'elle incarne les deux types de femmes mais en complète rupture, selon ce qu'impose Renaud.

Je crois finalement que *le problème le plus fondamental de l'homme-guerrier se situe sur le plan de sa relation avec la vie* et, par voie de conséquence, avec les personnes, parce que dans le contact réel avec les personnes, surtout ses proches, il ne saurait échapper à la vie, humaine. Sur le plan des idées, des croyances, des idéologies, des religions, de l'engagement social, des relations humaines épisodiques, de l'amitié, il peut au contraire choisir de voir la vie sous l'angle qu'il veut, il peut la façonner à son image et à sa ressemblance, il peut rêver, idéaliser, désirer, imaginer, jouer avec la vie comme il veut. Mais avec les personnes ? Il peut certes faire la même chose, mais précisément, à une condition : d'exercer le pou-

---

12. Christiane Rochefort, *Le repos du guerrier*, Paris, Grasset, Livre de poche, 1958, p. 136, 137 et 199. La version cinématographique de ce roman n'était vraiment pas à la hauteur.

voir sur les êtres pour qu'ils ne soient pas eux-mêmes mais qu'ils se moulent pour correspondre à la forme de pouvoir qu'il exerce sur eux.

Nous retrouvons ici le problème posé au chapitre précédent, soit celui du défi d'incarnation dans le réel que présente la maîtrise des relations humaines avec les êtres qui sont les plus proches de nous et que l'on côtoie le plus souvent.

La vie de l'homme-guerrier est ailleurs que dans la vie qui l'entoure. Et pour que la vie qui l'entoure l'intéresse, il faut qu'il la transforme en champ de bataille ou en lieu de passage. On dirait un «fugitif» aussi, à qui la vie fait peur. Quand il prend conscience de sa peur, il veut comme Renaud Sarti retourner dans le ventre de sa mère, ce lieu de la vie qu'il ne peut pas contrôler, qu'il peut de moins en moins contrôler depuis qu'il a trouvé sur son chemin: la contraception.

Ce fugitif, il s'est fabriqué une façon d'aimer qui soit à sa mesure. Elle est centrée sur l'amour de «désir» par opposition à l'amour de «satisfaction». Elle est devenue un trait dominant de la civilisation, imprégnée par la psychologie de l'homme-guerrier. On en retrouve l'expression dans une foule de comportements collectifs. C'est le dernier point sous lequel je voudrais observer la culture guerrière et montrer comment une fois de plus cette culture nous amène à vivre en état de rupture, à exister par morceaux, en séparant où il faudrait unir, en opposant où il faudrait conjuguer, en divisant où il faudrait rassembler, en disant non où il faudrait dire oui et se laisser prendre par la vie.

Le conflit de l'homme-guerrier entre l'amour de désir et l'amour de satisfaction

Ce conflit, nous le vivons tous à des degrés divers, et rien de plus naturel. Rien de plus naturel en effet que d'être plus stimulé par ce que l'on désire, c'est-à-dire par l'énergie que l'on déploie et que l'on éprouve en même temps à tendre vers quelque chose ou quelqu'un. Quand on se trouve en possession de ce que l'on a recherché, on est, pendant un certain temps, stimulé aussi mais d'une autre façon, qui nous touche moins intérieurement et qui en apparence dépend davantage du pouvoir de stimulation de ce que l'on a conquis. On sait également que mis en face de ce que l'on a recherché, on ne voit plus avec les yeux du désir. Les personnes dont on a rêvé ont souvent le même sort que les paysages qu'on a rêvés: quand on les découvre, quand on les habite, ils n'ont plus la dimension de nos rêves et de nos désirs. Et si l'habitude de la cohabitation et la routine s'en mêlent, on en vient vite à de la fidélité passive, qu'on arrive à supporter en recherchant de temps à autre de nouveaux sujets d'évasion et d'emportement. Bref, la question fondamentale se pose de savoir comment être-avec? Être-avec qui l'on a conquis et continuer à se sentir aussi stimulé qu'à la phase du désir. Comment se sentir aussi vivant à partager la vie avec quelqu'un qu'à le désirer?

Voilà comment se pose le conflit.

La psychologie du guerrier nous a collectivement conditionnés à vivre le conflit, en associant la vie qui nous stimule au désir, et la vie vécue, par exemple celle que l'on partage au long des jours dans une famille, à ce que l'on subit, à ce qui devient la proie du temps et la force tragique de l'habitude. Il s'est même fait un clivage social à partir de ce conflit, les riches et les puissants ayant les moyens de se procurer de multiples stimuli de désir, les pauvres et les faibles étant conditionnés à la résignation et au sacrifice. On s'explique ainsi comment les puissants qui ont contrôlé les églises ont appris au peuple à se résigner, aux gens mariés à faire des enfants et à repousser l'amour-passion, aux femmes à garder la famille et à ne pas sortir du foyer.

Le procédé est subtil, car les puissants savent très bien que l'instinct de vie, qui se cache sous la dynamique du désir, est tel que l'être humain peut facilement en arriver à aimer la souffrance et la privation s'il y trouve le seul moyen de s'affirmer. (En arriver ainsi à baiser la main de son maître!)

Observons, à partir de situations que nous connaissons tous, comment cette dynamique du désir opère en nous et pourquoi on peut en arriver à préférer le désir de vivre à la vie elle-même, à l'amour même de quelqu'un.

Chez une foule de gens, cette dynamique du désir est presque devenue leur seconde nature. Elle commande leurs comportements dans toutes sortes de circonstances qui en soi ne concernent même pas l'amour. Par exemple, on préférera « l'approche » ou « l'attente » d'un événement heureux à l'événement lui-même; on éprouvera autant sinon plus de plaisir à « préparer » un voyage qu'à le faire; le moment où l'on déballera un cadeau minutieusement enveloppé nous enivrera plus encore que la découverte du cadeau; les départs feront bien plus vibrer que les arrivées. Et ainsi de suite, au point que pour un grand nombre d'individus, le « bonheur » même, en tant qu'état de satisfaction, semble moins attirant et moins mobilisant que le malheur, qui oblige à lutter, à chercher, à vivre en état d'alerte.

L'image la plus répétitive et la plus typique de l'amour, que la civilisation occidentale a fixée dans la tradition orale et dans la littérature, est une image où l'amour est presque toujours présenté en conflit avec la vie, plus proche du malheur et de la souffrance que du bonheur et du bien vivre. Denis de Rougemont, dans son excellente analyse *L'Amour et l'Occident*, a judicieusement situé des siècles de littérature à partir de cette citation de Tristan et Yseult : « Vous plaît-il d'entendre un beau conte d'amour et de mort ?[13] » Cette invitation du conteur conviendrait à la plupart des œuvres où l'amour est le thème dominant. Il semble bien que les amours heureuses sont comme les peuples : elles n'ont pas d'histoire.

Ce peut être la même dynamique énergétique qui, entretenue ou poussée à l'extrême, nous conduise à survaloriser les difficultés, les souffrances, les privations, les conflits, bref tout ce qui, en nous empêchant d'être satisfait, nous maintient en état d'alerte. Le sadique et le masochiste, par exemple, se rejoignent dans le fait que la souffrance est devenue pour eux le moyen d'éprouver leur énergie vitale ; qu'on fasse souffrir ou que l'on subisse la souffrance, dans les deux cas la souffrance est occasion d'une même animation. Elle est le même aiguillon qui nous fait vibrer par en dedans. À la limite, pour l'homme-guerrier, c'est la lutte avec la mort, obstacle suprême, qui peut être le moyen le plus recherché pour éprouver ce dynamisme vital. Sade a exprimé cette contradiction en écrivant que « le principe de vie dans tous les êtres n'est autre que celui de la mort ». Voilà « l'expression » de la contradiction ; « l'explication », elle, peut-être fort différente.

Il ne faut pas nécessairement confondre (comme l'a fait Sade) « ce qui peut stimuler » un être humain à éprouver son dynamisme vital avec « le besoin lui-même » de s'affirmer et d'éprouver ce dynamisme. Cette distinction est capitale pour comprendre le caractère « énergétique » de ce besoin, de cette motivation, qui est à la source de toutes les autres. Comme nous l'avons observé dans divers contextes, l'organisme humain a besoin d'affirmer la vie pour la vie, dans une perspective énergétique « neutre », qui est en deçà et au-delà de toutes catégories de bien et de mal, de vrai et de faux, de normal et d'anormal, de bonheur et de malheur. Celui qui se trouve plus stimulé par le DÉFI de lutter contre le malheur, la souf-

---

13. *L'amour et l'Occident*, Denis de Rougemont, Paris, 108, 1962. L'auteur y montre notamment que l'amour en Occident a été dominé par la négation de la vie et qu'en ce sens il a été une « anti-Incarnation » pour le monde chrétien. Malgré les critiques souvent faites à l'endroit de la thèse, d'origine religieuse, cette œuvre n'en constitue pas moins une analyse rigoureuse et massive de la littérature sur l'amour, en particulier quant aux thèmes de l'amour et de la mort.

france, la mort, que par la prise de chair d'un bonheur, d'une satisfaction, d'un bien-être quelconque, en arrive naturellement à préférer ce qui le fait vivre en état de défi. Il y a là un facteur majeur d'explication des conduites masochistes et sadiques en particulier. C'est parce que le besoin de souffrir ou de faire souffrir est devenu un moyen de s'affirmer soi-même et d'éprouver la vie, qu'il est préféré au besoin d'être bien dans sa peau et de rendre les autres heureux. Le principe fondamental s'applique à nouveau : l'être humain s'affirme où il le peut et par n'importe quel moyen ; l'essentiel pour lui est de s'affirmer, de relever des défis, de vibrer, d'ÊTRE. Le vouloir-vivre est antérieur à l'amour. *C'est seulement dans l'acceptation du partage de la vie avec les autres, dans l'échange, que nous entrons dans ce qui est spécifique de l'amour.* Alors les catégories de bien et de mal prennent un sens en fonction de la capacité d'accepter les autres ou de rejeter les autres.

C'est aussi face à cette problématique, qu'on peut situer, par exemple, l'amour dit « érotique ». L'érotisme qui, rappelons-le, ne tient pas à une démarche charnelle mais à un raffinement de l'esprit, est précisément fondé sur la dynamique suivante :

- *se centrer sur le désir de ce qui peut nous satisfaire,*

- *en cultivant au maximum l'art de retarder la satisfaction,*

- *parce que ce qui précède la satisfaction peut être préféré à ce qui nous satisfait.*

D'où l'importance, dans la démarche érotique, des rythmes d'attente, d'approche, de renouvellement, de suspension de la jouissance provenant d'une éventuelle satisfaction. L'exemple classique est celui de l'homme-guerrier qui préfère rechercher la conquête d'une femme — surtout si elle lui est difficile voire interdite — à la satisfaction qu'il pourrait retirer à vivre avec cette femme après l'avoir conquise.

Un autre exemple classique est celui de la chasse qui peut être vécue comme une expérience érotique. On y retrouve toute une gamme d'éléments types : les rythmes d'attente, la poursuite, la recherche, le jeu ; la façon dont on tue une proie peut être tout à fait normale, comme elle peut donner lieu à des comportements de libération du sadisme.

À la limite, quand l'érotisme devient une fin en soi et que la dynamique du désir importe plus que les satisfactions obtenues par quelque chose ou avec quelqu'un, *le désir cédera même le pas à la jouissance que procure la recherche de l'interdit et de l'obstacle.* La recherche de l'obstacle est en effet l'aiguillon par excellence de l'érotisme.

S'entraîner à l'érotisme c'est, à l'extrême raffinement de cette démarche énergétique, rechercher et multiplier les obstacles qui vont maintenir l'être en état de suspension et de vertige intérieur, préférant cet état à toute satisfaction que pourrait procurer l'échange avec quelque chose ou quelqu'un. L'érotique pur se dit: «Que faire du bonheur quand je l'aurai trouvé, puisque, aussi longtemps que je le cherche, ou même que je le refuse, je me sens vivre, je m'éprouve moi-même.» «Vivre pour vivre!» «Souffrir pour souffrir!» «Faire souffrir pour faire souffrir!» Et pourquoi pas: «Tuer pour tuer»? À l'extrême limite, le désir érotique devient souvent désir de mort, désir de détruire. Plusieurs cas de sadisme sexuel et de violence contre la personne dans les familles rejoignent ici le cas de violeurs et de ceux qui pratiquent la torture. La destruction de l'autre en tant que personne est transformée en plaisir. Aussi, n'est-ce pas nécessairement la destruction de collectivités qui passionne le plus les dictateurs les plus raffinés en matière d'érotisme-cruauté, mais celle de victimes choisies sur lesquelles ils peuvent exercer directement leur perversité et contrôler leur jouissance à loisir.

Il s'agit là bien sûr d'aboutissements d'extrêmes de la démarche érotique. L'érotisme ne mène pas de soi à la cruauté et à la destruction de la vie. Au contraire, la dynamique qui le caractérise est nécessaire pour aimer la vie. L'attente, la quête, le désir sont des manifestations de ce qu'il y a de plus créateur en l'être humain. Ils sont les éléments essentiels de nos besoins et de nos motivations. *Il faut donc distinguer entre l'érotisme qui devient une fin en soi et qui peut être exploité au mépris de la vie et de la personne, de l'érotisme qui peut être mis au service de la vie et de la personne.* En d'autres termes, il peut conduire à l'amour de la vie et de la personne, ou devenir «l'amour de l'amour»[14] et de là nier l'amour de la vie jusqu'à lui préférer l'amour de la mort. Dans ses formes extrêmes, on pourrait évoquer aussi bien des manifestations de mysticisme désincarné et d'angélisme, que de cruauté et de violence sordide. On sait, par exemple, que le refus du monde, le refus de la femme, la chasteté même, chez des mystiques, certaines formes d'ascétisme et d'héroïsme, sont des expressions de l'érotisme vécu comme une fin en soi[15].

---

14. Ce que saint Augustin exprimait en disant: «J'aimais aimer».

15. L'un des romanciers catholiques qui a le mieux fait état de ce problème est Bernanos, à travers ce qu'il a lui-même décrit comme «la tentation luciférienne de sainteté». Son roman *Sous le soleil de Satan* l'illustre bien. Ceux qui s'intéressent à cette question trouveront avan-

Quand l'érotisme est une fin en soi, ce qui nous fait vibrer intérieurement, ce qui nous fait éprouver notre énergie vitale, personnes ou situations, devient secondaire par rapport au fait même de vibrer. C'est pourquoi la sensation intérieure que procure au héros, par exemple, le fait de résister à la mort ou de la défier, l'emporte sur la mort elle-même. C'est pourquoi l'ascétisme, ou l'épreuve de la chasteté, peuvent être préférés, en certains cas, à la jouissance sexuelle ou à la possession de biens de ce monde : la sensation que procure la résistance inhérente à l'ascétisme et à la chasteté l'emporte sur la jouissance et sur l'orgasme charnel ; elle est orgasme de tout l'être, de l'esprit autant que de la chair. C'est pourquoi ceux qui font souffrir se trouvent stimulés par la sensation que leur procure la vision de la résistance à la souffrance chez ceux qu'ils font souffrir. Vieux rituel du chat qui joue avec la souris !

Toutes ces manifestations, et plusieurs évoquées dans les chapitres précédents, expriment CE BESOIN INCONDITIONNEL CHEZ TOUT ÊTRE HUMAIN DE VIVRE INTENSÉMENT, à un «certain voltage» dirions-nous, pour s'affirmer et éprouver l'énergie qui l'anime.

La question qui se pose, face à ce besoin et en regard de l'amour des personnes, est de savoir jusqu'à quel point nous pouvons aimer assez la vie et les personnes, pour croire que des relations intenses et soutenues entre des êtres humains puissent satisfaire ce besoin de s'affirmer et de vibrer de l'intérieur coûte que coûte.

Si nous appliquons la question spécifiquement à l'expérience du mariage et de la famille, en tenant compte de la problématique développée dans ce chapitre, on peut se la poser comme suit :

COMMENT ÊTRE AUTANT MOBILISÉ, STIMULÉ, PROVOQUÉ À VIVRE,

PAR UN AMOUR QUI DURE, QUE PAR UN AMOUR QUI NAÎT ?

PAR CE QUI NOUS SATISFAIT, QUE PAR CE QUE L'ON DÉSIRE ?

PAR CE QUE L'ON A TROUVÉ, QUE PAR CE QUE L'ON CHERCHE ?

PAR CE QUE L'ON SAIT POSSIBLE, QUE PAR L'EXCEPTIONNEL OU L'INTERDIT ?

COMMENT CONTINUER À DÉSIRER QUI OU QUOI NOUS A DÉJÀ SATISFAIT ?

L'opposition entre amour-passion et mariage, à partir de laquelle nous avons abordé ce chapitre, est-elle fatale ?

---

tage alors à comparer la psychologie des «révolutionnaires mystiques» d'un Bernanos avec celle des «révolutionnaires politiques» d'un Malraux, pour ne nommer que ces deux cas parmi une pléiade d'univers semblables. Une même démarche érotique anime souvent les deux types de héros.

Est-il impossible que le mariage, ou l'union de fait, soit vécu de telle sorte qu'il devienne désir, défi, aventure, victoire sur la routine, renouvellement inépuisable d'une relation entre des personnes qui se stimulent réciproquement à aller au bout d'elles-mêmes ?

Je crois que cela est possible.

Je crois même que si nous ne savons pas développer ce POSSIBLE humain, il nous sera difficile de nous délivrer du pouvoir, hommes autant que femmes, puisque la culture guerrière domine autant les hommes que les femmes.

Je crois que pour faire échec à la culture guerrière, les familles ont à relever le défi d'une extraordinaire révolution pour une CULTURE DE TENDRESSE.

La tendresse. Il n'y a que la tendresse qui nous délivrera du pouvoir.

Car la tendresse est forte, infiniment forte, quand elle se penche sur l'être humain, comme on se penche sur l'enfant qui vient de naître. Il est temps de se pencher pour vrai sur l'être humain. Il est temps que les Églises qui ont façonné les humains pour ailleurs se penchent sur les êtres humains d'ici. Qu'ils apprennent le geste. Il est temps que les écoles apprennent le geste, que des enseignants renoncent à n'être que des techniciens. Il est temps que les personnes politiques sortent de leur utérus mâle, avant de nous conduire aux « bébés éprouvettes » de la gloire mâle.

Nous ne détruirons pas la culture guerrière, car la tendresse ne sait pas détruire. Elle est presque ignorante des ruptures. Elle est bonne à ouvrir des chemins, à jeter des ponts, à faire des espaces.

Nous partirons surtout de ce besoin passionné d'être et d'affirmation de la vie — qu'on appelle aussi « l'agressivité » en son sens positif et énergétique — pour mettre cette énergie accumulée par l'espèce au service de la personne et à l'emploi du partage...

Pour dire le passage de la culture guerrière à une culture de tendresse...

... Délivrer l'homme — comme on dit dans le langage mâle pour désigner l'être humain — délivrer l'homme de la peur de l'homme, car c'est la peur qui est en dessous de la violence et du pouvoir. La peur de l'autre. La peur de ses différences. La peur de l'égalité. La peur de l'autonomie. La peur de l'identité. La peur de soi. La peur de la tendresse. La violence a une telle peur de la tendresse, une telle peur de se laisser prendre, par la vie, doucement, simplement, quotidiennement, passionnément. Apprendre le geste. Se pencher pour de vrai sur l'être humain.

La personne aimée qui n'est pas un abîme entre le désir et la satisfaction, mais un pont, un embarcadère pour aller plus loin, un carrefour pour aller partout. La satisfaction que l'on éprouve à vivre avec quelqu'un que l'on aime vraiment n'est pas une fin, mais un commencement. Mon présent d'aujourd'hui m'est plus riche et plus plein de ce que chacun des jours de quinze années vécues avec la femme et les enfants que j'aime ont produit de vie. Il faut le dire, pour faire sortir de terre « ces peuples heureux qui n'ont pas d'histoire »... Ceux que j'aime pourraient partir un jour. Les enfants partiront certainement, de notre lieu familial en tout cas. La mort, de toute façon, pourrait venir demain. Cela ne pourrait pas détruire ces années qui sont en moi. Je ne veux pas dire par là que l'amour est plus fort que la mort. Il est d'un autre ordre. Il est du côté de la vie. Il rassemble. Il contient. Tandis que la mort dissocie, sépare. Mais elle n'atteint pas ce que l'on a accumulé en soi à vivre avec quelqu'un quand elle nous enlève ce quelqu'un.

Croire au bonheur et à la satisfaction qu'on éprouve à partager son vécu avec quelqu'un.
Être las d'une culture qui n'en finit pas de célébrer la mort, le malheur, la souffrance, la tension, les conflits, les mauvaises nouvelles multipliées par d'autres mauvaises nouvelles, comme si l'on y avait oublié de nous parler de ceux qui aiment la vie et qui la cherchent et qui la trouvent de tant et tant de façons. J'ai besoin de santé mentale dans ce qu'on me raconte sur les êtres humains. La lucidité qui s'étiole à n'en pas finir de diagnostiquer la maladie finit par répandre la maladie. Avant longtemps, pour équilibrer l'information de la presse, des bureaux de recherche et de statistiques, des spécialistes de la communication, il va falloir développer des comptoirs de bonnes nouvelles pour personnes intéressées au progrès de la vie.

Que le guerrier se repose sur lui-même, et pas seulement sur la femme qui a envie d'autre chose. Qu'il jette les armes, la vie ne demande pas seulement qu'on l'affronte. Apprendre à se détendre avec ceux qui sont les plus proches de lui est important pour la santé mentale du guerrier. Les grandes causes ne sont pas fatalement les plus éloignées ni les plus compliquées. Vivre bien dans sa peau au milieu de la simplicité quotidienne laisse à peine le temps de partir en grandes campagnes. Vivre avec la vie pourrait être plus enivrant que de vivre à côté de la vie.

Aimer assez l'intelligence pour ne pas seulement l'entraîner à dissocier, à séparer, à opposer. Lui apprendre à conjuguer, à associer, à rassembler. Une culture de l'amour sans témoignage d'une raison amoureuse aurait beaucoup de difficulté à vivre. Saint-Exupéry a dit beaucoup en disant « qu'il faut que l'Esprit souffle sur la glaise ». Mais ça ne suffit pas : il faut que la raison devienne amoureuse de la vie. Ceux qui ont une activité intellectuelle intense devraient se comporter comme des amoureux. Les enseignants en tête de file, puisqu'ils initient la collectivité. Il y aurait moins d'idéologues guerriers et plus de rassembleurs dans le champ des idées. Raisonner, analyser, connaître, c'est comme faire des tableaux. Plus le peintre possède son art, plus il maîtrise, non pas des couleurs, mais des nuances de couleurs. Il peut faire avec une seule couleur ce que le printemps fait avec le vert. Or dans le maniement des idées, on a l'impression d'en être encore à ne confronter que les couleurs primaires, toujours le tout blanc contre le tout noir...

Apprendre l'amour, en même temps qu'on apprend la personne. S'initier à parler tous les langages de l'amour. S'initier à les écouter. Avec la raison amoureuse, les sens amoureux, la chair amoureuse, l'éducation amoureuse. Les parcours de la tendresse sur un corps que l'on aime se cherchent et s'apprennent longuement. Ils ne sont pas plus faciles que les parcours de la pensée qui cherche à comprendre. L'amour n'est pas don, parce qu'il est l'intérêt du partage. Et l'on sait bien qu'il est aussi difficile de recevoir que de donner. L'amour n'est pas sentiment parce qu'il est bien davantage : une façon de se développer, d'orienter son énergie par le partage.

Vouloir mettre l'amour au cœur de tout ce qui vit, le faire passer avant toutes choses pour animer le reste.

Croire que la personne est assez grande en elle-même et que le partage l'agrandit assez encore, pour contenir tous les pouvoirs d'être.

Passer de la domination à l'égalité.

Cette interpellation est ma façon de communiquer le plus fidèlement possible au lecteur, comme une pensée ou un geste qu'on saisirait dans sa germination la plus secrète, ce qui peut animer cette culture de tendresse.

Il ne s'agit plus de parler « de l'amour », mais « avec l'amour », pour ressaisir ces langages et ces gestes qui s'offrent à profusion dans une famille comme entre deux adultes qui font le choix de s'équiper pour voyager ensemble, longtemps[16].

---

16. *Note sur le langage et l'étude du vécu en sciences humaines*

Mes prédilections pour les travaux d'Abraham Maslow tiennent à de nombreux facteurs, dont l'un vise la liberté que ce psychologue humaniste a su garder et affirmer sur le plan des méthodes et du langage, pour ne pas sacrifier à un certain sérieux scientifique le vécu, le personnel et même les émotions. Dans un appendice à *Vers une psychologie de l'être*, il a très généreusement posé le problème en demandant si « nos publications et nos conférences sont adéquates aux psychologies de la personnalité » ? Voici un large extrait de ce texte qui est fondamental pour l'orientation et la communication de multiples travaux s'intéressant à travers diverses disciplines à l'exploration de la personne. Son chapitre sur l'utilisation des expériences paroxystiques va dans le même sens.

« Nos revues, nos livres, nos conférences conviennent avant tout pour communiquer et discuter ce qui est rationnel, abstrait, logique, public, impersonnel, général, répétable, objectif et non émotionnel. Ils admettent donc les choses mêmes que les psychologues de la personnalité essaient de modifier. En d'autres termes, ils tiennent pour vrai ce qui est remis en question. Il en résulte que nous, les thérapeutes et les observateurs de la personnalité, sommes encore obligés par la coutume académique de parler de nos propres expériences et de celles de nos consultants un peu comme s'il s'agissait de bactéries, de la lune ou de rats blancs, ce qui suppose le clivage sujet-Objet, le détachement, la distanciation et la non-implication, ce qui suppose également que nous (ainsi que les objets perçus) soyons inchangés par l'acte d'observation, et que nous puissions séparer le « je » du « tu », ce qui suppose enfin que toute observation, pensée, expression et communication se fassent dans la « froideur » et jamais dans la « chaleur » car la connaissance ne saurait être que contaminée ou déformée par l'émotion, etc.

En un mot, nous continuons d'utiliser les règles et les procédés traditionnels de la science impersonnelle pour notre science de la personne, mais je suis convaincu que cela ne continuera pas. Il me semble assez clair maintenant que la révolution scientifique que certains d'entre nous sont en train de préparer (comme nous construisons une philosophie de la science assez large pour inclure la connaissance expérimentale) devra s'étendre aussi aux modes traditionnels de la communication intellectuelle.

Il faut rendre explicite ce qui est implicite, à savoir que notre genre de travail relève souvent d'une expérience personnelle, que nous confondons parfois avec les objets d'étude, au lieu de nous séparer d'eux, que nous sommes habituellement profondément impliqués, et que nous devons l'être, si nous voulons que notre travail ne soit pas truqué. Il nous faut aussi accepter en toute honnêteté et exprimer en toute naïveté cette profonde vérité : la majeure partie de notre travail « objectif » est en même temps subjectif, notre monde du dehors est souvent isomorphe à notre monde du dedans, les problèmes « externes » que nous étudions « scientifiquement » sont souvent nos propres problèmes internes et nos solutions à ces problèmes sont aussi des thérapies pour nous-même au sens le plus large.

C'est plus profondément vrai pour nous, les scientifiques de la personnalité, mais c'est vrai aussi pour tous les autres hommes de science. La recherche en vue d'ordonner, de faire des lois, de prédire et de comprendre dans le domaine des étoiles ou des plantes, est souvent en isomorphisme avec la recherche de lois, de contrôles, etc., intérieurs. La science impersonnelle peut parfois être une façon de se défendre, de fuir le désordre intérieur et le chaos, ou une façon de se défendre de perdre le contrôle. La science impersonnelle peut être (et assez souvent elle l'est) une fuite ou une défense vis-à-vis du personnel en soi et chez les autres, un refus de l'émotion et des pulsions, et même parfois un rejet et une peur de l'humanité. Ouvrage cité, p. 247 et sq.

CHAPITRE 7

LES LANGAGES ET LES GESTES DE L'AMOUR DANS UNE FAMILLE ET CHEZ UN COUPLE

L'amour-environnement, l'amour de présence — L'amour de connaissance — L'amour du corps, l'amour des sens, l'amour du nu — L'amour de familiarité et d'intimité — L'irremplaçable amour de tendresse et de délicatesse

Il y a tellement de langages et de gestes pour dire l'amour, pour faire l'amour, pour communiquer l'amour, que je ne sais par lequel commencer[1].

Nous savons qu'il y a « l'amour environnement », « l'amour de présence, qui est fait de mille et un gestes que chacun peut accomplir dans le quotidien et qui deviennent atmosphère, présence et environnement autour de soi.

Nous savons qu'il y a « l'amour de connaissance » qui est fait de tous ces moments d'apprivoisement d'autrui, de dialogue, de réflexion sur le vécu qu'on partage au long des jours, du mystère même. Car il y a un mystère, qui se développe autour des êtres qui sont assez aimés pour se manifester librement à l'extérieur d'eux-mêmes, mais pas trop non plus, pour faire sentir l'inépuisable, l'inexploré qui tient à leur autonomie et à leur liberté de se garder pour eux-mêmes en partageant.

Nous savons qu'il y a l'amour des sens qui est fait de tout ce qu'on aime et qui nous aime, par le toucher, le goût, le sentir, le voir, l'entendre. Nous savons qu'il y a l'amour du corps qui est le clavier de tous les langages de l'amour, qui est le point de repère pour autrui dans l'espace et dans le temps, qui est le mouvement de toutes les formes de vie et d'amour, qui est notre point d'arrimage au monde. Nous savons qu'il y a l'amour du nu, où le corps et tout ce qu'il contient peuvent devenir transparents, où la fragilité et la puissance de l'être humain deviennent lisibles et palpables.

Nous savons qu'il y a « l'amour de familiarité et d'intimité » que l'on connaît dans la durée et le bon vieillissement de ceux qui s'aiment longtemps, et qui est assez « unique » pour ne pas avoir à se prétendre « exclusif ».

Nous savons qu'il y a l'irremplaçable amour de tendresse et de délicatesse, souventes fois fait de toutes petites choses qui ont la force des plus grandes, qui sont comme la pensée de l'amour, l'expression la plus fine de la raison amoureuse.

Moi je sais surtout que je parle d'un vécu qui ne se catégorise pas, qui ne se met pas en ordre aussi facilement dans le quotidien et au long des jours. Je sais que je rêve, bien éveillé, de faire des tableaux de tout ce va-et-vient intérieur et autour des êtres, et que je me les représente souvent comme des dessins d'enfants, ou de vieux albums de photos de famille, à regarder ensemble au coin du feu des soirs d'hiver. C'est pourquoi je ne sais pas par quoi commen-

---

1. L'expression « faire l'amour » peut recouvrir bien d'autres langages que la sexualité, même si en général on l'emploie pour se référer aux relations sexuelles.

cer ni quoi retenir de tant de gestes posés et possibles. L'idéal serait que l'éditeur accepte de laisser ici plusieurs pages blanches et
que le lecteur qui partage mon rêve éveillé y mette quelques photos
de famille et de mariage vues de l'intérieur... J'avoue que ce serait
pour moi l'une des façons les plus chaudes, même si c'est à distance et dans l'inconnu, de partager ce livre. (Il y a tant de solitude
qui n'en finit pas qui entre dans l'écriture, et tant d'isolement.)

L'amour-environnement, l'amour de présence

Pourtant, je sais que chaque jour, pour plein de gens de par le
monde, éveiller ses enfants est une fête que les années ne rendent
que plus vivante, plus pleine et plus amoureuse. (C'est la chose qui
me manque le plus quand je suis en voyage.) Le réveil le matin
dans une famille, c'est tellement plein. De pouvoir presque dans le
même temps promener son regard et ses mains sur le corps de celui
ou celle que l'on aime entre tous et entre toutes, d'aller retrouver les
enfants et les caresser doucement à leur tour, ou follement, se mettre en mouvement pour vivre un nouveau jour, prendre soin de son
corps, gagner la table, revivre les odeurs de café chaud et de bon
pain, parler de ce qu'on fera pendant la journée, s'embrasser pour
les départs du travail et de l'école sont autant de gestes et de situations que l'amour rassemble et que rien n'use. Gestes de personnes qui deviennent environnement les unes pour les autres, par leur
provocation du quotidien. Il se fait le quotidien. Il se crée par ce
que nous sommes. Il se remplit de ce que nous devenons.

Provocation du quotidien par des gestes d'amour, par le dire de
l'amour. Il faut tout de même se parler d'amour pour en vivre: n'est-
ce pas aussi vrai que l'inverse? On ne se dira jamais trop que l'on
s'aime dans une famille. On ne se touchera jamais trop, de gestes

et de mouvements d'amour. Quelqu'un a dit fort à propos que l'amour est comme la poésie et la prière: il répète tout le temps. C'est terrible de penser que dans des familles et dans des couples on puisse avoir peur, être gêné, de se redire des «je t'aime». Et ce n'est pas vrai que l'on répète, parce que ce qu'il y a d'extraordinaire entre des amoureux, hommes et femmes, parents et enfants, enfants entre eux, qui partagent leur croissance, c'est qu'ils ne sont jamais les mêmes. Les mots sont les mêmes, mais ceux qui les disent changent.

Plus on a partagé d'années ensemble plus il y a de raisons de se redire l'amour. Provoquer le quotidien pour donner à l'amour la première place. Ce n'est pas parce que l'on vit ensemble qu'il ne devient plus nécessaire de s'écrire des mots et des lettres d'amour, de se faire des téléphones d'amour. Le jour où l'on sera dans une culture de l'amour, il deviendra normal de constater par exemple, dans des milieux de travail, que des gens sentent le besoin de communiquer avec leurs conjoints, avec leurs enfants, simplement pour leur dire des choses d'amour. Cela est bon de trouver de temps à autre, au hasard, un mot d'amour sur son oreiller, dans une valise de voyage, sous son couvert à table, dans ses vêtements.

Provoquer le quotidien par des fêtes. Tant de choses peuvent être prétexte à faire des fêtes dans une famille: le succès d'un enfant à l'école, une satisfaction quelconque dans le travail, un repas partagé avec des amis, l'évocation d'un moment heureux, le simple fait de se sentir bien et d'avoir le goût de fêter pour le plaisir. Faut-il attendre les grandes circonstances et suivre le calendrier pour fêter d'être bien ensemble? Faut-il attendre les anniversaires pour se faire des cadeaux? Un cadeau de son mari, de sa femme, de son père, de sa mère, d'un enfant, un jour quelconque où il n'y avait apparemment pas de raison pour cela, c'est bon. Un jardinier habitué à prendre soin de son jardin le dirait, «ce n'est même pas de l'amour», c'est de la simple attention à ce qui vit, avec peut-être un brin de délicatesse.

L'amour de connaissance

Gestes d'amour et dire de l'amour, parmi des moments difficiles, au milieu d'inévitables et fréquentes querelles d'enfants, dans les difficultés d'apprentissage de toutes sortes, sur les heures vides, avec les problèmes rapportés du travail, par-delà les crises et les conflits qu'il faut vivre au grand jour. Bien sûr. Rien de plus difficile que de croire au bonheur. Mais «le difficile s'aime», surtout quand il devient objet de connaissance des êtres avec qui l'on vit chaque jour. S'ajuster aux besoins de l'autre pour aimer mieux. Dire ses besoins pour ne pas laisser d'équivoque. Il y a des silences qui apaisent, il y en a qui énervent, il y en a qui sont des mensonges, des fuites. Se faire dire par son enfant, parce qu'il se sent libre de le dire, qu'on n'est pas à certains moments le père ou la mère qu'il aurait voulu, c'est l'amour de connaissance en bien des cas qui l'exprime. Pouvoir dire à l'homme ou à la femme que l'on pense encore aimer entre tous et toutes, qu'avec lui ou avec elle, à un moment donné, c'est comme si on manquait d'oxygène, qu'on perdait contact non pas tant avec l'autre qu'avec soi-même. Se mettre à table pour essayer de comprendre ce que l'on partage et ce que l'on ne partage pas, ce qui nous rend bien et ce qui nous vide. Pouvoir s'expliquer et se raconter ses cheminements chaque fois qu'on en sent le besoin et savoir qu'on sera écouté, que tout le reste sera mis de côté par ceux que l'on aime et qu'ils prendront le temps de nous écouter. Entre nous, sans les thérapeutes et sans les avocats. Mais parce qu'on croit tout de même un peu à l'Esprit et que l'on a appris à vivre autant par en dedans de soi qu'avec les autres. C'est l'amour de connaissance qui rend cela possible.

Imaginons que le triste héros du *Nœud de Vipères* de François Mauriac n'ait pas attendu la mort pour se raconter et s'expliquer aux siens. L'amour de connaissance aurait pu faire son œuvre et libérer une famille de la haine et de l'étouffement. Une famille dont l'histoire, comme la personnalité de cet avocat de province qui a réussi brillamment dans une carrière, sont loin d'être imaginaires. L'extrait qui suit pourrait être l'aveu de bien des êtres dans de nombreuses familles à travers le monde. Le vieillard qui parle s'adresse à sa femme dans une lettre que la mort l'empêchera de terminer :

> « Tant que nos trois petits demeurèrent dans les limbes de la première enfance, notre inimitié resta donc voilée : l'atmosphère chez nous était pesante. Ton indifférence à mon égard, ton détachement de tout ce qui me concernait t'empêchaient d'en souffrir et même de le sentir. *Je n'étais d'ailleurs jamais là.* »
> « Je déjeunais seul à onze heures, pour arriver au Palais » avant midi. *Les affaires me prenaient tout entier et le peu de temps dont j'eusse pu disposer en famille,* tu devines à quoi je le dépensais. Pourquoi cette débauche affreusement simple, dépouillée de tout ce qui, d'habitude, lui sert d'excuse, réduite à sa pure horreur, sans ombre de sentiment, sans le moindre faux-semblant de tendresse ? J'aurais pu avoir aisément de ces aventures que le monde admire. Un avocat de mon âge, comment n'eût-il pas connu certaines sollicitations ? Bien des jeunes femmes, au-delà de l'homme d'affaires, voulaient émouvoir l'homme... *Mais j'avais perdu la foi dans les créatures, ou plutôt dans mon pouvoir de plaire à aucune* d'elles. À première vue,

je décelais l'intérêt qui animait celles dont je sentais la complicité, dont je percevais l'appel. L'idée préconçue qu'elles cherchent toutes à s'assurer une position me glaçait. Pourquoi ne pas avouer qu'à la certitude tragique d'être quelqu'un qu'on n'aime pas s'ajoutait la méfiance du riche qui a peur d'être dupe, qui redoute qu'on l'exploite ? *Toi, je t'avais « pensionnée » ; tu me connaissais trop pour attendre de moi un sou de plus que la somme fixée.* Elle était assez ronde et tu ne la dépassais jamais. Je ne sentais aucune menace de ce côté-là. Mais les autres femmes ! J'étais de ces imbéciles qui se persuadent qu'il existe d'une part les amoureuses désintéressées, et de l'autre les rouées qui ne cherchent que l'argent. Comme si, dans la plupart des femmes, l'inclination amoureuse n'allait de pair avec le besoin d'être soutenues, protégées, gâtées... *À soixante-huit ans, je revois avec une lucidité qui, à certaines heures, me ferait hurler, tout ce que j'ai repoussé, non par vertu, mais par méfiance et par ladrerie.* Les quelques liaisons ébauchées tournaient court, soit que mon esprit soupçonneux interprétât mal la plus innocente demande, soit que je me rendisse odieux par ces manies que tu connais trop bien : ces discussions au restaurant ou avec les cochers au sujet des pourboires. J'aime à savoir d'avance ce que je dois payer. *J'aime que tout soit tarifié ;* oserais-je avouer cette honte ? Ce qui me plaisait dans la débauche, c'était peut-être qu'elle fût à prix fixe. Mais chez un tel homme, quel lien pourrait subsister entre le désir du cœur et le plaisir ? Les désirs du cœur, je n'imaginais plus qu'ils pussent être jamais comblés ; je les étouffais à peine nés. *J'étais passé maître dans l'art de détruire tout sentiment*, à cette minute exacte où la volonté joue un rôle décisif dans l'amour, où au bord de la passion nous demeurons encore libres de nous abandonner ou de nous reprendre. J'allais au plus simple, — à ce qui s'obtient pour un prix convenu. Je déteste qu'on me roule ; mais ce que je dois, je le paie. Vous dénoncez mon avarice ; il n'empêche que je ne puis souffrir d'avoir des dettes : je règle tout comptant ; mes fournisseurs le savent et me bénissent. L'idée m'est insupportable de devoir la moindre somme. C'est ainsi que j'ai compris « l'amour » : donnant, donnant... Quel dégoût ![2] »

Cette démarche est si claire et si éloquente qu'elle se passe de commentaire.

Je veux seulement faire observer, qu'en plus de constituer une pièce d'auto-thérapie, elle est un retour type de l'homme-guerrier sur son passé et qui cherche au dernier moment à s'ouvrir à une culture de l'amour.

2.   François Mauriac, *Le nœud de vipères*, Paris, Grasset Poche, 1961, p. 76 et sq. Les soulignés en italique sont de M. C.-G.

Dans cette illustration, comme au paragraphe qui la précède, l'accent est mis sur « l'amour par la connaissance ». Mais l'amour de connaissance signifie aussi « la connaissance par l'amour ». L'amour procure la connaissance, comme il procure la sécurité dans les premières années de la vie (surtout). Je réfère ici à quelque chose qui représente l'enjeu principal de l'amour et de sa rencontre avec la liberté. L'AMOUR DE L'AUTRE POUR LUI-MÊME, CELUI QUI STIMULE À ALLER AU BOUT DE LUI-MÊME, CET AMOUR PROCURE LA CONNAISSANCE, PARCE QU'IL PERMET À L'AUTRE D'EXPRIMER SA PERSONNE, DE SE MANIFESTER, DE SORTIR DE LUI-MÊME POUR DEVENIR ENVIRONNEMENT ET PRÉSENCE.

« *Comment t'aimer assez bien, pour que tu deviennes de plus en plus toi-même en vivant avec moi au long des jours ?* »

Voilà sans doute LA question, LE défi, pour les couples, pour les parents avec les enfants, pour les enfants entre eux à un certain âge. Comment aimer qui est libre et autonome ? Comment aimer pour rendre libre et autonome ? Ce n'est pas le défi de la culture guerrière. C'est celui-là même de la culture de tendresse.

Répondre à la question en assumant l'apprentissage que cela suppose, entre proches, dans le quotidien, ouvre à ce qu'il y a de plus vivant et de plus dynamique dans le mariage et la famille. Il me semble surtout que là réside la victoire sur la dépendance et l'aliénation que l'on craint tellement, et avec raison, dans l'abandon à une relation amoureuse que l'on veut durable.

Germaine Greer a bien posé le problème dans de nombreux passages de *La Femme Eunuque*. Aussi écrit-elle, par exemple :

> « L'homme qui dit à sa femme : « Que ferais-je sans toi ? » est déjà détruit. La victoire de son épouse est complète, mais c'est une victoire à la Pyrrhus. Tous les deux ont tellement sacrifié ce qui les rendait aimables à l'origine au profit de la symbiose de dépendance mutuelle qu'ils ne parviennent même plus à constituer à eux deux un être humain complet[3]. »

Ne même plus parvenir à constituer à deux un être humain complet! C'est, hélas, la situation anti-être de bien des couples et parents avec leurs enfants.

De la fameuse question : « Que ferais-je sans toi », comment passer à celle-ci qui suppose une toute autre démarche : « Est-ce que je deviens vraiment moi-même avec toi ? » « Est-ce que tu deviens vraiment toi-même avec moi ? »

Dans bien des cas, cela veut dire, passer de la dépendance à l'autonomie et à l'interdépendance, pour que deux êtres se rencontrent par débordement de soi.

---

3. Germaine Greer, *La femme eunuque*, Paris, Laffont, 1971.

Il n'y a pas là par ailleurs le fameux désintéressement et la démarche de sacrifice sur lesquels des religions, par exemple, ont toujours voulu faire reposer l'amour. L'amour est intéressé! Il est intéressé à la vie. Il n'est pas masochiste. Il recherche ce qui fait vivre, et plus encore, ce qui nous fait vivre de nous-mêmes, ce qui nous fait nous aimer nous-mêmes avec les autres. Lutter pour être, en consentant aux exigences de l'amour, n'est pas tant une question de sacrifice qu'un choix que l'on fait, pour partager sa croissance avec quelqu'un et vivre les difficultés et les joies extraordinaires que cela comporte. L'amour n'est pas une fin. Vouloir aimer, c'est vouloir vivre.

Il y a autre chose encore que je voudrais évoquer là-dessus et qui est infiniment précieux pour qui l'a connu. C'est très difficile à traduire en mots mais ceux qui sont arrivés à bien s'aimer pendant longtemps en ont presque le savoir.

Quand quelqu'un arrive à aimer vraiment d'un amour d'être, qu'il permet à l'autre de se manifester pleinement comme personne, comme individu unique, n'entre-t-on pas dans l'inépuisable, dans ce qui peut être apprivoisé mais jamais connu tout à fait? N'est-ce pas l'un des paradoxes les plus extraordinaires auquel nous confronte une relation amoureuse intense et durable entre un homme et une femme, entre des parents et des enfants: *les gens qui s'aiment beaucoup ne se saisissent jamais l'un l'autre tout à fait.* Ils voient autant leur amour comme un possible que comme quelque chose de réalisé, parce qu'ils sentent qu'il est indissociable de leur croissance, de leur devenir personnel. Chaque fois que je me suis trouvé en contact avec des personnes vivant cette expérience, j'ai été frappé de constater qu'ils ne vivaient pas leur amour comme quelque chose d'assuré, qu'ils n'avaient pas besoin de se donner de garantie, de durée ou de fidélité. Leur amour n'est pas une assurance, mais une provocation, une mobilisation, un désir d'aller plus loin dans le partage de l'être, une grande émotion lucide qui les emporte et dont ils gardent aussi le contrôle, pour se ressaisir chaque fois que cela est nécessaire et faire le point... La passion de l'amour...

L'amour du corps, l'amour des sens, l'amour du nu

Et si l'on revenait maintenant où l'amour de connaissance commence: à l'amour du corps, l'amour des sens, l'amour du nu. Si le témoignage de l'amour de connaissance est fondamental pour la redécouverte de l'amour-passion dans le mariage, celui de l'amour du corps, des sens et du nu ne l'est par moins. L'un ne va pas sans l'autre. Face aux déterminismes culturels qui nous ont imbus de la séparation de la chair et de l'esprit, le rôle des parents devient aussi difficile qu'indispensable pour accomplir la révolution qui s'impose. De toutes les tâches qui nous incombent, parents, c'est peut-être l'une des plus importantes, après la stimulation à la sécurité.

C'est par l'amour du corps que le moi intègre les autres amours de la vie. C'est à travers le corps que s'expriment tous les langages de l'amour. Les fidèles de la bio-énergétique ont raison de redire sans cesse que « notre caractère est dans notre corps », que « nous sommes notre corps ». Chez l'enfant et l'adolescent, l'intégration au monde et à son moi se font simultanément au rythme même du développement du corps.

On peut mentir aux autres, mais on ne ment pas à son corps. Le développement de la médecine psychosomatique, le recours de plus en plus marqué à des techniques de relaxation, les études sur le stress, les thérapies faisant appel au corps, pour ne mentionner que cela, devraient aider de plus en plus de personnes et de familles à se convaincre que la santé mentale aussi bien que physique commence dans l'hygiène du corps et dans l'amour de son corps. Plus il y en aura de convaincus, plus on pourra se libérer, non seulement de philosophies et de morales désincarnées, mais surtout d'une médecine à pilules et à chirurgie, qui continue à abuser massivement des gens — des femmes surtout — en les traitant comme si leur corps était complètement détaché de leur caractère, de leur style de vie, de leur psychisme[4].

J'insiste sur cet aspect pour montrer une fois de plus comment l'accès à l'amour est soumis comme toute autre forme de développement humain à des conditions sociales précises. Il y a des millions de gens qui éduqueraient leurs enfants d'une autre façon, s'ils changeaient leur manière de voir leur santé physique et mentale; mais cela supposerait que les médecins, individuellement et comme groupe social, se commettent enfin pour promouvoir une hygiène du corps.

Peut-on bien aimer quand on mange mal et qu'on a le corps empâté? Peut-on s'abandonner sexuellement quand on est tendu

---

4. Ce n'est pas que le problème d'une « pratique » médicale quasi fermée au psychique qu'il faudrait poser ici, mais celui de la « formation » médicale donnée dans des facultés qui, à quelques exceptions près, n'intègrent pas la science médicale à l'ensemble des facteurs de développement de l'être humain. N'est-ce pas étrange d'être en contact avec des médecins qui n'ont pas l'air d'avoir l'amour du corps et qui vous traitent la plupart du temps comme si vous étiez faits de morceaux séparés les uns des autres?

comme un arc, quand on est rigide, quand « on a les nerfs en boule » ? Là-dessus précisément le corps ne ment pas. *Or, l'amour a besoin de calme, de souplesse, de détente, d'abandon, au-delà des humeurs du moment et des tempéraments.* Ce n'est pas seulement une question de disposition et de disponibilité pour les relations sexuelles, mais c'est une exigence d'environnement, une qualité de présence entre des êtres. La tension qui existe dans certaines familles, au sein de couples, est souvent le pire ennemi de l'amour. (Disant un jour à un auditoire qu'il y avait une écologie de l'amour qui était une écologie de la détente, plusieurs personnes répliquèrent spontanément qu'alors ce ne serait pas au vingtième siècle que cette écologie viendrait !)

De la gamme des moyens qui s'offrent aux parents pour éduquer les enfants à l'amour du corps et des sens (cf. énumération dans l'étude du vouloir-vivre), il en est un que l'on devrait privilégier : c'est celui qui consiste à mettre le corps et chacun des sens en contact avec le plus de stimuli possibles. Par exemple, on peut faire éprouver à un enfant les différentes formes de bien-être provenant du contact de son corps avec la laine, avec un drap doux fraîchement lavé, avec l'eau (différences entre l'eau de la baignoire, l'eau d'un boyau d'arrosage avec lequel on se douche l'été quand il fait bien chaud, l'eau d'un lac ou d'une rivière, l'eau d'un ruisseau bien froid, l'eau d'une source), avec la chaleur, avec le vent. Ces choses-là ne vont pas de soi, surtout dans la civilisation urbaine et industrielle, et il ne suffit pas que l'enfant les vive occasionnellement ; il importe qu'il les vive en plus grand nombre possible, que ses parents les vivent eux-mêmes et l'incitent à les vivre et à les rechercher. À cet égard, l'éducation au soin à prendre de son corps fournit des occasions quotidiennes : bains, massages, propreté, entretien dentaire, contrôle du poids, exercices d'éducation physique et de connaissance du corps. L'enfant doit ressentir, au comportement de ses parents, que ce qui compte dans ces soins, c'est l'amour de son corps. Bien des questions de propreté et de contrôle peuvent être mieux traitées ainsi. Donner des massages aux enfants, c'est les habituer à ressentir la vie qu'il y a dans leur corps et la capacité de contrôle et de détente qu'ils peuvent y puiser, tout en étant une occasion de chaleur et de tendresse entre parents et enfants.

L'alimentation, j'en ai déjà traité, est une autre source permanente d'éducation au goût, aux odeurs, aux couleurs, aux formes. Sentir les odeurs de cuisson, toucher des fruits et des légumes frais, agencer des mets en tenant compte des couleurs, savoir goûter plutôt que de se limiter à gober les aliments. Le contact avec la nature est indispensable pour aiguiser les sens. Distinguer les odeurs de jour des odeurs de matin et de crépuscule, respirer la forêt après une pluie, sentir le bois sec ou fraîchement coupé, observer la vie des plantes, des insectes, des animaux et les spectacles sans nombre qu'offre la nature. Savoir écouter les bruits et les chants de toutes sortes, entrer dans les silences, ne pas être dépaysé par les silences. Il est certain que les enfants qui sont privés du contact avec la nature ne peuvent pas avoir le même contact avec leur propre nature qui est dans leur corps et dans celui de leurs semblables.

Il y a aussi un apprentissage des rythmes qui correspondent à toutes ces formes de contact, qui importe autant que les contacts eux-mêmes. Il faut y mettre le temps. On dirait que l'amour de la vie appelle l'amour du temps et de la mesure, pour approcher les choses et les êtres, les goûter, s'en laisser envelopper. Sous ce seul aspect, l'initiation à la sensualité et aux rythmes sensoriels est indispensable à une vie sexuelle humanisée. Les parents doivent tout faire pour assurer cette initiation aux enfants et leur apprendre le sens du contact avec des corps-personnes, pour qu'ils ne soient pas limités à des contacts de sexes-objets. C'est aux parents d'amener leurs enfants à savoir les parcours des mains et des yeux, sur la chair, comme devant un paysage, à mouvoir leurs membres dans des rythmes différents, à contrôler leur respiration, à prendre le temps de goûter et de toucher, etc.

C'est aux parents à rendre les enfants familiers avec le nu, tout en ménageant la pudeur dont chacun a besoin, à tel âge, dans telles circonstances.

Le contact avec le nu, c'est le contact direct avec le corps et aussi avec la transparence de la personne. C'est aux parents de dire aux enfants la beauté et la signification du nu. Rendre sensible à ce qui est tantôt la fragile enveloppe du corps, tantôt sa force, son mouvement. La forme de chaque univers qu'est chaque être humain. Il n'y a pas que les «yeux qui sont le miroir de ce qu'on appelle l'«âme», mais tout ce que l'on fait avec son corps et ce qu'il devient à partir de ce que l'on vit au-dedans de soi.

Dans la vie sexuelle, par exemple, n'est-ce pas comme si l'on essayait, à travers le plaisir d'être ensemble et de tout partager, d'aller sous la transparence du nu, et de *réussir l'arrimage parfait entre deux corps-personnes.*

Pour vivre le plaisir de l'EXPANSION de deux corps qui se rejoignent et se mêlent en restant distincts aussi, de plus en plus débordants de la vie partagée et accumulée au cours des ans. L'ÉNERGIE, LA CONNAISSANCE, L'EXPANSION DE SOI, LE POUVOIR D'ÊTRE, LA DÉTENTE ET LE PLAISIR

PARTAGÉS, il y a au moins tout cela dans l'orgasme. Le désir et la satisfaction s'y rejoignent[5].

Le bonheur est là. Il se laisse saisir, palper, caresser, emporter, non point dans un quelconque au-delà mais dans l'espace et le temps que forment les deux corps-personnes en expansion et en mouvement l'un avec l'autre. La lumière est dans les yeux et sous la peau qui se colore comme signes visibles de cette expansion de la vie qui cherche à éclater des corps et qui les retient l'un à l'autre en même temps. Aux grands moments, presque à la mesure des années accumulées, partagées, multipliées les unes par les autres, comme si toutes les provocations quotidiennes de tendresse se rassemblaient de partout en même temps dans leurs corps, ils savent pour ainsi dire qu'ils peuvent faire venir leurs vies intérieures à fleur de peau. Ils savent, dans ces moments qui ne s'isolent pas des années multipliées les unes par les autres et dont ils peuvent contrôler la durée à volonté, qu'ils peuvent choisir tous les rythmes et toutes les formes qui conviennent à leurs corps. C'est comme lorsqu'ils dorment ensemble, ou qu'ils ont des orgasmes de parole et de regard, rien qu'à se regarder et à parler de ce qu'ils peuvent vivre ensemble.

C'est « l'arrimage » de leurs corps-personnes. Autant je trouve que ce mot du langage spatial convient pour exprimer la sécurité comme capacité de rencontre entre soi et le monde, comme pouvoir d'être au monde, autant il peut évoquer la rencontre d'amour entre deux êtres. Il convient à l'extraordinaire complémentarité des organes sexuels féminins et masculins. Complémentarité à travers des différences que la biologie nous donne en partage et en parfaite égalité de moyens. — C'est peut-être sur ce plan que l'égalité entre l'homme et la femme est la plus visible — mais que la plupart des cultures ont déformée en imposant le pouvoir d'un sexe sur l'autre. On sait que l'un des principaux mythes issus de ces cultures a opposé « la femme passive qui « reçoit » à « l'homme actif qui pénètre ». Or « le pénis humanisé, qui n'est plus arme d'acier mais chair », pour citer une expression de Germaine Greer[6], est aussi un

---

5. Quand finit l'orgasme ? Pour le guerrier qui trouve la vie seulement dans la démarche vers l'orgasme, il finit souvent avec la satisfaction sexuelle immédiate. Pour d'autres au contraire l'orgasme se poursuit, ou quelque chose d'équivalent, après la satisfaction sexuelle, dans la relation avec la personne aimée. C'est pourquoi certains guerriers aussi tombent dans le sommeil aussitôt après leur jouissance et se retournent contre eux-mêmes... Pour d'autres, l'amour continue...

6. La Femme eunuque, déjà cité, p. 391.

organe pour recevoir chez celui qui peut répondre et se laisser prendre à l'action du vagin et des autres organes de la femme sur lui, autour de lui et en lui. Quand il y a véritablement interaction dans une relation sexuelle entre toutes les capacités sexuelles de l'homme et de la femme, nous nous trouvons devant l'une des plus rares manifestations de l'ÉGALITÉ, et elle revêt alors quelque chose qui s'approche de l'Absolu.

Ce sont encore des choses que les parents doivent savoir dire aux jeunes[7].

L'amour de familiarité et d'intimité

Ce sont des choses dont les couples qui ont atteint un certain bonheur (le bonheur qui est « la conscience de croître » ensemble) devraient savoir particulièrement parler, puisqu'ils connaissent ce langage unique de l'amour qu'est « la familiarité et l'intimité » qu'on développe à vivre ensemble au long des jours et des ans. Il suffit d'avoir vécu quelques années avec quelqu'un, de manière positive surtout, pour comprendre tout le poids qu'il y a dans ces mots et saisir l'unique et l'irremplaçable échange entre proches qu'ils évoquent. Ce avec quoi les gens divorcés même ont le plus de difficulté à rompre, c'est souvent la familiarité et l'intimité qu'ils ont parta-

---

7. Mais comment s'y prendre pour sortir de l'obscurantisme de la culture en matière de sexualité et empêcher, par exemple, des groupes puritains de parents de bloquer le minimum qu'il nous faudrait gagner collectivement pour assurer aux jeunes une information sexuelle adéquate ? L'ignorance des jeunes, en 1980, en pleines concentrations urbaines, est souvent catastrophique. Elle entraîne bien sûr des grossesses non désirées, des avortements, des abus sexuels de toutes sortes de la part d'individus ou de gangs sur des adolescentes et, au moment même où d'aucuns croient à l'illusion d'une libération sexuelle, des comportements sexuels de nature à déformer systématiquement la personnalité et à faire voir la sexualité comme quelque chose de troublant ou de répugnant. On assiste aussi à un phénomène de plus en plus répandu où l'on voit des adolescentes de 15 à 17 ans, complètement naïves, mais qui, suite à une grossesse non voulue, décident de garder l'enfant et l'éduquent dans des conditions aberrantes. Elles le font souvent avec l'idée de donner à leur enfant ce qu'elles n'ont pas reçu elles-mêmes, et leurs milieux, avec une naïveté et une ignorance plus grande encore, les y encouragent.

    Je note ces choses ici pour bien marquer les avantages humains sans nombre qu'il y aurait à informer les jeunes de la beauté et de la plénitude du langage sexuel à partir de la famille comme de l'école.

225

gées; ils se rendent compte que c'est quelque chose qui peut les habiter longtemps après une rupture et prendre à certains moments autant de place que ce qu'ils vivront de meilleur avec un nouveau partenaire. Le quotidien et la durée sont des environnements structurants pour les personnes et cela fait que la familiarité et l'intimité sont au-dedans de nous comme autour de nous; ils s'attachent aux personnes dans un couple et dans une famille comme une « aura », au-delà du meilleur et du pire. C'est une autre des formes que prend l'énergie humaine, que l'on déploie chaque jour en partageant son vécu avec d'autres. Elle devient cadre autour de nous, et structure en nous. Elle peut être évoquée aussi par le fameux « nous deux » dont on se sert souvent pour représenter, d'une façon distincte des personnes, ce qui unit un couple. Mais l'expression est ambiguë et elle peut autant évoquer ce qui sépare un couple que ce qui l'unit comme un certain romantisme à l'eau de rose. C'est pourquoi on la trouve autant sous la plume de ceux qui s'intéressent à ce qui fait vivre un couple qu'à ce qui l'aliène.

Pour les personnes qui ont vécu pendant plusieurs années une existence heureuse et intense dans une famille à travers une relation de couple, familiarité et intimité deviennent synonymes de plénitude, de peuplement, d'enracinement. À vivre ensemble chaque jour au long des ans, on devient « pays » les uns pour les autres. Vision du pays aux dimensions de la personne et vision de la personne aux dimensions d'un pays. On est content à certains moments de quitter ses enfants, son conjoint, comme on est content de sortir de son pays chaque fois qu'on le peut. Mais on n'est pas moins content d'y revenir après chaque absence. On est heureux de recevoir des amis, d'aller chez des amis, de partager beaucoup avec d'autres, mais on est content aussi de se retrouver en famille après. Qui dit familiarité dit famille, comme la chose, le mot vient de la famille. Cela signifie « fréquentation », « partage », « intimité », « apprivoisement », « appartenance », « accessibilité », « simplicité ». C'est le mélange de tout cela qui fait que, si l'on arrive à se sentir aussi bien dans une famille et dans un couple qu'on peut se sentir bien dans sa peau individuellement, on se trouve devant l'irremplaçable. Aussi la privation de la familiarité et de l'intimité familiale entraîne-t-elle souvent le « dépaysement ». Quand la mort frappe dans une famille ou dans un couple où l'on s'aimait beaucoup depuis longtemps, elle prend la forme du dépaysement d'abord. On cherche celui ou celle ou ceux qui étaient devenus espace et horizon autour de soi. D'aucuns qui ont vécu cette expérience vous diront qu'il leur faut presque à certains jours, pour se resituer à nouveau dans leur vie, se réinventer un langage, réapprendre à

226

parler avec les autres, où la communication était pourtant devenue par un ensemble de mots, de gestes, d'attitudes, de postures, l'art de se rejoindre, de se comprendre, de s'aimer.

Si j'ai évoqué la rencontre sexuelle de telle manière dans ce qui précède, c'est que je l'ai regardée à travers l'expérience de familiarité. La rencontre entre deux « corps-personnes », c'est la rencontre entre deux « corps-pays ». On peut s'y attarder en y mettant toutes les ressources accumulées de l'apprivoisement au cours des années. Le corps que l'on caresse et que l'on désire avec une ivresse incomparable après vingt ans de vie quotidienne partagée, il est chargé de tant de vie. C'est un corps oui, mais où le parcours des regards et des mains sur la chair, les rythmes d'amour vont à même les années ajoutées les unes aux autres, les souvenirs, la quête de connaissance et tous les autres cheminements que le corps a conservés et qui en ont fait ce pays où, plus on revient, plus on découvre et plus on a envie de découvrir.

N'est-ce pas ce qui explique qu'on puisse se sentir si bien avec la même femme ou le même homme après des centaines et des centaines de relations sexuelles, reprises mais jamais répétées. Ce n'est pas la sexualité comme telle qui confère cette plénitude et ce désir uniques, c'est qu'elle est vécue dans ce contexte. Il en est de même pour les dialogues qu'un couple peut avoir et que la familiarité intensifie d'année en année. Et ce n'est faire aucune enflure de vocabulaire que de parler d'orgasme, pour évoquer ce que peuvent vivre des couples qui ont appris à se parler et qui font régulièrement des retours sur eux-mêmes. La familiarité que l'on développe entre parents et enfants est du même ordre et procure les mêmes plaisirs dans les familles où l'on se parle d'amour, où l'on se touche, où l'on se raconte les uns aux autres, où l'on voyage ensemble (sur le plan symbolique). On ne saurait isoler, par exemple, de grands moments d'amour entre un couple, des moments où, à l'occasion des choses les plus simples et les plus coutumières telles une caresse, un jeu, un repas, une explication, un retour du travail ou de l'école, on s'arrête devant son enfant pour apercevoir d'un seul regard des années de croissance, un ensemble d'événements, que nous seuls pouvons lire, qui nous sont familiers, et qui en de tels instants nous amènent à dire par en dedans « c'est bien lui, c'est bien elle ». Familiarité de l'album de famille, des photos ajoutées d'années en années, du journal de bord, qu'aucune autre forme de plénitude humaine ne peut égaler ni remplacer; on devrait les mettre dans des coffres à l'épreuve du feu dans chaque foyer, en indiquant pour ceux qui voudraient les dérober qu'il s'agit de l'âme de la famille et que cela n'a aucun prix ni aucune valeur marchande...

L'irremplaçable amour de tendresse et de délicatesse

Par-dessous tout, à la source de tout, je voudrais pouvoir dire avec ceux qui partageront ce livre, les choses de tendresse et de délicatesse qui font la passion de l'amour. Il faudrait pouvoir les dire ensemble autour d'une immense table de familles... en feuilletant l'album de chacun... Pour les uns, c'est le simple geste d'une main passée dans les cheveux au bon moment qui prendrait de l'importance, un compliment fait au hasard et qui est devenue une révélation pour soi-même que l'on était capable de ceci ou de cela, un élan pour redire à quelqu'un qu'on le trouve beau de toutes sortes de façons, ou qu'il fait bien telles choses, une attitude physique de disponibilité qui exprime seulement qu'on est là, prêt à tout partager, une excuse faite au moment opportun pour souligner qu'on ne voulait pas blesser en faisant telle chose qui avait eu pour effet de blesser, l'habitude de dire à ceux avec qui l'on vit qu'on les aime pour ceci et pour cela.

Pour les autres, la tendresse se confond dans des instants privilégiés avec les longues promenades à fleur de peau, les regards complices portés sur des choses et des êtres aimés, les rythmes mêmes de l'amour avec les bonds, les creux, les emportements, les repos, les étreintes chaudes de ceux qui sont contents de s'aimer et dont le regard se trouve soudainement envahi de paix. Et les emportements avec les enfants, quand on les suit dans leurs amours et qu'ils nous suivent dans les nôtres. Vivre avec eux leurs façons de prendre soin de ce qu'ils aiment. Donner asile à un oiseau blessé, qu'on ne réchappera pas et qu'il faudra ensevelir précieusement et mettre en terre dans un de ces cimetières d'animaux aimés que les enfants construisent souvent. Simplement chercher un nom pour une grenouille ou un crapaud avec qui un enfant s'est lié d'amitié. Recevoir un cadeau simple mais fait par son enfant avec la carte où sont dessinés les messages d'amour. Voir des yeux d'enfant s'illuminer en des instants où le bonheur les anime. S'affairer ensemble autour d'un pique-nique où l'on savoure de bonnes choses et s'étendre dans l'herbe chaude pour se rappeler d'autres bons moments d'une histoire de famille. Trouver le soir en rentrant chez soi le repas préparé par les enfants et la table mise délicatement avec un éclairage spécial, des fleurs et de la musique. Se faire border par ses enfants qui en nous embrassant nous recommandent de « bien faire l'amour, pour faire ensuite de beaux rêves et être plus beaux le lendemain ». Être supporté et délicatement surveillé dans sa vie de couple par ses enfants. « Aimez-vous bien ! » que cela est bon à entendre d'enfants qui veillent sur l'amour de leurs parents. Et par les temps qui courent, on trouve aussi de plus en plus des messages de tendresse inquiète et angoissée chez des enfants qui, voyant simplement leurs parents discuter un peu fort, leur écrivent des lettres pour leur demander s'ils divorceront à leur tour comme les parents de tant de leurs camarades à l'école.

Qu'ils veillent quotidiennement sur l'amour de leurs parents. Ce sont les meilleurs gardiens des couples qui veulent se laisser prendre par la tendresse de leurs enfants.

Même l'amour-passion, enfin celui que nous venons d'explorer, il faut le réapprendre avec les enfants, comme le vouloir-vivre. Qui sait si, par là, des familles vraiment voulues comme des mondes d'amour n'arriveraient pas enfin à ouvrir des chemins de tendresse aux sociétés de violence.

CHAPITRE 8

LA FIDÉLITÉ ET LE PROBLÈME
DES RELATIONS EXTRA-CONJUGALES

L'élément culturel principal: la primauté de l'exclusivité sexuelle — Les autres éléments de la fidélité: croire en quelqu'un; assumer un devenir; s'engager entre personnes — La fidélité conjugale, la fidélité entre parents et enfants, la fidélité à soi — Les relations extra-conjugales; ce qu'elles sont; admettre ou ne pas admettre ces relations dans la vie d'un couple; une façon de les envisager — Une écologie de l'amour et de la liberté

Quatre médaillons sur la passion de l'autre

Il est évident que l'une des premières conséquences, sinon la première de toutes, qu'entraînerait une redécouverte de l'amour dans le mariage et la famille de la façon dont nous venons de le considérer, serait la transformation de la notion de fidélité conjugale. Le besoin de cette transformation est suffisamment aigu, pour qu'il soit raisonnable de croire que, si elle ne s'opère pas, l'éclatement des mariages ne fera que s'accentuer. L'identification des principaux éléments de cette transformation culturelle est par ailleurs de plus en plus partagée et fait l'objet de discussions d'un nombre de plus en plus grand de couples de tous âges. On trouve dans le tableau, p. 233, un résumé des principaux éléments de cette transformation culturelle en distinguant les éléments d'une notion traditionnelle et ceux d'une notion renouvelée. Je me suis rendu compte au cours de discussions que ce tableau était très utile. Examinons-les en commençant par le plus important, soit la primauté de l'exclusivité sexuelle, qui a été reconnue jusqu'ici dans la plupart des sociétés occidentales comme « le » fondement de la fidélité conjugale.

L'élément culturel principal ; la primauté de l'exclusivité sexuelle

Demandez à des gens mariés, ou même à des personnes vivant en union de fait, s'ils sont fidèles et, neuf fois sur dix, la réponse que vous obtiendrez signifiera qu'ils ont ou qu'ils n'ont pas de relations sexuelles avec d'autres personnes que leur conjoint. Être fidèle est devenu synonyme de croire en l'exclusivité sexuelle (sinon la pratiquer) pour un couple. Je dis croire sinon pratiquer, parce que c'est le principe qui est devenu fondamental. Dans la pratique, on accordera assez souvent une tolérance tacite à l'égard de ce qu'on appelle des petites incartades, des aventures passagères, des fins de « parties ». Ce sont les femmes surtout qui ont dû s'en accommoder, puisque c'est aussi pratique courante chez des couples de voir les hommes s'octroyer une liberté sexuelle qu'ils refusent aux femmes.

On a invoqué toutes sortes de raisons aussi farfelues les unes que les autres, pour fonder cette discrimination. Ainsi, par exemple nombre de femmes se sont laissées convaincre de ce que les hommes « avaient plus besoin de sexe » qu'elles. Et, selon l'importance qu'elles accordaient à la sexualité, elles pouvaient en tirer un sentiment de supériorité ou d'infériorité... On a également réussi à répandre le mythe que « les femmes étaient plus exclusives que les hommes » ! Ça fait l'affaire des hommes que d'ériger ce mythe, au moins pour entretenir le pouvoir de possessivité sur une femme en particulier. On se rend compte toutefois, à mesure que les femmes se donnent la même liberté que les hommes au plan sexuel, qu'elles ne marquent pas plus de tendance à l'exclusivité que les hommes.

LA FIDÉLITÉ CONJUGALE

TABLEAU X

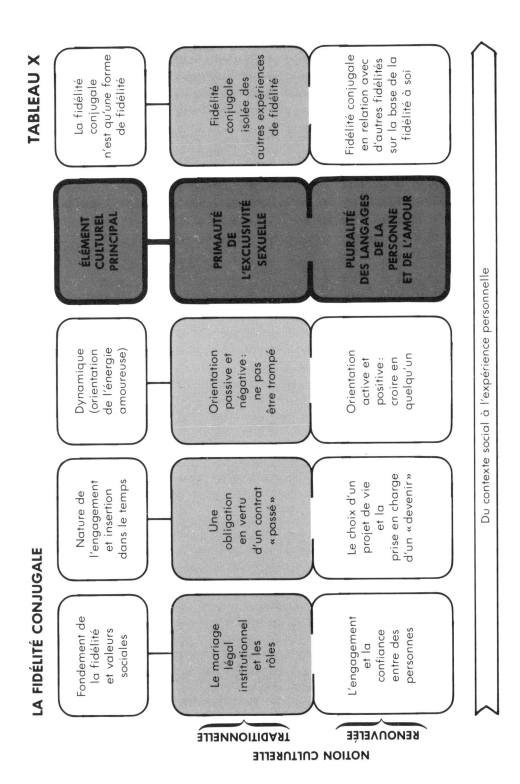

NOTION CULTURELLE

TRADITIONNELLE

RENOUVELÉE

Fondement de la fidélité et valeurs sociales	Nature de l'engagement et insertion dans le temps	Dynamique (orientation de l'énergie amoureuse)	**ÉLÉMENT CULTUREL PRINCIPAL**	La fidélité conjugale n'est qu'une forme de fidélité
Le mariage légal institutionnel et les rôles	Une obligation en vertu d'un contrat « passé »	Orientation passive et négative : ne pas être trompé	**PRIMAUTÉ DE L'EXCLUSIVITÉ SEXUELLE**	Fidélité conjugale isolée des autres expériences de fidélité
L'engagement et la confiance entre des personnes	Le choix d'un projet de vie et la prise en charge d'un « devenir »	Orientation active et positive : croire en quelqu'un	**PLURALITÉ DES LANGAGES DE LA PERSONNE ET DE L'AMOUR**	Fidélité conjugale en relation avec d'autres fidélités sur la base de la fidélité à soi

Du contexte social à l'expérience personnelle

Au contraire, il semble qu'elles soient moins gênées que les hommes par une polyvalence ouverte dans les relations sexuelles, et même lorsqu'elles vivent une relation privilégiée avec un homme en particulier. On se rend compte surtout, à mesure que les femmes commencent à conquérir la même liberté de contacts interpersonnels et sociaux que les hommes, *combien on a pu fabriquer* toutes sortes de mythes sur la psychologie féminine et sur leur sexualité[1]. Ces *mythes n'ont pu prévaloir* qu'en raison de la situation d'assujettissement social et économique dans laquelle les femmes ont été tenues en général. Fabriquer, par exemple, une théorie sur « l'exclusivisme » des femmes est assez facile quand on les contraint de lier leur valorisation humaine et sociale au fait de jouer un rôle « exclusivement » dans le milieu familial. Mais de telles théories ne résistent pas à la réalité, quand l'exercice de la liberté rend possible des expériences pluralistes de vie! Et c'est bien le cas de l'exclusivisme prêté aux femmes. Le fait que des femmes puissent maintenant vivre autant de contacts humains que les hommes, dans des milieux de vie et des activités diversifiés, a une influence sur leur vie sexuelle qui le démontre bien.

J'insiste dès le départ sur cet aspect, car je ne crois pas qu'on aurait pu tellement lier fidélité et exclusivité sexuelle, si les femmes n'avaient pas été assujetties à tels et tels rôles. Songeons seulement que là encore, l'absence de moyens contraceptifs a été un facteur déterminant pour empêcher de dissocier fécondité et plaisir sexuel, et que ce sont les femmes qui ont dû en faire les frais. L'exclusivité est souvent devenue par la force des choses un moyen de protection, au moins contre les risques de grossesse résultant de contacts hors mariage... On sait aussi que dans la pratique ce sont les femmes qui ont fait les frais de l'anathème social jeté contre l'adultère

---

1. Après Kinsey, Masters and Johnson, et combien d'autres encore notamment sur la sexualité féminine, *Le Rapport Hite* vient nous libérer de combien de mythes et de faussetés de toutes sortes. Quelles que soient les critiques faites sur l'échantillonnage utilisé, ce rapport, en nous montrant que quatre mille femmes de tous les coins des États-Unis partagent la même sexualité, prend une valeur anthropologique évidente. Il est très typique de constater par ailleurs l'agressivité que ce rapport a suscitée dans de nombreux milieux masculins et féminins. Elle est telle que le Docteur Pietropinto, auteur d'un *Rapport sur la sexualité de l'homme,* qu'il a voulu livrer pour se défendre du *Rapport Hite,* n'hésite pas à qualifier celui-ci de « sommet de la folie » (p. 192 du rapport de Pietropinto). Il y a du chemin à faire sur certains plans, n'est-ce pas? Les deux ouvrages sont cités dans la bibliographie.

et non les hommes, qui ne sont pas exposés aux problèmes de fécondation qui menacent toujours les femmes et qui ont aussi plus de moyens de masquer leur réputation sociale.

Mais le point majeur que les couples doivent réévaluer est le fait, totalement absurde quand on le considère sous cet angle, de détruire une union pour cause d'infidélité sexuelle ou, selon une formulation que je trouve préférable, « lorsque l'un des partenaires dans le couple a, à un moment donné, des relations sexuelles avec un autre que son conjoint ». Cela signifie que l'on accorde une importance telle à la sexualité, et à l'instinct de propriété qui s'y trouve souvent rattaché, qu'on nie tout ce qu'un couple peut avoir vécu de positif quant aux autres valeurs qui l'unissent, au profit des seules relations sexuelles. Cela est d'autant plus absurde qu'on le rencontre même chez des couples qui pendant de longues années ont vécu une relation heureuse. Voici un cas extrêmement significatif.

Précisons au départ que nous sommes en face d'un couple marié depuis vingt ans et dont l'union a été particulièrement positive. Ils ont trois enfants, avec qui ils forment ce que tous les gens de leur entourage considèrent, comme eux-mêmes d'ailleurs, une famille heureuse et très riche sur le plan de l'expérience humaine qui peut être vécue par une famille. Pour les besoins de la cause nous appellerons monsieur et madame, Pierre et Jeanne.

Leur problème se pose à partir d'une aventure que Pierre a avec une très jeune femme, qui est depuis six mois une de ses proches collaboratrices dans une grande entreprise. Pierre se sent très vite follement amoureux, et observe-t-il lui-même, comblé dans ses relations sexuelles. « Faire l'amour avec cette femme de vingt-deux ans lui donne l'impression de revivre une nouvelle vie. » Jusque-là donc rien de très nouveau, le cas est on ne peut plus classique. Mais les choses vont se précipiter quand Pierre, emporté par cet amour et en même temps rempli de culpabilité face à sa famille, décide de tout avouer à sa femme en la prévenant qu'il demandera le divorce. Il convient de préciser, pour expliquer une partie de son geste, que le système de valeurs de Pierre le rendait incapable de vivre son aventure et son mariage comme une double vie, en cachant l'aventure à sa femme et à ses enfants.

Un élément tout à fait imprévu surgit alors : Jeanne a une réaction de grande compréhension à l'endroit de l'aventure de Pierre. Elle trouve la chose bien normale. *Ce qu'elle ne comprend pas, c'est que pour une aventure qui vient à peine de commencer et à propos de laquelle son mari valorise surtout la « nouveauté sexuelle », il ait décidé de rayer d'un trait vingt années de vie partagée avec elle et leurs en-*

fants. Jeanne profitera de la circonstance pour avouer à Pierre qu'elle a eu, elle, en trois ou quatre occasions des relations avec d'autres hommes, dont elle n'a pas senti le besoin de l'informer, considérant que cela faisait partie de sa vie à elle et qu'elle ne les avait en aucune façon vécues en compétition avec sa relation à Pierre. Inutile de dire que dans ces circonstances, Pierre et Jeanne ont longuement débattu d'une foule de questions analogues à celles que je soulève dans ce chapitre.

On se rend compte précisément que c'est le système de valeurs de Jeanne qui lui a avant tout dicté sa réaction, tout comme chez Pierre, un système de valeurs inverse, sur ce plan, lui avait dicté de demander le divorce. Ils avaient évité depuis plusieurs années de vraiment discuter de la question en théorie, Pierre surtout, qui est beaucoup plus conformiste que Jeanne et qui ne pouvait admettre qu'une personne mariée puisse avoir des relations avec d'autres que son conjoint, sans les considérer comme des erreurs de parcours ou comme quelque chose de répréhensible en soi, qui entre forcément en rivalité avec le mariage.

Il s'est passé par la suite des choses assez importantes et très révélatrices des autres dimensions que j'ai soulevées précédemment. Premièrement, la réaction de Pierre a été un choc très dur pour Jeanne. Après un an, la blessure est encore vive et *ce n'est que par une réévaluation profonde de leur vécu*, dialogues après dialogues, que Jeanne et Pierre pourront transformer la blessure en source de plus grande santé pour leur relation. Cette blessure est causée par le fait que Pierre ait été prêt à rayer d'un trait leur vingt années de vie commune, et alors même que Pierre avait clairement établi qu'il n'avait pas du tout mis les choses en balance, consciemment *et n'avait pas comparé les deux relations qu'il disait de toute façon «incomparables parce que pas du même* ordre». Deuxièmement, cette réaction de Jeanne n'a pas été atténuée par le fait que trois mois après son aveu, Pierre a mis fin à sa relation avec sa maîtresse. Troisièmement, il est intéressant de savoir que l'un des principaux facteurs de rupture a été la disparition du contexte de rivalité et d'interdit qu'entraînait la réaction de Jeanne: l'aventure a alors, selon un mot de Pierre, perdu de son «romantisme» et elle ne pouvait plus être vécue comme un phénomène secret et unique. Quatrièmement, Pierre, devant la réaction-surprise de Jeanne qui n'avait rien de traditionnel, a été bouleversé de constater jusqu'à quel point sa décision à lui «de demander le divorce pour cause d'adultère» était un comportement culturel. Dès qu'il s'est mis à approfondir ce comportement, il s'est rendu compte surtout que sa culpabilité, que son aventure lui avait fait éprouver en regard de son mariage et de sa famille, lui était beaucoup plus dictée par sa culture que par ce qu'il ressentait lui-même comme personne. La rivalité entre ce qu'il avait vécu avec Jeanne depuis vingt ans et ce qu'il vivait avec Elsie depuis un an n'existait pas, dans le sens où l'une remettait l'autre en question à ses yeux. Bien sûr il pouvait souhaiter que son mariage s'améliore sous tels ou tels points, se renouvelle de l'intérieur, s'intensifie, mais pas au point de le renier ni même de le remettre en cause comme quelque chose qui le limiterait dans son développement personnel et face à ses besoins les plus fondamentaux dans la vie. De même il n'évaluait pas que son attachement à Elsie était tel qu'il se serait senti capable de mettre fin pour elle à son mariage. Ce qui devint plus clair pour lui, face à Elsie et à son mariage, en termes de besoins, c'est le besoin du changement, le besoin de vivre autre chose avec d'autres femmes, comme avec d'autres hommes, sur divers plans selon les personnes et les circonstances. Pierre a vu par là aussi l'importance qu'il y a à clarifier, non seulement pour soi mais pour autrui, le genre de relation qu'on sent le besoin de vivre en dehors d'un mariage ou de tout amour privilégié équivalent. Bien des aventures ne seraient pas vécues, ou seraient vécues tout à fait autrement, si les personnes mariées qui les vivent, ou celles qui vivent un amour privilégié équivalent, situaient clairement une relation vis-à-vis de l'autre, sans mensonge, sans jeu, sans fuite. Je reviendrai plus loin sur cet aspect, parce qu'il pose également tout le problème du respect de la «troisième» personne qui doit savoir ce qu'elle vient faire dans la vie de quelqu'un qui est marié ou qui vit déjà un amour privilégié.

Voilà donc le genre de questions que Pierre, Jeanne et Elsie en sont venus à se poser et qui les a amenés à se resituer d'une manière extrêmement positive, chacun face à lui-même et face aux autres, sans préjuger toutefois de l'évolution de leurs liens dans l'avenir. L'élément le plus clair de leur démarche, et le plus partagé aussi, est celui de «la prise en charge de leur destin personnel face aux conditionnements culturels» qui avaient si largement déterminé leurs comportements dans les circonstances, surtout chez Pierre.

Le conditionnement majeur que soulève ce cas, et combien d'autres semblables qui aboutissent à des divorces pour cause d'infidélité (sexuelle), suscite l'interrogation fondamentale suivante: *est-ce que la sexualité est à ce point primordiale par rapport aux autres modes d'expression et de communication d'un couple, qu'elle puisse orienter la fidélité conjugale et justifier l'exclusivité des relations sexuelles dans un mariage ou dans une union de fait?*

On trouvera autant de réponses à cette question qu'il y a de façons de vivre la sexualité et surtout de concevoir son rôle dans l'ensemble du développement de la personne. Le débat collectif et l'état des connaissances en cette matière en sont encore à des balbutiements. Mais, quel que soit le genre de réponse que l'on apporte, il y a une donnée qui s'impose de toute évidence et c'est celle de l'intégration de la sexualité à l'ensemble des modes d'expression et de communication de la personne. Ce qui fait, par exemple, que les relations sexuelles pour un couple acquièrent une valeur unique et incomparable au cours des années, c'est autant la qualité de l'ensemble des langages et des rapports à laquelle le couple est parvenu dans sa communication quotidienne, que la qualité de l'échange sexuel comme tel. L'expérience des couples en difficultés démontre presque toujours que les problèmes sexuels sont étroitement reliés à des carences qui mettent en cause la qualité de leur relation affective, le degré de sensualité et de spiritualité que comprend leur vécu quotidien aussi bien que la qualité de leur dialogue. Les couples qui vivent des relations extra-conjugales, impliquant ou n'impliquant pas d'échanges sexuels, se rendent compte également que la dimension sexuelle n'est ni plus menaçante ni plus stimulante que les affinités de caractère et de tempérament, que la facilité de la communication verbale, que la tendresse qui peut émaner de l'ensemble des gestes et des manières de quelqu'un. C'est donc en fonction de cette réalité et dans le prolongement de l'analyse antérieure sur les langages de l'amour, que je situerai les autres éléments de la fidélité de même que le problème des relations extra-conjugales.

Les autres éléments de la fidélité

- croire en quelqu'un;
- assumer un devenir;
- s'engager entre personnes.

La fidélité est active et créatrice. Il ne s'agit pas de « ne pas tromper », mais de « croire en quelqu'un ». Le premier sens de la fidélité, c'est vraiment « avoir la foi » en quelqu'un. Adhérer à quelqu'un.

Nombre de conjoints se croient fidèles parce qu'ils ne couchent pas avec d'autres, ou même, parce qu'ils respectent les obligations matérielles et légales du mariage et de la famille. Mais comment voient-ils leur conjoint? L'admirent-ils? Qu'est-ce qui fait que leur relation est unique pour eux? Il ne s'agit pas de ne pas trahir, mais de croire à tout ce qu'une personne peut être et devenir et à tout ce que l'on peut partager avec elle.

La fidélité repose autant sur l'admiration qui construit que sur le souvenir qui conserve. Ces deux dimensions lui donnent sa force et son pouvoir sur le temps.

Croire en quelqu'un à travers le quotidien qui nous unit dans le temps suppose qu'on assume et partage un devenir. La fidélité est autant tournée vers l'avenir et centrée sur le présent que gardienne du passé. On est fidèle à quelqu'un avec qui l'on se développe. Il faut toujours compter avec la CROISSANCE. Et c'est là encore le difficile. Être fidèle à ce qui devient et qui par conséquent change, évolue. Une question presque brutale surgit alors; un auteur l'a déjà exprimée en ces termes: «Comment continuer à aimer ce que l'on a démasqué?» Ce que l'on a démasqué, c'est aussi ce que d'aucuns appellent «le pire», qui se mêle avec «le meilleur» quand on partage tout, au long du quotidien.

On retrouve à cet égard l'idée de plus en plus exprimée de «mariage-projet», par opposition au «mariage-contrat» ou «mariage-promesse» en vertu duquel on était voué à respecter un engagement indissoluble. Le mariage-projet, *qui bien sûr n'exclut pas la volonté de permanence et de durée au sein d'un couple*, met l'accent sur le possible, plutôt que sur l'assurance théorique et abstraite qu'on est uni à une autre personne à jamais, pour le meilleur et pour le pire. Il nous met en face de quelque chose qui est à construire, d'une relation entre des personnes qui est à découvrir, à négocier constamment, à re-choisir. Mais on aura beau mettre en valeur la négociation, le dialogue, le respect de l'autre, et combien d'autres moyens encore, il n'en demeure pas moins que le support indispensable à tout le reste, le propre de la fidélité, c'est la foi en quelqu'un, le goût de quelqu'un.

«Je suis fidèle, parce que j'ai le goût de ce que tu es, toi, et je l'ai assez fort, ce goût, pour vivre ma vie à tes côtés: c'est cela que je dis à mon homme pour exprimer ma fidélité»! Voilà ce que répliquait une femme dans un colloque, récemment, pour faire comprendre à un juriste que «l'engagement entre personnes», qu'il y ait contrat ou pas, promesse religieuse ou pas, doit acquérir un poids social. Ceci est fondamental dans le contexte d'une transformation sociologique où l'on tente de se libérer des rôles institutionnels pour accéder à une plus grande authenticité dans les rapports entre les personnes.

Goût d'une personne pour ce qu'elle est et devient, et assurance aussi, qu'elle peut compter sur l'autre. Ce sont deux volets indissociables de l'engagement entre les personnes. Compter sur l'autre pour sentir en particulier que la relation que l'on assume avec lui ou avec elle occupe une place privilégiée au cœur de tout ce que l'on vit. C'est facile de remettre en cause les rôles traditionnels, de dénoncer les conventions légales et les obligations religieuses institutionnelles, mais encore faut-il être cohérent et accepter de s'engager davantage sur le plan personnel de manière à rendre concrets et réels tous les plaidoyers qu'on entend en faveur du respect de la personne et de sa libération...

Être fidèle, c'est se rendre disponible à l'autre, c'est y mettre le temps, tout le temps qu'il faut, et il en faut beaucoup. Être fidèle, c'est croire à l'effort et au difficile qui est attaché à l'approfondissement d'une relation qu'on veut durable entre deux personnes. J'insiste à nouveau là-dessus, car il souffle actuellement sur notre civilisation en Occident un vent de facilité et de peur devant l'effort, qui entraîne, au moment même où l'on voudrait les valoriser, une démission devant les moindres difficultés dans les relations humaines. La séparation et le divorce deviennent trop souvent des démissions, des fuites, des échappatoires ; *on ne rompt pas seulement parce qu'il y a conflit et crise, mais parce qu'on évite d'y faire face.*

Peur de l'effort, facilité, et valorisation effrénée du court terme, au détriment du long terme dans toutes sortes de secteurs. Au travail et en éducation, on vous répète que ce que vous savez aujourd'hui sera dépassé demain, qu'il faudra vous recycler et apprendre un nouveau métier. Les choses que l'on fabrique ne sont pas faites pour durer, mais pour être consommées rapidement et remplacées. Il y a une mystification du changement pour le changement, qui se fait au détriment d'un minimum d'ancrage psychologique et social dans des réalités qui peuvent résister à l'effritement. Le balancier culturel, qui hier était accroché à l'extrême des valeurs de stabilité et de tradition, est accroché aujourd'hui à l'autre extrême des valeurs de changement et de nouveauté.

Ajoutons à ces facteurs, très modernes, le traditionnel sous-développement de nos sociétés en matière de relations humaines, et l'on comprendra jusqu'à quel point l'approfondissement et la durabilité de la relation humaine, qui sont au cœur de l'expérience de la fidélité, se trouvent en quelque sorte battus en brèche par des modèles sociaux d'un tout autre ordre. Il n'y a là qu'un autre de ces multiples conditionnements collectifs qui atteignent les couples et les familles. La fidélité n'y échappe pas.

La fidélité conjugale, la fidélité entre parents et enfants, la fidélité à soi

Le dernier point que je voudrais soulever à propos des éléments de la fidélité conjugale est aussi très frappant sur le plan culturel.

On fait de la fidélité conjugale un cas isolé des autres expériences de fidélité, en particulier de la fidélité entre parents et enfants et de la fidélité à soi. Or les couples auraient tout avantage, sous maints aspects, à se poser les mêmes questions pour chacune de ces expériences et à les évaluer ensemble.

La tradition nous a certes habitués à insister sur la fidélité et le respect des enfants à l'endroit des parents, l'inverse est beaucoup moins vrai. Que répondrions-nous comme parents à nos enfants, s'ils nous demandaient: «Êtes-vous fidèles, vous, à vos enfants?» Reprenant les questions que je viens de soulever à propos de la fidélité conjugale, que répondrions-nous? «Quelle foi avons-nous en nos enfants?» «Quelle est la mesure de notre admiration pour ce qu'ils sont comme individus, pour leur identité personnelle?» «Quel genre de confiance avons-nous en eux?» «Quelle est notre disponibilité, matérielle, mentale, psychologique, affective, à l'égard de ce qu'ils vivent et de ce qu'ils expriment?» «Comment leur faisons-nous sentir que nous avons besoin d'eux et que nous pouvons partager notre croissance personnelle avec la leur?» «Jusqu'où vont nos efforts pour nous adapter à leurs besoins?» «Peuvent-ils compter sur nous de façon inconditionnelle?»

Et que répondraient nos enfants, si nous les interrogions à notre tour sur leur fidélité? «Quelle foi avez-vous en vos parents»? «Avez-vous le goût de vos parents?» «Qu'est-ce que vous «pouvez» partager avec eux?» «Qu'est-ce que vous «voulez» partager?» «Quelle est votre disponibilité à leur égard?» «En quoi peuvent-ils compter sur vous?» «Que diriez-vous à vos amis pour exprimer votre attachement à votre famille?»

Les questions pourraient se multiplier et être reformulées selon les milieux et les langages. Se les poser, chacun pour soi et avec ses partenaires du milieu familial, est un exercice qui vaut la peine. Au fond, il équivaut, pour les membres d'une famille, à être capables de se dire comment et pourquoi ils s'aiment, comment et pourquoi il est difficile de bien s'aimer, et par quels moyens ils pourraient mieux s'aimer. Il démontrerait aussi à bien des couples que ce qui peut garder des parents et des enfants dans une fidélité réciproque n'est pas très différent de ce qui peut garder un couple dans la fidélité[2].

---

2. L'expérience de couples qui envisagent de rompre et qui ont à se poser le problème de leur fidélité à leurs enfants peut être très révélatrice de cette perspective, surtout lorsque les parents acceptent de se laisser interpeller par leurs enfants sur leur situation de couple. Les enfants se révèlent souvent plus compétents que les juges

Il y a de toute manière un commun dénominateur à ce dialogue sur la fidélité à l'autre et auquel ce dialogue devrait précisément conduire, c'est la fidélité à soi. Quelle place occupe-t-elle dans le vécu des couples et des familles? La question nous ramène à l'essentiel de ce livre et à son point de départ sur la sécurité, qu'on la voie à travers cette image d'un bon «arrimage» entre soi et le monde ou tout simplement dans «la capacité de prendre soin de soi-même». Être fidèle à soi, c'est croire en soi, en ses capacités. *C'est s'engager face à soi-même autant que face aux autres.* C'est devenir soi-même PROJET, projet de croissance, d'être, de faire, de communication avec les autres, de la même façon que l'on façonne un «mariage-projet». La question nous ramène également à chacun des besoins fondamentaux, reliés à la formation du moi. Pour être fidèle à soi, encore faut-il avoir été habitué, ÉDUQUÉ, au besoin d'un MOI FORT. En un sens, la réponse aux besoins du je-moi est aussi vitale pour nous rendre fidèle à nous-même, que la réponse aux besoins du je-toi l'est pour rendre fidèle à autrui.

Le problème me fut très bien posé, un jour, par un père et son fils qui se débattaient dans un conflit extrêmement violent et où le vocabulaire du père était toujours dominé par le sentiment de la trahison. Le père répétait constamment à son fils qu'il trahissait la bonne éducation qu'il avait voulu lui donner, qu'il trahissait sa confiance, et ainsi de suite. Un jour, en ma présence d'ailleurs, le fils se vida le cœur et reprit le langage de son père pour lui dire que lui l'avait pour ainsi dire trahi constamment depuis sa naissance, «en n'étant pas disponible», «en ne jouant presque jamais avec lui», «en le méprisant pour des riens», «en communiquant l'aigreur à sa famille quand les autres avaient le goût de rire et de fêter», et surtout, je reprends textuellement l'expression sur laquelle il est revenu plus de dix fois, «en allant jamais chercher les bonnes affaires que je faisais et qui me mettaient moi sur les bonnes pistes pour me sentir correct avec moi-même». Bref, dans sa tirade le fils avait évoqué par la négative — mode sur lequel évoluait son père — l'essentiel de ce qu'on peut se représenter comme supports de fidélité et de relation chaleureuse entre deux êtres.

Une conclusion bien simple se dégage de ce commentaire sur les éléments de la fidélité: bien des choses changeraient pour le

---

et les thérapeutes, alors. Ils sont des témoins quotidiens de la relation que vivent leurs parents. Ils la voient. Ils la vivent. Ils l'assimilent. Et quand les parents acceptent de les écouter, ils peuvent apprendre beaucoup de choses sur ce qui ne va pas dans leur vie de couple et dans leurs personnes. J'y reviens une fois de plus...

mieux-être des couples s'ils s'interrogeaient sur leur fidélité, en approfondissant de façon permanente la qualité de ce qui les unit l'un à l'autre et chacun à lui-même, et non pas seulement quand ils se sentent menacés par une tierce personne... C'est d'ailleurs l'une des grandes évidences qui se dégage de l'analyse des conflits conjugaux. Quand il y a rupture reliée à une tierce personne, la présence de la tierce personne est bien plus souvent l'effet du conflit que la cause. Nous ne saurions mieux amorcer le problème des relations extra-conjugales...[3]

Les relations extra-conjugales

   ı *Ce qu'elles sont*

Avant de dire quoi que ce soit sur les relations extra-conjugales, il importe de les définir, car il y a tellement de façons de les envisager.

J'en suis arrivé personnellement à retenir deux définitions. La première met en relief le critère sexuel qui préoccupe la majeure partie des gens. Ce serait «toute relation significative vécue avec d'autres personnes par l'un ou les deux partenaires d'un couple et impliquant, ou pouvant impliquer, des relations sexuelles». La seconde englobe davantage et porte sur le fait qu'un amour privilégié n'est pas nécessairement exclusif. Ce serait «toute relation significative pouvant s'ajouter à un amour privilégié qui unit déjà un couple, mais qui n'est pas vécu à l'exclusion d'autres amours». Ces définitions peuvent par ailleurs rester vagues, si l'on n'y ajoute pas un certain nombre de caractéristiques référant au vécu de telles relations.

   a Il s'agit de relations dont le principe est accepté par les deux partenaires. Elles ne sont pas vécues comme un interdit.

   b Elles ne sont pas non plus vécues par opposition à une autre relation ou comme compensation à des carences d'un couple, mais comme une sorte de «plus», ou simplement, comme une expé-

---

3. Il me faut bien noter que l'expression «relations extra-conjugales» réfère à la culture traditionnelle, où les relations humaines significatives pour un couple marié sont définies à partir du couple et non à partir de l'ensemble des relations que chaque individu devrait normalement pouvoir vivre, marié ou pas. Au lieu de définir ces relations par rapport au mariage, on devrait, sous maints aspects, définir plutôt la spécificité du mariage par rapport à l'ensemble des relations humaines qui constituent ce qu'il y a de plus essentiel dans une vie et dans l'exercice de l'autonomie personnelle. On y viendra peut-être, un jour...

243

rience différente de celle du couple et répondant à des besoins naturels en matière de relations humaines. Elles peuvent être reliées aussi bien à la rencontre de tempéraments, d'intérêts communs, d'affinités de communication, qu'à des stimulations provenant d'événements-chocs, de hasards. (Il ne faut pas oublier que nous savons encore très peu de choses sur le plan biologique pour expliquer ce qui amène des êtres humains à communiquer.)

c Ce peut être des relations de camaraderie, d'amitié, d'amour, qui n'excluent pas les rapports sexuels par principe mais ne les impliquent pas nécessairement non plus. On doit se garder de vouloir à tout prix les étiqueter, notamment en vertu de catégories culturelles qui visent à départager l'amitié et l'amour, selon qu'une relation implique ou non des rapports sexuels. De toute manière, en général les couples n'autorisent pas facilement que l'un des deux vive une amitié avec une personne de l'autre sexe.

d On ne saurait non plus les étiqueter en fonction de critères de temps et de durée. Elles peuvent être le fait d'un moment ou d'une période privilégiée, elles peuvent être épisodiques ou continues. Il y a ainsi des gens mariés, et remariés, qui ont conservé des relations antérieures à leurs unions conjugales avec des personnes des deux sexes.

e Considérant les préoccupations d'ordre éthique qu'une foule de gens ont à l'endroit de ces relations, il y a lieu de préciser aussi que, d'une façon générale, elles ne sauraient répondre à beaucoup d'autres critères que: l'authenticité, la spontanéité, la franchise et la responsabilité à l'égard de ceux qui nous apprivoisent ou que l'on apprivoise. Il y a aussi un autre mot qui résume tout et qui révèle combien de dimensions de la fidélité: c'est la loyauté.

II *Admettre ou ne pas admettre ces relations dans la vie d'un couple*

Le fait d'admettre ou de ne pas admettre des relations extra-conjugales pour un couple est à la fois un problème de culture et de choix personnel. On trouve autant de façons de voir le problème qu'il y a d'attitudes à l'égard de ces relations chez les couples, qu'ils vivent un mariage institutionnel, une union de fait, une relation amant-maîtresse ou toute autre forme d'union. Pour les uns — la majorité encore — ces relations représentent l'interdit et sont assimilées à l'adultère, condamné par la tradition dans presque toutes les sociétés et condamnable en soi à leurs yeux. Pour d'autres c'est aussi l'interdit, mais en raison du principe qui veut que lorsqu'un couple vit un amour privilégié, les deux partenaires devraient en être comblés et ne pas ressentir le besoin d'autres relations, surtout sur le plan sexuel. Il y a ceux également qui ne les admettent pas en principe mais les tolèrent dans la pratique jusqu'à un certain degré — souvent pour sauver leur mariage — et qui, s'ils y cèdent eux-mêmes, les considèrent comme « un accident de parcours ». Pour certains encore, ces relations sont d'abord liées à la recherche d'expériences sexuelles diversifiées et pourvu qu'elles soient partagées entre plusieurs individus et plusieurs couples. Pour d'autres, elles sont, comme d'autres gestes, l'expression systématique de l'autonomie des individus dans un couple et par conséquent ne sont ni discutables ni négociables. Pour d'autres encore, si le principe de ces relations va de soi, la pratique, surtout dans un contexte de transformation culturelle profonde, signifie souvent des apprentissages fort délicats qui appellent une bonne dose de maturité de la part des personnes et des couples. C'est en fonction de cette dernière attitude que je veux poser le problème.

III « *Une* » *façon de les envisager*
● *La théorie et la pratique*

Quelles que soient les convictions que l'on ait comme individus et comme couples sur le bien-fondé des relations extra-conjugales, l'affirmation des principes est une chose, le vécu en est une autre, surtout lorsqu'on essaie de la façon la plus authentique possible d'ajuster ses besoins à ceux de son partenaire, à ceux du couple et à ceux des autres personnes impliquées. Situons dans ce contexte quelques principes majeurs et certaines dimensions bien concrètes du vécu, *en ayant surtout à l'esprit le cas de personnes vivant une relation de couple qu'ils veulent durable dans le cadre d'une famille.*

Les relations extra-conjugales peuvent être justifiées et valorisées à partir de nombreux principes. Il est difficile toutefois de distinguer ces principes les uns des autres, car ils représentent souvent des nuances dans la manière d'envisager ce qui est avant tout une expérience de liberté et d'autonomie de la personne. L'un des premiers principes est fréquemment formulé comme suit : « Le développement d'un amour privilégié pour un couple qui forme également une famille ne devrait pas signifier que les deux individus renoncent du même coup, *pour toute la durée de leur union*, à vivre des relations significatives et importantes pour eux avec d'autres que leur partenaire dans le couple. » Le même principe est exprimé par cette autre formule : « On ne peut pas penser que deux êtres vivant ensemble pendant des années, quelle que soit la plénitude des liens qui les unissent, vont seuls répondre, en tout temps, à tous leurs besoins, à travers tous les langages de l'amour et de la communication avec autrui. » Dans la même perspective il faut reconnaître l'importance qu'il y a, aussi bien pour le couple que pour les individus, à ce que « chacun puisse vivre son expérience propre dans « ses » relations humaines ». Il est clair à cet égard que l'exclusivité traditionnelle régissant la fameuse « vie à deux » a amené une foule d'individus à vivre repliés sur eux-mêmes et sur leurs conjoints, en se privant de la richesse et de la vie qui sont attachées à une certaine pluralité de contacts humains. La possessivité, la mesquinerie, la jalousie, l'instinct de propriété, qui ont dominé des couples et les ont conduits autant à assiéger leurs enfants qu'à s'envahir eux-mêmes, ne sont pas étrangers à ce repliement du couple sur lui-même, loin de là... On en vient autant à se détruire et à ne plus pouvoir partager ni échanger, quand on est trop proche que lorsqu'on est trop éloigné. (Notons par ailleurs que je ne veux nullement généraliser et laisser entendre que toute expérience excluant les relations extra-conjugales mène là. Il n'y a pas de formule unique et magique à imposer. C'est la pluralité des expériences et des choix qui nous renseignera le plus à long terme, pourvu que collectivement on partage la libéralité qui permet la pluralité.)

Sur le plan de la sexualité, si l'on tient compte que la fidélité embrasse infiniment plus grand que les échanges sexuels, la question suivante appelle un autre principe difficilement contestable : « Au nom de quoi l'un ou l'autre des individus dans le couple peut-il interdire à son partenaire d'avoir des relations sexuelles avec d'autres ? » Seuls, il me semble, les deux individus, ensemble, d'un commun accord, par un choix partagé à tel ou tel moment de leur vie, en situant leurs attentes l'un à l'endroit de l'autre, peuvent se donner telles ou telles limites.

Une chose toutefois peut être absolument bannie : le concept d'adultère et son règne juridique. Le moins qu'on puisse attendre, parmi quelques conquêtes nécessaires à l'évolution de la liberté dans le monde, C'EST QUE LE FAIT D'AVOIR DES RELATIONS SEXUELLES AVEC D'AUTRES QUE SON CONJOINT NE SOIT PAS PUNISSABLE DEVANT LA LOI ET NE DEVIENNE PAS, À LA MOINDRE OCCASION DANS LA VIE D'UN COUPLE, FACTEUR DE RUPTURE, AU MÉPRIS DE TOUS LES AUTRES FACTEURS QUI FONT QU'UNE RELATION DE COUPLE EST VIABLE ET AUTHENTIQUE.

Parmi ces facteurs, il en est un que nous avons évoqué antérieurement dans une autre problématique en le qualifiant de « réflexe de santé » et qui représente en effet quelque chose d'indispensable pour la santé mentale d'un couple. Il s'agit de l'aptitude à savoir se ménager des temps « d'aération », de « ventilation », de « changement ». Être capable de prendre congé l'un de l'autre, pour retrouver d'autres personnes que son conjoint et ses enfants et vivre ce que l'on a le goût de vivre selon les circonstances, sans avoir la hantise que cela ne vienne insécuriser son conjoint ni menacer la relation du couple... qui doit de toute façon trouver en elle-même sa force et son dynamisme. On est rarement fort de ce que l'on s'interdit, mais plutôt de ce que l'on contrôle (contrôle étant entendu au sens de contrôle de soi et de sécurité). Cela rejoint aussi le besoin de relations humaines qui est nécessaire à l'épanouissement de chaque conjoint, et en regard duquel bien des couples manifestent encore beaucoup d'étroitesse. Leur comportement de couple reproduit leur comportement de parents et ils agissent comme si le monde extérieur au couple et à la famille était automatiquement menaçant.

Dans ce contexte d'ailleurs, et sans même parler comme telles des relations extra-conjugales, le travail des femmes à l'extérieur du foyer et les contacts humains auxquels il donne lieu représentent une menace pour des hommes qui étaient habitués à voir les femmes comme «attachées» au milieu familial. *Menace à la pensée que les femmes puissent vivre les mêmes choses que les hommes, et surtout, qu'elles puissent se retrouver dans les bras d'un autre... au lieu d'être bien sagement au domicile conjugal en train de servir leur famille comme* la Femme totale de Marabel Morgan. Si l'on veut poser honnêtement le problème des relations extra-conjugales, je crois qu'il faut bien voir toute la place qu'occupe la hantise de cette menace dans le monde masculin actuellement et dans la crise des relations hommes-femmes. Aussi serons-nous peut-être à même de constater dans l'avenir que c'est avant tout pour se protéger de la liberté sexuelle des femmes que les hommes ont tout fait, dans la plupart des sociétés, pour maintenir des rôles où les femmes sont dans une situation sociale qui ne leur facilite pas des initiatives et des contacts humains susceptibles de les amener à vivre la même liberté sexuelle que les hommes.

Si je parle du «problème» des relations extra-conjugales, c'est surtout parce que dans les faits il semble qu'il soit extrêmement difficile pour des couples de vivre une autonomie sexuelle. Encore une fois c'est un problème autant pour des personnes non mariées et vivant toutes sortes d'amours privilégiés que pour les autres. Et il est très difficile pour les individus d'évaluer ce qui cause leur résistance. Il y a le cas de ceux qui prétendent que la sexualité est un mode d'union et de communication tel, qu'au moment où ils vivent une relation très intense sur ce plan ils ne sauraient concevoir, ni pour eux-mêmes ni pour leur partenaire, que cette relation ne soit pas exclusive. Nul ne saurait démontrer que cette prétention n'est pas fondée et quoi qu'il en soit c'est une question subjective qui dépend finalement de ce que deux personnes décident de vivre ensemble dans la liberté. Par ailleurs, il est certain que la pression des conditionnements culturels qui vont dans ce sens est très forte. Il est donc facile de s'en réclamer. *Le plus difficile consiste à s'assurer qu'on ne se sert pas des pressions culturelles pour masquer l'insécurité personnelle* que l'on ressent à la pensée de voir la personne avec qui l'on vit un grand amour se retrouver dans les bras d'un autre ou d'une autre. La démarche exige beaucoup d'authenticité et de maîtrise de soi, car les pressions culturelles nous ont incroyablement conditionnés aussi à l'instinct de propriété en matière de relations humaines et dans les comportements sexuels. Il faut également prendre en considération le fait que des personnes vivent une pluralité de rapports sexuels et de relations humaines, sans que cela ne porte atteinte à la relation privilégiée qu'ils ont avec une personne en particulier. Au contraire même plusieurs d'entre elles ne vivent que d'autant plus positivement les unes et les autres.

Pour ceux qui vivent l'autonomie sexuelle, il est clair aussi que rien n'est tranché au couteau, que des principes à la pratique il y a une marge qui ne se réduit qu'avec de multiples apprentissages. On se rend compte, par exemple, que cette autonomie peut être vécue sous des modes tout à fait différents. Pour les uns, cela signifie des relations tout à fait ouvertes. « Je n'ai rien à cacher à mon conjoint », dira-t-on, « cela va de soi entre nous que nous vivions ce que nous voulons avec les autres » et que l'on s'en parle ouvertement. Pour d'autres, « vivre ce que l'on veut avec d'autres que son conjoint », signifie précisément « qu'on n'a pas de comptes à rendre sur ses allées et venues » et que par conséquent l'exercice de son autonomie signifie que les relations extra-conjugales vont de soi mais ne sont pas nécessairement ni toujours ouvertes et connues de son conjoint. La distinction est largement théorique car, dans le concret, les choses se vivent souvent autrement. Il suffit de songer à ce qu'on peut se raconter dans un couple, hors de toute volonté de contrôle, à propos de l'emploi de son temps à tel moment de la journée, à l'occasion d'une sortie ; est-ce au nom de l'autonomie et du respect de sa vie privée que l'on cachera à son conjoint que l'on se trouvait avec telle personne, à tel moment ? Par ailleurs, si l'on se sent obligé de tout dire tout le temps, on retombe dans un autre extrême. Et il est certain que chacun a droit de vivre des choses qui n'appartiennent qu'à lui seul. Nous avons tous droit à des lieux secrets qui, même au conjoint avec qui l'on partage son quotidien pendant des années, peuvent rester inaccessibles. Respecter l'autonomie de quelqu'un, c'est compter avec cela, en principe et en pratique. C'est pourquoi aussi comme l'a revendiqué Virginia Woolf, dans un couple, chacun devrait avoir sa « chambre à soi » !

L'expérience des relations extra-conjugales présente aussi des conflits fort réels de disponibilité. « On est responsable de ce que l'on apprivoise. » Il est facile de dire en théorie qu'on est disponible pour vivre telle relation et qu'on n'est pas à la remorque de son conjoint ni de sa famille, mais dans la pratique il peut se présenter une foule de situations où l'on ait à faire des choix. Ces choix peuvent être d'autant plus difficiles qu'on se sent responsable de ce que l'on vit avec les autres, sans se servir d'une relation à des fins purement égocentriques pour satisfaire tel ou tel de ses besoins. Si une fin de semaine, par exemple, vous aviez projeté de partir avec un ami et que votre conjoint ou vos enfants vous réclament pour quelque chose d'exceptionnel et qui a une grande importance par rapport à ce que vous vivez avec eux, quel choix ferez-vous ? Et rien n'est tracé à l'avance en ce domaine, surtout si l'on tient compte du cheminement d'une relation humaine et des attentes des autres à son endroit autant que des nôtres à leur endroit.

Les besoins qui découlent de relations extra-conjugales épisodiques sont aussi très différents de ceux qui découlent de relations soutenues. Quelqu'un avec qui l'on a partagé plein de choses pendant des années doit pouvoir compter sur notre fidélité et la partager avec celle qui nous relie à un conjoint et à des enfants. Mais il va de soi aussi que lorsqu'on vit une relation de couple permanente et tout ce qu'implique une famille, qu'elle soit de type nucléaire, monoparental, coopératif ou communal, on ne peut pas se comporter comme un célibataire. Si d'un côté il faut respecter « l'autonomie de la personne », d'un autre — et l'on est souvent porté à l'oublier dans la recherche de modèles plus libérateurs que les modèles traditionnels — il y a « l'autonomie du couple ». Il y a le cheminement d'un couple, avec ses temps forts et ses temps faibles. Et les relations extra-conjugales s'inscrivent forcément dans ce cheminement, avec tout ce que cela peut impliquer à certains moments de comparaisons entre ce que l'on vit avec un conjoint et avec une autre personne. Il y a des moments où les comparaisons peuvent être bénéfiques, dans les deux sens, et représenter ce qu'il y a de plus sain dans une vie; il y en a d'autres où elles peuvent devenir insoutenables. « Ne doit-on pas admettre, demande-t-on alors, qu'une relation extra-conjugale puisse entraîner de soi le risque de mettre en péril la relation conjugale ? »

« Bien sûr », faut-il répondre à cette question, « il y a des risques évidents » mais il serait naïf ou mensonger de croire que ce sont les interdits traditionnels et la mise entre parenthèses de l'autonomie et de la liberté qui sont préférables pour protéger *la quali-té des liens intrinsèques* qui unissent les membres d'un couple et d'une famille. Et nous savons fort bien que les interdits tradition-nels ont toujours été transgressés, et massivement par les hommes, dans des conditions qui ne prouvent pas que les hommes ont « plus besoin de sexe » que les femmes mais seulement que les femmes ont été assujetties à vivre de telle façon par les hommes. Je le re-souligne, parce que mon expérience sur le débat me confirme amplement que l'autonomie sexuelle pour un couple est loin d'être plus utopique que l'illusionnisme des principes traditionnels, qui n'ont qu'un fondement historique sérieux : le pouvoir des hommes.

● *Une écologie de l'amour et de la liberté*

Comme c'est souvent le cas pour des sujets aussi graves — et c'en est un quoiqu'en disent les marchands de libertés trop faci-les —, la question n'est pas de savoir si on est pour ou contre les relations extra-conjugales, mais si on est prêt à les vivre DANS CERTAINES CONDITIONS. Elles représentent pour le couple, la famille et la société tout entière, l'occasion de développer une nouvelle « éco-logie de la liberté et de l'amour ». Je parle d'écologie pour mettre l'accent sur la création d'un nouvel environnement de l'amour et de la liberté dans le monde du couple et de la famille, ce qui exige un ensemble de conditions qui ont en commun une certaine santé des relations humaines vécues à l'intérieur comme à l'extérieur du couple et de la famille.

L'une des premières conditions tient au sentiment qu'un couple a de sa propre vitalité, de ce qui l'unit, de ce qui fait qu'à l'instar d'un individu et d'une société, il a une personnalité propre et une identité. Un couple doit éprouver un minimum de sécurité et de sû-reté comme couple. Autrement il est sujet à la même dépendance vis-à-vis des tiers et du monde extérieur, que l'individu insécure dont nous avons essayé de tracer le portrait au premier chapitre. Cette sécurité signifie surtout qu'un couple a non seulement gardé mais amplifié au cours des années le sentiment d'être en amour, que chacun l'éprouve devant l'autre et qu'il peut en faire une fête au moment le plus inattendu, comme il peut s'y appuyer pour dire à l'autre ce qui lui est difficile dans leur amour.

Cela implique un corollaire quant aux relations extra-conju-gales, qui est la *capacité de situer clairement ces relations par rapport à l'amour privilégié qui est vécu dans le couple et la famille*. Il faut avant tout être authentique et, si telle est sa conviction, se situer par rapport à cet amour privilégié comme devant quelque chose d'unique plutôt que d'exclusif, qui d'ailleurs ne saurait en soi être comparé à aucune autre relation d'amour ou d'amitié. C'est l'une des principales caractéristiques du « mariage ouvert » que de rompre avec la tradition des amours parallèles cachées et souvent vécues pour fuir et compenser les difficultés d'un mariage fermé. Les gens mariés qui jouent au célibataire ont souvent l'air ridicules... L'authenticité n'est-elle pas la grande règle, face à soi, face à ce que l'on vit dans le couple et face aux autres personnes avec lesquelles on engage des relations. Elle suppose surtout qu'on ne se serve pas de relations extra-conjugales comme de béquilles pour supporter son mariage de l'extérieur. Il peut arriver évidemment qu'on vive beaucoup plus facilement une chose avec un autre que son partenaire, mais alors il importe de le dire pour que les choses soient claires, surtout lorsqu'une relation extra-conjugale n'est pas purement épisodique.

L'authenticité peut également signifier qu'un couple, à telle ou telle phase de son évolution, fasse le choix de ne pas avoir de relations extra-conjugales, pour une foule de raisons. *Choisir d'en avoir n'est pas plus un absolu que choisir de ne pas en avoir* et ce choix peut surtout être révisé en fonction des cheminements des individus et du couple. Il est des temps où à l'intérieur d'un couple, chacun a besoin de savoir que l'autre peut tout vivre avec lui seul. Il y a même dans ce contexte une saine jalousie qu'on a souvent besoin d'éprouver et dont l'absence ferait croire à un détachement qui ressemblerait trop peu à l'amour.

C'est dans la même authenticité que des couples en arrivent à échanger sur les relations qu'ils vivent avec d'autres que leur partenaire et inversement. C'est une occasion de se connaître et d'approfondir ses comportements avec autrui qui peut se révéler extrêmement précieuse. Nombre d'individus se rendent compte alors qu'une difficulté qu'ils imputaient à leur partenaire a plutôt sa source dans leur propre comportement, ou découvrent qu'ils sont sensibles à telle ou telle dimension que leur expérience de couple ne leur avait pas révélée. L'expérience des relations conjugales vue sous cet angle représente une culture de soi et des autres, que bien des individus qui vivent repliés sur leur relation de couple n'éprouveront jamais. Et quand les relations sont vécues à un niveau compensatoire, comme des fuites, des évasions, des aventures cachées qui représentent l'interdit, elles ne permettent pas le plus souvent de rejoindre cette culture de soi et des autres. Enfin, l'expérience des relations conjugales peut avoir une fonction proprement familiale et être très bénéfique pour les enfants si ces relations ne sont pas vécues à leur insu. Mon point de vue sur cet aspect majeur, et qui tient autant à l'expérience que nous vivons comme d'autres avec nos enfants qu'à une approche professionnelle, peut se résumer comme suit.

Si les enfants voient leurs parents vivre sainement des relations extra-conjugales, en sachant que cela comprend aussi «faire l'amour», ils sont amenés alors à constater que ce qui unit leurs parents et qui fonde leur fidélité, n'est pas dans «l'exclusion» de telles et telles dimensions notamment dans les échanges sexuels, mais dans quelque chose de beaucoup plus profond, de plus vaste, d'«unique» à leurs parents et à leur famille, qui tient à ce qu'ils sont comme personnes, à ce qu'ils partagent ensemble dans le quotidien et qui n'appartient qu'à eux seuls. Ce constat est capital pour le vécu immédiat des enfants et des adolescents, mais aussi et surtout pour leur propre avenir de parents et d'adultes responsables de relations amoureuses. CE SONT LES JEUNES QUI SONT LES PREMIERS AGENTS DE TRANSMISSION DES CULTURES. Or c'est par le constat souvent stéréotypé et simplifié à outrance de mariages fermés, et à travers le mythe de l'exclusivité sexuelle entretenue dans l'ombre de la chambre à coucher des parents, que les enfants et les adolescents ont en général assimilé une certaine culture du mariage traditionnel.

Il est essentiel que les enfants se rendent compte : que ce qui unit leurs parents est «unique» plutôt qu'«exclusif» — je le répète à dessein — que cela dépend d'un ensemble de valeurs rattachées à tous les langages de l'amour plutôt qu'à la survalorisation d'un langage sexuel par ailleurs sous-développé ; que ce ne sont pas les rôles ni les stéréotypes qui orientent la qualité des relations de leurs parents, mais les choix personnels que ceux-ci font dans le quotidien et en particulier celui qui consiste à se rechoisir soi-même et réciproquement comme personnes. Je ne laisse pas entendre par là que le mariage ouvert et les relations extra-conjugales sont indispensables à tous pour s'inscrire dans cette vision qualitative, mais que, contrairement à ce que la majorité des gens pensent encore, loin d'être un obstacle à la qualité d'une relation conjugale, ils peuvent être un stimulus.

Mariages ouverts. Familles ouvertes. Un cas est particulièrement intéressant à observer actuellement. C'est celui des familles où les couples vivent entre eux des relations extra-conjugales et pour qui les relations d'individus à individus peuvent acquérir autant de valeur que leurs relations de couples. On peut l'observer dans des coopératives et dans des communes, mais aussi chez des familles qui vivent dans le cadre traditionnel de la famille nucléaire. Ils font l'expérience de partager d'une famille à l'autre ce qu'ils partagent entre eux à l'intérieur de leur famille ou de leur couple. Ce qui se passe alors n'est que l'extension à deux ou trois familles, par exemple, de ce que je décrivais pour une famille et un couple dans les paragraphes précédents, mais c'est immense. *C'est l'occasion pour des enfants de voir s'agrandir un réseau de communications privilégiées habituellement limité à un couple et à leurs enfants, et aussi de voir intégrer les relations sexuelles à l'ensemble des langages et des moyens de communications interpersonnelles, tout en demeurant dans un univers de valeurs familiales.* C'est finalement tous les membres de la famille qui peuvent en retirer profit, en INTENSIFIANT et en REVITALISANT à la fois l'expérience du mariage et de la famille, à des niveaux de partage et de solidarité qui ne connaissent peut-être pas d'équivalents dans quelque autre milieu où il est possible de prendre charge de la condition humaine.

C'est pourquoi j'ai situé ces différentes facettes de l'apprentissage des relations extra-conjugales dans le contexte d'une écologie de l'amour et de la liberté. Le développement de modèles de regroupement familial de plus en plus diversifiés ne peut que favoriser cette écologie, surtout si les sociétés sont capables d'accueillir la pluralité qui est la richesse de ces modèles diversifiés.

Quatre « médaillons » sur la passion de l'autre

Aussi est-ce dans le même contexte d'une écologie de l'amour et de la liberté, que je vais aborder dans la troisième partie, les chapitres sur l'interdépendance, l'admiration, le goût des êtres humains et l'égalité. Ces chapitres ont une orientation et un ton qui contrastent avec les premiers chapitres. Reprenant l'image de l'album de famille que j'ai utilisée précédemment, pour référer aux éléments de vision intérieure de l'univers conjugal et familial que je veux montrer dans ce livre, je pourrais également présenter ces chapitres comme une série de « médaillons ».

Ils ont quelques pages seulement, mais qui font écho à ce qu'il y a de plus nécessaire, peut-être, dans le développement d'une famille et d'un mariage, c'est-à-dire : le temps que l'on prend et la ferveur que l'on met chaque jour pour les vivre comme des mondes d'amour.

Pour les lire avec bien-être, une seule condition : croire à la tendresse par-dessus toutes choses, à la ferveur de vivre, à la passion des êtres.

Ces pages sont, comme la lettre au lecteur, rédigées en forme de lettres. Elles s'adressent au lecteur individuellement, mais dans cette atmosphère d'intimité et d'intensité que j'ai si souvent retrouvée dans des sessions de groupe quand, l'anonymat ayant cédé, on en vient à se parler comme des parents ou des amis de longue date... C'est comme si alors il n'y avait plus de frontières entre l'individuel et le collectif, entre le privé et le public. On se sent bien d'être simplement des êtres humains, tous parents, de la même famille...

Ce sont des transcriptions de vie affective et, plus encore, de vie intérieure — ce qu'il ne faut pas confondre avec l'abstraction — car il s'agit au contraire de ces raisons de vivre et de croire que l'on porte au-dedans de soi et qui sont aussi charnelles que ce que notre corps laisse paraître à l'extérieur. Vouloir vivre, vouloir aimer, avoir le goût de l'autre, c'est exactement comme avoir faim. Alors j'ai fait dans ces pages sur le goût de l'autre, sur les familles ouvertes, sur la passion des êtres humains, sur tout ce qu'il est bon de porter en soi pour entrer en contact avec les autres comme avec des égaux, ce que j'aurais fait si l'on m'avait demandé de décrire ce que quelqu'un ressent de l'intérieur quand il a faim.

On pourra par ailleurs se rendre compte en les lisant qu'elles correspondent aux premiers chapitres, ceux-là mettant l'accent sur l'analyse et la description de situations à travers lesquelles le moi se façonne quotidiennement, ceux-ci évoquant des états intérieurs à partir desquels on se dispose soi-même à rejoindre les autres. Au fond, je veux simplement montrer que l'amour est comme la vie. On le provoque, on le crée, par ce que l'on porte au-dedans de soi, et même quand il vient à nous, on l'accueille avec ce que l'on est soi-même.

Autrement, pourquoi des familles, des couples, des maisons, des quartiers, des pays ?

La passion de l'autre

3

CHAPITRE 9

L'INTERDÉPENDANCE
ENTRE SOI
ET AUTRUI

Lettre de quelqu'un qui a peur

Moi qui crois tellement à l'amour de soi, j'ai peur qu'on aille encore aux extrêmes et qu'on se serve de l'amour de soi contre l'amour des autres. J'ai peur qu'on pousse tellement loin l'autonomie qu'on devienne comme des îles et qu'il n'y ait plus de ponts pour se rejoindre.

J'ai peur que l'on confonde la dépendance et l'interdépendance. C'est tellement différent pourtant. La dépendance, cela va avec l'indépendance, et cela s'exclut. L'interdépendance, cela va avec l'autonomie, et cela se conjugue. L'interdépendance, c'est vraiment l'ÊTRE-AVEC.

J'ai peur qu'on cède à la mode encore une fois. Parce qu'il y a une mode qui est en train de s'établir. La mode du « chacun pour soi », en réaction au « chacun pour autrui » que certaines morales ont traditionnellement mise de l'avant en faisant trop abstraction de l'autonomie et de l'amour de soi. D'un extrême où l'on a souvent exagéré la part du sacrifice, de la résignation et du don de soi — en particulier pour les groupes sociaux dominés —, la mode du chacun pour soi nous amène à un autre extrême, où la générosité et le simple souci de l'autre ne comptent presque plus. Cela prend toutes sortes de formes. Ici on dira que « la charité est une façon déguisée de mépriser les autres et de les dominer », que « la générosité est une forme de paternalisme ». Là on prétendra que le fait de dire à quelqu'un qu'on a besoin de lui pour vivre est un signe de faiblesse. Au dire de certains, être fort et autonome, ce serait pouvoir se passer de tout le monde. Souvent même on a l'impression que des êtres, pour se protéger, se retiennent de paraître chaleureux et communicatifs. Je suis frappé de rencontrer de plus en plus de jeunes, dans la vingtaine, qui transmettent le froid... Et bien sûr l'une des expressions les plus répandues de cette mode est celle qui consiste à jeter son mépris, tantôt subtil tantôt gros, sur le couple et sur la famille nucléaire. Pour les uns le couple tient d'un romantisme attardé, pour les autres il est le symbole des rapports de domination, et la famille est classée comme une réalité de « droite ». Vous voyez le tableau ? Tout cela se tient...

Pourtant on aurait de plus en plus ce qu'il faut pour se mettre à approfondir ce qu'il y a de plus précieux et d'unique dans une belle vieille relation entre un homme et une femme, dans une belle histoire vraie de famille: la croissance partagée. La « raison d'être amoureuse » d'un mariage et d'une famille: CROIRE QUE L'AUTRE EST LA MESURE DE SA CROISSANCE À SOI. N'est-ce pas là le grand choix lucide que l'on fait en s'engageant dans le mariage et la famille, et qui est à l'origine de tout, avec l'élan passionnel: choisir de devenir soi-même avec l'autre, dans une relation quotidienne. On ne le redira jamais trop. Choisir de vivre avec un conjoint et avec des enfants qui vont nous critiquer, nous mettre en question, nous interpeller, nous résister, nous rappeler à travers leur présence quotidienne qu'ils sont l'AUTRE et qu'on doit en tenir compte. Pouvoir se dire et se faire dire qu'on empiète sur la vie de l'autre, ou qu'on se dissimule, qu'on échappe au partage. Car avec les années, on peut apprendre à s'abandonner, à être disponible sans s'imposer, mais on peut aussi apprendre à éviter subtilement. « Ne pas s'endormir sur un reproche non formulé », la formule est d'un chansonnier philosophe. Elle est profonde. Nous sommes loin de la conception romantique du mariage où l'on apprend à des fiancés qu'ils vont consommer le fameux « nous deux » comme un philtre ! Il vaudrait mieux les prévenir qu'ils s'engagent dans un processus de croissance, où l'autre, souvent comme dans la fonction d'un thérapeute, exerce par ses réactions à nos comportements, un pouvoir de résonnance et de rebondissement qui aide à se saisir soi-même et à se prendre en charge.

En choisissant cela, on choisit en même temps de conjuguer l'autonomie personnelle avec l'autonomie du couple et l'autonomie de la famille. Car ça existe l'autonomie du couple et de la famille, et ça se protège, comme l'autonomie personnelle. Cela se façonne jour après jour. Un mot simple de l'écrivain de l'amitié dit comment:

« C'est le temps que tu as perdu pour ta rose qui fait ta rose si importante. » C'est le temps qu'on prend pour chacun des êtres avec qui l'on vit dans sa famille qui la rend importante. Le temps, avec le vouloir, l'effort, la foi et la tendresse. Pour créer un milieu de vie où l'on *sente* la vie, où l'on *mange* la vie. C'est un peu de cette qualité de vie que j'ai tenté de ramener tout au long de ce livre, et qui fait qu'une famille est autonome, qu'elle a une identité, comme les personnes qui la composent.

C'est la passion de l'autre et de la vie qui crée le milieu familial, qui lui donne sa vie et qui n'en fait pas un lieu de compétition stérile mais de partage pour l'autonomie de chacun. Faut-il beaucoup de recettes à côté de cette volonté des personnes pour vivre l'essentiel ? Il faut bien sûr de l'information sur le développement de l'être humain, des supports sociaux nombreux, des forces d'appui dans l'organisation communautaire des groupes de familles, et, au besoin, une aide professionnelle spéciale en cas de difficultés, mais tout cela ne risque-t-il pas de demeurer stérile s'il n'y a pas d'abord au cœur du couple et de la famille la passion de l'autre. « C'est le temps que l'on met chaque jour... » Le temps, et l'effort, pour façonner le difficile mais réel bonheur de « la conscience de croître », ENSEMBLE. « Cent fois sur le métier remettez votre ouvrage », dit-on à l'artisan, et pour faire ce qu'il y a de plus difficile au monde, une famille et même, un amour qui dure entre un homme et une femme, on s'étonne qu'il faille reprendre et reprendre, attendre, être blessé et blesser à son tour, vivre des crises, se sentir dépaysé, étouffé, brimé, coincé, en arriver même à croire à l'usure de ce qui fait pourtant qu'on a eu une vie pleine tant de fois et qu'on a des souvenirs qu'on hésiterait à changer pour ses plus beaux rêves.

Oui, j'ai peur qu'on ait peur de l'effort qu'il faut constamment maintenir pour cultiver l'amour de soi et cette passion de l'autre sans lesquels je ne vois ni couple ni famille ni avenir... J'ai peur que, sans cet effort, on ne soit plus capable de ne presque rien cultiver d'humain sur cette planète.

J'ai peur aussi de la brutalité et de la facilité avec lesquelles on parle de plus en plus de ce qui est si FRAGILE. C'est tellement fragile, être-avec. La croissance d'un couple, ça ressemble étrangement à la croissance d'un enfant. On apprend à marcher-avec dans un couple, à écouter, à parler, à respecter le tempérament de l'autre, ses goûts, ses besoins, son rythme. On franchit des périodes sensibles, sensibles à des acquisitions, à des blocages, à de nouveaux départs. On traverse des âges qui ne sont pas sans relation d'ailleurs avec les âges de l'enfant et de l'adolescent qui, de toute manière, ont une influence sur la croissance d'un couple. Le tout petit enfant exerce une influence bien différente sur la vie de ses parents que l'enfant de cinq ans, de dix ans et ainsi de suite. On en sait bien peu sur la croissance de l'adulte — et l'idée même de cette croissance est nouvelle puisqu'on a toujours fait comme si les adultes étaient des gens arrivés —, mais l'attention à la croissance du couple pourrait nous en apprendre beaucoup, surtout si l'on devenait davantage conscient de cette parenté entre la croissance du couple et celle de l'enfant.

La fragilité, on la ressent presque tout le temps quand il s'agit d'être attentif au développement de quelqu'un, que ce soit son enfant, son conjoint, ses parents, ses grands-parents. Mais il y a un point où on la ressent presque de la même façon dans la relation du couple et dans la relation que l'on vit avec ses enfants. C'est qu'on se rend compte, au long des années, que plus on partage de choses avec un conjoint ou avec un enfant, plus on éprouve la fragilité de la mesure qu'il faut donner à son amour: comment aimer juste assez? Aimer trop peut être aussi néfaste que de ne pas aimer assez. Être trop présent auprès de l'autre peut être aussi risqué que de ne l'être pas assez. Comment, par exemple, devenir un conjoint ou un parent-ressource, une sorte de consultant, face aux décisions de l'autre, sans trop l'influencer du poids de son amour, de son intérêt, de son autorité. Être-avec, sans dominer, sans assiéger, mais être là, intensément disponible.

J'ai souvent pensé qu'avant de s'engager dans le mariage et dans la famille, on devrait apprendre à être jardinier. Le jardinier, le vrai, l'amoureux de ses plantes, celui qui les connaît, qui sait leurs problèmes de croissance, et surtout, de mesure. Il sait tout le soin qu'il faut donner à chacune de ses plantes, que trop d'eau et trop de soleil ferait mourir celle-ci tandis que celle-là n'en aurait jamais assez; il sait qu'à telle phase de la croissance il faut faire ceci mais ne pas le faire à telle autre, et ainsi de suite. Il sait surtout que c'est le temps qu'il perd dans son jardin qui fait son jardin un vrai jardin...

J'ai souvent pensé aussi, et je le pense de plus en plus, qu'au-dessus de tout l'arsenal de nos principes, de nos règles, de nos études de cas, de nos méthodes et de nos échantillonnages scientifiques, de nos thérapies, de tous les exemples que j'aurais pu ajouter presque à cha-

261

que ligne de cette lettre où je n'ai voulu voir les choses que de l'intérieur, il n'y a que la tendresse pour nous donner la mesure de la fragilité de notre vécu avec les autres et du temps qu'on prend au long des jours et des années. Il n'y a que la tendresse.

Mais j'ai peur qu'on ait peur de la tendresse.

J'ai peur qu'on ait peur de l'amour.

CHAPITRE 10

L'ADMIRATION DE L'AUTRE

Lettre de quelqu'un qui croit aux soleils humains

PREMIÈRE PARTIE

À Christian

Si tu me demandais de te dire ce qu'il y a de plus beau dans le monde, sais-tu ce que je te répondrais: « Regarde comme on est beau quand on est bien aimé. » Quand on est aimé pour soi-même. Quand on est valorisé pour ce que l'on fait et pour ce que l'on est. C'est visible. Il n'y a qu'à regarder s'illuminer le visage de quelqu'un à qui l'on dit « qu'il est bon », « qu'il est beau », « qu'il est habile », « qu'il est capable », « qu'il fait bien une chose ». C'est simple, faire de tels compliments, mais cela stimule l'énergie de celui qui les reçoit, ça le pousse à être davantage. Tu vois, j'en reviens toujours à l'énergie humaine et aux moyens très simples que nous avons de la reproduire quotidiennement. Quand on croit en quelqu'un, non seulement on lui fait confiance, mais en lui faisant confiance, on l'amène à avoir de plus en plus confiance en lui. La confiance en l'autre crée chez l'autre la confiance en soi. C'est un cycle merveilleux.

L'éducation des enfants et la relation entre conjoints puisent à la même source. Les compliments, la valorisation des situations où l'autre manifeste ses capacités, ses goûts, c'est aussi nécessaire pour faire croître un couple qu'un enfant. Ce sont les premières nourritures de la sécurité et de l'amour en même temps. C'est comme des caresses qui nous viendraient de l'intérieur et qui se mêlent aux caresses charnelles et aux gestes physiques de la tendresse. C'est un autre cycle merveilleux. On n'aura jamais fini d'ailleurs de les dénombrer, les cycles de vie issus de cette passion de l'autre.

Regarde comme on est beau quand quelqu'un nous aime assez pour nous faire éclater de nous-même, pour nous faire briller, pour nous faire rayonner! Regarde comme on est beau quand quelqu'un nous ADMIRE! Voilà le grand mot lumineux lâché. Le mot lumineux et chaud. Je n'ai jamais pu imaginer des familles et des couples qui durent sans cette grande source, qui fait que nous aussi les êtres humains, comme la terre, on se donne le soleil. Être parents — être éducateur —, choisir de vivre sa vie avec quelqu'un qu'on admire, n'est-ce pas d'abord permettre à l'autre d'exercer le plus vivant de tous les droits humains : le droit d'être-soleil-humain.

C'est simple. J'insiste. Ça peut commencer par une toute petite flamme, par une lueur, que l'attention à l'autre fait jaillir, que l'enveloppement affectif, à la manière d'un climat pour les plantes, fait germer. Que d'amours, de relations chaleureuses, de démarches éducatives, de progrès dans la croissance, de réussites thérapeutiques même, s'opèrent à partir du moment où vous remarquez chez un autre ce que d'autres n'avaient jamais vu, que vous vous attardez à ce qui est positif chez un être. Et souvent aussi, c'est ce qu'on appelle « le coup de foudre » qui déclenche tout. On est ébloui par quelqu'un ou par le geste de quelqu'un. C'est comme la naissance d'un enfant : ça ÉTONNE. L'étonnement est le premier pas de l'admiration. Le dernier est la contemplation. On les confond souvent. Tu connais l'expression populaire où l'on évoque autant la contemplation que l'étonnement, lorsqu'on dit : « Je n'en vois plus clair », « elle me pâme », « on voudrait qu'il reste toujours comme cela » (d'un tout jeune enfant), « on ne se lasse pas de le regarder dans ces moments-là ».. Pourtant il y a tout un monde entre ce premier mouvement de l'admiration qu'est l'étonnement et la contemplation qui vient bien plus tard. Il y a tout un monde de maturation que les vieux amants et les parents, qui suivent pas à pas la formation de la personnalité de leurs enfants, peuvent décrire minutieusement et avec tout l'éclat qui convient.

On ne se rend pas assez compte, on ne le dit pas assez, on ne le chante pas assez ce privilège extraordinaire que nous avons, les parents, d'assister jour après jour à la croissance d'un enfant. Je crois qu'il n'a d'égal que le cheminement d'un couple qui vieillit bien, où l'on en vient à se regarder l'un l'autre comme un paysage dont on ne peut plus se passer, tu sais ces paysages inépuisables vers lesquels on retourne toujours, qu'on connaît sans connaître et qui se renouvellent sans cesse pour celui qui sait les regarder. Je parle de paysage pour évoquer une image familière qui peut refléter l'immensité et l'« infinitude » de ce qu'un être humain peut contenir dans un seul geste qui nous est devenu familier, mais au fond les symboles ne sont pas nécessaires. C'est quelqu'un que l'on regarde dans des gestes quotidiens constamment refaits mais que la vie, la croissance et surtout le regard amoureux donnent à voir à travers une sorte de CLAIR-VOYANCE qui fait qu'on voit en même temps, de l'intérieur et de l'extérieur, dans l'instant et dans la continuité d'une relation, le geste, la personne aimée et l'amour qui nous fait vibrer à ce geste.

J'essaie ainsi de décrire le plus minutieusement possible ce que l'on vit quand, par exemple, s'arrêtant pour regarder son enfant, son mari ou sa femme poser un geste quotidien, on se dit, en dedans de soi, sans nécessairement l'exprimer par une caresse physique, «que je l'aime», «c'est bien elle», «qu'il est beau». On peut certes vivre cela au début d'une vie de couple et le répéter — combien de fois! — avec ses enfants quand ils sont en bas âge, mais c'est particulièrement l'expression du mûrissement de l'amour. Il s'agit de quelque chose qui est tout le contraire de l'usure, cette usure que d'aucuns voient comme une fatalité du mariage... avec l'aliénation. Quelque chose qui tient de la même ferveur grâce à laquelle il est plein de vieillards, de par le monde, qui meurent à la fois en pleine jeunesse et en pleine sagesse.

Et dis-moi: est-ce les relations qui s'usent? est-ce les personnes qui s'abîment et pâlissent? ou n'est-ce pas plutôt notre regard qui renonce au pouvoir de s'étonner et de cultiver la ferveur à l'égard des êtres? Écoute les gens qui s'étonnent à la naissance d'un enfant dire en même temps avec désabusement: «Ah! s'il pouvait rester comme cela toute sa vie..., mais hélas, il va vieillir...» (sous-entendu: «il va se gâter, entrer dans la machine à usure et à nivellement avec tout le monde»...). Et l'on a le même réflexe devant des fiancés, leur souhaitant beaucoup de bonheur mais les prévenant de telle façon des embûches qui les guettent, des difficultés avec les enfants qui vieillissent, de la routine qui mettra leur passion à la raison, qu'au lieu de cultiver la ferveur on les prépare à y renoncer. Même réflexe encore devant les parents qui ont de jeunes enfants et pour qui l'on brandit le spectre des implacables difficultés de l'adolescence. Et ainsi de suite face à combien d'autres situations et d'étapes dans la vie, où l'on vous incite à renoncer au pouvoir de la ferveur.

Au cœur de l'admiration, entre le pouvoir de s'étonner et le pouvoir de contempler, il y a le pouvoir de la FERVEUR. Si c'est le temps que l'on prend pour les êtres qui les rend importants, c'est aussi la qualité du regard que l'on jette sur eux qui les rend éclatants. Qui les fait briller. Qui les fait rayonner autour d'eux. Qui les fait se manifester. Qui les rend à l'EXPRESSION. Quand j'admire quelqu'un et que je le lui montre, je l'amène à s'exprimer, à sortir de lui-même ce qu'il est, à développer ses capacités, ses talents à lui.

Le temps qu'on prend pour les êtres et la ferveur avec laquelle on les regarde sont des éléments inséparables dans la passion de l'autre. Éléments aussi du pouvoir humain sur la routine et contre l'usure. Ils sont la vie qui provoque la vie, la chaleur qui engendre la chaleur, la lumière qui fait la lumière. Comment éduquer un enfant, et l'aimer surtout, si on ne recommence pas tout le temps à croire en lui et à le lui montrer. On ne me fera jamais croire à aucune recette, à aucun principe, que l'on n'ait d'abord exposé à cette lumière, à cette chaleur, à cette vie du regard que l'on porte sur l'autre avec toute l'attention et la délicatesse que l'on peut y mettre pour ne rien ignorer des germes et des pousses de l'autre. On en revient toujours au métier de jardinier qui n'a de cesse de prendre soin de ses plantes et d'observer ce qui les fait bien pousser, chacune à sa façon parmi des milliers et des milliers de variétés.

Être parents, quels que soient sa race, sa couleur, sa religion, sa condition sociale, sa scolarisation, ses revenus, ses convictions politiques, n'est-ce pas être des allumeurs de soleils humains. Après avoir choisi de reconduire la vie, nous n'avons pas le droit de ne pas donner avec le goût de la vie, non plus que de substituer à la ferveur la tiédeur. Il m'arrive même de penser que c'est notre seule liberté, les parents, de donner le goût de la vie et la passion des êtres. Être à tous les carrefours de croissance de nos enfants, pour leur faire tirer le maximum de leurs apprentissages et renouveler notre propre ferveur de vivre avec eux. Multiplier ces «oui à la vie» que nous avons dénombrés au troisième chapitre de ce livre. Et par-dessus tout, être attentif à ce qui fait que lui, ou elle, distinctement de son frère, de sa sœur, de nous, peut croire en lui-même, se sentir valorisé, s'affirmer, être admiré. Nous n'avons pas le droit d'éduquer des enfants qui ne voient pas dans notre regard et dans la façon dont nous prenons soin d'eux, que nous les admirons. Ce n'est pas vrai que les enfants perdent en vieillissant cette beauté et cette fragilité qui nous émeut tant quand nous les regardons au berceau. C'est notre regard qui pâlit, c'est notre ferveur qui cède. Nous manquons de patience et de passion pour les accompagner dans leur lutte de chaque instant pour la vie, pour leur moi. Oh! certes! peuvent-ils devenirs cruels même à l'occasion pour se faire une place au soleil, mais s'ils sentent que nous nous gardons nous-mêmes au cœur de leur croissance dans l'amour de la vie et la passion de l'autre, ils se garderont eux-mêmes dans la tendresse. La beauté et la fragilité humaine ne sont pas l'apanage des débuts d'une vie humaine, pas plus que de l'humanité tout entière, elles sont de tous les instants où nous ne cessons pas d'y croire avec nos mains et avec la lumière que nous donnons à nos yeux.

Que nos enfants puissent nous reprocher d'avoir été gauches, d'avoir trop cru en nos idées ou à celles d'une génération, qu'ils nous soumettent à leurs plus farouches critiques, mais qu'ils ne puissent pas nous dire que nous n'avons pas cru assez en eux, que nous avons manqué de ferveur à leur endroit, non!

Ne pas être des parents tièdes, ni éteignoirs. Ne pas être un conjoint tiède ni éteignoir. Cela va ensemble. Ce n'est pas ce que nous demandons à nos enfants d'être qui compte le plus, c'est ce que nous sommes devant eux. Comment maintenir une union entre un homme et une femme sans la puissance fragile de l'admiration réciproque? Que l'autre puisse nous reprocher toutes sortes d'écarts, d'insuffisances, d'abus, mais qu'il ne puisse pas nous dire que nous n'avons pas cru assez en lui, en elle, qu'en allant avec nous sur les chemins d'un quotidien mal partagé il a presque perdu la trace du chemin qui le menait au bout de lui-même, au bout d'elle-même.

Voilà ce que je voulais te dire dans cette lettre et que tu peux redire en particulier à ceux qui veulent à tout prix répandre la ferveur de l'aliénation, de l'usure, de l'emprisonnement à deux, à trois, à quatre, à cinq dans les familles. Nous sommes nombreux encore, très nombreux, à croire aux soleils humains. Nous pouvons nous multiplier dans des familles-jardins, dans des quartiers-jardins, dans des villes-jardins. Le temps d'aimer est jeune sur la terre et la ferveur de vivre a bien de quoi s'étonner encore. Tandis qu'il y en a qui continueront de lutter pour l'égalité des classes, d'autres continueront de lutter pour la passion des êtres dans des familles où nous chercherons à nous renvoyer la lumière de l'un à l'autre. Tous les combats pour la liberté ne peuvent pas se mener dans la même arène. Et dis-moi, si les familles renonçaient, si on les amenait à se renoncer à elles-mêmes, par quels jardins artificiels les remplacerions-nous pour cultiver la vie humaine?

CHAPITRE 11

LE GOÛT DES ÊTRES HUMAINS

Lettre de quelqu'un qui croit aux soleils humains

Je n'ai pas fini de te parler de la ferveur. Quand on fait un pacte avec la ferveur, c'est comme avec la liberté, on veut toujours aller plus loin. Tu sais où ? C'est encore bien simple : dans la famille humaine. Ça ne se sépare pas, une famille individuelle et la famille humaine. Comment s'engager dans l'une sans se sentir de l'autre. Comment croire à l'une sans croire à l'autre. N'est-ce pas pour rejoindre la grande qu'on met tant de soin à se comprendre dans la petite ? N'est-ce pas la même passion qui nous mène de l'une à l'autre. La même passion et le même esprit de famille qui font qu'il y a des maisons ouvertes, tu sais, des maisons où tu peux entrer et ne pas t'y sentir étranger, parce qu'on sait te montrer dans une maison ouverte, dans une famille ouverte, qu'un être humain n'est pas un étranger pour un autre être humain ? Parce qu'on n'exige pas de cartes d'identité, ni de lettres de référence, ni de diplômes. Parce qu'on peut te donner la main, te toucher, t'embrasser, sans te demander ta généalogie, ton certificat de citoyenneté ou ta fiche médicale.

Parce qu'il y a un voisin avec qui on peut partager autre chose que la météo et faire mieux que de se renvoyer les balles perdues des enfants qui jouent de chaque côté de nos clôtures de voisins. Parce qu'on peut se parler, vraiment, de ce que l'on vit, entre hommes et femmes, entre adultes et enfants, et faire éclater le mur des familles « citadelles de la vie privée ». Parce que chaque jour on est confronté à des problèmes du même ordre, humain, familial, personnel et collectif, et qu'on peut les partager. Parce que chaque jour on vit des joies de familles et d'êtres humains, et qu'on peut les partager. Parce que tout au long de l'année, on vit des fêtes, des fêtes de congés, des fêtes de saisons, des fêtes d'anniversaires, des fêtes pour le simple plaisir de fêter, et qu'on peut en faire des fêtes de voisins et même des fêtes de quartiers, comme on le voit dans certaines villes lorsqu'on ferme des rues entières et qu'on décore ses balcons pour aller danser sur le pavé avec des voisins, des amis, des camarades et des inconnus. Les maisons ouvertes vont avec les quartiers ouverts et avec les villes ouvertes.

Parce qu'entre voisins, vois-tu, on peut s'organiser ensemble pour prendre soin de nos affaires et ne pas être toujours à la merci des grands vendeurs, des grands publicistes et de l'État. On peut s'organiser ensemble pour moins dépendre des grands pouvoirs extérieurs aux familles et aux quartiers. On peut même démontrer qu'on a assez l'esprit de famille — de la grande et de la petite —, pour ne plus rejeter nos vieux, nos délinquants et nos handicapés et les remettre à l'État pour qu'il les cache et les isole de la majorité des bien-portants... Nous n'invoquerons plus l'étrange privilège de la majorité à ne pas avoir sous ses yeux le vieillissement, la souffrance, la différence...

Parce qu'entre voisins, on peut garder les yeux ouverts sur les êtres humains, simplement, parce qu'ils sont des êtres humains.

Belle utopie! dira-t-on. Et je suis d'accord, mais pour un temps seulement. Le temps où les familles fermées, les maisons fermées, les quartiers fermés, les villes fermées et les nations et les régimes fermés l'emporteront encore sur les familles ouvertes, sur les maisons ouvertes, les quartiers ouverts, les villes ouvertes, les nations et les régimes ouverts.

Le temps où l'on continuera d'apprendre aux enfants à se méfier des étrangers (ceux qui ne sont pas de la famille, « la petite »), à dire « bonjour » sous conditions et à n'embrasser que les gens de l'autre sexe.

Le temps où les adultes seront des modèles fermés pour les jeunes, excluant de leur entourage et de leurs intérêts ceux qui n'ont pas les mêmes revenus, la même scolarisation, les mêmes convictions politiques, les mêmes convictions religieuses, les mêmes manières de vivre, de penser, de s'habiller... (La discrimination, tu sais, elle n'est pas innée, ce sont les adultes qui l'apprennent aux jeunes.)

Le temps où les religions et les systèmes politiques resteront fermés sur leurs « CROIS OU MEURS » respectifs, tuant, torturant, méprisant ceux et celles qui n'ont commis d'autre crime que celui d'être DIFFÉRENTS, en partageant d'autres convictions que celles de qui les écrase, et souvent qui les écrase au nom même des droits de l'homme! Les droits de l'homme défigurés, utilisés, exploités par le plus fort contre le plus faible.

273

Et le temps où les hommes et les femmes resteront dans des rôles et des tâches séparés est presque la clef de voûte du système de discrimination entourant soigneusement la planète, de l'Orient à l'Occident. La clef de voûte de la discrimination et le premier des murs de la culture primitive derrière lequel on apprend aux enfants du monde entier à percevoir les hommes et les femmes à travers le préjugé. Songe à la masse incroyable de préjugés et de valeurs stéréotypées dans laquelle on pétrit littéralement les garçons et les filles. Songe à tout ce qui changerait si on se voyait, hommes et femmes, comme des êtres humains d'abord.

Songe à tout ce qui changerait encore si le temps des écoles fermées, où l'on ne prend pas le temps qui rend les enfants importants, devenait le temps des écoles ouvertes où la connaissance de l'être humain, de l'être concret et présent en chaque enfant, avec son vécu à lui et partagé avec le vécu de ses camarades, devenait aussi important que les programmes de connaissance des savoirs. La connaissance, et l'amour. Ne trouves-tu pas étrange que dans les écoles, où j'ai vécu moi jusqu'ici plus des deux tiers de ma vie, on ne parle à peu près pas de l'amour de l'être humain, de la ferveur, de la passion de toi-même et de l'autre. Il n'est pas surprenant alors que le temps des écoles fermées engendre le temps des spécialistes fermés, des fonctionnaires fermés, des professionnels fermés, où l'on ne prend pas le temps qui rend importants les personnes qui viennent chercher des services. Et songe surtout au temps des bureaux et des usines fermées, où ce n'est ni toi ni l'autre qui sont importants, mais les boulons que tu fixes par seconde et le dossier que tu classes.

Et quand tu rentres chez toi, pour bien boucler ce cycle infernal du temps des sociétés fermées, tu es pris par le temps des images fermées où, sur ton petit écran, on te gave à ce point de violence et d'horreur sur l'être humain que tu en perds le goût jusqu'à ne plus reconnaître ni chercher autour de toi d'autres images, de dignité, de tendresse.

Si une fois de plus je suis retourné à cette problématique globale, c'est pour la rappeler au regard des détracteurs acharnés et sans nuances du couple et de la famille, et qui veulent à tout prix les rendre responsables d'une aliénation de l'être humain dont les sources jaillissent presque de partout dans la société actuelle. Si la famille fermée est facteur d'aliénation, c'est qu'elle est elle-même tributaire de la société fermée. Et il ne sera jamais facile de développer des familles ouvertes dans des sociétés fermées. C'est de partout qu'il faut abattre des murs entre les êtres, des murs qui ont souvent des fondations millénaires, pour jeter des ponts et ouvrir des passages. La tâche est d'envergure. *Elle est politique.* Elle suppose de grandes équipées de tendresse collective qui appareillent dans tous les milieux de vie. Pour l'amour de l'être humain. On a mobilisé tant d'armées pour l'amour des dieux, des rois et des souverainetés nationales. Il est peut-être temps de se mobiliser, directement, sans intermédiaire, pour l'amour de l'être humain.

Si tu savais comme il est des familles qui sont prêtes à partir, à continuer, à chercher, à lutter, à aller plus loin, et qui ont la passion des êtres humains! Si tu savais comme la vie d'un seul adulte avec un seul enfant apporte plus chaque jour que l'on est capable d'en recevoir et jusqu'à quelle plénitude incroyable cette vie de chaque jour multipliée par les années nous mène! Car vois-tu, ce qui rend la vie de couple et la vie de famille extraordinaires, c'est l'emploi que l'on peut faire du quotidien, au long des années, POUR NOUS ABANDONNER À CETTE PASSION DES ÊTRES HUMAINS. Au fond, une famille, un couple, des vies rassemblées sous un même toit au rythme des jours et des années multipliées les unes par les autres, des grands-parents jusqu'au dernier-né des petits enfants, c'est une petite galaxie humaine. On y est un peu comme le scientifique passionné du cosmos qui aurait choisi de s'attarder chaque jour à quelques étoiles en particulier pour mieux comprendre l'ensemble des mondes stellaires.

Mon problème en te disant ces choses n'est pas, comme d'aucuns pourraient le penser, de te traduire ce phénomène en poésie, c'est au contraire de passer par la faiblesse des mots pour te faire sentir cette ÉNERGIE qui anime notre corps et chacun de nos sens, quand on vit dans une famille qui est une petite galaxie de soleils humains. Ne demande pas si elle est plus spirituelle que physique ou affective, cette énergie, elle est faite de tout ce qui fait qu'un être humain est un être humain et sur lequel nous savons peut-être beaucoup moins encore que sur ce qui fait que les étoiles brillent. C'est pourquoi l'expression des besoins par chaque individu et la manière dont ils sont satisfaits quotidiennement comptent tellement. C'est pourquoi je n'ai rien voulu montrer d'autre dans ce livre, en particulier dans les premiers chapitres. Rien d'autre, si ce n'est la FERVEUR.

C'est bien la ferveur que l'on a à l'endroit des êtres qui en fait des soleils. Elle est la grande source d'énergie et de connaissance puisqu'un être qui est stimulé par la ferveur d'autrui à son endroit se manifeste, s'exprime, se fait connaître. La ferveur quotidienne. La ferveur qui ne cède pas. La ferveur qui crée la vie et la renouvelle. Je le redis et voudrais le redire encore davantage. *C'est elle qui nous donne la mesure de ce que les êtres humains peuvent être*. C'est elle qui fait une famille, qui la maintient et la porte au bout d'elle-même. C'est elle qui nous fait dire, devant l'enfant qui vient de naître comme devant le couple, «plus il va vieillir, plus il va vivre». C'est elle qui change la vie en désir de vivre toujours plus.

C'est elle qui est la réponse — la plus valable, à mes yeux bien sûr — à la fameuse question que nous avons soulevée antérieurement à propos du mariage: « COMMENT ÊTRE AUTANT MOBILISÉ, STIMULÉ, PROVOQUÉ À VIVRE PAR UN AMOUR QUI DURE QUE PAR UN AMOUR QUI NAÎT? COMMENT CONTINUER À DÉSIRER CELUI OU CELLE QUI NOUS A DÉJÀ SATISFAIT? » Parce que ce n'est pas tant ce qui dure qui s'altère, que notre façon de le voir et de le vivre. Imagine un artisan qui aurait perdu la ferveur de son métier et qui voudrait continuer d'être un artisan? Ce n'est pas possible!

«Voir chaque être chaque jour comme s'il était le premier être humain que nous rencontrons au premier matin de la création.[1] » Ne soumettre les autres qu'à ce pouvoir d'étonnement face à tout ce qu'un être humain peut faire et être à n'importe quel moment de son existence. Garder notre vie et celle des autres dans le cycle de l'admiration. Nous n'avons rien de moins — et peut-être rien de plus — à offrir à nos enfants et à nous-mêmes dans le couple. S'il est vrai que chaque cellule familiale recommence à sa façon l'humanité, nous voulons ne pas trop nous éloigner de la première source: de l'étonnement devant la vie.

---

1. Expression empruntée à Rainer Maria Rilke.

Nous voulons aussi étendre le temps des familles ouvertes. Passer du temps des murs au temps des ponts.
Ce ne sera pas facile, puisqu'il est des villes tellement
fermées déjà qu'on ne peut pas y sortir seul le soir sans
exposer sa vie. Mais raison de plus pour aider les familles
à faire des villes ouvertes.

Il n'y a que la tendresse pour venir à bout de la violence.

Non pas seulement la tendresse isolée, cachée, mais
la tendresse multipliée et répandue dans la cité. « Une
vraie tendresse de quartier », comme me le disait un jour
un jeune qui rêvait de voir les villes modernes transformées avant qu'il ne soit trop tard. Transformées par une
vie de quartier à dimension humaine, où il soit possible
aux familles ouvertes et aux personnes ouvertes de communiquer entre elles, de partager des services communs
et d'animer la démocratie ensemble. N'est-il pas possible, en effet, que les savants professionnels et les grands
technocrates de la chose publique nous aident à donner
asile à la tendresse dans nos villes ?

Ce n'est pas l'humanité à distance que nous voulons
rencontrer à la porte de nos maisons ouvertes, ce sont nos
proches et nos semblables humains du quartier. Dans les
quartiers on ne cherche pas les grandes causes nationales
et internationales, on vit les causes de quartiers. On prend
la vie au commencement. La grande famille, on la fait à
partir des petites. Il y en a beaucoup qui ne s'en rendent
pas compte, peut-être parce qu'en étant allé trop longtemps et trop loin dans des écoles fermées, ils se sont
éloignés de l'essentiel...

Le goût des êtres humains, simplement, parce qu'ils
sont des êtres humains.

Je te l'ai dit. Il y a plein de familles qui ne sont pas
à bout de souffle et qui sont mûres pour le cultiver, ce
goût, et le répandre. Nous sommes prêts à nous organiser dans nos quartiers, pourvu qu'on nous apporte un
peu de soutien technique et qu'on ne nous enlève pas le
goût...

Nous attendons à la porte de nos maisons ouvertes.

Entre, qui que tu sois, nous regarderons le soleil ensemble.

CHAPITRE 12

L'ÉGALITÉ,
AUSSI ENTRE LES
MAINS DES PARENTS

Lettre du dernier mot

On ne se surprendra pas que mon dernier mot sur les besoins de la personne et d'une société plus humaine porte sur l'égalité.

Il est finalement bien peu de choses, dans un livre comme celui-ci, que l'on puisse « affirmer » avec une certaine sûreté. Mais l'égalité en est une pour moi. C'est pourquoi j'en ai fait le sujet de ce dernier mot. Parce que l'égalité vient au bout des conquêtes les plus difficiles, qu'elle dépend de tous nos autres besoins et, en particulier, de la sécurité. Ce dernier mot rejoint le premier, sur la sécurité, dont j'ai osé « affirmer » qu'elle était le premier de tous les besoins humains. Mieux on est dans sa peau, moins on craint les autres et moins on a envie de les dominer ; plus on est capable d'entrer en contact avec les autres comme avec des égaux et non des inférieurs ou des supérieurs, des dominants ou des dominés. C'est une disposition beaucoup plus rare qu'on ne le croit. On peut même se demander si elle n'est pas aussi rare que la paix dans le monde. Que la tendresse.

Je parle évidemment de l'égalité qui devient, en fonction de l'éducation que l'on reçoit depuis sa naissance, une disposition de la personne qui oriente nos comportements et nos rapports avec les autres, entre hommes et femmes d'abord, entre adultes et enfants, entre professeurs et étudiants, entre professionnels et clientèles, entre patrons et employés... Je ne parle pas de l'égalité entre les classes, sur le plan économique, ni entre les nations. Bien que l'une et l'autre soient liées et qu'on ne se rende pas compte — ou qu'on se refuse à la voir — jusqu'à quel point l'aptitude personnelle des individus à entrer en contact d'égal à égal avec autrui est une des premières conditions de l'égalité sociale, politique, économique. C'est pourquoi j'ai montré, dans l'étude sur la sécurité, comment on peut précisément se servir de situations de pouvoirs politiques, professionnels, économiques, et même de son autorité de parents, pour compenser des difficultés personnelles à entrer en contact d'égal à égal avec autrui. C'est pourquoi aussi je dis qu'il faut souvent se méfier des beaux discours à portée universelle sur l'égalité et sur la solidarité avec l'humanité à distance. L'expérience authentique de l'égalité, c'est dans le contact avec nos proches que nous pouvons la vivre, entre conjoints, entre parents et enfants, à l'école, au travail.

280

Je ne parle pas non plus de l'égalité que l'on assimile à l'uniformité des comportements et au nivellement des différences entre les êtres. Il est étrange qu'à notre époque encore on doive tellement lutter pour démontrer qu'être égal ce n'est pas être pareil. L'enjeu extraordinaire de l'égalité, c'est la différence. Pouvoir se compléter, s'ajouter les uns aux autres, s'enrichir, atteindre toutes les nuances possibles de la vie, à travers les différences individuelles. Mais la différence dérange, autant dans les sociétés dites de la libre entreprise que dans les régimes totalitaires. La différence fait peur à l'ordre établi. Elle fait peur aux régimes fermés, aux bureaucraties fermées, aux écoles fermées, aux partis fermés, aux générations fermées, aux idéologies fermées, aux intelligences fermées, aux cœurs fermés, aux corps fermés. Aussi, les publicistes et les tenants de tous les pouvoirs fermés veillent-ils à l'uniformité des majorités silencieuses et voient-ils à ce que partout, il n'y ait pas trop d'individus qui lèvent la tête plus haut que la moyenne, qui aient des convictions personnelles et les affirment, qui revendiquent leur autonomie et qui refusent de se faire assimiler par un parti, par un clan, par un milieu. Rien n'est moins toléré peut-être que le droit à la dissidence. Et l'on en vient à une telle panique, et à un tel mépris de la liberté que permet l'affirmation des différences, qu'il se trouve de plus en plus de beaux esprits, scientifiques par ailleurs, pour rêver de contrôler les différences individuelles par la sélection des gènes! Quel beau couronnement ce serait pour la vieille gérance mâle de contrôler, à partir de « ses » bébés-éprouvettes, l'égalité et l'inégalité, la capacité des uns et l'incapacité des autres, et toutes les moyennes acceptables de souffrance, de dépendance et même, pour que cela reflète bien le génie de l'espèce, les marges d'erreur admissibles à l'ordinateur du bien commun. Génie de l'espèce et grandeur même, puisque déjà les avantages de la lobotomie, bien pratiquée sur les délinquants les plus dangereux, rendent presque futile le débat sur la peine de mort...

Non, l'égalité dont je parle est autre. Elle se forme à même la croissance personnelle de chaque individu au rythme de son apprentissage du social. Il n'est pas de dimension où une famille peut jouer avec une aussi grande intensité son rôle de charnière entre l'individuel et le collectif, entre le personnel et le social. Si l'on n'apprenait que cela dans une famille : être capable, spontanément, de se percevoir comme égal aux autres et, réciproquement, de percevoir les autres commes des égaux. Et c'est dans cet apprentissage que la relation entre conjoints et la relation parents-enfants deviennent les premiers modèles de rapports d'égalité pour l'enfant ou de dominants à dominés. Quelle responsabilité, mais quelle tâche fantastique ! Il me semble que c'est suffisant pour donner la ferveur de la vie de famille à ceux qui la cherchent.

Les conditions de la formation au sens de l'égalité entre les êtres humains, elles sont ici entre les mains des parents qui doivent se faire assez grandes et assez pleines pour contenir les nourritures nécessaires aux autres besoins et d'où l'égalité tire petit à petit sa substance. Il s'agit d'alimenter par l'éducation la capacité d'adhérer progressivement à la plus haute conquête des êtres humains.

• D'abord, pouvoir se situer par rapport à soi. Être soi-même un bon point de référence pour soi-même. Compter sur soi et sur son vouloir-vivre. — Cela implique rien de moins que le minimum vital nécessaire à la formation de la sécurité, de l'identité personnelle et de l'autonomie.

• Pouvoir situer les autres comme des êtres différents. C'est l'accès à l'interdépendance, fondée sur la reconnaissance de l'autre dans son identité propre.

• Pouvoir considérer les autres comme des partenaires plutôt que des rivaux. Non seulement ne pas craindre les autres, mais pouvoir rechercher la collaboration des personnes que l'on perçoit comme fortes et sûres d'elles-mêmes. — C'est la recherche d'autrui pour lui-même et la capacité d'admirer l'autre.

• Pouvoir éprouver le besoin aigu de l'appartenance sociale à travers des formes concrètes d'engagement social, de service social, de civisme, de vie d'équipe, de vie de groupe, d'intérêt aux dimensions collectives de l'existence. — De besoin, l'appartenance sociale est devenue une capacité, un intérêt, une forme de dynamisme personnel. L'énergie individuelle a trouvé son « emploi » social, sans être compensatoire de carences sur le plan de l'identité personnelle et de l'autonomie.

● Pouvoir accéder au sens du pluralisme, c'est-à-dire au respect de la pluralité des possibles humains, en regard desquels chaque être humain peut être considéré pour lui-même, apprécié, valorisé, parce qu'il est un être humain différent de tous les autres et unique. — Ici, la personne et le social se rejoignent à travers le goût des êtres humains et le vouloir-aimer, qui atteignent indistinctement nos proches et l'humanité à distance. On s'identifie à la «famille humaine», à laquelle on se sent fier d'appartenir. C'est l'accès au sens le plus profond et le plus universel à la fois de la *parenté*.

La parenté! J'aime mieux cela que la solidarité et que la fraternité même, pour évoquer les liens universels qui nous unissent aux autres. C'est plus complet, c'est plus biologique, c'est plus congénital. Qui que l'on soit et où que ce soit sur la planète, quels que soient les croyances et les régimes politiques des pays, nous sommes parents, nous sommes de la même famille humaine. Nous sommes parents, simplement parce que nous sommes des êtres humains. Nous sommes frères et sœurs à travers la même époque, mais nous sommes fils et filles à travers l'histoire, dans la continuité de la lignée humaine.

Il n'y a que la parenté pour stériliser toutes les formes de l'inégalité, de l'exploitation à la guerre, de la domination au racisme. Stériliser le racisme surtout qui empoisonne toujours de la même façon notre goût de parenté: en niant les différences. Pas seulement les différences de races, mais les différences de convictions, de croyances, d'idéologies, de générations, de manières de vivre, d'être soi-même, unique, et parent de tous les autres qui sont aussi uniques en eux-mêmes.

Il n'y a que la parenté pour nous rendre à l'abondance de la vie que prodigue la reconnaissance des différences. Je reviens au mot fameux de Saint-Exupéry «Si je diffère de toi, loin de te léser, je t'augmente», et à la leçon que le scientifique Albert Jacquard nous invite à tirer de la biologie après avoir lui-même repris le mot de Saint-Exupéry: «Je souhaite, dit-il, que mon lecteur retienne de la biologie cette leçon: notre richesse collective est faite de diversité. L'autre, individu ou société, nous est précieux dans la mesure où il nous est dissemblable.[1] »

---

1. Albert Jacquard, *Éloge de la différence*, déjà cité.

Serait-ce par peur, une peur primitive encore, que l'on choisit la simplification, l'appauvrissement, le «moins-être», en recherchant, sur le plan intellectuel surtout, ce qui est pareil, et en combattant les différences! On sait pourtant, d'instinct, que la richesse de la vie n'est pas dans l'opposition irréductible des différences d'opinions, de convictions, de manières d'être, de tempéraments, mais dans leur conjugaison. Quand on rassemble des opinions différentes sur une question, on arrive au même résultat qu'en mêlant des couleurs différentes: on rejoint l'abondance de la vie à travers les contrastes, les nuances, les raffinements de la pensée. Quand on accepte d'écouter ceux qui pensent différemment de nous, qu'on les laisse aller le plus loin possible dans leur exploration d'une question, on se donne à soi-même autant qu'à l'autre la chance d'approfondir la vie, de s'enrichir ensemble. C'est l'a b c de la connaissance, et aussi de la vie en société, qui n'est possible que si à travers les différences on arrive à dégager des consensus. Mais à voir l'utilisation que la culture guerrière fait de l'intelligence, s'en servant bien davantage pour opposer et dissocier ce qui est différent, plutôt que pour le rassembler et le conjuguer, on a l'impression qu'on a peur, non seulement de l'amour, mais de la vie, de l'abondance de la vie.

IL NOUS FAUT APPRENDRE À METTRE L'INTELLIGENCE AU SERVICE DE L'AMOUR.

La culture guerrière fait trop tourner notre intelligence à vide, sur elle-même, comme Narcisse qui ne se quitte pas du regard, fixé sur la fontaine où il cherche désespérément son image. On dirait qu'on ne lui a pas encore appris à vraiment aimer l'être humain.

Elle a besoin d'un corps à aimer, l'intelligence: le corps de l'humanité.

Développer le sens de la parenté entre les êtres, simplement parce qu'ils sont des êtres humains, est une façon privilégiée de lui donner ce corps à aimer.

C'est la première chose qu'on devrait enseigner aux enfants à l'école: mettre leur intelligence au service de l'amour. Leur faire marier la vie à la vie. Les faire travailler avec leurs idées comme s'ils avaient des saisons à produire, en s'attardant minutieusement aux contrastes, aux nuances, aux mélanges, que l'on obtient quand on dépasse les oppositions entre les théories et les idéologies pour rassembler ce qui fait la vie et l'équilibre dans les unes et dans les autres. Ne pas leur donner l'illusion, en opposant systématiquement le progrès aux traditions, la nouvelle génération contre l'ancienne, qu'on peut devenir un arbre sans racines. Et pire encore, ne pas les garder dans des forêts sélectives et dépeuplées, où l'on entretiendrait une seule variété d'arbres qu'on croirait supérieure à toutes les autres. Aussi différents qu'ils soient, le chêne et le roseau sont égaux, et la nature a besoin de l'un et de l'autre pour garder son équilibre et son abondance. C'est cela qu'il faut montrer aux enfants, en leur apprenant à se méfier de ceux qui veulent leur enseigner «la» vérité, «l'infaillible» vérité... Qu'on leur donne plutôt la confiance en eux, avec un bon coffre d'outils et le goût de l'inquiétude pour chercher et partager avec d'autres qui cherchent et qui n'ont ni vérité catholique à vendre, ni vérité marxiste, ni recette pour devenir heureux en quelques jours à la condition d'avoir versé la bonne obole au bon gourou...

Mon projet est politique et pédagogique.

Un jour, à la fin d'une session de groupe qui avait été d'une grande ferveur, une femme prit la parole pour raconter ce qu'elle vivait avec ses deux fils, deux jeunes adolescents. Situation on ne peut plus classique, qui se répète à une multitude d'exemplaires, et qui est susceptible d'avoir des effets destructeurs permanents dans la vie de l'adulte et en particulier sur ses contacts sociaux; l'un des deux adolescents réussissait à l'école sans trop d'effort, tandis que l'autre y arrivait difficilement et avec beaucoup d'efforts. Il s'en est suivi des conflits à la fois latents et manifestes entre les deux adolescents, au point que la mère avait l'impression d'avoir donné naissance à «des frères ennemis». Notons qu'avant l'âge scolaire, des conflits reliés aux différences d'habiletés et d'intérêts entre les deux enfants s'étaient manifestés, mais sans atteindre l'état critique d'alors. Notons également que s'il n'est question que de la mère, dans ce résumé, c'est que son mari, lui, «ne croyait pas beaucoup à ces sessions de groupe» et considérait comme fatale l'animosité entre ses fils; par ailleurs, il n'avait pas beaucoup le temps de les voir, étant donné que son travail l'appelait à voyager souvent. Dans ces circonstances la mère, qui était convaincue que l'amour aurait dû «naturellement» rapprocher deux frères et les amener à s'aider plutôt qu'à vivre constamment en rivaux, avait décidé de demander de l'aide. C'est ainsi que l'intervention d'un travailleur social, qui n'avait pas de «vérité thérapeutique» à imposer à la famille mais seulement un support technique et humain intelligent à offrir, eut sur la relation des deux frères et sur l'ensemble de la vie familiale des effets bénéfiques (en étant accompagné bien sûr d'autres supports de la part d'enseignants, de conseillers en orientation, et même d'amis de la famille). Les principaux problèmes identifiés avaient le commun dénominateur suivant: on avait éduqué les deux frères comme s'ils devaient être pareils du point de vue de leurs aptitudes et de leurs centres d'intérêts, les comparant, souvent même sans s'en rendre compte, et oubliant surtout de voir dans le détail de leur évolution que l'un n'était pas inférieur à l'autre, mais qu'*ils avaient besoin d'être valorisés par des activités et des stimulations tout à fait différentes* dans l'ensemble de leurs comportements.

Ceci apparaissait aux yeux de la mère comme quelque chose de simple, mais qui en même temps prenait l'allure d'une véritable révélation à ses yeux. C'est pour en témoigner qu'elle avait décidé de confier son expérience au groupe à la fin de cette session. Elle insistait également pour montrer jusqu'à quel point elle était devenue consciente que, de la qualité de la relation vécue entre ses deux fils, allait dépendre une grande partie de leur existence et de leurs contacts avec les autres. Elle voyait clairement toutes les conséquences sociales et existentielles qui découlaient dans une bonne mesure pour ses enfants, de sa capacité à elle et à son mari de valoriser leurs fils, distinctement, à travers leurs différences individuelles. Elle conclut son intervention en disant, dans ses termes à elles, que, d'une part, elle se rendait compte que l'amour ne pouvait pas grand-chose s'il n'était pas supporté par un minimum d'information sur le développement de la personne, et que d'autre part, si elle avait à rendre un service à la société elle s'engagerait dans la mise sur pied d'écoles de parents...

Il serait superflu que j'ajoute quelque commentaire pour dire pourquoi j'ai choisi de terminer cette «lettre du dernier mot» par cet exemple... Il résume de façon assez évidente le pourquoi de ce livre.

286

À la fin de cette session de groupe, à un étudiant qui exigeait une réponse «courte, directe et simple» à la question de savoir ce qui serait «le plus nécessaire pour s'engager dans une vie de couple et de famille», je répondis: «Aimes-tu les êtres humains passionnément? Au point de vouloir en mettre au monde et, surtout, de t'en rendre responsable avec tout ce que cela exige de quêtes, d'apprentissages, de supports et de luttes avec toi-même autant qu'avec autrui? Et si tu me permets l'image, es-tu prêt à y mettre le temps qu'un chercheur d'étoiles met pour se situer dans l'univers entier en s'attardant toute sa vie à une toute petite famille d'étoiles?...»

Ainsi s'achève le cycle des besoins de croissance

Ainsi s'achève l'évocation du cycle des besoins de croissance que j'ai identifiés comme ceux du «je-toi». Avec ceux du «je-moi», abordés dans la première partie, ils forment l'ensemble des besoins de croissance qu'une famille peut stimuler, pour permettre à chacun des individus qui la composent de se développer comme personne et de s'épanouir dans une société où d'autres milieux de vie que la famille, l'école en tête, soient sensibles à ces besoins. C'est le sentiment d'appartenance à la famille humaine qui en dépend.

On trouve, dans les deux tableaux qui suivent, le cycle du je-toi et la vision d'ensemble où le je-moi et le je-toi se conjuguent pour engendrer, à travers un long processus de maturation, le je-il, symbole de notre identification à l'humanité.

Ces deux tableaux complètent les deux premiers de cette série sur les besoins de croissance de la personne, qui figurent à la fin du premier chapitre et de la première partie. La lecture de ces quatre tableaux aidera le lecteur à ressaisir la démarche pédagogique suivie pour apprivoiser cet ensemble d'un chapitre à l'autre.

C'est la saisie de l'ensemble qui importe le plus dans ces tableaux. La structure est là pour évoquer des lignes de force de la vie qui est en nous et à travers laquelle on entre en relations de croissance avec le milieu. Les textes ne visent qu'à «suggérer» des éléments de résumé sur l'essentiel des chapitres. Ils comprennent: une définition de chacun des besoins, dans laquelle figure toujours le mot «pouvoir» pour symboliser le «possible humain» et la dimension énergétique sur lesquelles j'ai particulièrement insisté; entre les modules circulaires contenant ces définitions, un élément

TABLEAU XI

LES BESOINS DE CROISSANCE DE LA PERSONNE : 3

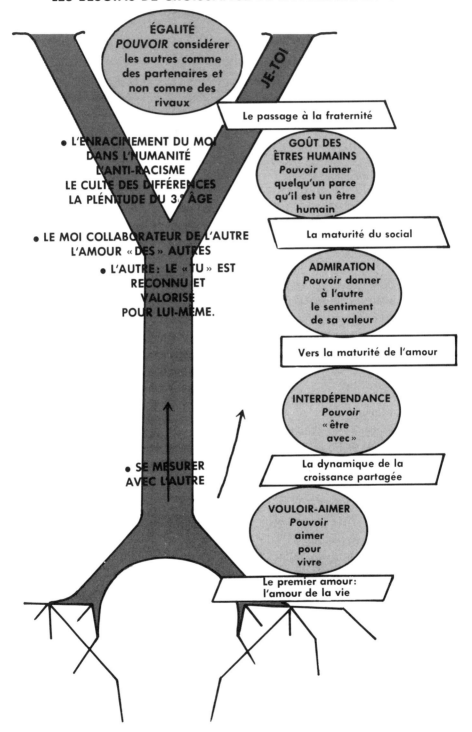

ÉGALITÉ
POUVOIR considérer les autres comme des partenaires et non comme des rivaux

JE-TOI

Le passage à la fraternité

- L'ENRACINEMENT DU MOI DANS L'HUMANITÉ L'ANTI-RACISME LE CULTE DES DIFFÉRENCES LA PLÉNITUDE DU 3ᵉ ÂGE

GOÛT DES ÊTRES HUMAINS
Pouvoir aimer quelqu'un parce qu'il est un être humain

La maturité du social

- LE MOI COLLABORATEUR DE L'AUTRE L'AMOUR «DES» AUTRES
- L'AUTRE: LE «TU» EST RECONNU ET VALORISÉ POUR LUI-MÊME.

ADMIRATION
Pouvoir donner à l'autre le sentiment de sa valeur

Vers la maturité de l'amour

INTERDÉPENDANCE
Pouvoir «être avec»

La dynamique de la croissance partagée

- SE MESURER AVEC L'AUTRE

VOULOIR-AIMER
Pouvoir aimer pour vivre

Le premier amour: l'amour de la vie

suggérant la démarche de croissance qui caractérise le passage d'un besoin à l'autre (exemple: de la sécurité au vouloir-vivre, on passe «de la santé à l'énergie»); vers le centre, touchant le «Y», quelques formulations évoquant la maturation propre au développement de tel ou tel besoin (exemple: «la vie s'enracine dans le moi» pour marquer ce qui est spécifique au développement de l'identité personnelle et de l'autonomie; «le culte des différences» et «la plénitude du troisième âge» pour caractériser le sens de l'égalité et le goût des êtres humains qui marquent la maturation du social).

Comme je l'ai souligné dans le premier commentaire sur ces tableaux à la fin du chapitre sur la sécurité, ces éléments ne sont donnés que pour éclairer des nuances, des temps forts et des mouvements d'une dynamique de croissance. Ils sont pertinents dans la mesure où l'on ne les enferme pas dans un système rigide. Il est certain, par exemple, que le cycle du je-moi correspond davantage, du point de vue des âges de la vie, aux apprentissages de l'enfance et de l'adolescence, tandis que le cycle du je-toi est relié aux premiers apprentissages proprement adultes; mais ce sont des cycles complémentaires qui s'entremêlent et qui, selon les âges, les individus et quelquefois même des événements-chocs, se vivent autant simultanément que successivement. Il peut arriver, par exemple, qu'un grand amour, un travail dans un milieu qui nous permet de nous affirmer et de nous sentir valorisé, nous apporte la sécurité dont on aura été privé dans l'enfance. Il en va de même, et fréquemment, pour l'autonomie; que d'individus après une séparation ou un divorce découvrent pour la première fois de leur vie qu'ils peuvent être autonomes.

Ce qu'il faut voir d'essentiel dans ce que représente ces tableaux, c'est *une constellation des forces de la vie en nous* et entre lesquelles il y a un ordre de croissance et des processus de maturation. En être conscient et pouvoir se dire à soi-même «*voilà seulement une partie du monde qui est en moi et que je peux animer*», peut être une source extraordinaire de bien-être et — Lowen a raison — de bonheur. Avec tout le difficile et le merveilleux qui en jaillissent en même temps, à tout âge.

Avoir trente ans ne signifie pas qu'on est socialisé. Le «tu» n'est pas le «il». Aller de soi à l'autre en tant qu'individu n'est pas la même démarche ni la même conquête que d'aller aux autres à travers un groupe, une communauté. La vieillesse est à la mesure de ce qui l'a précédée. Pour les uns elle est aboutissement, carrefour, somme; pour les autres elle est l'espoir à peine secret que ce qui n'a jamais été beaucoup s'arrête. Pour les uns et les autres, s'identifier à l'humanité ne fait pas nécessairement d'eux des frè-

TABLEAU XII

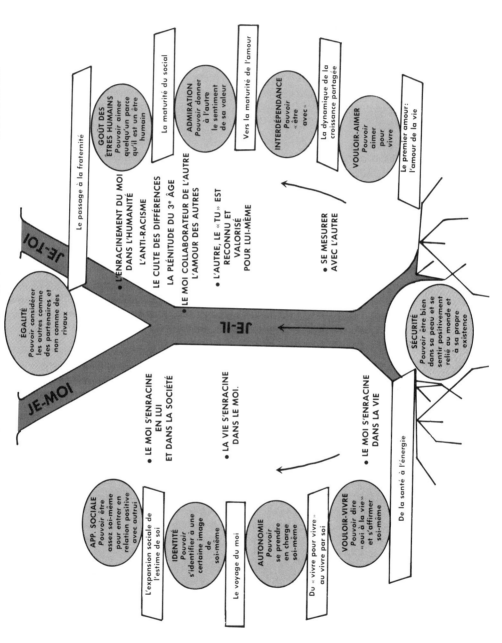

JE-TOI

ÉGALITÉ
Pouvoir considérer les autres comme des partenaires et non comme des rivaux

Le passage à la fraternité

GOÛT DES ÊTRES HUMAINS
Pouvoir aimer quelqu'un parce qu'il est un être humain

La maturité du social

ADMIRATION
Pouvoir donner à l'autre le sentiment de sa valeur

Vers la maturité de l'amour

INTERDÉPENDANCE
Pouvoir « être avec »

La dynamique de la croissance partagée

VOULOIR-AIMER
Pouvoir aimer pour vivre

Le premier amour : l'amour de la vie

- L'ENRACINEMENT DU MOI DANS L'HUMANITÉ
  L'ANTI-RACISME
  LE CULTE DES DIFFÉRENCES
  LA PLÉNITUDE DU 3e ÂGE
- LE MOI COLLABORATEUR DE L'AUTRE
  L'AMOUR DES AUTRES

- L'AUTRE, LE « TU » EST RECONNU ET VALORISÉ POUR LUI-MÊME

- SE MESURER AVEC L'AUTRE

JE-MOI

JE-IL

SÉCURITÉ
Pouvoir être bien dans sa peau et se sentir positivement relié au monde et à sa propre existence

- LE MOI S'ENRACINE EN LUI ET DANS LA SOCIÉTÉ

- LA VIE S'ENRACINE DANS LE MOI.

- LE MOI S'ENRACINE DANS LA VIE

De la santé à l'énergie

APP. SOCIALE
Pouvoir être assez soi-même pour entrer en relation positive avec autrui

L'expansion sociale de l'estime de soi

IDENTITÉ
Pouvoir s'identifier à une certaine image de soi-même

Le voyage du moi

AUTONOMIE
Pouvoir se prendre en charge soi-même

Du « vivre pour vivre » au vivre par soi

VOULOIR-VIVRE
Pouvoir dire « oui à la vie » et s'affirmer soi-même

res. Il y a des différences qu'il faut rechercher, mais il y en a d'autres qu'il faut combattre... Où donc est la bonne mesure de l'amour?

Tous ces chemins ont-ils été explorés dans les familles? Dans les écoles?

Ce qu'il faut voir enfin dans ce cycle du je-moi et du je-toi, c'est l'échange entre l'apprentissage des jeunes et celui des adultes, comme si l'âge du je-moi pour les jeunes et celui du je-toi pour les adultes pouvaient se donner la vie l'un à l'autre. Deux temps forts qui se rencontrent dans l'espace d'une famille et d'une école. Moi je trouve que cela donne envie de vivre.

La libération des rôles hommes-femmes

4

CHAPITRE 13

POURQUOI REFUSER LES RÔLES TRADITIONNELS ET LE POUVOIR SOCIAL MÂLE?

Les traits du comportement mâle que je refuse — Quand les hommes ne s'acceptent pas eux-mêmes — Ce qui est inacceptable pour tous

Bien que ma problématique des relations hommes-femmes ait déjà été explicitée dans de nombreux passages de ce livre, il est indispensable d'apporter quelques précisions sur le vocabulaire et le contexte à partir desquels je prends position dans ces pages que j'ai présentées dans la lettre au lecteur comme des pages « pamphlétaires ». J'ai appris depuis plusieurs années que lorsqu'un homme s'engage sur cette question, il doit être extrêmement précis.

a. Quand je parle de pouvoir ou de comportement « mâle », je réfère à un comportement type découlant de la culture mâle telle que je l'ai définie au chapitre sur la culture guerrière, soit : la culture dominée par le pouvoir social masculin et s'exprimant à travers des œuvres masculines reflétant ce pouvoir.

Entendons surtout par homme-mâle, l'homme amputé par rapport à l'homme-personne. C'est l'homme qui se situe sans souci de complémentarité et d'échange réel par rapport aux femmes, le plus souvent, dans des relations de dominant à dominé. Ce thème sera abondamment illustré dans les pages que je consacre à la désintégration culturelle de l'homme-homme en homme-mâle et enfant.

b. Quand je réfère aux « rôles traditionnels », je réfère à cette situation culturelle primaire, où le fonctionnement d'une société est déterminé par l'action séparée des hommes et des femmes dans des secteurs choisis, plutôt que par le partage entre hommes et femmes de toutes les responsabilités sociales dans l'ensemble des secteurs qu'implique la vie en société. L'aspect majeur de ce sectarisme traditionnel fixe le rôle des femmes, « mères et servantes » dans la famille, et celui des hommes, pourvoyeurs dans la famille et gestionnaires de tout le leadership social et politique exercé en dehors de la famille.

Il faut préciser que ce sectarisme est aussi universel que constant dans l'histoire de l'humanité, de l'Orient à l'Occident. Les exceptions sont rarissimes; je pense, par exemple, à celles qu'a observées Margaret Mead. Je pense aussi aux distinctions que l'on fait souvent entre la civilisation rurale et la civilisation urbaine, pour montrer que dans certains types de familles rurales le partage des tâches entre les hommes et les femmes était important. C'était le cas au Québec il y a à peine un quart de siècle, par exemple. Pourtant le partage des tâches s'effectuait dans un contexte où les rôles étaient rigoureusement établis; l'homme y était institué « chef de famille » et la femme était exclue du pouvoir politique et de la gestion sociale en dehors du milieu familial.

Il n'y a rien de plus universel et de plus constant que la discrimination dans les rôles hommes-femmes. Cela n'a d'équivalent, et sur une autre échelle, que la discrimination et le racisme entre Noirs et Blancs.

c. Mon propos n'est pas de définir des comportements masculins et féminins, en disant les femmes sont comme ceci et les hommes comme cela. Il se limite à observer et à constater *des comportements culturels majoritaires et devenus normatifs dans la succession des générations.* Il y a évidemment beaucoup d'individus qui à toutes les époques et dans toutes les sociétés, ont tenté d'échapper à ces comportements de telle ou telle manière. Cela est particulièrement vrai de l'époque actuelle pour un nombre de plus en plus grand d'individus. Mais les pressions sociales, économiques, culturelles et politiques demeurent extrêmement fortes pour protéger les rôles traditionnels dans la plupart des sociétés et par conséquent favoriser les attitudes traditionnelles entre hommes et femmes.

d. Je suis très conscient également du fait qu'il y a à peu près autant d'hommes que de femmes qui sont des êtres dominés, soit dans le genre de rapports qu'ils vivent avec des femmes soit surtout dans les milieux de travail hiérarchisés du monde mâle. Mais ce fait n'atténue en rien la domination sociale et politique exercée par le pouvoir social mâle et que dans la plupart des sociétés les hommes veulent encore jalousement protéger.

e. Il est certain aussi que des comportements que je qualifierai de mâles peuvent se retrouver chez les femmes et nul ne peut prétendre que si les femmes étaient au pouvoir elles se comporteraient d'une façon tout à fait différente des hommes. (Nul ne peut prétendre non plus qu'elles ne se comporteraient pas d'une façon différente.) Cette question pose tout le problème des rapports entre ce qui est « culturel » et ce qui pourrait ou non relever de différences « naturelles » entre les hommes et les femmes. L'on ne pourra d'ailleurs approfondir cette question que dans la mesure où, libérés des rôles, les femmes et les hommes pourront partager les mêmes responsabilités sociales, et ceci, dans un contexte où les femmes ne seront pas contraintes d'utiliser les mêmes comportements que les hommes pour se faire une place dans les sphères du pouvoir mâle.

Si donc dans l'intervalle je qualifie certains comportements de mâles, c'est rigoureusement dans le cadre de la culture traditionnelle mais encore dominante et donnant lieu à des comportements majoritaires. *Et mon propos est celui d'un homme qui examine ce qui se passe chez les hommes.* Quand je

traite du comportement des femmes, ce n'est pas pour aborder la condition féminine comme telle — il y a assez de femmes pour le faire —, c'est uniquement dans le cadre de la recherche et de la lutte pour un meilleur équilibre social entre les unes et les autres. Et ce cadre est le fief de tous, il n'appartient à aucun des deux sexes.

Faut-il ajouter en plus que ma démarche n'est pas plus anti-masculine qu'elle est pro-féminine. Elle vise la libération de la personne et met en cause les effets destructeurs des rôles et d'un pouvoir dont bien des hommes veulent, comme bien des femmes, être libérés.

Les traits du comportement mâle que je refuse

Je vais être très direct et subjectif d'abord. Je vais dire ce que je ressens comme homme, dans une société que je n'accepte pas du point de vue des relations hommes-femmes et d'un comportement mâle, encore largement répandu chez les hommes et dans les milieux de vie qu'ils contrôlent. Je l'ai ressenti depuis mon enfance, dans mes relations personnelles avec les hommes et les femmes et dans tous les milieux professionnels et sociaux où j'ai œuvré depuis plus de vingt ans. J'en suis arrivé en particulier à refuser presque globalement un ensemble de caractéristiques du comportement mâle qui, par ailleurs, orientent le développement d'une foule de sociétés. Au fond, je me retrouve un peu vis-à-vis des gens de mon sexe comme le membre d'un parti qui, tout en s'identifiant viscéralement à son parti, en vient à contester les comportements de pouvoir de ce parti... Ce que je conteste, le voici, d'un seul souffle d'abord, pour exprimer un ensemble de perceptions qui ont en commun la PEUR. Une peur multi-dimensionnelle qui me semble littéralement dominer le monde masculin et générer toutes sortes de conduites agressantes, brutales et froides.

À commencer par la peur de la tendresse.

Et de la délicatesse.

Le monde mâle en est sous-alimenté et cela se répercute partout. On dirait que les hommes en général ont peur de s'arrêter devant les êtres qu'ils côtoient, dans presque tous les milieux de vie. Ils ont peur de se pencher sur les êtres, pour s'intéresser à ce qu'ils vivent comme êtres humains. C'est comme s'ils redoutaient la fragilité de l'être humain et qu'ils avaient peur de se laisser apprivoiser.

Le fameux mythe de la virilité a entraîné avec lui la fabrication d'un certain « sérieux mâle », qui consiste à traiter de l'humain comme s'il s'agissait d'affaires. La notion d'objectivité, si souvent invoquée par des hommes qui se refusent à tenir compte du vécu personnel des individus et qui affichent un souverain mépris pour l'émotivité, est appliquée de telle sorte que d'être traité « objectivement » équivaut à être traité en « objet » plutôt que comme une personne. La production anonyme des travailleurs les intéresse, pas tellement le travailleur lui-même. Le dossier d'un client compte plus que le client lui-même. Le rendement social des individus est considéré, mais non pas ce que la société fait ou ne fait pas pour que les individus soient bien dans leur peau. Dans le monde du travail, même celui des milieux d'éducation et de service social, on est là pour produire et non pour être. « Vivez, chez vous — ça ne regarde personne —, mais ailleurs, en société, produisez ou consommez ! » Voilà ce qu'on vous laisse entendre sans le dire ou en étant très explicite. Les catégories sont bien établies, la logique mâle vous a soigneusement compartimenté. N'allez donc pas vous arrêter, par exemple, devant un individu qui a l'air d'avoir des problèmes personnels ou qui manque de motivation pour son travail. On le notera dans son dossier et l'on en tiendra compte dans son avancement, mais ne lui parlez surtout pas, n'allez pas faire la gaffe de lui dire ce que vous ressentez face à lui. Et celui-ci qui produit beaucoup, ne lui témoignez pas trop de chaleur, vous risqueriez de refroidir son ardeur ! Étrange phénomène, une multitude d'hommes se tuent néanmoins au travail, dans le monde des affaires, des cadres, des professionnels, pour ne citer que ces milieux que j'ai davantage observés. J'ai déjà évoqué cette véritable maladie du travail et de l'activisme qui fait mourir prématurément des individus qui ne se sont à peu près jamais donné le temps de vivre avec leur famille, avec leurs amis, avec des personnes. Pourquoi cette anémie des relations humaines dans le monde mâle ?

La peur de la tendresse ? La peur de l'amour même ? La peur des liens que cela crée ?

Vivre d'amour, le mettre au-dessus du travail, de la production, de l'argent, du pouvoir... Ce ne serait pas sérieux pour le monde mâle. Du moins il ne faudrait pas le dire, ni le montrer, pour ne pas mettre en péril la virilité mâle. Il faut garder cette protection comme on garde le même costume type surmonté de la cravate, les mêmes conventions, les mêmes « bonjour », les mêmes poignées de main avec les tapes dans le dos stéréotypées.

Ce qui est sérieux dans le monde mâle, constant dans l'histoire et massivement répandu, c'est la violence. Là encore l'implacable logique a fixé la règle : « Si tu veux la paix, prépare la guerre. » C'est la règle du jeu, du plus grand et du plus intense des jeux mâles. Car le sérieux de la violence n'exclut pas qu'on la considère comme un jeu, qu'on accrédite ou non la thèse qui veut que « l'homme sérieux » soit en même temps « l'homme joueur » qui peut s'amuser de tout. Mais ce qui peut confirmer cette thèse dans le cas de la violence, c'est la complaisance inouïe que l'on met en particulier à diffuser la violence, dans le monde de l'art, du cinéma commercial et de la télévision (mondes toujours contrôlés par des hommes)[1]. On met autant de complaisance à diffuser la violence que de raffinement à la produire. Une seule balle ne suffit jamais pour montrer que l'on tue un homme, ou un enfant. Il en faut plusieurs pour jouer avec la victime à satiété, comme le félin qui prend sa proie, la laisse retomber, la reprend, la laisse à nouveau... Le vingtième siècle est passé maître dans l'art de produire et de diffuser la cruauté la plus primitive, la plus bestiale et la plus raffinée à la fois. Et la programmation des cinémas et des télévisions dans les pays industrialisés nous en gave. Même les émissions pour enfants s'alimentent à cette cruauté.

L'exploitation de la violence est une alliée sûre de la peur. De la peur de la tendresse.

La caractéristique la plus évidente du monde mâle pour moi, c'est sa violence et sa brutalité. Violence physique dont il est devenu banal de rappeler l'horreur à travers les génocides, les guerres, la torture, le viol, les clitoridectomies massives et la gamme de mauvais traitements infligés aux femmes et aux enfants dans les familles mêmes. Violence idéologique et intellectuelle qui survalorise les conflits et les oppositions au détriment de la recherche de consensus et du respect des différences. Violence verbale. Violence psychologique et sociale dans l'organisation même du monde mâle marquée par des rapports savamment hiérarchisés de dominés à dominants. Violence quotidienne, sans éclat apparent, mais qui fait des dégâts sans nombre, et qui consiste simplement à passer à côté des êtres sans les voir et à ne jamais « prendre le temps qu'il faut pour les rendre importants » à leurs yeux et aux yeux d'autrui.

Ô la peur de la personne !

On dirait que sous la complaisance pour la violence, sous la peur de la tendresse et de l'amour, il y a dans le monde mâle une immense peur de la personne, de l'être humain. Peur des êtres les plus réels, ceux que l'on côtoie chaque jour. Peur des enfants que les hommes confient aux femmes. Peur de se laisser initier par les enfants au vouloir-vivre. PEUR DE SE LAISSER ALLER avec des en-

---

1. Il faudra à cet égard s'attarder de plus en plus à étudier de façon comparée les œuvres produites par des femmes et des hommes.

fants. De se laisser prendre, de s'abandonner. Peur de s'engager affectivement. De se laisser aller à simplement parler de soi et à écouter l'autre. Autant le discours mâle sur l'être humain universel peut être riche et abondant, autant le discours sur le vécu personnel et particulier est anémique. Les hommes le plus souvent n'aiment pas parler d'eux-mêmes, de ce qu'ils vivent comme personne. Ils ne sont pas disponibles pour écouter, ils n'ont pas le temps! C'est pourquoi les enfants sont souvent contraints de ne se confier qu'à leur mère. C'est pourquoi aussi, dans des conflits conjugaux, ce sont bien souvent les femmes qui doivent prendre l'initiative d'engager la discussion et de mettre le problème sur la table. Il y a là un des facteurs majeurs qui expliquent que dans la plupart des cas de séparation et de divorce, ce sont les femmes qui engagent le processus.

En maintenant la séparation primitive des rôles entre les hommes et les femmes, en s'instituant surtout pourvoyeur matériel dans la famille, les hommes ne se sont-ils pas mis eux-mêmes dans une situation qui risque de les confiner davantage au règne de l'AVOIR, en laissant aux femmes ce qui touche le développement de l'ÊTRE? Voilà l'une des principales questions que nous pose la séparation traditionnelle des rôles. Il y en a une autre que suscite cette peur mâle de se laisser aller à la vie personnelle, aux relations humaines, à la vie quotidienne concrète, et même au PLAISIR DE VIVRE: les hommes aiment-ils la vie ou en ont-ils peur encore, comme leurs ancêtres primitifs?

Il manque la joie de vivre à la culture mâle.

La culture mâle est dominée par deux phénomènes aussi évidents l'un que l'autre et complémentaires l'un de l'autre: le sens du tragique et du malheur, d'une part, et l'échappée dans le sens de l'au-delà qui a partie liée avec le culte de la mort, d'autre part. L'art et le vécu des grandes religions en ont toujours été imbus.

Mais plus significatif encore est le recours aux drogues, à l'alcool surtout, par lequel les hommes ont l'air d'être obligés de passer pour se laisser aller au plaisir d'être ensemble, de se parler vraiment, de se toucher, de fêter. Rien n'est plus révélateur que ces rencontres sociales et ces parties de plaisir qui se terminent souvent de façon dramatique, où, pour se rejoindre, communiquer et s'abandonner, on doit avoir pris sa dose de verres... Faut-il à tout prix l'alcool pour exorciser la peur de se laisser aller[2]...

---

2. Aussi étrange que cela puisse paraître, même l'analyse des comportements sexuels soulève la question de savoir si les hommes n'ont pas peur du plaisir. L'une des choses qui frappe le plus à la lecture

Les hommes aiment-ils la vie? La question n'est peut-être pas complète. Il faut y ajouter: « Sommes-nous bien dans notre peau d'homme? » À côté de la théorie freudienne qui veut que les femmes se sentent frustrées de ne pas avoir de phallus, n'y a-t-il pas lieu de considérer sérieusement l'hypothèse d'un sentiment profond d'infériorité et d'impuissance chez les hommes, dû au fait qu'ils ne peuvent pas enfanter?

Cela pourrait nous aider à expliquer, en partie, ces caractéristiques si généralisées du comportement mâle:

● la culture du malheur, de la violence et de la mort;

● le peu d'intérêt à vivre avec les enfants et à assumer les réalités liées au développement de la personne et des relations humaines;

● la propension évidente à se faire des enfants sous toutes sortes de formes: des enfants-œuvres, des enfants-systèmes, des enfants-idéologies, des enfants-engagements politiques et sociaux ou professionnels dont les hommes disent d'ailleurs communément, en les protégeant jalousement, que ce sont « leurs bébés » et qu'il « ne faut pas y toucher »[3].

● une préférence marquée pour des formes de vie enivrantes mais relevant de l'abstraction, du non palpable, de l'insaisissable où, par exemple, les éléments tactique, stratégie, jeu, défi, risque, rite, prennent beaucoup plus d'importance que les réalités humaines en cause. Les arts militaires en sont l'exemple le plus éloquent,

---

comparée des Rapports « Hite » et « Pietropinto » sur la sexualité des femmes et celle des hommes, c'est le peu d'importance accordée au sens du plaisir chez les hommes, comparativement aux femmes.

3. Les exemples que l'on pourrait donner ici sont légion. Mais on en trouve un qui est particulièrement expressif dans l'œuvre d'Henry Miller et qui touche le besoin d'enfanter. Miller y dit d'ailleurs qu'il est « enceint ». Bien sûr je cite cet exemple pour sa saveur, si je puis dire, et je ne porte en rien un jugement sur la personnalité de Miller. « Comme je l'ai dit, le jour commença magnifiquement. Ce n'est que ce matin que je suis redevenu conscient de ce Paris physique que je n'avais plus connu depuis des semaines. Peut-être est-ce parce que ce livre avait commencé à pousser en moi. Je l'emporte partout avec moi. **Je vais dans les rues avec cet enfant dans mon ventre et les flics m'escortent à travers la rue. Les femmes se lèvent pour m'offrir leur place. Personne ne me bouscule plus. Je suis enceint. Je me dandine gauchement, avec mon gros ventre pressé contre le poids du monde.** » Henry Miller, *Le Tropique du Cancer*, Paris, Denoël, 1972, p. 54.

mais on peut l'observer chaque jour dans les grands affrontements idéologiques, dans les jeux de pouvoirs, dans les tactiques et les stratégies politiques, dans les retranchements de l'intellectualisme qui aime bien manier les concepts pourvu qu'il n'ait pas à mettre les mains à la pâte du vécu concret des sociétés, et dans une foule de comportements communs et quotidiens du «mâle-enfant».

Finalement, la perception la plus précise et la plus globale à la fois du comportement mâle que je mets en question, je la formulerais ainsi:

L'homme-mâle a l'air de se développer à côté de la vie, comme s'il en était le spectateur ou le contestataire ou le propriétaire, légataire de droits absolus; il semble vivre à côté des êtres plutôt qu'avec eux; la dynamique principale de ses comportements, c'est l'opposition et la confrontation, comme s'il devait constamment se prouver à lui-même quelque chose[4].

Ce comportement de l'homme-mâle, il est source de tension pour lui-même et pour son entourage. D'une tension psychique, physique et sociale, qui est l'envers de la détente par laquelle passe nécessairement le plaisir de vivre et d'être bien avec soi-même et avec les autres. Il est aussi source d'un dépaysement devant la vie humaine.

Notre pays à tous, au-delà de toutes frontières, n'est-ce pas celui de la vie humaine, celle qui passe dans les êtres et dans la vie avec les êtres. C'est pourquoi je crois que c'est dans les familles que l'on apprend à être au pays de la vie humaine. Pas seulement dans la famille bien sûr, elle se vit partout, mais elle ne saurait

---

4. Il est évident, nous y reviendrons plus loin, qu'il y a un comportement féminin inverse qui tend à montrer que les femmes sont davantage inscrites «dans la vie» et qu'elles font corps «avec» les êtres qu'elles côtoient. Cette différence entre les hommes et les femmes peut certes être vue comme une conséquence des rôles traditionnels séparés et, à ce titre, constituer un fait culturel. Elle peut également être liée à l'expérience de la maternité, même chez des femmes qui n'ont pas donné naissance elles-mêmes à des enfants. Nous savons aussi qu'il existe des différences biologiques et physiologiques nombreuses entre les hommes et les femmes, mais nous sommes loin de bien les connaître et d'avoir mesuré leur impact sur l'ensemble du développement de la personne. C'est pourquoi la recherche, à peine explorée, sur les différences «culturelles» et «naturelles» entre les hommes et les femmes, devrait nous fournir dans les générations qui nous viennent, un apport indispensable à la connaissance de l'être humain et notamment des facteurs de complémentarité entre l'homme et la femme.

échapper à ce qu'il y a de plus fécond dans la famille. C'est pourquoi, je voudrais tant que l'homme-mâle rentre un peu au pays et qu'il prenne sa part de ce qu'il a laissé aux femmes dans la famille. Il n'en trouverait que plus de bien-être et moins de tension. Et les femmes de même, en faisant l'inverse. Nous pourrions enfin tout partager partout, au lieu de nous séparer la vie par morceaux.

La vie de l'homme-mâle, même au vingtième siècle, c'est un peu celle de l'âge de pierre encore. L'homme continue de s'épuiser à se fabriquer des outils et des techniques pour maîtriser la vie et l'environnement, mais il ne s'est pas vraiment abandonné encore à sa propre vie et à celle de ses semblables.

Il y a encore peur de l'autre, fût-il, un vieillard ou un enfant.

Et quand il imagine qu'il y a des êtres sur d'autres planètes, il les aborde comme il continue d'aborder ceux de sa planète, dans la peur et la violence[5].

Je n'appelle pas, je crie pour l'âge de l'être humain.

Je crie pour qu'on entre au pays de la vie humaine et qu'on y ouvre des quartiers de tendresse.

Nous crions. Et nous serons de plus en plus nombreux parmi les hommes à mêler notre voix à l'interpellation féminine, pour tout ce que nous devons vivre et changer ensemble, pour tout ce qui attend et surgit en nous de la PERSONNE, pour tout ce que nous sommes avant d'être homme ou femme.

Nous serons de plus en plus nombreux à crier pour notre libération à tous et à toutes, car nous savons bien que les rapports de dominants à dominés ont fait autant de victimes chez les hommes que chez les femmes, peut-être plus encore, beaucoup plus...

Si le cri des hommes est si faible, à peine audible, à côté du cri des femmes, pour tout ce que demandent les femmes et qui touche notre libération à tous et à toutes, c'est peut-être surtout parce que le mythe de la supériorité masculine est vraiment un affreux mythe, une absurde légende, que la révolution féminine peut maintenant nous apprendre à déchiffrer.

Il faut le faire éclater, ce mythe.

Il faut nous rendre à la parole, les hommes.

À la parole sur nous-mêmes, sur les choses humaines, sur les êtres.

Au verbe de tendresse. Je ne crois pas à d'autre chair pour l'humanité.

---

5. N'est-ce pas l'un des traits majeurs de l'immense production de films sur les extra-terrestres et sur la vie interplanétaire?

Nous nous sommes fait nous-mêmes des interdits de la parole, dans nos affolements de nomades qui se croient indispensables pour gérer le monde. Tandis que les femmes, dans leur isolement, au coin des tâches domestiques mais proches aussi des êtres — les enfants et les guerriers venant y chercher leur repos — les femmes, elles, ont appris la parole. Dans la captivité des rôles, elles ont appris la libération par la parole. Pour libérer les autres d'abord, les enfants et les guerriers venus déposer leurs confidences à leurs pieds... Et maintenant, elles ont appris à s'en servir pour elles-mêmes, pour leur propre libération. Il n'y a qu'à écouter, d'un bout à l'autre du monde, ce chant de paroles, d'une femme à l'autre, d'un chœur de femmes à l'autre.

Si le cri des hommes est si faible, c'est que nous en sommes encore à des balbutiements, à peine enfants, toujours menacés de nous changer nous-mêmes en avortons d'hommes, au berceau de la tendresse.

Et quand le cri des femmes retentit, nous ne savons pas encore démêler si c'est un cri de femme ou de mère, ou simplement le cri de la révolte. Nous sommes pris au piège des rôles et nous ne savons pas encore discerner un cri de femme.

Alors nos balbutiements ne sont même pas ceux d'un enfant qui sait reconnaître sa mère. Ils sont mêlés de peur, de révolte — par l'habitude de répondre à la révolte par la révolte —, et surtout de dépaysement.

D'un immense dépaysement.

Devant la femme. Cette inconnue.

Devant l'homme. Cet inconnu.

Quand les hommes ne s'acceptent pas eux-mêmes

Je voudrais maintenant, pour démontrer ce que je viens de dire, faire état d'une expérience qui m'a beaucoup frappé et qui s'est renouvelée plusieurs fois dans des sessions de groupes qui étaient réservées à des hommes seulement.

Ces sessions étaient nées d'une rencontre avec des parents d'étudiants du secondaire, qui s'étaient réunis pour parler avec moi des relations parents-enfants. Or, comme c'est fréquemment le cas, une forte majorité de femmes y étaient venues, et les discussions avaient finalement porté sur une question majeure: le rôle du père. L'un des pères présents suggéra que la question soit reprise en invitant seulement des pères. Je me retrouvai donc trois mois plus tard devant un groupe imposant de pères, qu'on avait mobilisés en fouettant au maximum leur orgueil de père responsable, grâce à une ingénieuse publicité faite à l'école et remise aux familles. Et l'expérience se multiplia, d'écoles en écoles.

La question des rôles hommes-femmes devint dans presque toutes les sessions le commun dénominateur des discussions. Or voici le message type par lequel la très grande majorité des hommes ont exprimé leur résistance au changement des rôles traditionnels. Ce qui est le plus frappant, c'est que le message se trouve formulé à peu près dans les mêmes termes d'un groupe à l'autre.

Il part de leur réaction à l'hypothèse d'une société nouvelle, dans laquelle les hommes s'occuperaient autant des enfants et des tâches domestiques que les femmes, tandis que les femmes pourraient être aussi présentes que les hommes sur le marché du travail et dans la gestion des affaires publiques. Leurs objections se résument ainsi :

> « *Vous voulez comme les féministes faire sortir les femmes de la maison et de la famille.*
>
> *C'est leur rendre un bien mauvais service d'abord. C'est dans la famille, quoiqu'on dise, que les femmes sont le plus protégées, contre l'exploitation et contre elles-mêmes... Et qu'est-ce qu'il y a de plus noble que l'éducation des enfants!*
>
> *Vous voulez qu'elles aillent se faire exploiter sur le marché du travail? Qu'elles tombent dans notre jungle «mâle» comme vous dites. On est d'accord, il n'est pas beau notre monde d'hommes. Ce n'est pas pour rien qu'on veut pas que les femmes fassent la même chose que nous. Et qu'en plus on perde nos enfants en les confiant à des étrangers dans des garderies. Vous ne trouvez pas que c'est le monde à l'envers votre projet. Tout ça parce que des féministes mettent dans la tête des femmes que d'entretenir une maison et s'occuper des enfants c'est aliénant! Vous ne pensez pas que de faire un peu de vaisselle et de ménage, c'est moins aliénant que de visser le même boulon à la journée longue, que de recevoir des ordres d'un patron qui se fout de votre gueule, pour qui il n'y a que la piastre qui compte. Ah monsieur, savez-vous ce qui manque aux féministes? C'est de faire le tour des usines.*
>
> *En plus, vous voulez aller à l'encontre de l'ordre naturel. Ce sont les femmes qui mettent les enfants au monde, qui ont, monsieur, le «privilège» de la maternité. Vous ne pouvez pas séparer cela de l'éducation des enfants. Vos hommes modernes qui donnent le biberon et qui changent les couches, c'est du folklore. Il y a une question de doigté, de touche et ce sont les femmes qui l'ont reçu de la nature. Elles ont la grâce, la beauté, la délicatesse, la bonté qu'il faut pour s'occuper des enfants. (Souvent plusieurs hommes ajoutent que*

les enfants éduqués dans des garderies ou par des hommes, ou même par des femmes seules «agressives» envers les hommes, seront des enfants probablement moins bons et plus durs que les enfants éduqués par les femmes dans les systèmes traditionnels.)

C'est finalement tout un monde de valeurs qu'on va faire disparaître, si on change les rôles traditionnels. Le rôle des femmes et la vie de famille, ça ne se sépare pas. Les femmes, ce sont les donneuses de vie, ce sont les gardiennes de la vie. Ce sont les gardiennes de l'amour, le vrai, le durable, pas l'amour de sexe. Il y a certainement des problèmes dans la famille, il y a des choses à améliorer, mais à l'intérieur de ce qui existe. Parce que voyez-vous, si on continue à faire sortir les femmes de la famille, les sociétés vont aller à leur perte. Les femmes, c'est plus que les femmes, c'est la vie, la chaleur humaine, la tendresse, la générosité, la fidélité. En faisant sortir les femmes de la famille, on fait sortir ces valeurs-là de la société. Parce que voyez-vous encore une fois, il n'y a pas de honte à le dire, la nature c'est la nature, nous les hommes, ces valeurs-là, c'est pas notre fort. Notre fort, c'est le physique, le gros raisonnable, c'est la lutte pour la survie, c'est comme on dit souvent «au plus forts la poche». Faut pas se casser la tête avec de belles réflexions d'intellectuels. Regardons la nature, observons les animaux. Les mâles se battent pour avoir leur femelle et protéger son nid. Si vous changez ça, c'est fini.

Regardez ce qui se passe déjà. Les féministes, puis les femmes qu'elles entraînent, ne veulent plus faire d'enfants. Cee n'est pas pour rien qu'elles défendent les homosexuels. Vou savez, tout ça va ensemble: l'avortement, la pilule, l'homosexualité. «On vous stérilise mis par les jeunes, qui n'ont plus de surveillance des parents parce que les deux travaillent, et souvent, il faut bien le dire, plus d'amour de leurs parents. Le mariage, la famille, la fidélité, on n'en veut plus, ou si on en veut, c'est pour le temps que ça durera. Et regardez les femmes, il y en a de plus en plus qui perdent leur féminité. Elles se donnent des allures de gars. Ça fait pitié une femme qui a l'air dure. Ça fait pitié une femme qui boit. Ça fait pitié une femme qui se lance dans le crime et vous savez qu'il y en a de plus en plus. Ça fait pitié une femme qui passe d'un homme à un autre. Non seulement ça fait pitié, mais ce n'est plus une femme, une femme qui ne veut pas avoir d'enfants. »

Je crois que ce message a un intérêt collectif extraordinaire. Il exprime ce que pensent encore une forte majorité d'hommes, et aussi un grand nombre de femmes façonnées à la même culture. Il sera de plus en plus repris et poussé à plus d'extrémisme encore par les mouvements conservateurs, qui s'opposent à toute modification substantielle du contrat social traditionnel ayant prévalu dans la majorité des sociétés entre les hommes et les femmes et qui, en même temps, suivant un syndrome culturel bien connu, combattent l'homosexualité, l'avortement et militent pour la peine de mort[6].

Voyons quels sont les grands thèmes de ce message et ce qu'il révèle surtout des attitudes culturelles les plus enracinées. Je retiens évidemment ce qui est pertinent aux besoins immédiats de mon analyse ou que je n'ai pas développé dans d'autres chapitres.

1. L'un des thèmes principaux est certes celui de « la structure stéréotypée » du message, du point de vue des valeurs et des capacités qui sont culturellement associées aux femmes et aux hommes. Il dit: les femmes et les hommes ont traditionnellement rempli tels rôles et cela montre bien qu'elles sont faites pour ceci et que les hommes sont faits pour cela. Il ne fait aucune distinction entre culture et nature. Et le grand point de référence au fait que les rôles traditionnels sont conformes à ce qui a été voulu par la nature, c'est la maternité, « privilège » des femmes.

2. L'autre thème principal, qui découle de la structure et de la mentalité stéréotypée qui fondent le message, c'est celui de la non confiance en l'homme au plan des valeurs premières que sont « la vie, la chaleur humaine, la tendresse, la générosité, la fidélité, la beauté, la délicatesse, la bonté ». Ces valeurs sont décrites comme féminines et liées au rôle protectionniste des femmes dans la famil-

---

6. Ce syndrome culturel est aussi l'expression d'un clivage social et politique entre des factions conservatrices et progressistes qui divisent un grand nombre de sociétés actuellement. Mais il faut se garder des interprétations idéologiques globalisantes qui laisseraient croire, par exemple, que ceux qui favorisent une plus grande justice dans la répartition des biens entre les individus et les groupes sociaux sont automatiquement contre la peine de mort et pour un véritable nouveau contrat social entre les hommes et les femmes. Au contraire, il est manifeste que des gens étiquetés comme progressistes, face à des questions sociales et politiques, ont des comportements très conservateurs, voire rétrogrades, dans le domaine des relations hommes-femmes. Le clivage entre progressistes et conservateurs est réel, mais il est piégé, et il faut pouvoir en dégager toutes les contradictions et toute sa complexité du point de vue de l'ensemble des champs de développement humain qui sollicitent notre engagement et notre cohérence.

le. Les valeurs masculines évoquées sont « la force physique, le gros raisonnable et la lutte pour la survie où seuls les mâles les plus forts sont dans la course... » Il faut donc y percevoir, bien qu'elle ne soit pas exprimée , l'extrême importance d'une « libération masculine », face à un univers masculin auquel les hommes n'ont pas confiance et qu'ils interprètent comme une fatalité de la nature. Ce ne sont pas eux « les donneurs de vie et les gardiens de la vie ». Ce sont les femmes. Eux voient à la survie! (Je reviendrai plus loin sur cette perception qui s'est exprimée à travers toute la culture du « surhomme » et qu'un Pascal a traduite dans sa dialectique de « l'ange et de la bête ».)

3.   On voit jusqu'à quel point la culture est devenue une seconde nature. Et c'est pourquoi il est si difficile de remettre les rôles en question. Pour la plupart des gens cette remise en question va contre la nature. C'est pourquoi aussi il est si difficile de lutter contre la discrimination dont les femmes sont victimes : elle est naturelle, comme la culture qui la crée et la justifie. La résistance farouche des milieux de pouvoir masculin à favoriser tout ce qui peut modifier les rôles, notamment en maintenant l'inégalité et l'exploitation dans les conditions de travail des femmes, en s'opposant aux garderies, en contrôlant les pouvoirs politiques, en cultivant les stéréotypes et le sexisme, tout cela trouve ses fondements dans cette culture.

4.   L'une des subtilités de cette culture réside dans le paternalisme dont les hommes font preuve dans ce message. On veut « protéger » les femmes contre l'exploitation qui domine le monde mâle et aussi « contre elles-mêmes ». Les protéger signifie les laisser dans l'univers familial en leur niant la liberté de choisir comment elles voudront bien disposer de leur vie.

Ce paternalisme, comme c'est le propre de tout paternalisme, est plein de contradictions. On se demande en effet pourquoi, si l'univers familial dans lequel l'homme enchâsse la protection des valeurs féminines est à ce point valorisant et pur, les hommes veulent-ils le laisser à tout prix aux femmes? Et inversement, pourquoi, si le monde des pouvoirs mâles est si peu valorisant, les hommes s'y accrochent-ils à ce point et refusent de le céder aux femmes? Serions-nous masochistes, laissant le meilleur aux femmes et conservant jalousement le pire? Sommes-nous des adolescents en fugue qui, leur « trip de pouvoir et de liberté vécu », voudront retourner à la maison bien sagement et retrouver la mère qui aura veillé sur les valeurs qu'on ne retrouve pas sur les champs de bataille mâles? Ou les hommes veulent-ils simplement et nettement être au pouvoir et vivre avec les femmes le même genre de rapports que les blancs ont vécu avec les noirs, que les coloniaux ont vécus avec les colonisés, que les adultes vivent avec les jeunes ? Quelle que soit la question que l'on explore, l'on sera finalement confronté à l'une ou l'autre forme, maladive, de l'usage du pouvoir. L'usage du pouvoir pour compenser la peur, l'insécurité ou le mal que l'on éprouve à ne pas être bien dans sa peau d'homme...

5. Les rôles sont sécurisants. C'est pourquoi on s'y accroche. Aussi néfastes soient-ils, on les préfère encore à l'insécurité dans laquelle nous plongerait l'inconnu auquel nous livrent les relations hommes-femmes quand on sort des stéréotypes.

Là-dessus les interventions individuelles sont aussi claires que le message des groupes. On est très suspects en général à l'endroit des nouvelles expériences de vie menées par celles et ceux qui essaient de sortir des cadres traditionnels. Même le jeune père qui s'occupe beaucoup de ses enfants et qui prend un congé de paternité — quand il le peut — lors d'une naissance, on a tendance à projeter sur lui l'insécurité que provoque en nous son comportement et à le trouver presque ridicule. Il prend la place de la femme ! C'est pourquoi on parle de « folklore » à son endroit ou d'une marginalité que l'on trouve drôle quand on ne la méprise pas tout simplement.

Le *dépouillement* et le *dépaysement* qu'entraîne la libération des rôles pour conquérir sa liberté de personne et choisir tel ou tel mode de vie sans égard au fait qu'on soit homme ou femme est source de panique. On est pris de panique devant sa propre vie comme devant la possibilité de nouveaux aménagements collectifs. Se voir soi-même et voir l'autre comme personne, sans le support d'un rôle qui nous dicte toute une série de comportements pré-déterminés culturellement, dû au fait qu'il s'agit d'un homme ou d'une femme, c'est effectivement très très difficile à vivre pour qui que ce soit à notre époque. Et c'est aussi très très difficile, presque impossible pour beaucoup d'hommes au pouvoir, de concevoir *de nouveaux aménagements collectifs* souples qui permettraient à des hommes et à des femmes de vivre une relation de couple intense, d'éduquer ensemble leurs enfants, de partager les tâches domestiques et de travailler selon des horaires flexibles. Cela est d'autant plus compréhensible quand on observe les faillites de la gestion sociale mâle sur des questions beaucoup moins complexes au plan humain : je pense en particulier à la planification des grandes agglomérations urbaines.

Je termine ce commentaire par l'observation d'un maire au cours d'une session où nous discutons de l'implication des femmes dans la politique municipale. Il rendait compte de son expérience de partage du pouvoir avec quelques femmes conseillers en ces termes: « Moi, disait-il, qui suis pourtant de ce qu'on appelle la vieille génération, je résumerais l'apport des femmes dans l'administration de notre ville de la façon suivante: entre hommes on était habitué à se préoccuper de tuyauterie, les femmes, elles, nous ont aidés à nous préoccuper aussi de la qualité de l'eau qui passe dans la tuyauterie.» La qualité de l'eau dans ce contexte, ça voulait dire voir à la sécurité des personnes aux intersections de rues, à la qualité du transport pour la banlieue, au partage équitable de l'accès aux loisirs municipaux entre les hommes et les femmes, entre les gens de tous âges, aux problèmes de communication humaine liés à l'habitat urbain, par opposition aux couches de béton à mettre sur les autoroutes, à la réfection des clôtures entourant les courts de tennis ou encore à l'étude quantitative des postes que l'on pourrait créer pour donner de l'emploi à un sous-chef de la trente deuxième division du département des plans et devis...

Ce qui est inacceptable pour tous

C'est comme être humain que nous devons rejeter les rôles traditionnels qui fondent le contrat social en vertu duquel les relations hommes-femmes sont régies et orientées. C'est comme être humain intéressé au développement SAIN de l'humanité, que l'on doit s'engager à promouvoir une immense RÉVOLUTION à travers le monde. Si notre culture des relations hommes-femmes n'était pas devenue une seconde nature, il y a longtemps que nous les aurions fait éclater ces relations comme nous l'avons fait pour d'autres révolutions. Car elles ne vont pas seulement à l'encontre de l'égalité, de la justice, de la liberté: elles sont profondément malsaines. Elles mélangent subtilement, sur le plan psychologique et social, l'habitude des rapports de dominants à dominés et celle de « régner » dans des univers cloisonnés par la « division » étanche des rôles.

C'est sans doute parce qu'elles sont profondément malsaines qu'elles laissent tant d'individus, qui ont par ailleurs le souci du progrès social, indifférents, agressifs et résistants devant cette cause. Car on ne peut ne pas être frappé, et même sidéré, du fait que tant d'hommes manifestement épris de justice et de progrès se dissimulent devant cette cause et n'y voient que la dimension féministe, et souvent, en la considérant avec mépris. Il est significatif à cet égard que des hommes, et des femmes non moins conditionnées culturellement, prennent prétexte du moindre faux pas et de tout ce qui peut être extrémiste de la part de telle ou telle féministe, pour nier l'importance de la cause elle-même. Si l'on avait la même attitude à l'endroit d'autres causes, on en serait encore à l'âge de la brutalité la plus abjecte.

Il est clair qu'il s'agit d'une cause qui nous interpelle dans ce que nous vivons de plus intime et de plus personnel. Et c'est pourquoi bien souvent nous nous refusons d'en mesurer les répercussions sociales et politiques. Elle nous interpelle directement dans nos relations avec nos mères, nos conjointes, nos amies, nos sœurs, nos camarades de travail. Elle met systématiquement en jeu notre sécurité personnelle et la capacité qui en dépend, de respecter et de favoriser l'autonomie des femmes avec lesquelles nous avons des rapports quotidiens.

Or c'est pour cette raison que je la trouve plus déterminante que toutes les autres causes quant au progrès de l'humanité. Elle nous force d'abord à nous engager face à nous-mêmes et à nos proches. Comment promouvoir ce que nous ne pouvons pas vivre nous-mêmes? ou à tout le moins ce que nous ne sommes pas déterminés à essayer de vivre nous-mêmes dans un minimum de cohérence entre nos gestes et notre parole?

Par ailleurs le caractère éminemment collectif et politique des relations hommes-femmes oblige les individus à s'engager à un certain degré, quelle que soit leur situation personnelle. Par exemple, ce n'est pas parce que telle femme se sent bien dans sa peau en étant une femme au foyer, ou que tel homme n'a pas la responsabilité d'éduquer des enfants, qu'ils ne peuvent pas se sentir solidaires du combat que d'autres mènent activement pour promouvoir l'égalité entre les hommes et les femmes.

Le minimum que l'on puisse faire est de ne pas projeter sur les autres le bien-être que l'on peut éprouver soi-même à vivre une situation qui soit dénoncée par d'autres. Ce ne sont pas les situations qui sont bonnes ou mauvaises en soi pour les hommes et les femmes, qu'il s'agisse de l'engagement exclusif à l'intérieur de son foyer, du travail à l'extérieur du foyer, des garderies. *Ce qui est objectivement et socialement inacceptable, c'est que tous les hommes et toutes les femmes n'aient pas la liberté de choisir les situations dans lesquelles ils veulent se réaliser comme individus et contribuer au bien commun, qu'ils soient homme ou femme.*

En d'autres termes, pour que les hommes ou les femmes aient vraiment la même égalité de chances et de moyens dans tous les secteurs de développement personnel et social, pour qu'ils puissent véritablement choisir d'exercer les mêmes droits, libertés et responsabilités, il faut nous donner explicitement une nouvelle règle de droit pour fonder le nouveau contrat social.

312

Cette règle de droit, qui devrait figurer en tête des constitutions des pays et des grandes déclarations de droits, devrait alors orienter les lois dans tous les domaines pertinents, le monde du travail, de l'éducation, de la famille, du mariage, des loisirs, des services sociaux, etc. Cette règle peut être formulée comme suit :

> « Dans tous les secteurs de la vie en société et du développement de la personne (gouvernements, services publics, organisation du travail, éducation, famille, unions institutionnelles et unions de fait, notamment), la femme et l'homme doivent bénéficier de conditions qui leur assurent la même liberté de choix, la même égalité de chances, dans l'exercice des droits, libertés et responsabilités individuelles et collectives. »

L'égalité n'est pas le nivellement. Tous ne doivent pas vivre de la même façon, mais CHACUN DOIT POUVOIR CHOISIR PARMI CE QUI EST ACCESSIBLE À TOUS SANS RESTRICTION AU FAIT QU'IL SOIT UN HOMME OU UNE FEMME.

C'est d'une telle règle que découlent des conditions comme les congés de maternité, les congés de paternité, les services de garde d'enfants, les avantages sociaux équitables pour ceux et celles qui travaillent à l'extérieur du foyer comparativement à ceux et celles qui concentrent pour une période quelconque leurs activités comme chargés de familles, les conditions de travail flexibles ne favorisant pas notamment les emplois à plein temps au détriment des emplois à temps partiel, la rémunération égale pour un travail équivalent, etc.

C'est en fonction d'une telle règle qu'il faut d'abord changer ce qui est objectivement et socialement inacceptable, dans des régimes de vie et de mentalités liés au déterminisme des rôles traditionnels. La liste est longue. On devrait la faire figurer dans tous les lieux publics pour rappeler aux citoyens dans quelle société discriminatoire ils vivent. Quelle société discriminatoire ils acceptent. Pourquoi les moyens adoptés pour combattre le racisme ou pour promouvoir des programmes politiques ou syndicaux, ne seraient-ils pas appropriés quand il s'agit de combattre le racisme entre hommes et femmes ?

● Il est objectivement et socialement inacceptable que les gouvernements et les principaux centres de décisions politiques, économiques, culturels de même que ceux de presque tous les services publics soient aux mains des hommes. Les institutions religieuses elles-mêmes donnent le plus souvent, le ton en matière de discrimination à l'endroit des femmes. Elles sont, dans leur hiérarchie et dans leur fonctionnement, maladivement mâles.

● Il est objectivement et socialement inacceptable que, dans des sociétés industrialisées où près de 40% des travailleurs sont des femmes, l'écart moyen dans les salaires versés aux hommes et aux femmes dans des tâches équivalentes soit de 50% (moyenne!), que les femmes les plus scolarisées soient systématiquemen discriminées sur le plan des salaires et du choix du travail[7], que la proportion des femmes dans les emplois subalternes et les moins rémunérées augmente au lieu de diminuer, que les femmes chefs de familles dont le nombre ne cesse de croître aient en majorité des revenus inférieurs au seuil de la pauvreté, que des femmes qui travaillent à temps plein dans l'entreprise de leurs maris ne soient pas rémunérées personnellement et soient privées d'avantages sociaux normaux, tandis que les femmes au foyer se retrouvent dans un état de dépendance économique et sociale totale[8].

● Il est objectivement et socialement inacceptable que les femmes qui veulent vivre une vie de famille normale et travailler à l'extérieur du foyer, et inversement pour les hommes qui veulent un régime de travail qui leur permette d'assumer leurs responsabilités familiales, ne puissent pas le faire sans être gravement pénalisés dans la plupart des cas. Est-ce normal que le partage de la vie de famille et du travail ne se vive que dans le déchirement?

● Il est objectivement et socialement inacceptable que l'on n'ait pas encore réussi dans leses écoles à éliminer le sexisme et les stéréotypes des manuels scolaires, de l'orientation et des programmes mêmes. C'est à l'école que se fait une grande partie de l'endoctrinement des masses au sexisme et aux stéréotypes. Les dossiers sont là, les rapports sont évidents, mais dans combien de cas les gouvernements mâles hésitent ou refusent d'y donner suite...

---

7. **Au Canada, le rapport le plus récent sur la situation des diplômés de 1976, publié par le Bureau de la main-d'œuvre féminine à Ottawa, est on ne peut plus éloquent sur la discrimination faite aux femmes. À titre d'exemples: les femmes diplômées en médecine et en art dentaire et travaillant à plein temps gagnent $15 500 comparativement à $21 330 pour les hommes; 40% des femmes hautement qualifiées en administration doivent gagner leur vie comme commis; et même dans les emplois dits féminins, sciences infirmières, par exemple, les femmes gagnent moins que les hommes.**

8. **Aux États-Unis, où 45% des mères mariées et 80% des mères séparées et divorcées travaillent, la situation des femmes ne s'améliore pas, comme au Canada, elle régresse. Voici trois données sur le % du salaire des femmes par rapport à celui des hommes depuis 1955:**
   1955: les femmes gagnent 64% du salaire des hommes;
   1965: les femmes gagnent 60% du salaire des hommes;
   1974: les femmes gagnent 57% du salaire des hommes.

● Il est objectivement et socialement inacceptable que des sociétés qui prétendent honorer les mères et valoriser le rôle des femmes au foyer, aient dans les faits des comportements aussi fallacieux et discriminent systématiquement ces femmes. L'une des minorités les plus exploitées, et les plus démunies, à tous égards dans nombre de sociétés industrualisées, est sans contredit celle des femmes de quarante ans et plus. Discriminées en raison de leur âge, de leur apparence physique, si elles n'ont pas le style commercial de la jeune femme séduisante; discriminées parce qu'on ne reconnaît pas, ni dans le travail ni dans le monde de l'éducation, d'équivalences à celles qui pendant des années ont éduqué des enfants; discriminées parce que leur travail les a éloignées des avantages sociaux; discriminées parce que seules, sans ressources, après avoir multiplié les situations de dépendance sociale et économique; discriminées parce qu'elles viennent, célibataires, veuves, divorcées, personnes à charge, gonfler le nombre des pauvres et des assistés sociaux; (les statistiques récentes du dernier recensement du Canada, par exemple, dénombrent 376 000 femmes mariées de 65 ans et plus qui ont un revenu moyen annuel de $1164 et 500 000 femmes seules qui avaient un revenu moyen annuel de $2273;) discriminées jusqu'au bout de la vie ces femmes, avec une «espérance» de vie de bientôt dix ans de plus que les hommes...

● Il est objectivement et socialement inacceptable que la femme soit systématiquement utilisée comme appât publicitaire. Cela semble même une condition de survie pour certaines revues destinées au femmes...

● Il est objectivement et socialement inacceptable que le phénomène des femmes battues — comme les enfants battus — soit si répandu et que nos gouvernements et nos systèmes de justice mâles aient mis jusqu'à ce jour si peu d'ardeur à le combattre et, pire encore, à aider les victimes. C'est un trop facile retranchement que d'invoquer la vie privée des couples et des familles pour ne pas agir.

● Il est objectivement et socialement inacceptable que nos gouvernements et nos systèmes de justice mâles se soient faits par passivité les complices du viol. Et pire encore qu'ils en soient arrivés, par projection des fantasmes mâles, à assurer une protection tacite aux violeurs et à traiter les victimes comme si elles étaient les séductrices coupables. Le dire deux fois n'est pas trop...

● Il est objectivement et socialement inacceptable qu'on se serve hypocritement du respect de la vie, pour enlever aux femmes le droit de décider, et de décider elles seules, d'interrompre une grossesse non voulue par les moyens médicaux appropriés. Il appar-

315

tient aux femmes seulement de décider de la vie qui vient de leur corps.

● Il est objectivement et socialement inacceptable, chaque fois qu'il est question de problèmes de familles, d'enfants, de natalité et de dénatalité, d'en traiter comme s'il s'agissait d'affaires de femmes. À quand le jour où les gouvernements mâles feront comme si les hommes étaient aussi concernés que les femmes par la transmission de la vie humaine et par le soin à prendre des milieux de vie où les personnes croissent?

● Il est objectivement et socialement inacceptable qu'il y ait une médecine pour femmes, conçue et pratiquée non pas en vertu de critères scientifiques mais à partir des mythes et des stéréotypes que la culture mâle entretient sur les femmes. Combien d'hystérectomies et autres ablations pratiquées inutilement? Combien de tranquillisants administrés sans conscience à des femmes? Etc., etc., etc.,

Voilà bien des redites et des choses fort connues, diront peut-être tels ou tels lecteurs... Pourtant, sans ces redites, ce livre perdrait à mes yeux une grande partie de son sens. C'est à travers ces redites que l'essentiel de la civilisation est à déchiffrer et à refaire. C'est par elles que l'obstiné silence mâle à l'interpellation féminine doit être rompu[9].

Et j'en viens, dans le prochain chapitre, à l'essentiel de l'essentiel: à la violence: à la violence contre l'intégrité de la personne dont est responsable le système des rôles traditionnels. C'est cette violence, qui est à la source de tant d'autres, qui constitue objectivement et socialement le phénomène le plus inacceptable.

---

9. **Il n'y a pas que le silence. Il y a le pouvoir et le contrôle. Il y a notamment le contrôle de l'information par le pouvoir social mâle. Les journalistes femmes sont à la remorque de ce pouvoir dans les journaux, les revues et la presse électronique. Le choix de l'information est fait de telle sorte que le moindre potin sur les hommes au pouvoir fait la manchette et commande les articles de première page. Cherchez les premières pages ou une reprise de l'information sur des situations incroyables de discrimination qui atteignent les femmes, et d'autres groupes sociaux discriminés, et l'on vous dira « mais où est la nouvelle? il y a eu un billet hier là-dessus »... Et c'est ainsi que massivement la presse, en ne la dénonçant pas, favorise la discrimination contre les femmes, et leur exploitation.**

CHAPITRE 14

LA FEMME, MÈRE ET OBJET
L'HOMME, MÂLE ET ENFANT

La violence des rôles traditionnels contre l'intégrité de la personne — La femme, mère et objet; l'exploitation de la maternité; la mère-objet; la femme, objet satisfacteur — l'homme, mâle et enfant: il organise la vie autour du pouvoir; il engendre; il passe et il plane; il joue; quand il devient victime de ses pouvoirs et de ses jeux

Refaire, ENSEMBLE

Qui est la femme, une, diverse et multiple? Qui est l'homme, un, divers et multiple? On ne les connaît pas.

Ce que l'on connaît de l'homme et de la femme, c'est ce qu'ils sont devenus culturellement par la réduction et la désintégration de leur personne aux rôles: la femme-mère et la femme-objet, l'homme-mâle et l'homme-enfant.

Là se résume l'action violente des rôles: *dans la rupture interne de l'unité et de la diversité de l'homme et de la femme en tant que personne, à des fonctions stéréotypées qui en ont fait des ÊTRES-RÔLES-MORCELÉS plutôt que des êtres-personnes, uns et indivisibles.*

On considère souvent les stéréotypes comme des « images » appliquées de façon rigide aux membres d'un groupe social. C'est beaucoup plus que cela dans le cas des hommes et des femmes, qui ont assimilé intérieurement les rôles de génération en génération, de siècle en siècle. Il s'agit vraiment d'une « action » de « désintégration » qui a amené les hommes et les femmes à « devenir » ce que les « rôles » leur assignaient « d'être ».

La rupture est vécue de l'intérieur des personnes et elle est aussi sociale. Elle est sociale de par l'action séparée des hommes et des femmes et la forme majeure de cette séparation, c'est la rupture sociologique qui s'est établie entre la famille et la société, le rôle des femmes étant identifié à la famille et au foyer, celui des hommes à l'ensemble des secteurs de développement social. (Sujet développé dans le chapitre cinq sur l'appartenance sociale).

Les hommes et les femmes se connaissent donc très peu comme hommes et femmes, mais comme êtres-rôles dans des rapports de femmes-mères à hommes-enfants et de femmes-objets à hommes-mâles.

Non seulement ils se connaissent peu, mais leurs possibilités d'échange, de partage et de collaboration sont fort restreintes puisqu'ils ont été conditionnés à vivre et à penser séparément.

C'est pourquoi je formule l'hypothèse qu'une grande partie des difficultés vécues par les couples, dans le mariage ou dans d'autres types d'unions, ne sont pas inhérentes à la vie de couple ou au caractère aliénant du mariage, mais proviennent de l'isolement social et psychologique qu'on a en quelque sorte institutionnalisé entre les hommes et les femmes. *En d'autres termes, quand un homme et une femme veulent échanger et vivre ensemble, leur communication, selon toute probabilité, a de fortes chances d'être entravée au départ par la séparation sociale, psychologique et mentale qui atteint le groupe des hommes et des femmes dont ils font partie.*

Au fond, les hommes et les femmes se situent, qu'ils en soient conscients ou non, dans des rapports de classe qui les séparent souvent d'une façon plus viscérale encore que les riches et les pauvres, que les scolarisés et les non-scolarisés. Cette séparation a pu être vécue d'autant plus profondément jusqu'à la révolution féministe — qui me paraît maintenant irréversible —, qu'il n'y avait pas entre les hommes et les femmes de lutte de classe ouverte, pouvant générer l'espérance que des ouvriers et des populations entières ont eue dans l'histoire.

Dans les pages qui suivent, je vais m'attarder à observer le phénomène des rôles dans quelques-unes de ses manifestations les plus significatives. C'est une sorte d'opération de reconnaissance du pourquoi et des signes de la femme-mère, de la femme-objet, de l'homme-mâle et de l'homme-enfant. Reconnaissance de ce qui nous est familier mais qui en même temps nous a masqué l'homme et la femme, ces inconnus.

Libérés des rôles, on pourrait presque se re-présenter les uns aux autres, les unes aux autres, en redécouvrant simplement que nous sommes des êtres ouverts à notre plénitude d'êtres humains.

La femme, mère et objet

L'exploitation de la maternité

Des quatre rôles en cause il est certain que celui de la femme-mère est bien différent des autres, puisqu'il correspond au fait naturel et sacré de la maternité. Le problème est dans l'exploitation qu'on en a faite ainsi que dans le rôle de servante qu'on lui a attaché.

Parmi toutes les raisons — et en deçà des grands mythes — qui ont amené les civilisations à survaloriser la fonction de mère chez la femme, il faut voir l'intérêt qu'y ont trouvé les hommes, consciemment et inconsciemment surtout. Ce n'est pas purement par commodité que l'on a dans la plupart des sociétés et à presque toutes les époques établi un régime sédentaire pour les femmes et le régime nomade pour les hommes. Quels que soient les motifs qui aient poussé les hommes à se donner des régimes de nomades, il est clair que c'est sécurisant pour eux de pouvoir compter sur une femme, qui reste là, pour prendre soin de leurs biens, de leur maison et de leur progéniture. Est-ce que cela n'est pas sécurisant surtout comme moyen de contrôler la liberté des femmes, en particulier leur liberté sexuelle ? En faisant des femmes des mères attachés à leur foyer, est-ce que les hommes ne se protègent pas d'abord contre les risques qu'il y aurait à ce que leurs épouses aient la même liberté sociale qu'eux, les mêmes contacts qu'eux avec le monde extérieur au foyer et à la famille ? On peut même se demander si ce n'est pas pour masquer cette insécurité, que les hommes se sont servis du prétexte de la maternité pour confier la charge des enfants aux femmes en se disant non compétents pour prendre soin eux-mêmes des enfants... La domination légale et sexuelle établie par les hommes sur les femmes ne peut que nous inciter à répondre par l'affirmative à cette question.

De ce point de vue, l'exploitation, dans les sociétés occidentales, de l'amour passion en dehors du mariage, va de pair avec la survalorisation de la mère chez l'épouse. En considérant l'épouse comme étant d'abord la mère de ses enfants, d'une part, et en ne développant pas trop son appétit sexuel (dans des relations sexuelles qui la feraient jouir autant que lui), d'autre part, le mari se protège lui-même. Il s'assure de posséder au moins une femme complètement : « sa » femme. D'où la fureur de la civilisation mâle contre l'adultère et la honte d'être cocu. D'où évidemment, pour des maris frustrés de vivre avec des femmes-mères et souvent possessives, le recours à l'industrie de la prostitution, à la pornographie et au système de la « maîtresse » qui devrait idéalement puiser ses quotas chez les femmes seules ! (thématique abondamment développée dans la deuxième partie). Au bout de ses aventures, l'homme-mâle s'inclinant en lui devant l'homme-enfant, le mari espérera retomber dans les bras de « sa » femme (mère) pour qu'elle prenne soin de ses vieux jours, achevant ainsi le cycle d'une vie pour êtres-rôles.

Dans ce contexte, il ne faut pas s'étonner que l'on ait vu la maternité comme un « état » quasi permanent de la vie des femmes, plutôt que comme une « fonction ». Car c'est là un autre élément majeur de l'exploitation du rôle de la mère. Les hommes l'on utilisé à l'extrême, en sous-estimant le rôle de la paternité et la notion de responsabilité parentale. Il est constant de voir les gens se référer au rôle de la mère alors qu'ils devraient aussi bien parler du père ou de la responsabilité parentale, celle-ci étant d'ailleurs beaucoup plus appropriée pour évoquer la prise en charge des enfants par les divers types de parents possibles (couples, homme ou femme seule, des femmes ou des hommes ensemble, etc.). Même les ouvrages de psychologie de l'enfant, en majorité encore, se mettent à la remorque de la culture traditionnelle et surestiment le rôle de la mère comme modèle parental.

Il n'y a pas lieu dans les limites de ce propos d'entrer dans le débat sur la nécessité de démystifier la maternité. C'est un débat qui appartient aux femmes. Mais d'un point de vue collectif et face aux impératifs qui relèvent de la libération des rôles, il y a des données qui s'imposent. La première touche la liberté des femmes. Il est essentiel qu'elles puissent choisir d'avoir ou de ne pas avoir d'enfants dans telles et telles conditions qui répondent à leurs besoins personnels et, surtout, sans subir des pressions du milieu social qui soient telles qu'on leur fasse sentir, par exemple, qu'elles sont moins femmes en ne mettant pas d'enfants au monde. C'est d'ailleurs pour que les femmes puissent en décider et le vivre dans des conditions optimales de liberté qu'il est indispensable de ne pas le survaloriser au détriment des autres capacités personnelles et sociales des femmes. Et ne faut-il pas un tel contexte de liberté pour permettre aux femmes de situer, sans pression culturelle, ce que signifie pour elles le fait de mettre des enfants au monde, en regard des autres expériences qui leur sont possibles comme personnes et accessibles socialement.

Une deuxième donnée touche évidemment la valorisation de la paternité par les hommes, notamment dans les cas où l'homme partage toutes les phases de l'expérience de maternité vécue par une femme, à compter du moment où l'un et l'autre décident d'avoir un enfant ensemble et de l'éduquer ensemble également. Y a-t-il expérience plus engageante au monde, sur le plan personnel et social? Pour l'un et l'autre. Malheureusement, que de femmes doivent la vivre comme on vit la solitude à deux! Cela entraîne toutes sortes de conséquences, dont l'une des plus néfastes consiste précisément en ce que la femme se laisse en quelque sorte assimiler psychologiquement par sa maternité en la vivant pour deux[1].

Souvent alors la maternité devient une expérience compensatoire, à l'intérieur d'une relation conjugale déficiente, et elle est vécue comme un état permanent et non plus comme une fonction. C'est ainsi que des femmes deviennent mères à l'excès et le restent, au point que les autres ressources de leur être de femme se trouvent comme «possédées» par leur personnalité maternelle. D'autres conséquences s'ajoutent en chaîne et viennent modeler la relation de ces femmes-mères à leur entourage. La plus prévisible est celle de la possessivité. C'est parce que l'ensemble des ressources et des capacités de la femme se trouvent alors possédées par le pouvoir maternel, qui devient comme une force totalitaire à l'intérieur de la personne, que le comportement en face d'autrui suit ce modèle in-

---

1. Il s'agit bien de situations où il y a un couple. On ne saurait faire la même analyse dans les cas où une femme vit sa maternité seule, par choix, ou même par force majeure en raison, par exemple, du décès du père.

térieur et s'exprime à travers la possessivité maternelle. La maternité est changée en «maternalisme». Ainsi la mère vit davantage «de» ses enfants qu'«avec» ses enfants.

La mère autonome et libre, à l'égard d'elle-même et de son entourage, tout comme le père autonome et libre, n'est-ce pas celle ou celui qui ne dépend pas de ses enfants pour vivre et aimer, qui ne s'accroche pas à eux pour justifier son existence de femme ou d'homme. N'est-ce pas celle ou celui qui engendre une autre vie — comme l'amour — à partir du débordement de sa propre vie d'individu et, lorsque c'est le cas, à partir aussi du débordement de son expérience de couple. (Nous retrouvons une fois de plus les principes fondamentaux de développement de la personne et de relation interpersonnelles qui sont à la source de ce livre.)

Je voudrais ajouter enfin à ces considérations sur la maternité, une interrogation, sous toute réserve que, venant d'un homme, elle a un poids théorique... Est-ce que le fait d'enfanter ne constitue pas une épreuve de liberté intérieure pour la femme, face à tout ce qu'elle peut faire et être comme personne? Ne lui faut-il pas un mûrissement interne approprié et un environnement social de grande liberté, pour ne pas être dominée par la pression physiologique et psychique que la grossesse exerce sur elle, en même temps que par le bien-être extraordinaire qu'elle peut y trouver? Mûrissement et liberté pour l'assumer et pour rester disponible à toutes ses autres ressources.

La mère-objet

Les contradictions du système social mâle éclatent brutalement, quand on sait jusqu'à quel point la valorisation du rôle de mère implique pour les femmes la soumission, le servage, la dépendance et l'isolement social.

En 1980 encore la majorité des mères sont aussi des servantes, des domestiques du mari et des enfants. Elles ont encore droit aux réprimandes si les repas ne sont pas faits par elles, s'ils ne sont pas prêts à l'heure dite, si les vêtements ne sont pas soigneusement préparés selon les besoins de chacun, si la maison n'est pas rangée, et ainsi de suite. Chacun peut le vérifier dans les contacts qu'il a avec les gens de son milieu. On le constate également dans les informations recueillies auprès des femmes dans le cadre, par exemple, de programmes de recyclage qui sont destinés à leur faciliter l'accès à l'éducation continue et au marché du travail.

Il est certain que d'une façon générale les femmes acceptent ce rôle et l'entretiennent même dans la manière d'éduquer leurs enfants et de les rendre dépendants de leur servage. Mais tout le problème de conditionnement culturel est là et aussi longtemps qu'on ne recourra pas à toute la gamme de moyens nécessaires pour changer le système des rôles, il demeurera. Et c'est une illusion, du moins dans l'état actuel des choses, de croire qu'elles changent rapidement chez les jeunes. Au contraire une forte majorité de jeunes adoptent et souhaitent explicitement adopter les comportements les plus traditionnels. Et les mouvements anti-féministes ont sur ce plan plus d'impact que les mouvements féministes.

L'une des manifestations les plus destructrices de l'enracinement des rôles traditionnels et de leur violence contre la personne sur cet aspect précis du conditionnement collectif des femmes, c'est: le sentiment de culpabilité. Chaque fois que j'ai travaillé avec des groupes de femmes, que j'ai analysé des rapports et des programmes qui les touchaient, ce qui m'a le plus frappé, c'est l'envahissement du monde des femmes par la culpabilité. Les femmes s'empêchent d'avoir une vie à elles et de la vivre, parce qu'elles se sentent coupables d'avoir une vie personnelle qui n'assurerait pas chaque jour à leurs maris et à leurs enfants un service parfait d'entretien. Exemple: laisser la maison un peu en désordre et partir à l'improviste, sans être envahie par l'idée que ça ne se fait pas de laisser la maison dans cet état et de ne pas être là (comme une vraie « femme totale », quand le mari fatigué rentrera de son travail. Imaginons alors ce qui se passe s'il s'agit de s'absenter régulièrement à cause d'un travail à l'extérieur ou d'un engagement social. Ce qui se passe dans la plupart des cas, c'est la surcharge, la vie tendue, l'épuisement à devoir prendre les bouchées doubles partout pour que rien ne paraisse dans la famille et que monsieur et les enfants ne se rendent pas compte que madame pourrait moins être à leur service.

Le sentiment de culpabilité, on le cultive d'autant plus facilement chez les êtres dépendants. Or c'est là encore que le système des rôles a parfaitement réussi. La dépendance économique, juridique, politique et sexuelle imposée aux femmes a fait son œuvre. Quand je constate la culpabilité chez les femmes, il me revient souvent en mémoire ces scènes de mon enfance où je voyais des femmes de quarante ans, dans la parenté et chez des amis, demander quelques piastres au mari pour s'acheter une paire de bas, une robe, en se faisant souvent interroger d'ailleurs par le chef du ménage: « Est-tu bien sûre que t'en as besoin, la femme? »

C'est cela, la violence contre la personne. Elle fait aussi mal qu'une gifle et les femmes se sont autant habituées à l'une qu'à l'autre.

Et l'on aurait tort à ce propos de croire encore qu'il s'agit du passé et de voir les choses à travers une société d'abondance qui profiterait autant aux femmes qu'aux hommes, et dans laquelle les femmes qui travaillent iraient chercher le surplus et le luxe. C'est un mythe, que les adversaires de la libération des rôles se sont fait fort de répandre, en dépit des statistiques de toutes sortes qui montrent que la grande majorité des femmes qui vont sur le marché du travail sont, ou des femmes seules (célibataires, séparées, divorcées, veuves, abandonnées), ou des soutiens de familles qui dans la majorité des cas ne reçoivent plus la pension alimentaire à laquelles elles ont droit légalement, ou des femmes dont le revenu est nécessaire pour combler celui du mari. Et pour celles-ci comme pour d'autres qui effectivement, dans le cadre strict des ressources économiques de la famille, n'auraient pas besoin de travailler, on prend bien garde de mettre en cause d'autres motivations pleinement légitimes qu'ont les femmes de rechercher un travail et qui peuvent être les mêmes que celles qui fondent le droit au travail pour les hommes : faire un métier, poursuivre une carrière, subvenir à ses besoins et pouvoir comme l'homme à ceux de ses enfants et avoir droit aux mêmes avantages sociaux, etc. De plus, dans la situation de transition que nous vivons — et qui peut être longue — entre l'économie fondée sur les rôles traditionnels et une économie nouvelle de partage entre les hommes et les femmes, il y a une motivation qui pourrait venir en tête de liste dans bien des cas : sortir de l'isolement social et rompre avec le statut de dépendance économique qui caractérise la situation des femmes au foyer.

Une autre forme de violence contre la personne qui atteint la femme au foyer, c'est *la compression de son environnement social et humain.* (Je parle ici d'expérience, puisqu'à plusieurs périodes de ma vie j'ai vécu — je la vis encore — la situation de personne au foyer, encore que cela soit dans des conditions idéales puisque tout en m'occupant des enfants et de la maison j'y remplis un travail rémunéré.) Être une femme au foyer, dans la situation qui prévaut généralement, c'est : ne pas avoir la même possibilité que l'homme de contacts sociaux enrichissants et variés, être dépendante des contacts de l'homme pour sa vie sociale, ne pas avoir la même liberté de relations humaines et pour tout ce qui est très lié au monde du travail : les loisirs, l'implication dans le milieu, le contact direct avec le vécu social et économique, l'appartenance à des associations, etc. Et encore une fois, que des femmes comme individus ne sentent pas ces limites ou ne les vivent pas pour telles ou telles raisons qui leur sont propres, ne change rien à la situation d'injustice sociale qui prévaut pour l'ensemble.

On aurait tort aussi d'oublier que le contact continuel avec les enfants, s'il a quelque chose de passionnant, est aussi très assiégeant et souvent limité en regard des besoins relationnels auprès d'autres adultes. Ce n'est pas pour rien que les hommes s'en remettent aux femmes pour le soin quotidien des enfants et qu'ils essaient à la première occasion d'échapper à leur envahissement. Dans ce contexte, il faut ajouter à la liste des devoirs de la mère : protéger la quiétude du chef de la famille contre les abus des enfants !

Et que dire de ces prisons dorées que deviennent de plus en plus les maisons des classes bourgeoises et moyennes dans les villes de banlieues notamment. Oh, c'est gentil d'avoir une maison suréquipée, techniquement parlant, d'être envahie par la publicité du centre commercial le plus proche, de pouvoir communiquer avec le monde par sa télévision, de se transformer en chauffeur de taxi — quand on a une deuxième voiture — pour conduire ses enfants à gauche et à droite... Mais si l'on a des capacités pour faire plus et mieux pour soi-même et pour la société et qu'on est une femme de quarante ans avec de grands adolescents qui organisent leur vie, eux, que fait-on de vraiment satisfaisant sur le plan humain ? Où trouve-t-on les débouchés ? Cette question ne vise pas seulement le développement personnel des femmes, mais celui de la société : *quel gaspillage social d'énergies et de capacités non employées chez les femmes*. Sommes-nous à ce point développés que nous puissions nous permettre de vouer tant de femmes au chômage psychologique et social ? Où donc est-elle, notre belle efficacité administrative masculine ?

Comprimer l'environnement de quelqu'un, c'est aussi comprimer sa personne en limitant ses chances de développement par la limitation des moyens et des occasions qu'on lui offre. Et c'est souvent du même coup le livrer à ces satisfactions compensatoires, dont nous avons parlé dans les autres chapitres. La possessivité, telle que je l'ai décrite dans les pages précédentes, en est une. L'envahissement de la vie personnelle des enfants par celle des mères, et aussi par celle des pères, pour le même type de raisons qui tiennent souvent à l'étroitesse de leur propre champ de responsabilité sociale, en est une autre. Que de familles sont littéralement empoisonnées ainsi ! Des parents puisent en quelque sorte, dans l'envahissement de la vie de leurs enfants, l'espace que la société leur refuse pour sentir leur dimension intérieure. D'autres le puisent, violemment, dans l'alcool. Dans quelques années les statistiques sur la progression de l'alcoolisme chez les femmes nous effareront peut-être, mais nous n'aurons probablement rien fait de sérieux pour modifier l'environnement humain de ces prisons dorées de banlieues pour femmes...

Violence contre la « personne » avons-nous répété, mais enfin, selon la légalité et le juridisme mâle, dans des sociétés parmi les plus évoluées du monde, on a longtemps attendu avant de reconnaître les femmes comme des personnes. Au Canada, par exemple, on a célébré en 1979 le cinquantième anniversaire de la reconnaissance juridique des femmes comme personnes. Cette année, au Québec, on a fêté le quarantième anniversaire du droit de vote pour les femmes. La liste des dispositions légales et des pratiques discriminatoires qui ont eu cours dans ce contexte, et dont plusieurs perdurent, est innombrable.

Bien sûr, à tout cela, on rétorquera que ces conditions de discrimination et d'exploitation n'ont pas empêché les femmes d'être intensément des personnes et même d'être meilleures gardiennes que les hommes de réalités humaines et personnelles fondamentales. En poussant cet argument au bout de sa logique, on en viendrait à souhaiter que les pauvres restent pauvres pour mieux apprécier le prix de la vie et à enfermer les poètes pour qu'ils produisent leurs plus beaux chants de liberté. En d'autres termes, c'est comme si l'on disait « exploitons les femmes et sur leur résistance, passive ou active, nous chanterons la force des êtres humains ». Il y a là quelque chose de maladif — qui est peut-être l'expression d'un conflit non résolu au sein de la culture mâle en particulier, entre les forces de la vie et celles de la mort —, mais il faut bien reconnaître que la maladie est là.

La femme, objet-satisfacteur

D'être de service dans le monde des femmes-mères, la femme devient systématiquement « objet satisfacteur » dans le monde des femmes-objets. La violence psychologique et sociale y atteint sa forme la plus manifeste et par laquelle elle rejoint la violence physique : la réduction de la personne à l'état d'objet. Les industries de la publicité, de la pornographie et de la prostitution nous y ont tellement habitués que l'on vit avec cette violence comme on vit avec la brutalité physique. Et nombre de spécialistes qui se font, dans ces domaines, les défenseurs acharnés de la liberté d'expression et de la liberté de mœurs négligent les contenus violents de ces industries. En cela ils sont d'ailleurs soutenus par autant de psychiatres, de policiers et de criminologues, qui voient dans ces industries des « soupapes de libération individuelle et sociale » permettant de contenir des appétits de plus grande violence et que l'interdiction par la loi ne ferait que mieux passer aux mains du crime organisé. Des analyses différentes montrent le contraire. Quoi qu'il en soit, les faits sont là et leur dimension collective nous atteint tous à des degrés divers ; nous les sanctionnons au moins passivement, sans nous prémunir contre le risque de les répéter inconsciemment.

C'est la réduction de la personne à l'état d'objet qui devrait surtout nous préoccuper dans l'utilisation massive que fait la publicité du corps de la femme, ce n'est pas seulement l'utilisation du symbole sexuel, bien que cette utilisation contribue largement à déformer à la fois l'image qu'on se fait de la sexualité et de la femme.

Il arrive que l'homme qui vénère la femme-mère est en même temps celui qui éprouve le besoin de se provoquer lui-même par l'intermédiaire du corps de la femme-objet, pour être stimulé à l'achat d'une marque d'automobile ou de savon. On est en plein univers « objectal », au niveau des satisfactions les plus primaires, où l'homme se sert indistinctement de ce qui l'entoure comme d'instruments de provocation et d'affirmation de ses instincts. L'efficacité de l'automobile et la valeur du savon ne l'intéressent pas plus au bout du compte dans l'opération publicitaire, que l'identité de la femme dans la société où il se meut. Il réagit à des formes qui le stimulent et que le message publicitaire confond habilement : corps de femme — automobile, automobile — corps de femme.

La pornographie procure le même genre de contacts avec des objets provocateurs dont l'homme se sert pour se stimuler lui-même. Quand elle est un besoin constant, elle est souvent le symptôme d'un état narcissique de l'individu qui n'est pas capable d'entrer en relation avec autrui d'égal à égal, en le reconnaissant comme une autre personne. Il lui faut réduire l'autre à des formes objectales qu'ils puisse exploiter pour ses besoins strictement égocentriques. Il y a d'ailleurs toute une partie de la littérature pornographique qui est essentiellement violente et dans laquelle les objets sexuels n'ont d'intérêt que s'ils sont exploités de façon sado-masochiste. Ce sont les rapports de maîtres à esclaves qui structurent et orientent cette culture pornographique violente.

Il importe aussi de noter que dans la culture pornographique, l'homme se donne des images qui le mobilisent et l'emportent, à l'extrême opposé de l'image fixe et stable de la mère en lui.

Dans la prostitution, comme dans certaines pratiques sexuelles, la femme n'est plus symbole ou représentation de relation avec un objet stimulateur et satisfacteur, elle y soumet sa personne, elle la vend. L'homme achète la personne-objet (des hommes, des jeunes surtout, de plus en plus, autant que des femmes), comme il achète la publicité et l'image pornographique. Le caractère commercial et l'appartenance à des réseaux de soumission aux maîtres qui lex exploitent (réseaux souvent désignés comme les « écuries »), établissent sans équivoque, comme le commerce des esclaves, que l'on y achète des êtres-marchandises. Plus on paie cher, plus on en retire de satisfactions. C'est la règle, les prostitué(e)s qui ne s'y soumettent pas en subissent les conséquences. (Je parle ici d'un système, je ne porte pas de jugements de valeur sur les prostitués.)

C'est dans l'ensemble de la culture comme des pratiques sociales que la femme est représentée en Occident à travers la femme-mère et la femme-objet (celle-ci tantôt incarnée dans la putain, la courtisane, la maîtresse, la fille de joie, etc.). La littérature et le cinéma en ont vécu, en particulier en exploitant le système social du triangle; mais les modèles changent à mesure que se multiplient les œuvres faites par des femmes. Les religions les ont exploitées à fond dans la conscience collective. Le catholicisme, par exemple, a imposé ses deux grands archétypes féminins : Marie, la mère des mères, « celle qui a été conçue sans péché », et Ève, la première femme, « celle par qui le péché est entré dans le monde ». Elles répondent dans le monde masculin à Adam, le premier homme, celui qui a péché, et au Christ, l'homme nouveau et sauveur. Il faut bien observer que le couple pécheur incarne un lien conjugal, (même si l'on dit que Ève est tirée... d'Adam), tandis que dans le couple qui rachète il s'agit de la mère et du fils. Cette symbolique est riche d'enseignements!

De tous les textes qui expriment cette symbolique, il en est un qui à mes yeux a une valeur exceptionnelle. Il s'agit de la pièce de théâtre *Les Fées ont soif*, créée au Québec en 1978[2]. Je voudrais terminer cette analyse des rôles féminins en cédant la parole aux trois personnages de cette pièce : Marie la mère, Madeleine la putain, et la Statue de la Vierge. La statue, c'est l'archétype de la femme qu'on a fixée dans le plâtre. Elle symbolise autant la femme-objet que la femme-mère et que l'esprit de l'homme qui a enfermé la femme dans ces rôles. À la fin de la pièce, la femme, libé-

2. Cette pièce a suscité la censure et a même été interdite par les tribunaux de première instance pour une période au cours de laquelle une injonction provisoire était obtenue par des mouvements de droite. L'interdiction permanente a été ensuite refusée par le tribunal de première instance, puis par la cour d'appel. Mais la cause est toujours devant la Cour suprême du Canada. Il y a eu, dans cette opposition à la pièce, rencontre sociale entre des mouvements religieux de droite et des groupes anti-féministes.

rée des rôles, s'échappe de la statue. Voici quelques extraits du discours incantatoire que tiennent les personnages des *Fées ont soif* pour nous livrer leur identité et peut-être celle de millions de femmes qui auraient tenu et tiendraient le même langage :

La statue

Moi, je suis une image. Je suis un portrait.
J'ai les deux pieds dans le plâtre.
Je suis la reine du néant. Je suis la porte sur le vide.
Je suis le mariage blanc des prêtres.
Je suis la moutonne blanche jamais tondue.
Je suis l'étoile des amers
Je suis le rêve de l'eau de Javel.
Je suis le miroir de l'injustice. Je suis le siège de l'esclavage. Je suis le vase sacré introuvable.
Je suis l'obscurité de l'ignorance.
Je suis la perte blanche et sans profit de toutes les femmes.
Je suis le secours des imbéciles. Je suis le refuge des inutiles.
Je suis l'outil des impuissances.
Je suis le symbole pourri de l'abnégation pourrie.
Je suis un silence plus opprimant et plus oppressant que toutes les paroles.
Je suis le carcan des jaloux de la chair.
Je suis l'image imaginée. Je suis celle qui n'a pas de corps.
Je suis celle qui ne saigne jamais...

...On m'a donné un oiseau comme mari
On m'a dérobé mon fils de siècle en siècle.
On lui a donné un père célibataire jaloux et éternel.
On m'a taillée dans le marbre et fait peser de tout mon poids sur le serpent

Personne ne brise mon image.
On me recommence sans cesse.
Qui dévisagera mon image ?
N'ai-je point quelque part une fille qui me délivrera ? Qui me déviergera ?...

...Ils ont dit que la chair était un péché contre l'esprit. Et ils m'ont enfermée au cœur même de la chair de la pomme...[3].

---

3. Il est à propos de signaler ici ce que le Docteur Pietropinto note lui-même dans son « Rapport sur la sexualité de l'homme » (déjà cité) : « À notre question concernant l'expérience sexuelle des épouses, un homme a répondu honnêtement : « C'est déconcertant : j'aimerais qu'elle ait de l'expérience, mais également qu'elle soit vierge. Je

Marie

...Je file un bien mauvais coton. Est-ce que je pourrais changer de peau? Est-ce que je pourrais me chercher ailleurs?...

Je suis tannée de prendre des Vallium...

Je m'appelle Marie. Ils glorifient mes maternités et pourtant moi ils ne peuvent pas me souffrir...

C'est toujours pareil. Y a jamais rien qui change. Moi qui pensais que je ferais mieux que ma mère.
Je ne suis pas rendue beaucoup plus loin qu'elle...

Ma maison est propre, propre, propre. Je m'appelle Marie. Je fais des commissions. Tu m'as rencontrée dans les centres d'achat.
Dans les centres d'achat, ils vendent des beaux costumes de bain. Des petits bikinis.
Je ne pourrai jamais être seule au bord de la mer. J'ai trop peur. Les vagues roulent vers moi. Elles veulent me parler. Je ne voudrais jamais être seule au bord de la mer. J'ai trop peur. Les vagues pourraient me ramasser dans leurs plis et m'amener là où je ne voudrais jamais aller. Je suis une femme de peine...

J'écoute mon transistor... Je vais en Floride l'hiver avec mon mari. Il joue au golf...

À douze ans, qu'est-ce que je voulais?

L'adolescence est une maladie. Mieux vaut ne pas s'en souvenir. Moins j'aurai de désirs, plus je serai une adulte. Ne craignez rien. Je crois que je n'ai plus AUCUN DÉSIR. Que ceux que vous me donnez. Dans les découvertes, ce qui m'intéresse, ce sont les nouveaux savons qui rendent le linge encore plus blanc, plus propre. Du savon à vaisselle qui garde les mains douces. Comme si vous ne la faisiez pas. Qu'est-ce que je demande de plus à la vie?
Et des maris, il y en a des pires que le mien. Et à quoi ça sert un mari?...

Entre le poêle et le réfrigérateur
Entre le réfrigérateur et le poêle
Je t'attends et je prends ma pilule
Je prends ma pilule entre le poêle et le
Réfrigérateur
Et je t'attends...

---

ne le suis pas, je ne peux donc pas vouloir une femme qui le soit. Cet homme, ajoute Pietropinto, a résumé les sentiments schizophrènes de la majorité des hommes d'aujourd'hui. Ils désirent une vierge expérimentée.» p. 278 du rapport.

C'est curieux. J'ai eu deux enfants et c'est comme si ma chair n'avait jamais été traversée. Pourquoi une mère n'aurait-elle pas joui?

Où est-ce que je dois retourner en moi pour jouir?

(Les deux répliques qui suivent s'enchaînent au texte ci-dessus.)

La statue

Pauvre petite fille, tu as peut-être joui. Peut-être que tu l'as oublié. Dans les hôpitaux psychiatriques, il y a plein de femmes qui se prennent pour moi. Elles ont oublié ce qu'elles sont. Ils m'ont rentré dans ton corps à coup d'images et de médialles, à coup de chantage et menaces et de promesses. Il faut que je sorte d'ici, moi.

Madeleine

J'ai fait l'amour tel lieu telle place telle heure avec Don Juan

avec Casanova
avec Abélard
avec Fantômas
avec le grand Pan
Avec Tarzan

et si je ne suis plus pucelle, je suis encore mordue du goût de la virginité.

(Chanté:) Blue moon, it is not fair to be alone.

Moi, je comprends Marilyn Monroe...

Je suis comme elle. En quête de beauté. En quête de toutes les qualités de la séduction. Je me désire belle. Je me veux désirable. Et en même temps il faudrait que je sois inatteignable.

Je voudrais que l'on me trouve transparente.

Virginale. Si virginale.

Comme une nonne au visage pâle et aux petites mains douces.

Le couvent. Être préservée du monde et de sa souillure.

J'ai essayé dans mon corps toutes les absences.

Je me voudrais maigre et décharnée. Je me voudrais une charpente d'os veuve de chair.

Je voudrais avoir le moins de corps possible.

Je n'ai jamais été assez grêle et fragile et translucide. J'ai toujours trop de corps.

Et j'aime le gâteau au fromage.

Trop de corps pour leur sexe et leurs mains qui demandent et exigent sans cesse. J'ai introjecté, oui, introjecté leurs désirs sans jamais les réaliser. Et j'ai été putain. Pute. Prostituée. Guedoune.

J'ai sombré dans leurs folies sans jamais trouver les miennes.

Ça fait si longtemps que je m'attends...[4]

---

4. Denise Boucher, *Les fées ont soif*, Montréal, Les Éditions Intermède, 1978.

La voilà dite la femme divisée, rompue en elle-même, en pièces détachées, modelée sur le dualisme qui a toujours dominé la civilisation et l'expression mâle sous toutes sortes de formes. Expression du manichéisme d'abord, qui divise la femme et l'homme comme l'ensemble de l'univers, selon les principes du bien et du mal. Expression de la double vie du guerrier, en campagne et au repos. Expression de la double vie et de la double psychologie de l'homme nomade et de l'homme sédentaire. Expression de la sublimation vers la mère et du défoulement avec la femme-objet. Expression de l'homme qui, cherchant l'homme-personne, est allé aux extrêmes qui ne sont pas de l'homme, mais qui tiennent de l'ange et de la bête, l'homme-ange contemplant la femme-mère et l'homme-bête poursuivant la femme-objet. Ou expression de l'homme mâle et enfant, selon la terminologie que je préfère mais qui tient d'une problématique commune, sous maints aspects, aux diverses terminologies.

C'est la problématique qui compte dans nos recherches, pour essayer de comprendre ce dualisme. Ce qui me paraît le plus nécessaire d'explorer dans cette problématique, c'est: d'une part, un profond malaise exprimé par le comportement mâle dans sa relation à la vie et aux êtres humains en tant que personnes, et d'autre part, la projection de ce malaise dans les relations hommes-femmes dans un contexte où le pouvoir social est aux mains des hommes.

L'homme, mâle et enfant

C'est strictement pour illustrer ce malaise que je trace le portrait qui suit, en résumant de la façon la plus suggestive et la plus succincte possible les principales données de l'analyse culturelle qui le soustend. Les traits du mâle et de l'enfant vont de pair avec ceux de la mère et de la femme-objet, mais ils s'isolent beaucoup moins l'un de l'autre dans le comportement masculin puisqu'ils ne correspondent pas comme ceux de la mère et de la femme-objet à des situations sociales séparées. Les quelques séquences selon lesquelles j'ai représenté les traits du mâle et ceux de l'enfant, ne les distinguent donc pas de façon systématique; je me suis borné à ménager une progression en partant des traits dominés par le type mâle pour aller vers des traits dominés par le type enfant. La séquence la plus unificatrice des deux types est peut-être celle de l'homme joueur.

Première séquence:

Il organise la vie autour du pouvoir

Le pouvoir, le pouvoir et encore le pouvoir! Il prend tellement de place dans la civilisation mâle qu'il n'en reste presque plus pour le partage, pour l'égalité, pour la tendresse[5]. Les premières victimes, ce sont les hommes eux-mêmes, qui vont de révolutions en révolutions pour essayer de s'en affranchir, comme s'il s'agissait d'un fléau qui vient d'ailleurs que de nous-mêmes. C'est pourquoi il y a sans doute plus d'hommes-objets encore que de femmes-objets, traités comme des choses et des robots dans le monde du travail. Il y a deux révolutions qui doivent s'allier ensemble: celle pour la dignité dans le travail et celle pour l'autonomie des femmes.

L'une des manifestations la plus révélatrice du comportement de pouvoir, après les rapports de dominants à dominés, est la manière dont sont structurés et animés les groupes cibles de l'organisation collective mâle. On y décèle d'ailleurs un modèle type d'organisation sociale, basé essentiellement sur des rapports de dominants à dominés, d'individus en autorité et de groupes de dépendance. Aussi différents soient-ils de par leurs finalités respectives, des groupes comme des clans, des tribus, des gangs, des mafias, des polices, des partis, des communautés religieuses, des sectes, les forces armées, fonctionnent à partir de ce modèle[6].

● On y vit du mythe du chef[7].

● Les symboles d'appartenance au groupe, tels les drapeaux, les armoiries, les devises, les emblèmes, les médailles, les décora-

---

5. Le pouvoir est particulièrement l'antithèse de l'égalité et de l'amour, dans le sens où je l'ai développé au chapitre 6 et dans la lettre sur l'égalité.

6. L'expérience de groupe féminins autonomes, et libres de l'influence ou de l'autorité masculine, n'est pas assez importante pour qu'on puisse les comparer aux groupes masculins de façon concluante en montrant, par exemple, que ce modèle de fonctionnement est humain et qu'il n'a rien à voir avec le fait masculin ou féminin. C'est le cas des communautés religieuses féminines qui ont toujours été pour la plupart sous la tutelle mâle dans la hiérarchie des institutions religieuses.

7. La soumission au chef et les comportements de régression infantile qui s'ensuivent sous l'empire de l'obéissance au chef sont si enracinés, qu'on les retrouve autant dans les groupes de contestation et de marginalité de l'ordre établi que dans ceux qui régissent l'ordre établi. C'est le cas le plus souvent chez les sectes, par exemple, qui sont en voie de regrouper plus de 10% de la population aux États-Unis.

tions, les parades, y prennent une importance démesurée. Ils acquièrent une valeur en soi en devenant plus des signifiés que des signifiants[8].

● On se donne des règles, des codes (souvent secrets), des rites, qui n'ont pas d'abord pour fonction de favoriser la solidarité et la vie en commun, mais de « casser » les individus, de les soumettre à des « épreuves », en vue notamment de les initier à l'obéissance et à la solidarité *aveugles*.

● On hiérarchise les tâches et les rôles à l'extrême, sous le pouvoir du chef et des sous chefs et des sous sous-chefs, en bureaucratisant de telle sorte que le sentiment de responsabilité personnelle ne vient pas compromettre la structure de dépendance à l'autorité et à l'ordre établi par elle.

● On porte aux nues des sentiments cultivés de façon mécanique et abstraite, comme l'honneur et le rattachement au groupe par les symboles d'appartenance, au détriment de sentiments plus concrets et plus engageants du point de vue des contacts quotidiens entre les personnes, comme le respect de soi, le respect de l'autre. On se fait fort de ne pas accorder de prix à sa propre vie et d'être prêt à la sacrifier en tout temps pour le chef, pour le groupe, pour l'honneur, pour le défi.

● L'obéissance et la solidarité aveugles sont les moyens et, souvent, la fin de tout. Elles empêchent les individus et les groupes, à l'intérieur d'une grande unité collective régie par un chef et un parti, d'exercer le droit à la dissidence et de remettre en cause des éléments de l'organisation ou du programme pour le faire changer ou évoluer.

Le respect de la personne, la confiance dans les individus, la valorisation de l'équipe, le partage des décisions, l'évaluation constante des objectifs et des tâches à partir de l'expérience vécue, la force des contacts interpersonnels sont autant de valeurs sous-estimées par les tribus de mâles. Le mâle-enfant craint par-dessus tout le partage et les remises en question. Alors il crée des gangs qui deviennent des castes de pouvoir et de domination, où il s'assure de reproduire en chaîne les mêmes comportements qui vont assurer la soumission des majorités de dominés aux minorités de dominants.

---

8. Il est passionnant d'observer, par exemple, que rien ne ressemble plus à un chevalier médiéval qu'un motard du vingtième siècle, l'un vénérant le blason de son duché, l'autre l'emblème de sa gang. Il ne manque qu'un jésuite voltairien obéissant aveuglément à son supérieur, pour former avec les deux premiers un trio irremplaçable de la civilisation mâle devenue intemporelle.

C'est la loi du plus fort qui régit l'univers mâle et qui réduit et nivelle en conséquence les différences entre les opinions, les convictions et les manières de vivre. Et pour sacraliser la loi du plus fort, le pouvoir a recours aux dieux et aux religions. La religion est « l'opium du peuple », parce qu'elle est l'instrument du pouvoir, qui a inventé la crainte des dieux pour sublimer sa crainte de l'autre, vu comme celui qui est différent de soi et avec lequel il faudrait partager le pouvoir et la vie.

La loi du plus fort et du conquérant. Elle joue dans les relations interpersonnelles comme elle joue dans les relations entre entités collectives. Les femmes et les jeunes ont toujours été les premiers à la subir, avec les pauvres, les ouvriers et les nations plus petites et plus faibles.

La révolution féminine fait peur au pouvoir masculin, comme les contestations d'étudiants, comme les révoltes d'ouvriers. Mais il y a des domaines où il ne trouve pas d'armes pour la combattre, où les gaucheries et le dépaysement l'emportent sur la vieille virilité mâle qui s'abîme et se retranche. Ainsi, pour prendre un exemple extrêmement significatif, le vieux conquérant et séducteur mâle, habitué à prendre l'initiative de la conquête des femmes, se trouve-t-il dépaysé, souvent même immobilisé, quand il voit les rôles renversés et que des femmes prennent, elles, l'initiative de la séduction et de la conquête. Est-ce possible que le maître accepte de se laisser séduire par celle qu'il avait l'habitude, depuis des millénaires, de soumettre ? Il y a des hommes qui sont à ce point victimes de cette culture, qu'ils doivent aller en thérapie pour comprendre les difficultés qu'ils éprouvent à vivre ce renversement de rôles. Les difficultés sont d'autant plus grandes que les femmes qui les séduisent sont des êtres autonomes, professionnellement et économiquement.

Les enjeux des transformations sociologiques et psychologiques auxquelles nous serons de plus en plus confrontés, sont là.

Fin de la première séquence.

Deuxième séquence :

Il engendre

Le pouvoir que l'homme n'a pas, celui de mettre un enfant au monde, le mâle l'a disputé aux femmes beaucoup plus qu'on ne l'a cru jusqu'ici[9]. Il l'a fait de deux façons au moins, soit en se fai-

---

9. Entendons « pouvoir » ici au sens de « capacité », selon les distinctions faites antérieurement.

sant des enfants à lui et en contrôlant à sa manière la vie des femmes et celles des enfants.

L'homme en effet, selon ses aveux les plus spontanés, engendre ses enfants à lui, dans une action solitaire et séparée de la vie des femmes. Ces enfants, ce sont ses œuvres à lui qu'il désigne, je l'ai déjà signalé, comme ses fils et ses filles, et de façon plus familière et jalouse comme «ses bébés». Il peut s'agir d'œuvres de créateurs, d'institutions politiques et sociales, mais surtout, de systèmes. Il a la manie des systèmes. Concevoir le monde sur le papier et dans sa tête est son fort. Il multiplie politiques sur politiques, lois sur lois, recettes sur recettes, théories sur théories, stratégies sur stratégies, bureaucraties sur bureaucraties, pour le plaisir de faire et de défaire ce qui a été fait par un autre et sans nécessairement chercher à mieux répondre alors aux besoins des personnes et de son milieu. Ce n'est pas par hasard ou par incompétence que tant d'entreprises extrêmement coûteuses dans la société moderne et technicisée répondent si mal aux besoins des gens.

L'homme engendreur reste animé par le nomade qui au cours des siècles est allé de ville en ville, de guerre en guerre, de système en système, d'affaire en affaire. Il est aussi bien représenté par le chevalier et le militaire conquérants que par l'homme affairé et le technocrate qui nourrit l'ordinateur.

Son action d'engendreur semble vraiment celle, très intérieure, d'un être plus préoccupé de «mettre au monde» quelque chose, de se «reproduire» lui-même de toutes sortes de façons, que de développer humainement ce qu'il engendre et d'en être responsable. Il se comporte à l'inverse de la femme qui, semble-t-il, est autant préoccupée de vivre en relation avec ceux qu'elle engendre que d'engendrer comme tel.

C'est pourquoi le guerrier «las de ses voyages et de ses conquêtes» a fait d'elle son repos et qu'il lui confie, entre deux campagnes, entre deux affaires, le soin de veiller sur sa progéniture. Il a décidé qu'elle serait sédentaire, à son foyer. Il la contrôlera par le pouvoir légal et économique. Il la contrôlera en lui faisant des enfants à sa fantaisie, juste avant de partir pour une longue campagne ou pour un long voyage ou pour la guerre. S'en souviendra-t-il? Pas toujours. S'il fallait choisir entre la vie de la mère et de l'enfant au moment d'un accouchement difficile, on devrait sauver l'enfant, il l'a déjà décrété. Comme il a décrété qu'entre les fils et les filles, les fils auraient la meilleure part et qu'ils assureraient la lignée des grandes familles et de la monarchie. De même dans une multitude de sociétés, les femmes en se mariant perdraient leur nom et les enfants prendraient celui du père.

Mais voilà que dans une multitude de sociétés tout est remis en question. Grâce à la scolarisation, de plus en plus de femmes accéderont aux lieux de pouvoir gardés jusqu'ici par les hommes. Et surtout: les femmes ont trouvé dans la contraception l'instrument principal de leur libération.

Fin de la deuxième séquence.

Troisième séquence:

Il passe et il plane

La manière dont un très grand nombre d'hommes ont été, et sont encore, présents ou absents à leur famille, en dit long également. C'est une présence qui est souvent celle d'un contrôleur, d'un propriétaire, d'un intendant, qui s'assure que les choses se passent comme il le veut et qui, au besoin, fait acte d'autorité pour redresser ce qui dévierait. «Il est là sans y être», diront sa femme et ses enfants, ou encore, «il dit que nous comptons plus pour lui que tout au monde, mais il n'est presque jamais avec nous et quand il est là on dirait souvent qu'il est ailleurs». Présence étrange de quelqu'un qui vit sa vie comme s'il lui était extérieur, se comportant chez lui comme un invité ou comme un étranger. Et c'est son choix. Car dans la plupart des cas, et de plus en plus à notre époque où l'on entre déjà dans ce qu'on appelle la civilisation du loisir, rien ne le force à ne pas être plus présent au milieu des siens.

Mais ce type de présence n'est qu'une illustration parmi bien d'autres d'une façon mâle d'aborder la vie, comme s'il se développait, lui, à côté de la vie plutôt que dans la vie. On dirait qu'il aborde la vie comme s'il faisait le siège d'une place forte, n'étant intéressé à entrer dedans que pour conquérir. Quand il a conquis quelque chose ou quelqu'un, son intérêt diminue pour «être avec» la personne ou ce qu'il a conquis. Il lui faut une nouvelle conquête pour être à nouveau mobilisé. Quel défi alors, pour une famille, de séduire le mâle pendant des années...

C'est pourquoi aussi il accorde tant d'importance aux rites, aux stratégies, aux techniques. Ce n'est pas tellement ce qu'il dit ou ce qu'il fait qui compte, c'est «comment» il le dit et le fait. Les institutions politiques, militaires, judiciaires, religieuses, ont toujours été entourées soigneusement d'un cadre d'apparat, de rituels, de codes et de langage pompeux et hermétiques pour le commun des gens. L'apparat importe beaucoup au mâle. Il décore minutieusement ses armes les plus meurtrières. Il a toujours fait la guerre dans un faste extraordinaire. Des populations auraient pu être nourries à certaines époques avec ce qu'il en coûtait pour parer les armées, et pour construire les palais des puissants et les églises. Il faut que le mâle laisse des traces ineffaçables de son passage...

On oublie souvent que ce sont les hommes, dans une large mesure, qui entretiennent les modes vestimentaires et qui ont besoin que les femmes se maquillent, en fonction de la vision qu'ils se font du féminin et qui est standardisée par eux de telle et telle manière selon les époques. C'est le pouvoir mâle qui contrôle la haute couture et impose sa publicité sur sa vision des femmes.

L'apparat, les gestes d'éclat, les grands défis, la sublimation! Autant de modes d'expression du comportement mâle qui ont en commun une forte propension à s'abstraire soi-même de la vie en y laissant de côté la simple vie quotidienne, que des créateurs ont souvent qualifiée comme étant «la dure vie basse», ou le monde des «bas-fonds». J'ai cité ailleurs ce proverbe chinois qui résume parfaitement ce comportement: «L'homme enjambe les montagnes mais butte sur des cailloux.» La famille est un caillou pour l'homme-mâle. Son environnement immédiat est un caillou. La banalité quotidienne est un caillou. Les êtres les plus proches de lui sont des cailloux. Il ne s'attarde pas à les voir, à les toucher, à «être-avec», à se laisser prendre par eux, à prendre le temps de se laisser prendre. Il va chercher la vie ailleurs, dans l'échappée, dans le refuge. La symbolique de la conquête de l'inter-planétaire, au moment où l'homme se rend compte qu'il a rompu l'équilibre de sa planète de tellement de façons, n'est-elle pas extrêmement révélatrice? Le poète a-t-il donc raison: l'homme serait «un ange déchu qui se souvient des cieux»? Est-il un ange déchu, ou veut-il se voir comme un ange déchu, pour échapper à la vie réelle, de la vraie terre, avec les vrais personnes qui l'habitent?

Dans l'ordre de ce qu'on appelle les «questions métaphysiques», c'est celle que je trouve la plus pertinente. Elle me le paraît d'autant plus que les comportements de défoulement sont l'envers des comportements de sublimation. L'ange déchu devient «l'ange exterminateur», le raffiné-sadique incarné par les tyrans, par les maîtres de la torture qui charcutent des êtres humains en écoutant du Bach.

Serait-ce dans le même registre de comportements extrêmes que le mâle-ange s'est fabriqué la femme-mère pour la contempler, et que le mâle-bête s'est fabriqué la femme-objet pour se défouler?

La femme, la vraie, la réelle, l'humaine, elle n'a rien a voir avec ces extrêmes. Elle ne veut qu'être femme.

Et l'homme aussi, qui voudrait bien qu'on le libère des mêmes extrêmes. Qu'on réduise enfin sa tension — entre ces extrêmes —

et qu'il se rende au plaisir de la vie simple. Qu'il mette son génie, s'il doit absolument en avoir, à remplir le quotidien de sa plénitude intérieure et de celle qu'on trouve à « être-avec », plutôt que de continuer à s'inventer des espaces de vie à côté de la vie humaine.

Aux exemples que je viens de donner pour poser le problème d'une certaine irréalité du comportement mâle, en particulier dans l'abstraction, il y a une grande évidence qui se dégage encore une fois de l'attitude de l'homme à l'endroit de la femme. C'est que non seulement il dissèque la femme en mère et en objet, mais IL SUBSTITUE LE FÉMININ À LA FEMME.

Par rêve, par abstraction, par transposition symbolique de nos concepts et de nos perceptions, nous nous sommes donné tout un cortège de femmes autres que la femme, en féminisant diverses réalités comme la nature végétale, et toute ces formes culturelles à travers lesquelles nous avons fabriqué le mythe de « l'éternel féminin ». Elles représentent essentiellement la femme vue, saisie et assimilée par l'homme. La femme rêvée par l'homme en fonction de ses besoins à lui et de son pouvoir.

Qu'il entre dans cette vision du féminin par l'homme une part de réalité, notamment quand il s'agit de comprendre le monde à travers un principe féminin et un principe masculin, est une autre évidence. Mais il faut aussi y voir la part de l'arbitraire culturel entretenu par les pratiques sociales qui ont caractérisé les relations entre les hommes et les femmes de façon universelle. En d'autres termes, quand l'homme, par la voix de tel poète ou de tel philosophe a dit « voilà le féminin », il faut l'entendre à travers la culture de son milieu et de son temps, ce qui implique presque toujours la domination du pouvoir mâle et le silence de la femme sur elle-même...

Il faut surtout y voir l'écart qu'il y a dans le comportement mâle, entre la « valorisation abstraite du féminin » et « l'exploitation concrète des femmes ».

Fin de la troisième séquence.

Quatrième séquence :

Il joue

Et s'il ne fallait pas prendre au sérieux ces contradictions et ces extrêmes. S'il y avait quelque chose qui les nivelle. Comme le jeu, par exemple !

Dominer pour dominer. Engendrer pour engendrer. Conquérir pour conquérir. Séduire pour séduire. Vivre pour vivre. Mourir pour mourir.

Si c'était la façon de prendre sans se laisser prendre, ni par la vie, ni par la mort, ni par rien, ni par personne. Enelver la vie et la mort et passer entre les deux.

Imaginons le mâle « arrivé », le mâle qui a réussi. Comment se présentera-t-il ?

Sur sa monture.

Séquence A : **pour ceux qui veulent voir le spectacle et l'acteur**

Lui et sa monture.

Qu'il ait tout balayé sur son passage, cela reste et doit rester. *A horse for my kingdom*, crie le héros de Shakespeare, Richard II.

C'est le grand archétype, inchangé, qui survit à toutes les époques : de l'empereur sur son char, au chevalier médiéval, jusqu'à l'homme moderne au volant de sa voiture.

Il y a eu démocratisation, de l'empereur à l'homme moderne. L'on peut voir ce dernier sous de multiples versions, allant du grand homme avec limousine jusqu'au jeune aspirant qui astique sa première voiture pour aller conquérir sa belle, en passant par une gamme de modèles intermédiaires d'où ressortiront certains modèles de voitures sport pour ceux qui sont vraiment décidés à faire leur marque.

Il y a eu démocratisation et adaptation. Car la monture moderne, le jouet par excellence, n'est pas seulement un instrument d'affirmation sociale de soi, c'est un moyen de défoulement et de sublimation. On se célèbre soi-même, on se reconnaît autant que l'on est reconnu au volant de sa voiture, ou de sa moto, ou de toute forme équivalente. On se venge, on provoque, on défie, on se défrustre. C'est l'instrument privilégié qui permet à l'homme dominé d'avoir le contrôle quasi absolu de quelque chose et, à l'homme au pouvoir, de relaxer.

La monture est aussi adaptée à l'environnement mécanique et électronique de l'heure. Il y a rarement eu telle concordance entre l'homme et son milieu. Outre leur monture, ceux qui ont l'argent et le pouvoir, ont aussi à leur disposition tout un *kit* de jeux électroniques. Les plus minuscules sont quelquefois les plus puissants. Mais il y en a de toutes sortes et ils sont de plus en plus accessibles. On peut y concentrer et y enfermer une multitude de données et de connaissances sur tout, sur sa ville, sur son voisin, sur son ennemi, et l'avoir sur soi, dans sa voiture, en étant relié à une immense et prodigieuse banque centrale qui, elle, pourra bientôt enfermer le monde entier. C'est la nouvelle solidarité, concentrée par le progrès technique. On ne peut plus se surprendre, ni se prendre en défaut, pour le meilleur ou pour le pire, car il n'y a pas de défectuosité technique que l'on n'arrive à maîtriser. Nos moyens nous dépassent. Et la terre est devenue trop petite. Elle n'est plus à la mesure des montures dont l'homme est maintenant capable, pour aller affronter de nouveaux défis vers d'autres planètes. Embarquement prochain. On peut réserver ses places. Consigne particulière, aux hommes et aux femmes : ne pas se surprendre, il pourra y avoir des femmes au volant des vaisseaux spatiaux...

Séquence B : **pour ceux qui veulent voir le spectacle et le spectateur**

Cette grande équipée, aussi conquérante soit-elle, laisse bien des spectateurs inquiets, déçus, nostalgiques. On y voit presque disparaître l'homme au profit de la technique. C'est comme s'il était sous sa monture. La grande fresque des jeux guerriers s'estompe et c'est avec mélancolie que l'on voit presque disparaître les immenses déploiements militaires traditionnels, avec les parades d'hommes en rangs serrés sous les drapeaux et les fanfares. Où ira donc tout ce folklore humain des grandes batailles de l'histoire ? Il n'y aura bientôt que le cinéma, et les arts littéraires un peu, pour nous le conserver.

C'est ainsi que déjà, en Amérique du Nord et partout où il s'exporte, le cinéma nous donne droit à « l'ordre *western* ». Chaque semaine, depuis des années, des millions de spectateurs peuvent en vivre devant leur petit écran, à domicile. Il leur présente l'essentiel de la civilisation mâle, ludique, mécanique et magique. Ses principaux éléments fondent l'ordre social *western*, que le film soit un classique ou non :

● toile de fond manichéenne sur laquelle se détachent du début à la fin le clan des bons et celui des méchants,

● magie du pouvoir des chefs,

● activisme des contingentements mâles les plus virils,

● rôles types pour les femmes, les vieux et les enfants et destinés à faire ressortir le courage du mâle surhomme qui doit triompher comme héros,

● rituels autour de la loi du plus fort et du pouvoir de l'argent,

● célébration de la culture guerrière,

● exploitation de la mort et de la violence comme aiguillon de la vie,

● survalorisation de l'honneur de mourir,

● dimension folklorique de l'amour, le plus souvent traité comme un élément de sous-culture (comme la femme) par rapport aux valeurs de culture mâle qu fondent le film et l'ordre social qu'il transpose.

Le héros du film western est l'une des incarnations les plus pures de l'homme mâle. Le garçon que l'on forme à la virilité mâle, à qui l'on a montré en particulier à savoir bomber le torse, à se faire les muscles et à se pourvoir d'une belle monture pour épater les filles et conquérir en même temps sa femme et les autres, il peut s'identifier avec son père à ce héros.

C'est le « playboy de la violence ». Grand ou petit héros phallique, qui manie les érections symboliques à partir de la maîtrise qu'il a de son *gun*. Il est toujours prêt à tirer, sur quelque chose ou sur quelqu'un, sur n'importe quoi, pour le plaisir de dégainer et de faire le geste. Il est soumis à son *gun*, « fixé » sur lui (dans le sens psychanalytique du terme), comme l'enfant qui franchit sa phase orale, anale ou magique, et qui ne peut rien contrôler en dehors de ce qui le rattache à cette phase.

Ce héros est fixé, mais ce n'est pas un enfant. Il joue au mâle. Il n'est ni un enfant, ni un homme.[10]

C'est une créature quelconque, hybride, à qui on a appris à dominer pour dominer, à engendrer pour engendrer, à conquérir pour conquérir, à séduire pour séduire, à vivre pour vivre, à mourir pour mourir. Sans se laisser prendre. Enlever la vie et la mort et passer entre les deux.

À la fin de *Il était une fois dans l'Ouest*, l'un des classiques les plus récents du cinéma western, le héros, au moment ultime de savourer sa vengeance, fait en sorte que son ennemi soit pendu par son propre enfant. Et toute la violence de ce geste et d'autres semblables qui remplissent ce film, est consommée dans des paysages merveilleux dominés par le soleil et enveloppés d'une musique extraordinaire.

Le cinéma est jeune encore. Il a beaucoup de rattrapage à faire encore pour nous redonner tous les raffinements de la civilisa-

---

10. C'est dans ce contexte précis qu'il faut situer le comportement ludique que je mets en cause dans ce chapitre. Il ne faut pas le confondre avec les multiples fonctions dynamisantes du jeu comme comportement de créativité, d'emportement, de fantaisie, de rêve, d'invention et même de fabulation. Le sens du jeu est aussi nécessaire à l'adulte qu'à l'enfant à cet égard. Il est l'un des moyens privilégiés, avec la ferveur, le sens du plaisir et l'humour, de ne pas se faire happer par la routine et la banalité d'un quotidien qu'on ne saisirait pas avec ces moyens. Le jeu est aussi nécessaire à la civilisation que le sont les mythes et les légendes. Mais encore faut-il pouvoir le choisir et en garder un certain contrôle sur le plan de la lucidité ; c'est comme « l'esprit d'enfance » qui est tout le contraire de l'infantilisme.

tion. Mais il évolue très vite. Les maîtres de la torture qui charcutent des êtres humains en écoutant du Bach s'y retrouveront de plus en plus nombreux, avec le héros de *Il était une fois dans l'ouest*, surtout s'ils s'engagent dans le massacre des enfants. Et il y aura de plus en plus de spectateurs pour prendre part au spectacle.

Spectacle ? ou fait divers à retrouver à l'agenda d'un chef de gouvernement ?

Fin de la quatrième séquence.

Cinquième séquence :

Quand il devient victime de ses pouvoirs et de ses jeux

Ce mâle qui joue au dur, et qui l'est à satiété, est fatalement sa propre victime. C'est dans le clan mâle autant que chez les femmes que son pouvoir fait ses ravages. Il ne trouve pas ses victimes seulement parmi les hommes objets du monde du travail, il fait l'homme « robotisé » par la société mécanisée, par les bureaucraties, par la publicité, par la consommation de l'avoir, par le maintien savamment entretenu des majorités silencieuses réduites à mendier « du pain et des jeux », à crier blanc et noir, vie et mort, dans le même instant. Car la progéniture du mâle dominateur est grégaire, elle suit, elle obéit au doigt et à l'œil, entre deux révolutions.

Mais ce mâle n'est pas seulement l'objet de son propre pouvoir, il est celui aussi du pouvoir de la femme-mère, à qui il a prescrit de *régner sur son enfance et dans son royaume domestique*. C'est lui qui fréquemment appelle sa femme « maman ». Et c'est elle qui, exploitant la division des rôles à son tour, lui fait bien sentir que sa maison est son royaume et qu'il n'a pas à mettre les pieds dans sa cuisine quand elle ne le lui demande pas. C'est elle qui, en bien des cas, administre les affaires de la famille, prend les décisions importantes (même si elle sait lui donner l'impression que c'est lui qui les prend), l'envoie chercher par l'un de ses enfants au bar ou à l'hôtel, surveille l'emploi de son temps, choisit ses vêtements et lui dit comment se comporter avec son patron ou avec ses camarades quand il est en difficulté.

L'homme ne se rend pas compte surtout qu'en confiant l'éducation des enfants à la femme, il lui remet l'une des parts les plus importantes de son développement en tant que personne et qu'en quelque sorte il s'institutionnalise « homme-enfant », à l'insu de sa conscience. C'est « elle » qui est compétente pour les « affaires d'enfants » et les « affaires de personne », dans le contexte que nous avons largement examiné précédemment. C'est elle qui est la gardienne des valeurs de tendresse, de chaleur affective, de générosité, de fidélité, de dévouement, de patience... C'est elle qui est la gardienne des sentiments et par conséquent de l'amour, puisque l'amour est vu comme un sentiment. En éduquant ses garçons et ses filles, elle devrait donner le même bagage de valeurs aux uns qu'aux autres. Mais est-ce nécessaire, puisqu'elle les éduque dans un système où il est clairement établi que les garçons, eux, doivent devenir des mâles types, virils, faits pour les dures besognes et pour les combats de la jungle mâle, pourvu qu'ils puissent compter à leur tour sur une femme qui ressemblera à leur mère pour garder certaines valeurs. Ainsi le royaume de la femme-mère et celui du mâle-enfant se perpétuent. Les deux solitudes apprennent à se côtoyer et à dépendre l'une de l'autre, pour répondre à des besoins que les rôles séparent en disséquant la personne. La séparation est d'autant plus marquée qu'à l'adolescence les garçons apprennent à se ranger dans le camp mâle et à se dissocier de l'autorité féminine qui ne doit pas dépasser le royaume de l'enfance. Mais cette autorité les aura d'autant plus atteints et pénétrés qu'elle se sera exercée à cette période déterminante entre toutes qu'est l'enfance et dans un cadre où, sur le plan psychologique et social, la femme-la famille-l'enfance forment un bloc qui est opposé à l'autre bloc formé par l'homme-la société-l'adulte. Sans faire aucun jeu de mots, l'on peut dire que ce sont ces blocs, qui sont en nous et dans la société, qui constituent le principal blocage à l'évolution des relations hommes-femmes.

L'homme ne se rend pas compte non plus que dans un tel système il est plus exposé que la femme à être DÉPENDANT DE L'UNIVERS FÉMINO-MATERNEL, quant au développement des valeurs associées culturellement à cet univers. Cela tient en particulier au fait que le garçon est plus exposé que la fille à subir la pression affectivo-sexuelle qui s'exerce dans la relation entre parents et enfants de sexes opposés. Cette pression s'exerce davantage dans la relation mère-fils que dans la relation père-fille, dans la mesure où la présence et l'influence du père est réduite. Cette pression est un facteur dominant dans l'éducation de l'enfant et elle se traduit fréquemment par une sorte de chantage affectif qui marque inconsciemment la relation mère-fils en cautionnant de profonds liens de dépendance réciproque.

Une fois de plus il faut faire éclater le mythe de la force mâle. Son comportement dans les relations humaines est souvent dominé par l'insécurité et la dépendance affective. Il a peur de se lier et de trop s'engager affectivement. Il voudrait s'engager sans le faire, se disant lié tout en investissant très peu pour développer une relation, en termes de temps, de disponibilité et d'engagement. Cela touche autant ses relations avec les hommes qu'avec les femmes. Par ailleurs quand il trouve une relation qui le satisfait, contrairement à ce qu'en dit l'opinion commune, il n'est pas moins enclin qu'une femme à la possessivité et à la jalousie. Moins habitué à vivre ses sentiments et à les exprimer, quand il s'abandonne il peut facilement en perdre le contrôle et, par exemple, passer d'un extrême à l'autre, se liant brusquement «à la vie à la mort» et se déliant plus brusquement encore. Les grandes déclarations pompeuses et éternelles, à caractère définitif, sont encore plus fréquentes chez lui que chez la femme, qui se révèlera plus prudente et plus réservée dans ses liaisons. À l'opposé tout à fait, l'habitude de ne pas beaucoup parler de ce qu'il vit et de ce qu'il ressent, l'amène à des comportements de repli, de silence, d'effacement, qui sont source de blocage et d'aggravation des conflits le cas échéant. Que de fois d'ailleurs des hommes, avec une simplicité attachante, s'avouent eux-mêmes gauches sur ce plan et encore plus qu'ils ne le sont vraiment, exprimant là une insécurité toute culturelle et directement issue de l'éducation donnée aux garçons. Il y a là quelque chose de tragique qui montre bien toutefois la dimension caricaturale des stéréotypes reliés aux rôles. On est tout aussi gêné, quand on s'y arrête, devant l'homme simple qui s'accuse de cette gaucherie qu'on l'est devant un don Juan classique, un sensible qui se donne des dehors de brute, ou, chez les femmes, devant celle qui vous dit avec une ironie gênée qu'à quarante ans elle a passé l'âge des amours, devant la nymphomane ou la femme à décor qu'on ne reconnaît plus quand elle a enlevé son maquillage.

Telle est la comédie des rôles.

Le mâle au pouvoir, le surhomme, le sublime héros, le cerveau des grands exploits techniques, devient tout petit, chétif, dépendant, quand il s'agit simplement de rencontrer les êtres, dépouillé, sans armes, SANS POUVOIR. Il joue avec les êtres et avec leurs sentiments, comme il joue avec ses autos, ses chars, ses systèmes, ses *kits* électroniques, son argent et tous ses autres pouvoirs.

Et il a fait la civilisation à son image!

Quand on le délivrera du pouvoir, on le délivrera en même temps du jeu et de la peur. Pour qu'il puisse simplement, simplement, s'adonner au plaisir de vivre. Et n'être rien qu'un homme, libéré des rôles.

Fin de la dernière séquence.

Refaire, ENSEMBLE

Être «rien qu'un homme».
Être «rien qu'une femme».

345

Remonter du fossé creusé par les rôles traditionnels et qui sépare les hommes et les femmes dans leurs manières de vivre, de penser, de sentir et de dire. Un fossé qui n'est pas moins profond que le fond des âges.

Refaire un nouvel ordre social et retrouver de nouvelles sources de vie pour la personne, hommes et femmes, ensemble, partout. La révolution féminine ne vient pas seulement changer la condition des femmes, c'est une révolution pour l'être humain qui exige des hommes autant que des femmes et qui nous ramène aux sources de l'humanité, aux sources des familles individuellement comme aux sources de la grande famille de l'être humain. Avant d'être des continents, des nations, des religions, des systèmes économiques et politiques, du travail, nous sommes hommes et femmes.

Il ne s'agit pas de passer de ghettos d'hommes à des ghettos de femmes, comme on passe le plus ouvent d'un ghetto idéologique à un autre. Il s'agit de refaire ensemble. *De passer du pouvoir au partage.*

Il s'agit aussi d'apprendre à se re-connaître. Les rôles ont été comme les morales à maints égards: ils ont précédé la connaissance et imposé des manières d'être à partir de situations de pouvoir. Il est certain qu'il y a entre les femmes et les hommes des différences qui ne sont pas seulement d'ordre culturel. Il est certain que les différences biologiques n'ont pas une portée purement physique. Il y a là un champ de connaissances à peine exploré et l'hypothèse de différences de nature entre les hommes et les femmes, qui ne touchent pas leurs ressources ni leurs capacités d'êtres humains mais leurs manières d'exprimer et de saisir la vie, ne répugne pas à ceux qui savent la richesse des différences et la pauvreté de ce qui est tout à fait pareil. La question est fondamentale quand on sait le nombre de personnes et de groupes pour qui être égaux, c'est être pareils. Or nous ne pourrons approfondir cette question que dans la mesure où les hommes et les femmes partageront les mêmes tâches et les mêmes responsabilités sociales, sans distinction basée sur le sexe et, je le répète, dans un contexte où les femmes ne seront pas contraintes d'utiliser les mêmes comportements que les hommes pour se faire une place dans les sphères du pouvoir mâle. Le partage est aussi nécessaire à la connaissance, que les différences dans les manières de vivre le sont à la richesse humaine.

Il nous faut aussi savoir mettre à profit les effets positifs des différences culturelles acquises, ceci dit en fonction de l'état de nos connaissances sur ce qui est culturel et naturel. Ainsi devrait-il en être de l'entraînement des femmes à être plus sensibles et plus disponibles que les hommes aux besoins des personnes et, souvent dans une perspective plus large encore, aux dimensions concrètes de la qualité de la vie. Les hommes, eux, se sont tellement entraînés à se distancier psychologiquement et intellectuellement des sources les plus concrètes et les plus humaines des problèmes sociaux, qu'ils perdent contact avec ce qui est plus viscéral dans l'humain et leur approche des questions sociales et politiques en est presque toujours marquée[11]. Savoir tirer avantage de ces deux entraînements — sur un plan purement pratique et en se gardant bien d'y voir des différences de nature entre les hommes et les femmes — pourrait être extrêmement bénéfique dans l'approche immédiate et future des grands problèmes de l'humanité, comme des questions auxquelles les gens sont confrontés dans leurs milieux de vie quotidiens.

Hommes et femmes, nous faisons face à un choix qui peut bientôt se révéler ultime : ou continuer la vieille humanité à partir de nos rôles séparés, dans la peur et le pouvoir, ou nous donner ensemble à travers l'être humain des générations prochaines, un nouvel enfant. Un être humain qui ne soit plus exposé à être la caricature des rôles, qui ne soit plus l'enfant du matriarcat dans la famille et celui du patriarcat dans les autres institutions sociales, mais un enfant d'hommes et de femmes personnes.

L'être humain d'un nouvel accord, d'un nouveau partage, d'un nouvel équilibre entre les premières forces de la vie. Et il n'y a peut-être que le cri accordé d'hommes et de femmes en quête d'une même libération, pour recouvrir la peur et le pouvoir qui font encore obstacle à sa naissance. À la fin de la pièce Les Fées ont soif, la femme sort de la statue et les trois personnages s'accordent en une

---

11. Mais cette problématique de l'apport des hommes et des femmes est à peu près absente des préoccupations de ceux qui se consacrent actuellement à l'étude des grands problèmes mondiaux, notamment dans le cadre de ce que l'on appelle la « futurologie », que l'on considère la menace d'une catastrophe nucléaire, le déséquilibre des courbes démographiques par rapport aux ressources et aux besoins des populations sur les divers continents, la diminution de la jouissance des ressources naturelles liée à l'augmentation de la population du globe dans le prochain quart de siècle, les rapports entre le tiers monde et les autres, etc. Aux nombreuses études que nous possédions déjà sont venus s'ajouter récemment deux immenses rapports : celui commandité par le Club de Rome en 1979 et intitulé No limit to learning et The Global 2000 Report to the President, publié par un groupe de travail chargé par le président Carter en 1977 d'étudier ces problèmes. Ils sont encore le reflet d'un monde d'hommes.

même voix, celle de la femme neuve qui parle à l'homme neuf.
Voici leurs derniers mots :

La statue

Et me voici devant toi
prête à t'aimer homme neuf
prête à être aimée femme nouvelle
me voici charnelle
et pleine de têtes
Je ne suis pas qu'un Montréal vierge du dimanche matin
Je ne suis pas qu'une campagne sans les vaches à tirer
Je suis des sept jours de la semaine d'où
me voici debout
et vivante devant toi
pour rompre toutes les iniquités
je suis étendue sur ton tronc comme on
jouit dans le bien de sa peau.
J'inscris chacun de mes signes sur toi
je ne serai plus jamais nulle part en toi en
exil de moi
parce que la chair de l'enfant m'érotise et
me flambe seins et cuisses
d'où me voici debout devant toi
debout dans la femme au poil de pubis
moullé qui sort de la mer
ne me pornographise plus quand tu
trembles devant ta propre naissance
me voici devant toi debout
quand j'ai le poil du pubis mouillé
je tremble, moi aussi.

Madeleine

Je ne serai plus nulle part en toi en
exil de moi
parce que la chair de l'enfant m'érotise
et me flambe seins et cuisses
d'où me voici debout devant toi
debout dans la femme au poil de pubis mouillé
qui sort de la mer
ne me pornographise plus
quand tu trembles devant ta propre naissance

Marie

J'inscris chacun de mes signes sur toi
je ne serai plus jamais nulle part en toi en
exil de moi
parce que la chair de l'enfant m'érotise
et me flambe seins et cuisses
d'où me voici devant toi
debout dans la femme au poil de pubis mouillé
mouillé qui
sort de la mer
ne me pornographise plus
quand tu trembles devant ta propre
naissance

Les conditions politiques du développement des familles

5

CHAPITRE 15

SUR QUELS SUPPORTS SOCIAUX
LES FAMILLES PEUVENT-ELLES COMPTER ?

Comme je l'ai expliqué dans « La lettre au lecteur », ce chapitre a strictement la forme d'un questionnaire. Le lecteur peut aussi bien commencer que terminer la lecture de ce livre par ce questionnaire. Mais, si vous la commencez, vous aurez intérêt à y revenir pour situer les autres chapitres dans cette prospective sociale et politique. Sans ce cadre social et politique, le portrait de famille qui précède n'aurait pas de sens. C'est un cadre vivant qui anime la famille autant qu'il en est animé.

Voici ce qu'est ce questionnaire, ce qu'il vise et dans quel esprit il situe la famille.

● C'est un questionnaire de *réflexion* et de *mobilisation*. Il s'adresse autant aux citoyens qui voudraient revendiquer « une politique du milieu familial » qu'aux personnes politiques qui se demandent ce que pourrait bien recouvrir une telle politique.

● Il implique évidemment une certaine vision de la famille et en particulier :

a) Que la famille est un milieu ouvert, où la jonction entre le privé et le public, entre l'individuel et le collectif, est constante. Elle est un milieu de vie non seulement social mais politique dans son sens le plus fondamental, où l'on apprend autant à devenir un « citoyen » qu'une « personne », et dans des conditions qui dépendent largement des autres milieux de vie et de *l'environnement culturel propre à chaque société*.

b) Que pour répondre aux besoins des enfants, on réponde d'abord aux besoins des parents.

c) Que les familles ne soient pas à la remorque des autres milieux ni de l'État, mais qu'elles puissent être des agents créateurs de vie personnelle, d'engagement social et de responsabilité civique et politique.

(Voir au besoin le commentaire qui suit « La lettre au lecteur » et qui répond à la question « Comment définir la famille ».)

● Ce questionnaire n'a certes pas la prétention d'être exhaustif. Mais il est un aperçu suffisamment vaste et concret pour donner une idée d'ensemble de ce que le développement humain des familles requiert.

Il est conçu de telle sorte que le lecteur puisse y réagir, le compléter, le contredire au besoin.

La quatrième et la cinquième partie qui portent sur « la famille et le développement de la personne » et « la famille, monde d'amour », sont à faire complètement par le lecteur, comme un exercice lui permettant de ressaisir les principaux éléments de ces deux thèmes auxquels est consacré l'essentiel de ce livre (avec la mise en cause du pouvoir social mâle et des rôles traditionnels dévolus aux hommes et aux femmes). Cela explique aussi que j'aie exclu plusieurs questions sur les rôles hommes-femmes et les relations adultes-enfants dont il est traité partout dans le livre.

Questionnaire de réflexion et de mobilisation

SUR QUELS SUPPORTS SOCIAUX LES FAMILLES PEUVENT-ELLES COMPTER ?

I LA FAMILLE ET LES AUTRES MILIEUX DE VIE

II LA FAMILLE ET L'ENVIRONNEMENT CULTUREL

III LA FAMILLE, L'ÉTAT ET L'ÉCONOMIQUE

IV LA FAMILLE ET LE DÉVELOPPEMENT DE LA PERSONNE

● questionnaire à faire par le lecteur à partir du livre

V LA FAMILLE, MONDE D'AMOUR

● questionnaire à faire par le lecteur à partir du livre

I LA FAMILLE ET LES AUTRES MILIEUX DE VIE

A. La famille, les voisins et le quartier

I Quelles sont vos relations avec le voisinage?

1. Entretenez-vous des relations significatives sur le plan humain avec des voisins? Pouvez-vous communiquer sur le vécu familial: éducation des enfants, relations avec l'école, vie conjugale, questions sociales, vie de quartier, questions politiques, relations avec la municipalité, difficultés économiques et problèmes de consommation, santé, alimentation, etc.?

2. Partagez-vous des choses avec des familles voisines ou des familles amies? Si oui, lesquelles? Sinon, croyez-vous que vous pourriez en partager? Croyez-vous que des familles pourraient s'entraider dans un quartier, dans le voisinage immédiat?

3. Ne trouveriez-vous pas des avantages à partager de l'équipement matériel, par exemple, de l'outillage qui est souvent dispendieux pour entretenir une maison, un terrain? Acheter des choses à deux, à trois, n'est-ce pas un moyen d'améliorer le budget, de réduire la consommation et de communiquer entre voisins en s'aidant?

4. Ne trouverait-on pas le même avantage dans le domaine de l'alimentation? Des regroupements de famille ne pourraient-ils pas se procurer à des coûts moindres des aliments en gros? La formule des jardins et des potagers communautaires, qui se répand de plus en plus, ne peut-elle pas s'étendre au garde-manger communautaire, au congélateur communautaire?

5. Étant donné le coût des vêtements et le fait qu'il faut les renouveler constamment quand les enfants grandissent, ne pourrait-on pas échanger des vêtements d'une famille à l'autre entre enfants plus vieux et plus jeunes ? N'y aurait-il pas avantage même à disposer d'un inventaire des besoins d'un groupe quelconque de familles relativement à l'âge des enfants, pour savoir ainsi que dans telle famille on pourra disposer d'un vêtement pour un enfant de tel âge à tel moment ?

6. En somme, considérant les questions qui précèdent, ne croyez-vous pas qu'il y aurait une foule d'avantages à ce que des familles se regroupent et s'organisent entre elles pour partager leurs besoins, réduire leurs dépenses et communiquer ?

II **L'environnement collectif, les services publics, le gouvernement municipal, le commerce, favorisent-ils la vie communautaire pour les familles et pour les individus ?**

7. Y a-t-il un lieu dans votre environnement immédiat où vous pouvez aller, sans avoir à payer, pour simplement rencontrer des gens de votre quartier, vous y exprimer sur tout et n'importe quoi, discuter ?

8. Existe-il un endroit dans votre quartier où vous pouvez vous sentir chez vous ?

9. Seriez-vous prêt à aider les gouvernements pour organiser une vie de quartier et aménager des espaces urbains dans lesquels on retrouverait le sentiment d'appartenance qu'on peut éprouver dans un village, dans une paroisse ou dans tout regroupement humain semblable permettant à de petites unités de populations de se connaître et de partager une identité commune ?

10. Existe-t-il dans votre quartier un centre de services professionnels où l'on est sensible et compétent pour aborder les questions touchant le milieu familial : questions économiques, services de santé, questions d'alimentation, services juridiques, thérapie familiale, etc. ?

11. Sentez-vous que les besoins des familles sont considérés comme tels par votre gouvernement municipal ? Votre gouvernement municipal a-t-il des politiques qui visent le milieu familial, dans les loisirs, dans l'habitation, dans l'urbanisme, dans la sécurité des citoyens, dans la vie des personnes âgées, dans la vie des jeunes, dans les garderies, etc. ?

12. Vous intéressez-vous vous-même à votre gouvernement municipal ? Le sensibilisez-vous aux besoins des familles ?

13. Beaucoup de gens ressentent les problèmes de vie de certains quartier et de banlieue comme des problèmes de villes-dortoirs, où la vie communautaire est quasi impossible, où l'on est constamment à la merci des grands centres commerciaux pour s'approvisionner. On dirait le plus souvent que l'urbanisation se fait sans urbanisme et que l'urbanisme se fait sans sensibilité humaine, sans penser aux premiers besoins des personnes et des familles.

Ne pensez-vous pas que l'on pourrait animer ces dortoirs :

a) en utilisant les écoles comme des milieux ouverts et propices au regroupement communautaire ; (cf. questions sur la famille et l'école)

b) en accordant beaucoup d'importance aux espaces verts et aux endroits récréatifs pour les jeunes et les adultes ;

c) en aménageant des unités commerciales d'approvisionnement, genre « dépanneurs », par exemple, à la manière de l'ancien « magasin général » où l'on n'allait pas seulement acheter mais communiquer ; pourquoi même ne pourrait-on pas s'y retrouver au coin du feu ?

d) en aménageant aussi des restaurants simples que tous puissent fréquenter, où n'importe qui du quartier pourrait s'amener et faire de la musique aussi bien que tenir un discours politique...

(Les possibilités de vie plus humaine sont innombrables. Ne dirait-on pas que les gens au pouvoir manquent d'imagination ou ne sont pas préoccupés des moyens de VIVRE...)

14. Vous êtes-vous déjà arrêté pour vous demander jusqu'à quel point certaines entreprises économiques, comme les grandes chaînes d'alimentation, les fabricants de vêtements, les producteurs et vendeurs d'automobiles, de mobiliers, les grands centres commerciaux — pour ne nommer que ceux-là — profitent du labeur et de l'argent des familles ? Ne serait-il pas juste qu'ils utilisent une petite partie de leurs profits pour les retourner aux familles, en contribuant, par exemple, à développer des lieux et des institutions communautaires de quartiers ? L'État ne devrait-il pas les y inviter et y ajouter sa part en utilisant aux mêmes fins un pourcentage sur les taxes de vente qu'il perçoit ?

N'y a-t-il pas là certaines voies à explorer pour sortir du capitalisme sauvage et amener les pouvoirs économiques à un minimum de responsabilité sociale ?

15. Savez-vous où vous adresser pour obtenir de l'aide pour vous-même et pour d'autres familles qui sont dans le besoin ou qui éprouvent des difficultés de vie conjugale, qui connaissent la violence, ou qui vivent des situations particulières reliées à des problèmes chroniques ?

16. Croyez-vous que les services policiers sont suffisamment adaptés aux besoins des familles ?

III Qui forme la population de votre quartier? Qui en est accepté? Qui en est rejeté?

17. Que savez-vous des problèmes humains de votre quartier? On vous parle souvent de l'enfance malheureuse, des délinquants, des alcooliques, des personnes âgées qu'on isole, des personnes seules et sans ressources, des handicapés, des marginaux, on vous en parle à une échelle nationale ou mondiale, mais elles sont d'abord dans votre quartier, ces personnes. Savez-vous qui elles sont? Savez-vous ce que votre quartier pourrait faire pour elles et ce qu'elles pourraient aussi faire pour vous?

Est-ce que vous n'êtes pas, malgré vous, embarqué dans une société qui rejette ces personnes, les cache, les place, les institutionnalise?

18. À quand l'engagement social des puissantes corporations professionnelles, avec l'État, avec d'autres groupes qui ont des ressources importantes, avec les individus grassement payés aussi pour vendre leurs services, à quand la mise en commun de ces ressources à la dimension des quartiers de populations, pour venir en aide sur place aux plus démunis et aux gens en difficultés?

19. Quand les communautés locales et régionales prendront-elles vraiment charge des situations de souffrance qui sont les leurs?

20. Quand va-t-on s'occuper de l'enfance malheureuse et de la délinquance, là où elle se vit? À quand les juges de quartiers, les travailleurs sociaux de quartiers, les conseils de sécurité de quartiers, les conseils de soutien de quartiers, qui devraient exister partout pour dépister les situations de souffrance et faire mettre en œuvre les ressources nécessaires pour les réduire?

Savez-vous jusqu'à quel point on pourrait réduire les problèmes de délinquance et de violence contre les personnes, si on les traitait là où ils se vivent, là où ils naissent ? Plus on centralise, plus on bureaucratise ces problèmes, moins on a de chances de les solutionner en faisant appel à la responsabilité des individus face à leur communauté naturelle.

Bien souvent, entre les moyens techniques sophistiqués qu'on va chercher dans de grandes institutions centralisatrices et ceux que pourrait offrir le soutien local et humain d'une communauté naturelle, ne faudrait-il pas d'abord se tourner vers ceux-ci ou harmoniser les deux ?

21. Comment vit-on la mort dans votre quartier ? dans les familles que vous connaissez ? Vous est-il déjà arrivé d'offrir vos services à des gens de votre entourage éprouvés par la mort ?

22. Comment présentez-vous la mort à vos enfants ? Comment la présente-t-on dans les écoles ? Est-ce une réalité cachée dont il ne faut jamais parler ?

B. La famille et l'école

I Est-ce un milieu de vie ouvert et communautaire, dans lequel les parents et d'autres membres de la communauté locale peuvent se sentir chez eux ?

23. Vous sentez-vous chez vous dans les écoles de votre quartier ? Pouvez-vous facilement y aller sans vous sentir comme un étranger, un contrôleur ou quelqu'un qui vient se mêler des affaires des enseignants ?

24. Connaissez-vous les ressources qui sont mises à votre disposition pour travailler dans les comités de parents ?

Si oui, les trouvez-vous suffisantes et proportionnelles à l'importance de votre rôle?

25. Ne croyez-vous pas qu'on devrait facilement trouver dans toutes les écoles des garderies?

26. Ne croyez-vous pas qu'on devrait compter sur les ressources naturelles d'un quartier pour prendre charge des garderies, en faisant appel en particulier aux adolescents, aux personnes âgées et aux parents qui seraient disponibles?

27. Ne croyez-vous pas que ça vous coûterait à tous moins d'argent et que cela faciliterait l'intégration de l'école à la communauté environnante, si les services de bibliothèque, de cinéma (en particulier le cinéma éducatif, de sports et loisirs divers étaient intégrés aux écoles et accessibles à toute la population?

28. Ne faut-il pas décloisonner la vie sociale et l'éducation entre adultes et jeunes et faire en sorte que les adultes et les jeunes puissent se retrouver ensemble dans les écoles à n'importe quel moment de la journée?

29. Êtes-vous prêt à vous organiser avec des gens de votre milieu et à l'échelle nationale pour faire les pressions nécessaires auprès des gouvernements concernés, afin qu'ils décloisonnent leurs administrations et leurs services, de telle sorte qu'il soit possible d'ouvrir les écoles et d'en faire des lieux de vie communautaire, pour nous tous à qui elles appartiennent...?

II **Le fonctionnement pédagogique et les programmes d'enseignement des écoles sont-ils adaptés aux besoins des familles et de l'ensemble de la population environnante?**

30. L'école ne doit-elle pas assurer un minimum d'enseignement sur l'éducation à la vie familiale et qui soit obligatoire pour tous, de telle sorte que les étudiants qui ne poursuivent pas leurs études au-delà du secondaire aient reçu ce minimum?

31. Cette éducation à la vie familiale ne doit-elle pas être disponible à l'ensemble de la population dans le cadre des services de formation continue?

32. Trouvez-vous dans les écoles les supports techniques nécessaires à l'exercice du métier d'éducateur qui est celui des parents: banques de documentation écrite et audio-visuelle sur les étapes de développement de la personne, sur les relations parents-enfants, sur les relations hommes-femmes, sur les problèmes auxquels font face les gens du troisième âge, sur des cas difficiles illustrant les problèmes qui se présentent dans une famille, sur des situations de conflits conjugaux, etc.? Si de tels services ne se trouvent pas dans les écoles, où voudriez-vous qu'ils soient dispensés?

33. Quels moyens suggérez-vous pour que les programmes d'enseignement, tout en assurant les connaissances théoriques nécessaires, partent du vécu humain et collectif des personnes? Par exemple, ne trouvez-vous pas qu'on devrait mettre à profit le vécu des jeunes entre garçons et filles, ce qu'ils constatent chez les adultes qui les entourent, pour lutter contre les stéréotypes sexistes traditionnels? L'école ne devrait-elle pas habiliter tout le monde à la dynamique des petits groupes, au travail en équipe, aux techniques minimales d'animation? L'école ne devrait-elle pas informer les jeunes des problèmes économiques auxquels leurs parents sont confrontés? Bref, il y a toute une série de questions sociales auxquelles vous êtes confronté chaque jour dans votre milieu et qui peuvent servir de contenus dans un grand nombre de matières scolaires. N'est-il pas temps d'amener les enseignants et les responsables de programmes scolaires à adapter l'enseignement en conséquence, pour rendre les écoles à la vie et au milieu ?

34. Pour répondre aux besoins soulevés dans la question qui précède, les écoles ne peuvent-elles pas prendre les moyens de mettre les jeunes en contact avec des personnes et des groupes sociaux qui ont des choses à apprendre aux jeunes sur la vie ? Pourquoi les professeurs de français, d'histoire, de sociologie, de psychologie, par exemple, ne sont-ils pas en contact avec des personnes âgées vivant autour d'une école ? Pourquoi n'apprend-t-on pas aux jeunes à écrire et à parler en écoutant les gens de leur milieu ?

35. Seriez-vous prêt à faire partie, avec des enseignants et des jeunes, d'un comité d'école qui lutterait contre les stéréotypes sexistes ? D'un comité d'école qui lutterait pour le droit des personnes âgées d'être utiles à la collectivité ? D'un comité qui lutterait contre l'abus de la violence à la télévision ? D'un comité qui informerait la population locale des conséquences qu'entraîne le manque d'information et d'éducation sexuelle ?

36. Êtes-vous satisfait de la manière dont l'école s'acquitte de ses responsabilités à l'endroit des jeunes qui ont des difficultés d'apprentissages et de ceux qui ont des conflits avec leur milieu ? Est-ce qu'on s'occupe vraiment plus de ceux qui ont besoin qu'on leur accorde une attention spéciale ?

37. Vous sentez-vous suffisamment valorisé comme parents par le milieu scolaire ? Et trouvez-vous qu'il y a entre la famille et l'école assez de liens concrets qui vous permettent de partager une tâche d'éducation avec les enseignants ?

38. Beaucoup de gens jugent qu'on fait violence aux parents quand on introduit dans les conventions collectives des enseignants des dispositions limitant les rencontres des parents avec les enseignants à un nombre x pour l'année. Qu'en pensez-vous ?

39. Beaucoup de gens, sinon la majorité, croient que l'enseignement est de plus en plus dépersonnalisé, que les étudiants individuellement ne sont pas suffisamment soutenus, valorisés, accompagnés; on a tendance alors à jeter facilement le blâme sur les enseignants, à porter des jugements globaux, sur un système qui dans maintes sociétés devient de plus en plus mécanique et anonyme. Il y a pourtant toutes sortes de conditionnements qui jouent et devant lesquels parents, enseignants, administrateurs, se trouvent aussi impuissants les uns que les autres. Par exemple, comment faire pour qu'une école soit un vrai milieu de vie, que ceux qui ont besoin de plus le reçoivent si, à cause du transport scolaire, l'école doit s'emplir et se vider chaque jour aux mêmes heures ?

Est-ce que sur toutes ces questions les parents sont suffisamment vigilants et organisés collectivement pour exercer leur rôle ?

40. Si le pouvoir collectif des enseignants et celui de l'État continuent de prendre de l'ampleur, est-ce que les parents ne devront pas, eux aussi, s'organiser en syndicats ?

À moins qu'on en arrive à former, sur un plan local aussi bien que régional, des groupes mixtes de surveillance du milieu scolaire et de ses relations avec le milieu familial, regroupant des parents, des enseignants, des administrateurs et des jeunes ?

Avant longtemps ne va-t-il pas falloir choisir entre les méthodes de l'affrontement et celles du partage des compétences ?

41. En cas de conflits entre les enseignants et l'État, où se trouve la force des parents ? et celle des jeunes ?

42. L'école joue un rôle déterminant dans la formation des attitudes des citoyens. Elle reproduit systématiquement le climat social de violence qui est entretenu par la culture guerrière qui survalorise les conflits et les oppositions dans les manières de penser, au détriment de la recherche des consensus, de l'exploration positive des différences.

Ne faudrait-il pas essayer de nous pencher sur cette question, qui est peut-être la plus fondamentale de toutes, pour développer une pédagogie et une culture anti-guerrière? Pour apprendre aux jeunes à voir le monde et leur société autrement que dans l'opposition entre le noir et le blanc, entre le vrai et le faux, entre ceux qui ont tort et ceux qui ont raison?

Est-ce utopique d'entrevoir les possibilités d'une pédagogie et d'une culture de l'amour?

Est-ce utopique de penser que les enseignants puissent ouvrir des chemins de liberté et ne pas nous garder prisonnier des «grilles» marxisme contre capitalisme, individualisme contre socialisme?

C.   La famille et le travail

43.   Quels changements faut-il apporter dans le monde du travail pour répondre aux besoins des travailleurs qui sont des parents, sans distinction entre hommes et femmes sauf pour répondre aux besoins particuliers découlant de la maternité?

Parmi ces besoins, mentionnons:
- les congés parentaux (congés de maternité et de paternité)
- les horaires mi-temps et les horaires souples
- les garderies

- les congés de maladie
- la présence des enfants dans les milieux de travail

44. Comment sensibiliser les grands agents économiques, les entreprises et les syndicats, aussi bien que l'État, à leur responsabilité à l'endroit de la famille ? Comment les amener à considérer les travailleurs en tant que parents ? (Une grande partie des problèmes de la famille ne proviennent-ils pas de l'insensibilité du monde du travail au monde de la famille ?)

45. Comment lutter contre les pressions énormes du monde du travail, plus sournoises qu'avouées, qui font vivre aux femmes parents des conflits entre leur vie familiale et leur travail et visent à les décourager de prendre leur place dans le monde du travail ?

En se posant cette question il faut bien se rendre compte qu'en dépit des efforts des mouvements féminins au cours des dernières années, sur des aspects majeurs, la situation des femmes régresse au lieu d'évoluer. Le salaire des femmes au lieu de se rapprocher du salaire des hommes s'en éloigne, en particulier parce que les femmes viennent remplir les emplois les plus mal payés.

46. L'État au moins ne devrait-il pas donner l'exemple et abolir tous les champs de discrimination qu'il maintient et montrer qu'il pourrait, lui, contribuer à rapprocher le vécu des responsabilités familiales et le vécu du monde du travail ?

47. Pour rétablir la justice et l'égalité entre les hommes et les femmes, ne sommes-nous pas forcés, si les employeurs ne veulent pas renoncer à discriminer négativement, à prendre des mesures « d'action positive » et de discrimination préférentielle à l'endroit des femmes ?

48. Comment entrevoyez-vous un monde du travail qui tiendrait compte des responsabilités parentales ?

49. Avez-vous déjà mesuré les conséquences qui découlent du fait que les enfants ne voient à peu près jamais leurs parents sur les lieux de leur travail? que le seul lien qu'ils retrouvent est celui de l'argent rapporté à la maison? Que pensez-vous du fait que même ce lien, on est en voie de l'éliminer en versant directement les salaires dans les comptes de banques?

50. Accepteriez-vous de vous engager pour abolir l'âge de la retraite obligatoire?

51. Accepteriez-vous de vous engager pour favoriser le travail bénévole en vue de réduire les inégalités sociales, d'augmenter les services communautaires, d'aider une petite entreprise en difficultés ou un voisin, dans votre quartier?

Ne croyez-vous pas que dans de nombreux cas de services collectifs, l'État devrait fournir les locaux et l'équipement seulement, et la communauté fournir, elle, les ressources humaines?

D. La famille et l'habitation

52. Avez-vous déjà entendu parler dans votre vie de politiques de l'habitation qui tiennent compte sérieusement des besoins de la vie en milieu familial?

53. Avez-vous déjà vu les architectes, les urbanistes, les ingénieurs, les entrepreneurs en construction, les grandes institutions de prêt hypothécaires, les fonctionnaires de l'État, les personnes politiques, rechercher sérieusement des types d'habitation et des développements urbains pour répondre aux besoins des familles, des échanges communautaires et d'une vie de quartier?

S'est-on déjà arrêté, ne serait-ce que quelques instants, pour se demander où l'on va avec ces alignements indéfinis de maisons unifamiliales? Facilitent-ils les échanges entre voisins et la vie communautaire? Quelles conséquences cela entraîne-t-il en regard de l'aménagement d'espaces verts collectifs, de la protection des terres arabes, des distances que l'on pourrait favoriser entre les zones d'habitation et les zones industrielles, etc.?

N'y aurait-il pas d'autres types de constructions qui pourraient favoriser à la fois l'individualité des familles et la possibilité des échanges avec les voisins, qui comporteraient des lieux de regroupement pour un groupe de familles, qui inciteraient naturellement à échanger les services de garde des enfants, qui offriraient des jeux pour des groupes d'enfants, qui stimuleraient à la co-propriété, etc., etc.?

54. Où est la responsabilité sociale des constructeurs et des conceptions de HLM? Quel type de personnes allons nous engendrer à partir des enfants qui ont pour horizon le béton et qui grandissent suspendus dans le vide?

Pourquoi la promiscuité pour une classe sociale et l'isolement pour une autre?

55. Où est-elle la contribution sociale des spécialistes de la communication, des psychologues, des sociologues, des économistes, face aux questions d'habitation?

Où est-il donc l'engagement social et politique des professionnels, des gens scolarisés à même l'effort de tous?

56. Où sont-elles les réflexions, les études, pour envisager d'autres solutions d'habitation pour les personnes âgées que le placement en institutions et la vie en centres d'accueil?

Comment répondre aux besoins des personnes âgées et à ceux de leurs familles, autrement que par la séparation et l'isolement?

Quand va-t-on développer des complexes d'habitations souples, modulaires, pouvant s'adapter à la croissance des familles et à leur décroissance, pouvant intégrer les personnes âgées aux familles quand les uns et les autres le souhaitent, pouvant entraîner de soi un partage collectif des services de garde ? pouvant convenir à la pluralité de modèles familiaux ?

57. N'est-il pas temps de modifier le concept de « la chambre des maîtres » ou de la chambre unique pour les parents et d'inciter les couples à ne plus compter avec la chambre unique ?

Que de couples pourraient vivre mieux ensemble, si chacun des deux avait sa pièce pour vivre seul quand il le désire.

Avez-vous déjà pensé là-dessus que les parents, individuellement, n'ont même pas une pièce à eux, alors qu'ils font le maximum souvent pour que chacun de leurs enfants ait sa chambre ?

Je note que la problématique soulevée par cette question est extrêmement riche. Elle montre en particulier comment les questions de développement de la personne, de réponse à des besoins fondamentaux, en occurrence l'autonomie, et aussi l'hygiène mentale à ménager dans la vie d'un couple, ne peuvent pas être dissociées des questions d'habitation, de budget et d'urbanisme.

Je note également, avant de passer à la deuxième partie du questionnaire, que le lecteur aurait avantage à compléter la première dans d'autres domaines clés comme, par exemple, « la famille et la santé », « la famille et l'alimentation », « la famille et les loisirs ».

II LA FAMILLE ET L'ENVIRONNEMENT CULTUREL

● Les familles, comme les individus, sont quotidiennement influencées, conditionnées et orientées dans leurs manières de vivre, par l'environnement culturel.

Voici cinq sujets ou domaines à partir desquels vous pouvez vous représenter cet environnement culturel :

A. La place faite aux enfants dans la société

B. La communication sur la sexualité

C. Comment envisage-t-on la crise de la famille et du mariage ?

D. Le rôle de la télévision, de l'information, de la publicité

E. Les conditionnements religieux.

● Sur chacun de ces sujets vous trouvez quelques questions seulement. Vous pouvez sans doute, en y réfléchissant, en ajouter plusieurs autres.

● Retenez-en quelques unes seulement, dans un ou deux des sept domaines, et essayez de vous impliquer pour susciter une action collective qui aurait pour effet d'améliorer votre environnement culturel et votre milieu familial en même temps.

Vous pourriez, par exemple :

a) Communiquer avec votre député et avec le conseiller municipal de votre quartier, pour le sensibiliser et lui demander d'agir ou de faire agir ;

b) Écrire aux journaux par l'intermédiaire du courrier des lecteurs ;

c) Écrire au syndicat des enseignants pour lui demander son avis sur la question et son appui, ceci dans le cadre de ses préoccupations sociales et éducatives et à cause de la force qu'il représente ;

d) Poser le problème à l'un ou l'autre des groupes ou organismes que vous connaissez et qui pourrait s'impliquer pour vous sur cette question ;

e) Vous adresser directement aux responsables concernés : directeur de la programmation à la station de radio ou de télévision, responsable de la publicité, association « x » ou « y », etc. ;

f) Poser le problème à votre évêque s'il s'agit d'une question sur laquelle le monde religieux a une influence ;

g) Vous impliquer vous-même dans un groupe de citoyens de votre quartier et, si tel groupe n'existe pas, contribuer à le former.

A. La place faite aux enfants dans la société

58. Avez-vous déjà observé le comportement des adultes avec les enfants dans les endroits publics ?

N'avez-vous pas souvent l'impression que ces beaux petits enfants que l'on dit tant aimer, on les accepte pourvu qu'ils soient comme des objets, ou comme des adultes ?

59. Connaissez-vous beaucoup de lieux publics où les enfants sont admis et considérés comme des enfants ? où vous trouvez des garderies ?

60. Ne vous est-il pas arrivé de voir des commis dans des magasins surveiller les enfants, les empêcher de toucher à des objets sans raison et même leur prêter l'intention de voler ?

61. Ne croyez-vous pas au contraire qu'on pourrait développer des attitudes d'accueil à l'égard des enfants et leur permettre de se comporter en enfants dans les lieux publics?

62. Avez-vous déjà observé l'attitude des commis, même dans les rayons de jouets?

63. Quel est votre comportement quand vous êtes témoin d'une querelle d'enfants, d'une bataille de rue?

64. Quel est votre comportement quand vous constatez que des garçons font de la discrimination avec les filles, qu'ils ne veulent pas leur faire partager des «jeux de gars»? En profitez-vous pour leur faire comprendre qu'ls font du sexisme, qu'ils reproduisent des comportements adultes contre lesquels vous-même vous essayez de lutter?

65. Croyez-vous qu'il soit normal et vraiment justifié de ne pas admettre les enfants dans des hôpitaux? D'autant plus que dans certains hopitaux et dans certains pays on le fait alors que dans d'autres on ne le fait pas.

66. Croyez-vous qu'on tient vraiment compte de la famille quand un enfant est hospitalisé? Vous est-il facile de demeurer à l'hôpital avec votre enfant, le jour et la nuit?

67. Avez-vous l'impression de pouvoir bénéficier facilement d'un soutien collectif quand vous éprouvez des difficultés avec vos enfants, serait-ce dans un endroit public? Trouvez-vous facilement des gens autour de vous pour consoler votre enfant, le toucher, l'amuser? lui parler avec la même considération que s'il était un adulte ou leur enfant à eux?

68. Croyez-vous que les femmes, pendant et après une grossesse, reçoivent suffisamment de considération et de délicatesse de la part de leur entourage, incluant les voisins ? Vous est-il arrivé de vous faire offrir de l'aide par des voisins après un accouchement, dans les premiers mois surtout ? Savez-vous que dans certaines cultures, il y a des femmes qui sont spécialement assignées pour assister la mère dans les mois suivant un accouchement ?

69.   Vous arrive-t-il souvent de faire des fêtes d'enfants, d'ouvrir votre maison aux amis de vos enfants ?

70.   Vous arrive-t-il souvent d'ouvrir votre maison à des groupes d'adolescents qui sont en contact avec vos enfants ?

71.   Croyez-vous que les jeunes ont suffisamment de lieux publics pour se regrouper et s'amuser, comparativement aux adultes ?

72.   Avez-vous déjà entendu parler des difficultés qu les jeunes éprouvent à obtenir des maisons de jeunes dans des quartiers ?

73.   Les adultes ont en général une énorme peur que les jeunes soient en contact avec des drogues. Croyez-vous que les adultes leur donnent l'exemple en cette matière, en particulier par l'usage qu'ils font de l'alcool ?

B.   La communication sur la sexualité

74.   Voulez-vous faire la liste des spectacles à l'affiche dans les cinémas, noter les titres des films et les messages publicitaires qui les accompagnent, et comparer ce qui porte sur le sexe et sur la pornographie, au reste, quantitativement et qualitativement ?

75. Connaissez-vous le slogan publicitaire de certains éditeurs de journaux que vous consommez chaque jour: «Les trois «S», efficacité assurée auprès des lecteurs consommateurs: Sport, Sexe et Sang?»

76. Vous êtes-vous déjà arrêté sur l'usage qui est fait de la femme dans la publicité quotidienne, à travers les revues, les journaux, la télévision. Croyez-vous que cela n'affecte pas l'image que vos enfants et vos amis se font de la femme et de la sexualité?

77. Que pensez-vous de la multiplication des bars et des restaurants qui incluent sur leur menu une danseuse nue que vous pouvez, moyennant un léger supplément, avoir tout à côté de votre bifteck?

78. Considérant les questions précédentes et selon les réponses que vous ferez, comment expliquez-vous les résistances farouches que l'on trouve dans la collectivité, notamment par exemple, dans les associations de parents catholiques, à ce qu'il y ait de l'information et de l'éducation sexuelle donnée aux jeunes... et aux adultes?

79. Savez-vous qu'un grand nombre d'adolescentes, dans de grandes concentrations urbaines, ne font pas la distinction entre des relations vaginales et anales?

80. Savez-vous le nombre de grossesses non voulues chez les mineures?

81. Savez-vous combien de viols il se commet à chaque heure?

82. Savez-vous combien de jeunes femmes et de mineures sont employées chaque semaine pour danser nues dans des établissements publics? Savez-vous que plusieurs d'entre elles gagnent jusqu'à huit cent dollars par semaine?

83. Savez-vous combien d'enfants, y inclus des nourrissons, sont admis dans les hopitaux parce qu'ils sont victimes de violence sexuelle ? (Et pensez aux cas qui ne sont pas déclarés.)

84. Savez-vous toutes les luttes que doivent mener les groupes qui veulent aider les jeunes à connaître les mesures contraceptives ?

85. Savez-vous combien d'adolescentes de 14 à 18 ans mettent des enfants au monde et s'en occupent elles-mêmes en jouant à la mère dans des conditions matérielles et affectives aberrantes ?

86. Quelle information avez-vous reçu sur la sexualité quand vous étiez jeune ? Cela vous a-t-il aidé ou nui ?

87. Connaissez-vous les livres que vous pouvez utiliser avec vos enfants, à différents âges, sur la connaissance de leur corps et de leur sexualité ? Savez-vous où vous pouvez vous les procurer ?

C. Comment on envisage la crise de la famille et du mariage

88. Connaissez-vous beaucoup de relations humaines, d'amitiés, d'amours, qui durent et qui sont valorisés socialement, en dehors du mariage et de la famille ?

Si oui, comment l'expliqueriez-vous ? Sinon, ne pensez-vous pas qu'on dramatise exagérément la situation sociale du mariage et de la famille et que l'on pourrait autant s'étonner de l'important pourcentage de réussites (évidemment relatives) que du pourcentage d'échecs ?

89. Croyez-vous qu'on distingue suffisamment la relation de couple de la relation parents enfants, dans la famille nucléaire?

Est-ce que dans bien des cas on ne brise pas automatiquement la famille parce qu'il y a difficultés dans le couple?

Est-ce qu'on ne brise pas l'amour qu'il y a entre les enfants et les parents individuellement, alors qu'il y a seulement rupture entre les parents?

Est-ce qu'on accorde assez d'importance à ce que représente pour les enfants le lieu familial? Est-ce que, dans bien des cas, les parents qui se séparent ne pourraient pas s'arranger pour conserver le lieu familial à leurs enfants et y être présents tour à tour, en accordant beaucoup d'importance alors à la présence des amis de chacun des parents, en entourant les enfants d'autres présences et d'autres affections plutôt qu'en les réduisant?

90. Quand vous vivez des conflits, des crises, pouvez-vous les vivre vraiment, comme des choses normales, nécessaires mêmes à votre croissance?

Vous sentez-vous obligé de tout réussir sans crises, à cause des pressions sociales et culturelles qui s'exercent sur vous et qui vous obligent d'avoir l'air d'être un adulte fort, qui n'a pas de problèmes et qui doit répondre de ce qu'il y a de plus difficile au monde — une vie de couple — comme s'il s'agissait d'exécuter une tâche normale et simpliste?

Sentez-vous que vous pouvez partager socialement vos difficultés avec votre entourage immédiat, ou si vous devez vous cacher et vous taire?

91. Croyez-vous que le monde judiciaire est préparé pour respecter les personnes et intervenir dans les choses de l'amour?

92. Comme beaucoup de gens, vous avez sans doute entendu et vu même que le monde judiciaire, lorsqu'il intervient dans des cas de séparation et de divorce, amène les personnes à se haïr là où souvent elles étaient prêtes à rompre en se respectant. Ne croyez-vous pas que collectivement, on pourrait changer cet état de choses?

93. Ne pensez-vous pas, en matière de séparation et de divorce, qu'il faudrait reconnaître, d'un bout à l'autre de la terre, qu'il revient à chaque individu, strictement et exclusivement, de décider de rompre une union, comme il a fait le choix, un jour, de la vivre?

94. Ne pensez-vous pas alors qu'il faudrait exclure le recours au tribunal pour décider d'une séparation ou d'un divorce et que le tribunal devrait être limité à prendre acte de la décision de l'un des conjoints et à n'intervenir que dans l'exécution de la décision, pour protéger les droits des personnes dans le partage des biens et la garde des enfants?

En ce faisant, militeriez-vous pour demander à l'État qu'il intensifie les services de consultation psychosociale pour les couples et les familles en difficultés?

95. N'y a-t-il pas une étonnante disproportion entre le fait qu'il soit considéré comme si facile de se marier — on en a le droit même avant d'avoir celui de voter —, et si difficile de reconnaître le droit à l'individu de rompre?

96. Seriez-vous favorable à des mesures destinées à sensibiliser les jeunes aux responsabilités et aux difficultés de la prise en charge d'un milieu familial, en particulier par l'information en milieu scolaire, par la télévision éducative et par des services accessibles à la dimension des quartiers?

97. Encourageriez-vous un mouvement qui ferait campagne pour fixer l'âge du mariage à au moins vingt et un ans et inciter les gens à se marier plutôt vers l'âge de vingt cinq ans? Aux États-Unis il s'est formé dans les dernières années des organisations pour les « Non parents » qui ont des effets très salutaires.

98. Ne croyez-vous pas aussi qu'il faudrait réduire les pressions sociales qui visent à convaincre les gens qu'il faut être marié et avoir une famille pour être un citoyen honorable?

Est-ce que finalement on ne culpabilise pas autant les célibataires que les femmes qui n'ont pas d'enfants?

99. De tous les stéréotypes dont il faut se délivrer, seriez-vous d'accord pour éliminer en premier lieu celui qui veut qu'une vraie femme soit une femme qui ait des enfants et celui qui fait qu'un garçon doit à tout prix orienter sa vie et son travail pour devenir pourvoyeur?

(Je note que ce genre de questions vise la prévention la plus immédiate pour un avenir plus sain de la famille.)

100. Aimeriez-vous recevoir des renseignements sur les multiples modèles de structures familiales autres que le modèle nucléaire avec un couple homme-femme et des enfants: familles à parent unique, familles avec groupe d'adultes non mariés mais vivant ensemble pour prendre charge ensemble d'enfants, coopératives familiales, communes, etc?

101. Par quels moyens croyez-vous que l'on pourrait libérer la famille de la rigidité de structure et d'esprit dans laquelle on l'a enfermée jusqu'ici? Comment sensibiliser les gens non seulement à la diversité des modèles de structure familiale, mais à la diversité des formules que les mêmes personnes peuvent explorer ensemble au cours des années?

Savez-vous que dans bien des cas des familles ne seraient pas brisées, si les adultes devenaient capables de modifier leurs liens en évoluant ensemble sous différents rapports, sous différentes structures, impliquant qu'une même famille ne soit pas composée des mêmes personnes ni du même nombre de personnes pendant vingt ans ou plus?

Savez-vous que l'on pourrait très bien faire en sorte de remplir les familles plutôt que de les vider?

Combien de couples vivraient plus sainement s'il y avait dans leur entourage un célibataire ami, une grand-mère, un grand-père, une tante, et qui d'autre encore? Et pourquoi faudrait-il lier la présence des personnes à des périodes fixes et déterminées à l'avance?

102. Puis-je suggérer que l'une des meilleures façons d'envisager collectivement l'avenir de la famille soit d'approfondir notre expérience des relations humaines, partout où c'est possible mais en particulier dans les écoles, en réapprenant aussi notre amour des enfants?

103. Ne croyez-vous pas à cet égard que c'est la révolution féminine qui nous met le plus sur cette voie actuellement et que le statut de personne à part entière, et non plus morcelée ni amputée par les rôles traditionnels, tel que le revendiquent de plus en plus de femmes, est le statut qui est le plus nécessaire à la survie de la famille et, peut-être aussi, à la survie de ce qu'il y a d'humain dans nos sociétés?

D. Le rôle de la télévision, de l'information, de la publicité

104. Considérant que la majorité des adultes et des enfants passent en moyenne plus de trente heures par semaine devant la télévision, ne croyez-vous pas que les familles devraient s'organiser en groupes de vigilance pour surveiller la programmation? (De tels groupes existent dans certains pays, mais ils sont peu nombreux.)

105. Par quels moyens ceux qui font la programmation devraient-ils être amenés à tenir compte des besoins des familles qui en sont les premiers consommateurs?

106. Quelle influence exerce-t-elle sur les familles, selon qu'il y a telle ou telle programmation? Ne serait-il pas temps de consacrer d'importants fonds de recherche sur cette question?

(Je dois noter ici, par exemple, qu'au Québec par exemple dans les années soixante il y a eu de nombreuses émissions à caractère culturel qui étaient tournées vers une remise en question de la famille traditionnelle, directement et indirectement; depuis, on ne l'a plus mise en question autant, mais on n'a à peu près rien fait non plus pour en parler positivement ou pour en faire la critique constructive; mais la proportion des contenus de violence a augmenté de même que toute une gamme de conditionnements liés à la publicité.)

107. Quand va-t-on se décider à évaluer la place de la violence dans la programmation de la télévision, même dans les émissions pour enfants? Dans bien des pays, ne faudrait-il pas dans les meilleurs délais instituer des commissions d'enquête sur cette question?

108. Croyez-vous que le monde est aussi laid que nous le montre l'information?

109. Seriez-vous disponible pour alimenter une agence d'information qui recueillerait ce qui se passe de beau et de bon dans la société?

110. Seriez-vous disponible aussi pour alimenter une agence d'information qui recueillerait aussi les besoins des «petits», c'est-à-dire les besoins de la majorité des gens?

Ne trouvez-vous pas que l'information se met au service du pouvoir et que seuls les dirigeants y ont une place importante, y ont toujours une place?

Pourquoi sans cesse donner les manchettes, les premières pages, les gros titres aux gens qui occupent des postes de pouvoir, et toujours reléguer au dernier plan, ou à l'absence systématique, ce qui se passe chez le monde ordinaire?

Ne pensez-vous pas que la collectivité et l'État auraient d'autres préoccupations si la presse écrite et électronique dénonçait en première page l'exploitation des familles par la publicité trompeuse, la discrimination systématique qui s'exerce contre les femmes, contre les personnes âgées, la situation des pauvres, la situation des personnes mal logées, etc?

Pourquoi ne se lasse-t-on jamais de répéter les mêmes nouvelles, et souvent les mêmes commérages, sur les gens qui sont au pouvoir, alors qu'on exige des scandales, des morts et du sang pour parler des besoins de la majorité? Pourquoi les problèmes de la majorité, ou les progrès accomplis dans un domaine, ne font-ils à peu près jamais la nouvelle?

Comment venir à bout de l'élitisme de l'information? Comment remplacer une partie de «l'information de pouvoir» par une «information de service»?

111. Seriez-vous prêt à vous engager dans des associations de citoyens, groupes familiaux et autres, pour combattre la publicité qui exploite les personnes et les familles?

A-t-on mesuré les dégâts faits dans les familles par la publicité effrénée sur la consommation et la «vie à crédit»? Sait-on le nombre de familles qui sont étouffées par la vie à crédit? Sait-on les tensions qui sont engendrées par les problèmes économiques que vivent les familles et dont une grande partie vient de ce que les consommateurs cèdent à la publicité qui leur promet le mieux-vivre dans l'AVOIR et l'AVOIR multiplié par l'AVOIR?

112. Ne trouvez-vous pas absurde que la même société qui dit vouloir combattre l'alcoolisme se laisse envahir quotidiennement par une publicité qui vous dit qu'il faut boire de la bière pour être heureux? (En vous montrant la plupart du temps des jeunes qui trouvent leur solidarité et leur bonheur autour de caisses de bière.)

Savez-vous le fléau que représente de plus en plus la consommation de la bière chez les jeunes?

113. À quand l'interdiction systématique de la publicité sexiste et un régime de sanctions pour la contrer?

114. Si l'État n'a pas le courage d'interdire la publicité qui exploite et aliène les gens, pourquoi ne donne-t-il pas le droit à la contre-publicité? Ce que l'on a fait timidement pour la cigarette, pourquoi ne le ferait-on pas pour l'alcool et la consommation?

Ne croyez-vous pas que si après une annonce de bière, on vous montrait des images sur les dégâts que la bière cause dans les familles, ou des scènes que chacun peut voir chaque jour dans la rue le long des bars et des brasseries, ne croyez-vous pas que l'on pourrait faire quelque progrès humain?

115. Puisqu'il se commet un viol toutes les dix-sept minutes sur le continent nord-américain, ne serait-il pas légitime qu'aux réseaux d'État au moins on fasse chaque jour une publicité éducative appropriée?

Et s'il est vrai que les exploitants de journaux trois «S» (Sport- Sexe- Sang) ont quelques intentions pures en montrant à satiété les images de crimes, pourquoi n'ouvriraient-ils pas leurs pages aux cas de viols?

(On m'a souvent apporté ici l'objection à l'effet qu'une telle publicité créerait la peur. C'est loin d'être sûr et c'est l'objection de l'autruche qui met sa tête sous le sable, pour ne pas voir la peur qui envahit le monde féminin, la peur qui a détruit combien de femmes violées... Voir et revoir là-dessus le film d'Anne-Claire Poirier *Mourir à tue-tête.*)

116. Quelle place occupe dans l'information la dénonciation des femmes battues, des enfants maltraités? Des suicides de plus en plus nombreux chez les jeunes, comme chez les adultes?

(Ce n'est pas la famille qui est responsable de l'aliénation des individus ravagés par l'alcool, pour ne mentionner que ce facteur collectif dans l'évaluation de la violence qui envahit le milieu familial.)

117. Pourquoi les spécialistes de l'exploitation sensationnelle de la criminalité dans l'information, trompent-ils la population en ne faisant ressortir que la criminalité reliée aux vols et au crime organisé, alors que la majorité des homicides se commettent entre personnes qui se connaissent bien ou qui ont des liens de parenté?

Savez-vous que ce sont les familles qui sont les milieux les plus dangereux, dans ce contexte?

E. Les conditionnements religieux

Malgré tout le respect que l'on peut avoir pour l'expérience religieuse individuelle et collective, l'on ne saurait s'interroger utilement sur la situation des familles dans maintes sociétés sans mettre en cause les conditionnements opérés par les pouvoirs religieux. Interpeller ces pouvoirs n'est d'ailleurs que l'expression d'une maturité religieuse, qui est l'équivalent de la maturité sociale à laquelle on souhaite voir accéder le plus grand nombre de citoyens possible.

Par ailleurs, comme l'on retrouvera dans d'autres parties de ce livre la mise en cause de comportements culturels conditionnés par l'idéologie religieuse, notamment les comportements survalorisant la souffrance, la résignation et le sacrifice dans des rapports sociaux de dominants à dominés, je limiterai les questions qui suivent à la relation entre l'Église catholique et la révolution féminine.

118. Pourquoi, pensez-vous, l'Église est-elle si silencieuse sur les injustices qui atteignent les femmes et si fermée à ce qui pourrait les libérer de ces injustices ?

119. Comment l'Église, dont la mission théologique et pastorale principale est de promouvoir la dignité de la personne, peut-elle être aussi fermée à la révolution féminine dont le principal ferment est précisément de promouvoir la dignité de la personne ?

120. Comment expliquer que le chef tout puissant actuel de l'Église catholique se réfère aux droits de l'homme pour parler de la condition humaine, alors qu'il dit interpréter la volonté de Dieu pour limiter les droits des femmes ?

121. Pourquoi la hiérarchie catholique, évêques en tête, au Québec comme dans d'autres sociétés, quand elle s'intéresse à la famille, ne sait faire appel qu'aux femmes « servantes de l'humanité » et ignore les responsabilités des hommes ?

122. Où est l'engagement de l'Église pour combattre le viol ?

123. Où est l'engagement de l'Église pour venir en aide aux femmes battues, sur un plan collectif et pas seulement individuel ?

124. Où est l'engagement de l'Église pour réduire le problème des enfants maltraités?

125. Où est l'engagement de l'Église pour combattre l'exploitation des mineures engagées comme danseuses nues et des autres femmes utilisées aux mêmes fins?

126. Où est l'engagement de l'Église pour combattre l'inégalité flagrante des salaires payés aux femmes par rapport à ceux payés aux hommes?

127. Où est l'engagement de l'Église pour combattre l'exploitation, l'injustice, l'isolement dont sont victimes les femmes qui ont consacré leur vie à la famille et que la société rejette dans l'oubli et la pauvreté?

128. Le pouvoir religieux ne serait-il que l'émanation la plus directe du pouvoir social mâle? La plus directe et la plus puissante, par l'usage qu'il fait des conditionnements spirituels?

III LA FAMILLE, L'ÉTAT ET L'ÉCONOMIQUE

A. De l'État au citoyen

129. Quand on pense à l'État et aux gouvernements, en relation avec la famille, c'est le plus souvent au gouvernement national que l'on pense, mais ne devrait-on pas en bien des cas se référer aux gouvernements municipaux, surtout parce qu'ils sont les plus proches des gens?

(Voir à cet effect la partie du questionnaire portant sur la famille et le quartier.)

130. Quand vous pensez au gouvernement national (ou provincial), pouvez-vous facilement identifier une autorité qui est responsable de la coordination de toutes les politiques qui visent directement ou indirectement les familles?

Croyez-vous qu'effectivement il existe un endroit, au gouvernement national, où l'on se préoccupe d'une façon systématique de mesurer l'impact des politiques de l'ensemble du gouvernement sur la famille, de même que l'impact de facteurs extérieurs à l'action gouvernementale dans le secteur privé et para-public?

Êtes-vous d'accord de penser que, si l'on peut répondre oui à cette question, l'on peut en conclure que l'État a une véritable politique du milieu familial?

131. Ne croyez-vous pas que l'État a toujours une politique du milieu familial, puisqu'il développe de toute manière des politiques sectorielles qui ont une influence sur les familles? Est-ce que la politique la plus néfaste n'est pas précisément celle qu'il prétend ne pas avoir, quand il invoque, par exemple, le fait que devant la crise que traverse la famille et devant la pluralité des modèles familiaux, il n'est pas possible d'avoir une politique de la famille?

132. Est-ce que chaque fois que l'État fait des politiques qui affectent les jeunes, les personnes âgées, le partage des responsabilités entre les hommes et les femmes, le travail, l'école, les loisirs, etc., il ne fait pas implicitement une politique du milieu familial? Alors pourquoi ne le ferait-il pas explicitement, pour que les citoyens sachent clairement que les choix qu'il fait, il les fait en voyant la famille de telle ou telle manière?

133. Inversement, croyez-vous que l'État et la collectivité se rendent suffisamment compte que, consciemment ou pas, volontairement ou pas, le milieu familial forme non seulement des personnes mais des citoyens, responsables socialement et politiquement à tel ou tel degré?

134. Ne trouveriez-vous pas normal que les personnes qui décident de constituer une famille, reçoivent de l'État ce que j'appellerais une sorte de «guide du citoyen en milieu familial»?

Ce guide, ayant la forme d'une brochure, pourrait contenir toute une série d'informations sur les droits et les responsabilités du citoyen dans le milieu familial et sur les services de l'État.

On pourrait d'ailleurs le distribuer automatiquement dans les écoles, dans le cadre des programmes d'éducation à la vie familiale... là où ils existent.

Le secteur privé pourrait ajouter à cela diverses brochures d'information dans des domaines particuliers: comment administrer un budget familial, à quels groupes et organismes se référer pour tels et tels besoins, comment entretenir une maison pour ne pas dépendre des spécialistes et des commerçants, comment planifier et choisir des loisirs familiaux et à quels coûts, comment planifier un régime d'alimentation saine, etc.

135. J'ai déjà parlé de l'exemple de l'État comme employeur, mais cet exemple ne doit-il pas être marquant du point de vue de son intérêt à la famille, à cause de l'effet d'entraînement que cela pourrait avoir sur le secteur privé, notamment sur les grandes entreprises, les syndicats et les corporations professionnelles ?

136. Considérant les multiples avantages que cela représente, notamment en regard du partage des tâches dans les familles et de la garde des enfants, l'État ne doit-il pas agir en priorité pour amener le monde du travail à établir, sans discrimination d'avantages sociaux par rapport au temps plein, des horaires variés de travail et de demi-temps ?

137. Étant donné l'extrême importance que prend l'intervention des professionnels dans une foule de domaine affectant directement et indirectement le milieu familial, n'est-il pas urgent que l'État se préoccupe en priorité de « la pédagogie d'intervention des professionnels dans la vie des citoyens » ?

Nous sommes de plus en plus menacés collectivement par des interventions de pouvoir, bureaucratique et idéologique, qui prennent le pas sur des interventions de « service ».

Ne faudrait-il pas à cet effet que les universités et les corporations professionnelles, et l'État lui-même par des services de recyclage, aident les professionnels à développer des techniques d'intervention centrées sur une volonté profonde de rendre les gens COMPÉTENTS face à la prise en charge de leur vécu, plutôt que les rendre dépendants de la compétence du professionnel ?

138. Demandez à l'État de vous dire combien il investit dans la prévention et dans les services curatifs ? Vous aurez peut-être alors une explication qui vous fera comprendre que, investissant très peu dans le préventif, on laisse la majorité des gens se débrouiller sans supports sociaux suffisants, de telle sorte qu'il y a un pourcentage de plus en plus grand qui requièrent des services curatifs. On entre ainsi dans un cercle vicieux qui fait que, le curatif coûtant de plus en plus cher, on a de moins en moins de fonds pour aider la majorité et limiter le recours au curatif.

C'est ainsi que sur le plan économique, on se rend compte que la lutte contre le chômage est l'un des moyens les plus importants à prendre pour protéger le milieu familial. Car le chômage est introducteur de tant de situations de conflits et de détérioration de la vie familiale, qu'il rend quasi inefficaces la plupart des solutions de replâtrage qu'on veut appliquer sur le plan de mesures sociales ou thérapeutiques à des familles ravagées par le chômage.

139. De toutes les politiques que l'État peut envisager pour le bien-être des familles sur le plan économique, est-ce que la principale, avec celle des noraires souples et variés de travail n'est-pas celle d'un revenu minimum garanti ?

N'est-il pas urgent en particulier de se donner cette politique pour régler la fameuse question du salaire de la femme au foyer, dans un contexte où le revenu minimum atteigne dans les familles ceux qui prennent charge des enfants, que ce soit des individus ou des couples, hommes ou femmes, et dans le cadre des divers modèles de structure familiale ?

140. Quelle est l'intervention de l'État pour protéger les familles de l'exploitation économique ?

Que fait-il ou que devrait-il faire face aux conditionnements de la publicité ? (Se référer aux questions sur ce sujet.)

Comment devrait-il protéger les familles de l'exploitation éhontée du consommateur que constitue le commerce de l'automobile, considérant, par exemple, que l'automobile représente au moins 20 % du budget annuel de la très grande majorité des familles ?

Agit-il suffisamment pour surveiller le commerce des jouets d'enfants ? Encourage-t-il assez la mise en marché des jouets éducatifs ? Favorise-t-il surtout la fabrication des jouets par les familles elles-mêmes ?

Voit-il suffisamment à ce que les centres du bricoleur, qui se multiplient de plus en plus, ne soient pas des pièges pour faire acheter davantage ?

N'est-il pas du ressort de l'État, en particulier dans le cadre de la formation à l'école, de stimuler les citoyens au « fais-le toi-même », surtout lorsqu'il s'agit de se faire soi-même son foyer ? (Je ne prétends pas par là qu'il faille nécessairement revenir aux temps où l'on bâtissait soi-même sa maison ; mais entre ce temps et la pratique actuelle où l'on devient esclave des commerçants et des spécialistes de tous métiers, il y a une marge...)

141. N'est-il pas du ressort de l'État de nous protéger des abus qui peuvent découler des syndicats que nous nous donnons collectivement, mais qui peuvent se retourner contre nous si, en voulant limiter les pouvoirs des grandes entreprises, ils paralysent l'initiative individuelle des citoyens, les opérations collectives volontaires, et même le bénévolat et le service social gratuit.

N'est-ce pas à l'État qu'il appartiendrait de déterminer, en telles circonstances et pour des motifs d'intérêt public, que tels travaux pourraient être exécutés de telle façon même si cela devait entrer dans le champ des droits de tels travailleurs syndiqués ? Je pense en particulier ici au service civil que l'on pourrait considérer comme un élément de la formation des jeunes.

B.   Du citoyen à l'État

142.   Vous arrive-t-il de prendre part à des séances publiques de votre Conseil municipal ?

143. Vous arrive-t-il de faire connaître vos besoins familiaux à la municipalité ou à votre député?

144. Avez-vous déjà appuyé un mouvement, un groupe de citoyens, qui luttait pour vos besoins et vos droits?

145. Appartenez-vous à un mouvement ou à un groupe qui puisse représenter vos intérêts familiaux?

146. Croyez-vous que l'État encourage suffisamment de tels groupes et qu'il a des politiques claires touchant les normes auxquels ces groupes doivent répondre?

147. Vous considérez-vous suffisamment informé par l'État de vos responsabilités et de vos droits comme membre d'une famille?

148. Seriez-vous prêt à vous impliquer dans votre quartier, si un regroupement de familles se créait pour défendre vos intérêts?

149. Êtes-vous conscient que vos responsabilités et vos droits sont largement déterminés par les lois et les règlements que les gouvernements adoptent en votre nom? Connaissez-vous les moyens que vous avez d'y contribuer et de réagir au moment approprié?

150. Que suggéreriez-vous à votre gouvernement municipal et aux autres gouvernements responsables pour répondre à vos besoins comme membre d'une famille?

151. Que suggéreriez-vous à d'autres grands agents collectifs, comme les syndicats d'enseignants, les administrateurs scolaires, les responsables des services de santé, les commerçants de votre milieu, etc., pour leur rappeler que vous existez comme membre d'une famille et qu'ils ont des obligations à votre endroit?

À ces questions le lecteur peut donc ajouter les siennes propres, soit en complétant les domaines abordés, soit en reprenant l'ensemble du livre pour considérer les questions que sa lecture lui suggère sur « la famille et le développement de la personne » et sur « la famille, monde d'amour ». C'est un exercice qui gagnerait à être fait en famille, à l'intérieur d'une famille ou en équipes de familles. L'objectif fondamental d'une telle démarche est toujours le même : se pencher sur ce que l'on est comme personne et utiliser au maximum ses capacités personnelles pour chercher à mieux vivre avec soi et avec les autres. Y A-T-IL QUELQUE CHOSE QUI PUISSE AVOIR PLUS DE PRIX DANS LA VIE QUE DE SE SENTIR BIEN DANS SA PEAU ET DE POUVOIR COMMUNIQUER POSITIVEMENT AVEC LES AUTRES ? La vie dans une famille est essentiellement une expérience de relations humaines. La manière dont on se situe face à un conjoint n'est pas foncièrement différente de celle qui nous relie à des enfants, et l'une et l'autre modèlent l'ensemble de nos relations humaines dans la société.

Si l'apprentissage des relations humaines n'est pas plus valorisé qu'il ne l'a été jusqu'ici dans la famille même, à l'école, dans les milieux de travail et dans l'ensemble de la société, on peut douter que l'avenir de l'humanité vaille la peine d'être envisagé. C'est mon dernier mot... Je crois qu'il rejoint celui des milliers de jeunes auxquel les pages qui suivent font écho.

LE DERNIER MOT:
DES ENFANTS ET DES ADOLESCENTS DU QUÉBEC

L'Année internationale de l'Enfant, au Québec comme dans d'autres sociétés, a été en général orientée et contrôlée par le pouvoir adulte. Exceptionnellement on s'est quelque fois tourné vers les jeunes pour les impliquer et leur donner la parole. Voici quelques extraits de cette parole de jeunes, recueillie en dernière heure par des jeunes de toutes les régions du Québec à partir de sondages, d'ateliers et de tables rondes. Ces extraits représentent une sélection de résumés et de synthèses, comportant en italique des citations textuelles, sur les sept sujets suivants: *la famille, les amis, l'école, les sports et la violence, la communication et l'amour, la sexualité, l'identité de adolescents et leur place dans la société*[1].

Le lecteur y trouvera, comme dans le questionnaire du chapitre 15, des éléments lui permettant de poursuivre sa propre démarche de réflexion et de relance. C'est un dernier mot qui, dans la foulée de ce livre, se devait d'appartenir aux jeunes et au lecteur.

LA FAMILLE

Quand mes parents s'embrassent ou se font des clins d'œil, je me sens en sécurité!

La famille, c'est surtout une relation entre personnes... La famille, c'est la personne qui nous donne de l'affection et de l'attention.

C'est la qualité des rapports familiaux qui compte pour nous. Pas la quantité.

Tant qu'à voir nos parents toujours se chicaner et pleurer, on aime mieux les voir divorcer.

---

1. La publication intégrale est citée dans la bibliographie.

Le divorce n'est pas nécessairement un échec. Quelquefois, c'est un bien pour les individus à qui ça arrive.

Et quand ça arrive, nous voulons avoir autant de recours et de ressources que les adultes pour nous aider à vivre cette situation.

Quelquefois, il y a un certain avantage à vivre avec juste un parent : nous avons alors la possibilité d'établir une relation plus profonde entre lui et nous. Mais, la plupart des jeunes qui ont répondu à nos questionnaires et qui ont à vivre le divorce ont admis tenter alors de créer des liens affectifs avec quelqu'un d'autre qui puisse remplacer le parent manquant : soit un professeur ou encore le père ou la mère d'un ou d'une amie. Nous pensons aussi que nos grands-parents pourraient nous aider et même nous élever à la place de nos parents quand il y a séparation ou divorce.

Si nos parents pouvaient prendre la peine de parler de certaines de leurs difficultés avec nous et nous amener petit à petit à envisager la possibilité d'une séparation ! Si nos parents pouvaient arrêter de tout nous cacher et nous épargner le choc brutal de l'annonce subite de leur divorce ! Ce serait bien plus humain... !

Nous aimerions qu'ils nous parlent positivement de cette séparation et nous en expliquent les causes sans agressivité.

Nous aimerions surtout que nos parents nous donnent des marques physiques de tendresse et pas seulement quand nos sommes petits. À seize ans aussi ! Quand bien même ce ne serait qu'une tape dans le dos ou la main dans les cheveux !

N'y aurait-il pas lieu ici de demander au gouvernement qu'il recommande aux parents de fermer la télévision une heure par semaine ?

Au lieu de regarder « La petite maison dans la prairie », on pourrait regarder ce qui se passe dans son salon !

LES AMIS

Notre vécu à nous tourne beaucoup autour des amis. Et pour nous faire des amis, il faut souvent entrer dans un groupe auquel nous pouvons nous identifier. Cela nous apporte un sentiment de sécurité. Nous nous sentons moins seuls et nous savons alors que nous pouvons faire nos folies avec nos *chums*, en groupe, sans que les adultes puissent personnaliser nos actes :

Pourquoi nos parents ne respectent-ils pas toujours le choix de nos amis ?

Des fois, nous aimerions parler de nos *chums* à nos parents ou encore discuter de certaines choses avec eux et nos amis. Comme de la drogue, par exemple. Pourquoi refusent-ils de s'asseoir avec nous et de nous parler franchement ? Ce que nous savons de la drogue se limite bien souvent aux rumeurs qui circulent autour de nous. Pourquoi ne pourrions-nous pas fumer un petit *joint* ensemble ?

On aimerait ça que nos parents connaissent vraiment de quoi ils parlent.

Ce ne sont pas seulement les parents qui connaissent des angoisses existentielles, la solitude, la peur que tout éclate demain. Nous aussi !

Et nous aussi, nous cherchons des évasions. Que le parent qui ne boit pas nous jette la première pierre !

L'ÉCOLE

Il faut que les rapports d'autorité deviennent des rapports de respect mutuel.

Les professeurs devraient faire moins de commérages sur leurs élèves.

Il est essentiel pour nous d'aimer notre professeur. C'est lui qui nous rend la matière intéressante. Nous pouvons aimer le professeur sans nécessairement aimer la matière qu'il nous enseigne et nous croyons que la richesse de cette relation est susceptible de nous apporter au moins autant que le cours lui-même.

Les professeurs ne peuvent pas nous aimer. Ils ne nous connaissent pas...

...Pourquoi ne pas nous laisser nos écoles de quartiers ? Pourquoi nous avoir construit des polyvalentes sans fenêtres ? Pourquoi empêcher la vie dans nos énormes polyvalentes en nous défendant d'y entrer après les heures de cours... en nous refusant l'accès de certains locaux... en instituant un système de surveillance et de contrôle qui nous dévalorise ? Pourquoi ne pas remettre aux jeunes cette responsabilité ?

Enfin, nous devons, trop jeunes, choisir des options : ces options nous limitent à une orientation, elles interdisent l'accès à certaines disciplines, elles ne permettent pas un changement en cours de route et nous conduisent très souvent à laisser les études.

On nous demande de bâtir la maison avant même de savoir où on veut habiter.

LES SPORTS ET LA VIOLENCE

On est élevé dans la violence... C'est la société qui nous inculque la violence... Ce sont les médias qui projettent des images de violence et nous nous identifions très jeunes à ces images... Les sports violents sont populaires auprès du grand public.

C'est une vengeance contre l'autre équipe... Quand on voit qu'on va perdre, on devient violent...

Plusieurs d'entre nous pensent que la violence est inévitable dans le sport de compétition et que ce sont souvent les entraîneurs qui nous incitent à la pratiquer.

Les filles disent qu'on peut être combatif sans nécessairement être violent. Pour elles :

Le plus gros défaut d'un sportif, c'est d'être violent... La technique devrait être bien plus importante que la violence.

Justement, les filles se sentent souvent mises de côté sous prétexte qu'elles ont moins de force physique que les garçons :

On est barrées pour certains sports... Les règlements sont faits pour les garçons.

Nous croyons enfin qu'il faut revaloriser le sport amateur. Il permet de nous exprimer sans avoir à développer un trop grand esprit de compétition. Nous ne sommes pas tous des champions mais ce n'est pas une raison pour nous oublier.

Dans le sport, quand t'es pas un champion, on te met un short et un T'shirt, pis toi tu niaises dans le coin.

LA COMMUNICATION ET L'AMOUR

Nous recevons souvent plus de chaleur, de compré-hension et d'écoute de la part de nos amis que de nos pa-rents!

«Le temps que nos parents prennent pour nous dire «des choses» est tout aussi important que les choses qu'ils ont à nous dire.» Ce qui implique qu'ils puissent nous parler en toute confiance... qu'ils le veuillent et qu'ils en aient envie! Souvent, ils restent à la surface des choses et n'essaient pas de creuser.

Une bonne communication pour moi, c'est de savoir que, si j'ai une bad luck, mes parents vont prendre le temps d'en parler avec moi trois fois par semaine. Pas juste cinq minu-tes!

Entre 12 et 18 ans, tu pourrais faire beaucoup de choses mais t'as pas le droit! Moi, ça m'écœure!

Nous avons reconnu que nous manquions de caresses et de marques physiques de tendresse. Quelques parents sont venus dire au micro qu'en effet ils trouvaient inac-ceptable qu'un père et son fils s'embrassent. Que ce geste était mal vu dans notre société:

Si on embrasse nos gars, on va passer pour des tapettes.

Mais nous, nous disons que c'est la société qui est froide et sans tripes! La société est crispée!

La caresse physique est dévalorisée! Moi, j'ai envie que ma mère me caresse encore. L'autre jour, après une bonne chicane, je l'ai prise dans mes bras et je l'ai serrée fort. J'a-vais envie de lui dire que je l'aimais. Ça faisait longtemps que c'était pas arrivé.

Nous voulons aimer qui nous voulons! Nous voulons aimer à 12, 15, 16 ans!

C'est lui que je veux... pas un autre!

Nos parents nous demandent toujours «Qui est-il? Qui est cette fille? Qu'est-ce qu'il fait son père?...» Et puis si notre amoureux ou notre amoureuse est inscrite en sciences de la santé ou en administration, il ou elle est automatiquement bien vu(e) et accepté(e). Mais s'il ou elle est en arts et lettres:

C'est un pouilleux!... C'est une fofolle!...

Les parents paniquent! Quand ils s'aperçoivent que nous devenons plus indépendants et que nous prenons certaines distances, ils veulent nous garder. Ils prennent alors tous les moyens: chantage, culpabilité, pressions affectives.

Au fait, pourquoi donc nos parents nous confient-ils quelquefois toute la responsabilité de la maison, mais nous demandent d'autres fois de rentrer à neuf heures?

Moi, j'aime mieux ne pas sortir que de me livrer à toute cette enquête: Où vas-tu? Avec qui sors-tu? Est-ce que ses parents sont là?

LA SEXUALITÉ

Sur le plan de la sexualité, nous sommes bien démunis et laissés à nous-mêmes. Quatre-vingt pour cent d'entre nous ont avoué qu'ils aimeraient recevoir de l'information de leurs parents... et 80 % ont admis que leurs parents ne leur en donnaient pas!

À la maison, on n'en parle pas de la sexualité et quand on ose aborder le sujet, on en parle mal... À l'école, c'est tellement technique qu'on ne comprend rien!

Les adultes nous entretiennent surtout des dangers de la sexualité et jamais du plaisir. Ils ont sans doute peur de nous inciter à le découvrir trop vite!

Pourtant, c'est pas méchant la sexualité!

Les parents nous parlent bien rarement de leurs expériences de vie et de la relation amoureuse et psychologique existant entre un homme et une femme. Pourtant, nous sommes comme les adultes! Nous recherchons l'amour et nous voulons avoir des rapports harmonieux entre garçons et filles. Justement, les filles ont admis qu'elles aimeraient bien vivre dans la peau des garçons parce que la vie est plus facile pour eux.

Ils sont moins esclaves d'un tas de conventions sociales.

Ça nous ferait plaisir d'entendre autre chose que «Tu as bien grandi! Tu t'en viens une belle fille» ou encore «Tiens, tu as du poil au menton!»... Si notre corps se développe, c'est que nous changeons aussi intérieurement.

Nous aimerions que vous vous en rendiez compte et que vous communiquiez avec nous. Pas seulement verbalement, mais aussi dans le non-verbal. Un regard, un sourire, une accolade pourraient tellement nous sécuriser et nous encourager quelquefois!

...On se plaint que les garçons pensent juste au sexe. C'est pas étonnant. À partir de cinq ans, on leur coupe toute marque d'affection! Leur sexualité devient alors démunie de tendresse.

NOTRE IDENTITÉ ET NOTRE PLACE DANS LA SOCIÉTÉ

Nos droits de citoyens ne sont pas respectés par les adultes qui nous considèrent comme des irresponsables.

Dans les magasins, on est toujours servis les derniers. Dans les transports en commun, on doit céder notre place même si on est crevés... On est bousculés et regardés de haut parce qu'on a les cheveux longs...

Les adultes répondent sans cesse à notre place et interprètent notre enfance à leur façon. Nous aimerions quelquefois être aussi les metteurs en scène de notre vie! Pas seulement les acteurs!

À quel âge pouvons-nous décider?

Nous vivons dans un monde d'influences et c'est comme un casse-tête. Nous avons besoin des pièces des autres mais il faudrait pouvoir y mettre aussi la nôtre.

Quand on parle d'un enfant, on parle toujours de poésie et de rêve. On oublie le tangible et le concret.

Alors, s'il vous plaît, donnez-nous le droit de parole. Donnez-nous accès à certaines tribunes pour que nous puissions nous raconter. Cessez de faire des colloques sur l'enfance, sur la télévision et l'enfant, sur la psychologie de l'adolescent, sans jamais nous inviter pour savoir ce que nous, nous en pensons.

Ne tentez pas de nous faire comme vous. Tentez plutôt de voir qui nous sommes!

Nous ne sommes plus des enfants, pas encore des adolescents. Nous n'avons pas de lieux où nous réunir.

Aussitôt qu'une maison des jeunes s'ouvre et que nous commençons à la fréquenter, le propriétaire obtient son permis de boisson et c'est fini pour nous :

On est tannés des centres d'achats et des parcs !... On aimerait ça être consultés !... Nous aussi on a de bonnes idées et ce ne sont pas nécessairement les vôtres !

Nous avons le droit de vivre nos différences et nous aimerions que nos parents cessent d'être négatifs et insécures face à nos expériences :
S'il vous plaît, laissez-nous vivre !

Pourquoi faut-il attendre d'être un adulte pour être important ? Pour qu'on nous écoute ?

Nous sommes souvent inquiets en pensant à l'avenir et nous aimerions que vous vous souveniez de votre propre enfance, de votre adolescence. Devant le peu de communication que nous avons avec nos parents et les adultes, nous trouvons qu'il est difficile de grandir et de développer nos talents.

On existe avant de devenir des adultes ! On a une place maintenant dans la société... On veut jouer un rôle immédiatement dans notre communauté !

Si vous nous donnez des droits, pourquoi ne pas nous donner aussi des responsabilités ? C'est tellement important pour un enfant de se sentir responsable de quelque chose. Vous devez nous voir au présent et pas seulement dans l'avenir.

Plus vous respecterez notre autonomie, plus nous aurons la chance de nous épanouir, et plus nous pourrons remplir notre rôle en tant qu'individu et membre de la société.

On sait que les adultes nous aiment mais ils ont si peur que nous ayons des émotions ou que nous soyons confrontés à des difficultés qu'ils préfèrent décider pour nous.

Peut-être que si on arrêtait de fêter les années pour fêter les âges, vous prendriez plus conscience de notre évolution ? Peut-être que si vous nous regardiez plus souvent et plus longtemps, vous verriez autre chose que des problèmes et des questions en nous :

Vous verriez nos richesses, nos valeurs. Tout ce que nous pouvons vous apporter !

On aimerait être plus qu'une promesse d'avenir! On veut être des citoyens à part entière!

Nous vous tendons la perche et nous espérons que vous nous tendrez plus que l'oreille!

Liste des tableaux

SÉLECTION BIBLIOGRAPHIQUE

Étant donné l'orientation de ce livre et la pluralité des sujets qu'il recouvre, la bibliographie devait, pour ne pas être trop longue, demeurer très sélective, tant sur le plan qualitatif que quantitatif. Comment choisir, en effet, parmi des ouvrages qui nous sont devenus au cours des années aussi nécessaires les uns que les autres, sur des sujets comme le développement de la personne, la psychologie de l'enfant et de l'adolescent, la sexualité, la bio-énergie, la condition féminine, les rôles culturels, la situation des personnes âgées, l'évolution de la famille, l'amour, les besoins de croissance, les écoles de pensée et les perspectives politiques en regard de ces sujets, etc. ? Comment retenir telle étude gouvernementale plutôt que telle autre ? Le choix a forcément quelque chose d'arbitraire et de subjectif. Il est aussi fonctionnel, ce qui, notamment, impliquait ici l'exclusion des articles de revues qui constituent souvent une source importante de documentation.

Les principaux critères de sélection que j'ai finalement retenus sont les suivants : recouvrir l'ensemble des sujets, privilégier des ouvrages marquants et accessibles, refléter le plus fidèlement possible l'univers culturel dans lequel ce livre a trouvé ses parentés et, bien sûr, être fidèle à des ouvrages dont plusieurs correspondent à des préférences toutes subjectives. Il en est des livres comme des êtres, c'est souvent pour quelque chose de très particulier, un moment, une phrase, une façon d'aborder une question, un visage humain, que l'on retient tout. Ce qui compte enfin est que le lecteur puisse disposer d'un minimum de références pour explorer et partager davantage de domaines là où il le souhaite.

BIBLIOGRAPHIE

ADLER, Alfred, *L'enfant difficile,* Paris, Payot, 1949.

ALLPORT, Gordon-W. *Structures et développements de la personnalité.* Neuchâtel, Delachaux et Niestlé, 1970.

ANNÉE INTERNATIONALE DE L'ENFANT. *Et après,* témoignages d'enfants déposés par des jeunes devant les membres de l'Assemblée nationale, ministère de la Justice, Québec, 1979.

ARIÈS, Philippe. *L'enfant et la vie familiale sous l'Ancien Régime.* Paris, Seuil, 1973.

ASSOCIATION FÉMININE D'ÉDUCATION ET D'ACTION SOCIALE. *La femme collaboratrice du mari dans une entreprise à but lucratif.* Montréal, 1976.

BEAUVOIR, Simone de. *Le deuxième sexe.* Paris, Gallimard, 1948, 2 vol.

BEAUVOIR, Simone de. *La vieillesse,* I et II. Paris, Gallimard, coll., «Idées», 1970.

BELOTTI, Elena Gianini. *Du côté des petites filles.* Paris, Éd. des Femmes, 1977.

BENSON, Dan. *L'homme total.* Montréal, Sélect, 1978.

BERNE, Éric. *Des jeux et des hommes.* Paris, Stock, 1975.

BERNHARDT, Karl S. *Being a Parent: Unchanging values in a Changing World.* (Canada) U.T.P., 1970.

BERSIANIK, Louky. *L'Euguélionne.* Montréal, La Presse, 1976.

BETTELHEIM, Bruno. *Dialogue avec les mères.* Paris, Laffont, 1975.

BETTELHEIM, Bruno. *Psychanalyse des contes de fée.* Paris, Laffont, 1976.

BIRCH, Margaret. *Une politique sociale axée sur la famille.* Secrétariat du gouvernement de l'Ontario aux Affaires sociales, Toronto, 1979.

BISSONIER, Henri. *Psychopédagogie de la conscience morale.* Paris, Fleurus, 1969.

BLOCH, H. et NIEDERHOFFER, A. *Les bandes d'adolescents.* Paris, Payot, 1969.

BOUCHER, Denise. *Les fées ont soif.* Montréal, Intermède, 1978.

BROWNMILLER, Susan. *Le viol*. Paris, Stock et Montréal, l'Étincelle, 1976.

BUBER, Martin. *Je et Tu*. Paris, Aubier Montaigne, 1969.

CARISSE, Colette. *La famille, mythe et réalité québécoise*. Éditeur officiel du Québec, dossier du Conseil des Affaires sociales et de la Famille, 1976.

CENTRE D'ÉTUDE ET DE PROMOTION DE LA LECTURE. *L'adolescence*. Paris, C.E.P.L., 1970.

CHAMPAGNE-GILBERT, Maurice. *La Violence au pouvoir*. Montréal, Jour, 1971.

CHAMPAGNE-GILBERT, Maurice. *Lettres d'amour*. Montréal, Jour 1972.

CHAMPAGNE-GILBERT, Maurice. *L'inégalité hommes-femmes, la plus grande injustice*. Monographie d'articles publiés par le Secrétariat d'État, Ottawa, 1977.

CHASSEGUET-SMIRGEL, J. *La sexualité féminine*. Paris, Payot, 1970.

CHOISIR, *Avortement: une loi en procès* (L'affaire de Bobigny). Paris, Gallimard, 1973.

CHOISY, Maryse. *Le scandale de l'amour*. Paris, Aubier Montaigne, 1954.

CHOISY, Maryse. *La guerre des sexes*. Paris, Publications premières, 1970.

CHOMBART DE LAUWE, P.H. *Image de la femme dans la société*. Paris, Centre national de la recherche scientifique, 1963.

COLLECTIF DE BOSTON POUR LA SANTÉ DES FEMMES. *Notre corps, nous-mêmes*. Paris, Albin Michel, 1977.

COLLECTIF DE BOSTON POUR LA SANTÉ DES FEMMES. *Nos enfants, nous-mêmes*. Paris, Albin Michel, 1980.

COLLECTIF ITALIEN. *Être exploitées*. Paris, Édition des Femmes, 1974,

COLLECTIF PAR ONZE FEMMES DU QUÉBEC. *Te prends-tu pour une folle, Madame Chose?*. Montréal, Éditions de la Pleine Lune, 1978.

COMMISSARIAT GÉNÉRAL DU PLAN. *La famille*. Paris, Hachette, 1975.

COMMISSION ROYALE D'ENQUÊTE SUR LA SITUATION DE LA FEMME AU CANADA. *Rapport Bird*, Ottawa, 1970.

COMMISSION SUR L'ÉTUDE DES TROUBLES DE L'AFFECTIVITÉ CHEZ L'ENFANT. *Un million d'enfants*. Toronto, 1970.

CONFERENCE ON «WOMEN, WORK AND THE FAMILY». Patronnée par la Fondation Rockfeller, Documents de la conférence, *Journal to Family History*, vol. IV, n° 2, été 1979.

CONSEIL DES AFFAIRES SOCIALES ET DE LA FAMILLE. *La situation des familles québécoises.* Études et avis du Conseil, Québec, 1978.

CONSEIL DES AFFAIRES SOCIALES ET DE LA FAMILLE. *La question de la promotion des initiatives volontaires dans le domaine des affaires sociales au Québec.* Études et avis du Conseil, Québec, 1978.

CONSEIL CANADIEN DE DÉVELOPPEMENT SOCIAL. *Pauvre et seule.* Ottawa, 1976.

CONSEIL CANADIEN DE L'ENFANCE ET DE LA JEUNESSE. *Interdit aux mineurs — La place de l'enfant dans la société canadienne.* Ottawa, 1978.

CONSEIL CONSULTATIF SUR LA SITUATION DE LA FEMME. *La situation de la famille monoparentale.* Ottawa, 1976.

CONSEIL DU STATUT DE LA FEMME. *Pour les Québécoises, égalité et indépendance.* Québec, 1978.

COOPER, David. *Mort de la famille.* Paris, Seuil, coll. «Points», 1975.

CRITÈRE. *L'âge et la vie.* Montréal, hiver 1977, n° 16.

DANINOS, Pierre. *Le pouvoir aux enfants.* Paris, Denoël-Gonthier, 1969.

DODSON, Fitzhugh. *Tout se joue avant six ans.* Paris, Laffont, coll. «Réponses», 1972.

DODSON, Fitzhugh. *Le père et son enfant.* Paris, Laffont, coll. «Réponses», 1977.

DONOVAN, Frank R. *Éducation stricte ou éducation libérale.* Paris, Laffont, 1970.

DOURLEN-ROLLIER, Anne-Marie. *Le planning familial dans le monde.* Paris, Payot, 1969, 2 vol.

DUNNIGAN, Lise. *Analyse des stéréotypes masculins et féminins dans les manuels scolaires au Québec.* Étude pour le Conseil du Statut de la Femme, Québec, 1975.

ERIKSON, E.H. *Enfance et société.* Neuchâtel, Delachaux et Niestlé, 1959.

ERIKSON, Erik H. *Adolescence et crise.* Paris, Flammarion, 1972.

FIRESTONE, Shulamith. *La Dialectique du sexe*. Paris, Stock, 1972.

FREUD, Sigmund. *Introduction à la psychanalyse*. Paris, Payot, 1963.

FREUD, Sigmund. *Essais de psychanalyse*. Paris, Payot, 1967.

FRIEDAN, Betty. *Les recherches d'une quatrième dimension*. Paris, Denoël-Gonthier, 1969.

FROMM, Erich. *L'art d'aimer*. Paris, Éditions de l'Épi, 1968.

FROMM, Erich. *L'Homme pour lui-même*. Paris, E.S.F., 1967.

FROMM, Erich. *Société aliénée et société saine*. Paris, Le Courrier du Livre, 1971.

GIBRAN, Khalil. *Le prophète*. Tournai (Belgique), Casterman, 1956.

GIROUD, Françoise. *Cent mesures pour les femmes*. Paris, Documentations françaises, 1976.

GOLDSTEIN, Kurt. *La structure de l'organisme*. Paris, Gallimard, 1957.

GRAND'MAISON, Jacques. *Stratégies sociales et nouvelles idéologies*. Montréal, HMH, 1970.

GRAND'MAISON, Jacques. *Le privé et le public*. Montréal, Leméac, 1974, 2 vol.

GRAND'MAISON, Jacques. *Des milieux de travail à réinventer*. Montréal, Presses de l'Université de Montréal, 1975.

GREER, Germaine. *La femme eunuque*. Montréal, Jour/Paris, Laffont, 1971.

GROULT, Benoîte. *Ainsi soit-elle*. Paris, Grasset, 1975.

GROULT, Benoîte. *Le féminisme au masculin*. Paris, Denoël-Gonthier, 1977.

GUILLEMARD, Anne-Marie. *Ma retraite, une mort sociale*. Paris, Mouton De Gangster, 1973.

GUILLEMARD, Anne-Marie. *La vieillesse et l'État*. Paris, PUF, 1980.

GUITTON, Jean. *L'amour humain*. Paris, Livre de vie, 1963.

HITE, Shere. *Le rapport Hite*. Paris, Laffont, coll. « Réponses », 1979.

HORNEY, K. *Neurosis and Human Growth*. Norton, 1950.

ILLICH, Ivan. *Une société sans école*. Paris, Seuil, 1971.

ILLICH, Yvan. *La convivialité*. Paris, Seuil, 1973

ILLICH, Yvan. *Némésis médicale, L'expropriation de la santé*. Paris, Seuil, 1975.

JACQUARD, Albert. *Éloge de la différence.* Paris, Seuil, 1978.

JANOV, Arthur. *L'amour et l'enfant.* Paris, Flammarion, 1977.

JAMES, Muriel et JONGEWARD, Dorothy. *Naître gagnant.* Paris, InterÉditions, 1978.

JAMES, W. *L'expérience religieuse, essai de psychologie descriptive.* Paris, Plon, 1931.

JEAN, Michèle. *Québécoises du 20e siècle.* Montréal, Jour, 1974.

JUNG, Carl. *Les métamorphoses de l'âme et ses symboles.* Genève, Éd. Georg et Cie, 1957.

JUNG, C.G. *L'Homme à la découverte de son âme. Structure et de l'inconscient.* Paris, Payot, 1963.

KERR, Carmen. *Le sexe au féminin.* Montréal, Éd. de l'Homme, 1979.

KLEIN, Mélanie, et RIVIÈRE, Joan. *L'amour et la haine.* Paris, Payot, 1969.

KUBLER-ROSS. *La Mort.* Montréal, Québec-Amérique, 1977.

LABORIT, Henri. *Éloge de la fuite.* Paris, Laffont, 1976.

LAING, R.D. *Le moi divisé.* Paris, Stock, 1970.

LA LIGUE DES DROITS DE L'HOMME, *La société québécoise face à l'avortement.* Montréal, Leméac, 1974.

LAZURE, Jacques. *Le jeune couple non marié.* Montréal, Presses de l'Université du Québec, 1975.

LECLERC, Annie. *Parole de femme.* Paris, Grasset, 1974.

LECLERC, Jacques. *Vers une famille nouvelle.* Paris, Éditions universitaires, 1962.

LEFEBVRE, Henri. *Structures familiales et comparées: villes et campagnes.* Paris, Colin, 1953.

LEMAIRE, Jean G. *Le couple; sa vie, sa mort — La structuration du couple humain.* Paris, Payot, 1979.

LEMAY, Michel. *Les groupes de jeunes inadaptés.* Paris, P.U.F., 1961.

LOWEN, Alexander. *La bio-énergie.* Montréal, Jour, 1977.

LOWEN, Alexander. *Le Plaisir.* Montréal, Jour.

MASLOW, A.H. *Motivation and Personality.* Harper, 1954.

MASLOW, A.H. *New Knowledge in human values.* New York, Harper, 1959.

MASLOW, A.H. *Vers une psychologie de l'être.* Paris, Fayard, 1972.

MAY, Rollo. *Amour et volonté*. Paris, Stock, 1971.

MEAD, Margaret. *Le fossé des générations*. Paris, Denoël-Gonthier, 1972.

MEAD, Margaret. *L'un et l'autre sexe*. Paris, Denoël-Gonthier, 1975.

MENDEL, Gérard. *Pour décoloniser l'enfant — Sociopsychanalyse de l'autorité*. Paris, Payot, 1971.

MICHELET, J. *La femme*. Paris, Calmann-Lévy, 1879.

MILL, John Stuart. *L'assujettissement des femmes*. Paris, Guillaumin, 1869.

MILLET, Kate. *La politique du mâle*. Paris, Stock, 1971.

MILLET, Kate. *La prostitution*. Paris, Denoël-Gonthier, 1972.

MIRON, Gaston. *L'homme rapaillé*. Montréal, P.U.M., 1970.
MORGAN, Marabel. *La femme totale*. Montréal, Sélect, 1975.

MORIN, Edgar. *La paradigme perdu: la nature humaine*. Paris, Seuil, 1973.

MOUNIER, Emmanuel. *Oeuvres*. Tome II: *Traité du caractère*. Paris, Seuil, 1947.

MOUSTAKAS, C. (éd.). *The Self*. Harper, 1956.

MUCCHIELLI, Roger. *La personnalité de l'enfant*. Paris, Les Éditions sociales française, 1966.

MUCHIELLI, Roger. *Comment ils deviennent délinquants*. Paris, Les Éditions sociales françaises, 1968.

MURPHY, G. *Human Potentialities*. Basic Books, 1958.

NATIONAL ACADEMY OF SCIENCES, ADVISORY COMMITTEE ON CHILDREN DEVELOPMENT. *Toward a National Policy for Children and Families*. Washington, c.c., 1976.

NEILL, A.S. *La liberté et non l'anarchie*. Paris, Payot, 1967.

NEILL, A.S. *Libres enfants de Summerhill*. Paris, Maspero, 1974.

ONIMUS, Jean. *Face au monde actuel*. Bruges, Desclée De Brouwer, 1962.

O'NEILL, Nena and George. *Le Mariage open*. Paris, Hachette, 1972.

ORAISON, Marc. *Être avec....* Paris, Éd. du Centurion, 1969.

ORIGLIA, D. et OUILLON, H. *L'adolescent*. Paris, Les Éditions sociales françaises, 1966.

OSTERRIETH, Paul. *Introduction à la psychologie de l'enfant*. Paris, PUF, 1969.

PARIZEAU, Alice et DELISLE, Marc-André. *Les jeunes qui nous font peur.* Montréal, Ferron éditeur Inc., 1974.

PIAGET, Jean. *La construction du réel chez l'enfant.* Genève, Delachaux et Niestlé, 1937.

PIAGET, Jean. *Psychologie de l'intelligence.* Paris, Collin, 1947.

PIETROPINTO, Anthony. *Rapport sur la sexualité de l'homme.* Paris, Belfond, 1978.

PLECK, Joseph H. *Men's New Roles in the Family: Housework and Childcare.* Michigan, Ed. of Institute for Social Research, University of Michigan, 1976.

PROULX, Monique. *Cinq millions de femmes.* Étude de la femme canadienne au foyer pour le Conseil consultatif sur la situation de la femme, Ottawa, 1978.

QUARTI, Cornelia. *Profession: parent.* Paris, Stock, 1978.

RANK, Otto. *La volonté du bonheur.* Paris, Stock, 1975.

RAPAPORT, David. *The Theory of Ego Autonomy, in GIU.* M.M., (éd.), The collected papers of David Rapaport, New York, Basic Books, Inc., 1967.

RAPOPORT, Rhona et RAPOPORT, Robert. *Une Famille, deux carrières, Un nouveau modèle familial.* Paris, Denoël-Gonthier, 1973.

RAPPORT DU COMITÉ SPÉCIAL SUR LES POLITIQUES RELATIVES À L'ÂGE DE LA RETRAITE. *Retraite sans douleur.* Centre d'édition du Gouvernement du Canada, Hull, 1979.

RAVINEL, Hubert de. *L'âge démasqué.* Montréal, Éditions de l'Homme, 1980.

REICH, Charles. *Le regain américain.* Montréal, Jour/Paris, Laffont, 1971.

REICH, Wilhelm. *La révolution sexuelle.* Paris, Union générale des éditeurs, 10/18, 1970.

RINFRET, Michèle, GIROUX, Claire et BOUCHER, Francine. *100 femmes devant l'avortement.* Montréal, Édition du Centre de planning familial du Québec.

ROCHEFORT, Christiane. *Le repos du guerrier.* Paris, Grasset Poche, 1958.

ROGERS, Carl. *Liberté pour apprendre.* Paris, Dunod, 1971.

ROGERS, Carl. *Le développement de la personne.* Montréal, Bordas Dunod Montréal Inc., 1976.

ROGERS, Carl. *Réinventer le couple*. Paris, Laffont, coll. «Réponses», 1977.

ROUGEMONT, Denis de. *L'amour et l'Occident*. Paris, Union générale des éditeurs, 10/18, 1962.

SAINT-ARNAUD, Yves. *La personne humaine*. Montréal, Éditions de l'Homme, 1974.

SATIR, Virginia. *Thérapie du couple et de la famille*. Paris, EPI, 1971.

SHORTER, Edward. *Naissance de la famille moderne*. Paris, Seuil, 1977.

SPOCK, Benjamin. *Comment soigner et éduquer son enfant*. Paris Marabout, 1976.

STERN, Karl. *Refus de la femme*. Montréal, HMH, 1968.

SULLEROT, Évelyne. *Le fait féminin*. Sous la direction de Évelyne Sullerot et du Centre Royaumont. Paris, Fayard, 1978.

TÉLÉ-UNIVERSITÉ, UNIVERSITÉ DU QUÉBEC. *Condition féminine et masculine*. Québec, 1980.

TILLICH, P. *Amour, pouvoir et justice*. Paris, 1964.

WEKSLER, Malka et GUEDJ, Évelyne. *Quand les femmes se disent*. Paris, Seuil, 1975.

WHITE, Burton L. *Les trois premières années de la vie*. Paris, Buchet/Chastel.

WOODWORTH, R. *Dynamics of Behavior*. Holt, 1958.

ACHEVÉ D'IMPRIMER SUR
LES PRESSES DES ATELIERS
MARQUIS DE MONTMAGNY
LE 3 SEPTEMBRE 1981 POUR
LES ÉDITIONS LEMÉAC INC.